Auf die richtigen Verbindungen kommt es an!

Gabler/MLP Berufs- und Karriere-Planer Technik

Bewerben Online
Code-Karte für den Zugang zum Internet-Stellenmarkt und zur exklusiven Datenbank CAREERBASE von MLP und SAP.

Gabler/MLP Berufs- und Karriere-Planer 1999/2000: Technik
Maschinenbau - Elektrotechnik - Bauwesen - Informationstechnologie u.v.a.
Mit über 250 Stellenanzeigen und Firmenprofilen. Mit ID-Karte für den Internet-Stellenmarkt Careerbase von MLP und SAP.
1999. 736 Seiten.
Broschiert DM 24,80
ISBN 3-409-13640-1

Gabler/MLP Berufs- und Karriere-Planer 1999/2000: Technik

Das umfassende **Handbuch und Nachschlagewerk** für Ingenieure, Informatiker und Naturwissenschaftler: Alles über Studium, Bewerbung und Berufseinstieg.

Kontakte:
Besonders umfangreicher Adressenteil und über 250 Firmenprofile und Stellenanzeigen mit allen wichtigen Anschriften, Internet-Adressen und Ansprechpartnern in den Unternehmen.

— Bestell-Coupon — — — — — — — — — —

Ja, ich bestelle ___ Exemplare

Gabler/MLP Berufs- und Karriere-Planer 1999/2000: Technik

Maschinenbau - Elektrotechnik - Bauwesen - Informationstechnologie u.v.a.

Mit über 250 Stellenanzeigen und Firmenprofilen. Mit ID-Karte für den Internet-Stellenmarkt Careerbase von MLP und SAP.
1999. 736 Seiten.
Broschiert DM 24,80
ISBN 3-409-13640-1

Änderungen vorbehalten. Stand: Oktober 1999.
Erhältlich im Buchhandel oder beim Verlag.

Firma   321 00 005
_____

Name, Vorname
_____

Straße (bitte kein Postfach)
_____

PLZ, Ort
_____

Datum   Unterschrift

Gabler Verlag, Ursula Günther,
Abraham-Lincoln-Straße 46,
65189 Wiesbaden
Tel.: 0611.7878-124, Fax: 0180.57878-80
ursula.günther@bertelsmann.de
www.gabler.de

Zeitschrift für Betriebswirtschaft

Ergänzungsheft 5/99

Krankenhausmanagement

ZfB-Ergänzungshefte

1/95 Effizienzsteigerung im Innovationsprozeß
Schriftleitung: Horst Albach
156 Seiten. ISBN 3 409 13779 3

2/95 Business Process Reengineering – Strategien zur Produktivitätssteigerung – Konzepte und praktische Erfahrungen
Schriftleitung: Horst Albach
124 Seiten. ISBN 3 409 13789 0

3/95 Lernende Unternehmen
Schriftleitung: Horst Albach/Horst Wildemann
202 Seiten. ISBN 3 409 13796 3

4/95 Management of Structural Change
Schriftleitung: Horst Albach
174 Seiten. ISBN 3 409 13950 8

1/96 Betriebswirtschaftslehre und der Standort Deutschland
Schriftleitung: Horst Albach/Klaus Brockhoff
170 Seiten. ISBN 3 409 13770 X

2/96 Betriebliches Umweltmanagement 1996
Schriftleitung: Horst Albach/Harald Dyckhoff
182 Seiten. ISBN 3 409 13790 4

3/96 Governance Structures
Schriftleitung: Horst Albach
166 Seiten. ISBN 3 409 13794 7

1/97 Marketing
Schriftleitung: Horst Albach
188 Seiten. ISBN 3 409 13952 4

2/97 Finanzierung
Schriftleitung: Horst Albach
124 Seiten. ISBN 3 409 13953 2

3/97 Personal
Schriftleitung: Horst Albach
192 Seiten. ISBN 3 409 13954 0

4/97 Betriebswirtschaftslehre und Rechtsentwicklung
Schriftleitung: Horst Albach/Klaus Brockhoff
136 Seiten. ISBN 3 409 13955 9

1/98 Betriebliches Umweltmanagement 1998
Schriftleitung: Horst Albach/Marion Steven
186 Seiten. ISBN 3 409 13956 7

2/98 Finanzierungen
Schriftleitung: Horst Albach
200 Seiten. ISBN 3 409 13957 5

1/99 Innovation und Investition
Schriftleitung: Horst Albach
142 Seiten. ISBN 3 409 13958 3

2/99 Innovation und Absatz
Schriftleitung: Horst Albach
176 Seiten. ISBN 3 409 11455 6

3/99 Finanzmanagement 1999
Schriftleitung: Horst Albach
212 Seiten. ISBN 3 409 11509 9

4/99 Planung und Steuerung von Input-Output-Systemen
Schriftleitung: Horst Albach/Otto Rosenberg
178 Seiten. ISBN 3 409 11493 9

Krankenhausmanagement

Schriftleitung

Prof. Dr. Dr. h.c. mult. Horst Albach
Prof. Dr. Uschi Backes-Gellner

SPRINGER FACHMEDIEN WIESBADEN GMBH

Die Deutsche Bibliothek – CIP-Einheitsaufnahme

Zeitschrift für Betriebswirtschaft : ZfB. – Wiesbaden :
Betriebswirtschaftlicher Verl. Gabler
  Erscheint monatl. – Aufnahme nach Jg. 67, H. 3 (1997)
  Reihe Ergänzungsheft: Zeitschrift für Betriebswirtschaft /
  Ergänzungsheft. – Fortlaufende Beil.: Betriebswirtschaftliches
  Repetitorium. – Danach bis 1979: ZfB-Repetitorium
  ISSN 0044-2372
1999, Erg.-H. 5. Krankenhausmanagement 1999. – 1999
Krankenhausmanagement / Schriftl.: Horst Albach;
Uschi Backes-Gellner,
  (Zeitschrift für Betriebswirtschaft ; 1999, Erg.-H. 5)
  ISBN 978-3-409-13959-5   ISBN 978-3-663-12200-5 (eBook)
  DOI 10.1007/978-3-663-12200-5

Alle Rechte vorbehalten

© Springer Fachmedien Wiesbaden 1999
Ursprünglich erschienen bei Betriebswirtschaftlicher Verlag Dr. Th. Gabler GmbH, Wiesbaden 1999

Lektorat: Ralf Wettlaufer

Das Werk einschließlich aller seiner Teile ist urheberrechtlich geschützt. Jede Verwertung außerhalb der engen Grenzen des Urheberrechtsgesetzes ist ohne Zustimmung des Verlags unzulässig und strafbar. Das gilt insbesondere für Vervielfältigungen, Übersetzungen, Mikroverfilmungen und die Einspeicherung und Verarbeitung in elektronischen Systemen.

http://www.gabler.de

Höchste inhaltliche und technische Qualität unserer Produkte ist unser Ziel. Bei der Produktion und Verbreitung unserer Bücher wollen wir die Umwelt schonen: Dieses Buch ist auf säurefreiem und chlorfrei gebleichtem Papier gedruckt. Die Einschweißfolie besteht aus Polyäthylen und damit aus organischen Grundstoffen, die weder bei der Herstellung noch bei der Verbrennung Schadstoffe freisetzen.

Die Wiedergabe von Gebrauchsnamen, Handelsnamen, Warenbezeichnungen usw. in diesem Werk berechtigt auch ohne besondere Kennzeichnung nicht zur der Annahme, daß solche Namen im Sinne der Warenzeichen- und Markenschutz-Gesetzgebung als frei zu betrachten wären und daher von jedermann benutzt werden dürften.

ISBN 978-3-409-13959-5

Inhalt

Zeitschrift für Betriebswirtschaft, Erg.-Heft 5/99

Editorial VII

Zur Verselbständigung von Universitätskliniken
Thomas Müller-Bellingrodt, Mainz. 1

Die strategische Ausrichtung eines Universitäts-Krankenhauses
Dr. Behrend Behrends und PD Dr. Ludwig Kuntz, Hamburg 11

Strategische Planung – Eine immer wichtiger werdende Aufgabe für das Krankenhausmanagement
Dipl. Verwaltungswirt Axel J. F. Janischowski, Weißenhorn
und Dipl. Betriebswirt Stephan Schneider, Oberkochen 27

Managed Care: Organisationen im Wandel – Produktdifferenzierung und Mehr-Produkt-Unternehmen –
Dr. oec. Volker Amelung, Hamburg 51

Selektive Verträge in der Krankenversorgung – Chancen und Risiken
Petra Riemer-Hommel, Trier 81

Qualitätsmanagement im Krankenhaus
Professor Dr. Dietrich Adam, Münster und Dr. Petra Gorschlüter, Hamm-Heessen . . . 95

Modelle der Dienstleistungsqualität in Kliniken
Dr. Henrik Olandt und Professor Dr. Martin Benkenstein, Rostock 111

Alternative Arbeitszeitmodelle und die Qualität der Patientenversorgung – eine empirische Studie auf chirurgischen Intensivstationen
Dipl.-Vw. Achim Krings, Professor Dr. Uschi Backes-Gellner,
PD Dr. Elfriede Bollschweiler und Professor Dr. Arnulf H. Hölscher, Köln 125

Inhalt

Spezialisierung und Kooperation als Strukturoptionen für deutsche Krankenhäuser im Lichte computergestützter Modellrechnungen
Professor Dr. Manfred Meyer und Dr. Anja Harfner, Nürnberg 147

Die Einführung des Personalmanagementsystems SAP R/3 HR in der Personalverwaltung des Universitätsklinikums Ulm
Marc Dussler, Hamburg und Rudolf Michel-Glöckler, Ulm 167

Wirtschaftlichkeitsanalyse mittels Data Envelopment Analysis zum Krankenhausbetriebsvergleich
PD Dr. Ludwig Kuntz, Karlsruhe und
PD Dr. Stefan Scholtes, Cambridge CB2 1AG, England 187

Rezensionen

Andre M. Schmutte; Total Quality Management im Krankenhaus
Dr. Dorothea Greiling, Mannheim 207

ZfB · Grundsätze und Ziele XII
ZfB · Herausgeber / Internationaler Herausgeberbeirat XIII
ZfB · Impressum / Hinweise für Autoren XIV

Krankenhausmanagement

Seit mehr als zwanzig Jahren werden in gesundheitspolitischen Diskussionen und in einer zunehmenden Zahl von wissenschaftlichen Veröffentlichungen die ständig steigenden finanziellen Probleme des deutschen Gesundheitswesens problematisiert. Dabei wurden insbesondere in der jüngeren Vergangenheit zunehmend auch die Krankenhäuser in den Mittelpunkt der Diskussionen gerückt und Wege gesucht, wie auch die stationäre Versorgung effizienter gestaltet werden könnte. Verweildauerabhängige Pflegesätze wurden abgeschafft, statt dessen wurden Fallpauschalen oder Abteilungsbudgets eingeführt – oft sehr schnell und ohne große Vorbereitungszeit für die betroffenen Krankenhäuser. Gleichzeitig wurden die finanziellen Spielräume für Krankenhäuser immer enger, so daß die Anforderungen an die Verwaltung eines Krankenhauses immer näher an die des Managements eines normalen gewinnorientierten Dienstleistungsunternehmens rückten. Im Zuge dessen muß sich die Krankenhausleitung verstärkt mit allgemeinen Fragen der Unternehmensführung und klassischen Managementtechniken vertraut machen. Je schneller sie diese lernen, umso eher werden sie in der Lage sein, unter verschärften finanziellen Restriktionen und Wettbewerbsdruck ihr Haus erfolgreich zu führen. In diesem Zusammenhang stellt das vorliegende Sonderheft zum Krankenhausmanagement einen Versuch dar, allgemeine Erkenntnisse der Betriebswirtschaftslehre für das Krankenhausmanagement, aber auch für die gesundheitspolitische Steuerung der stationären Versorgung zugänglich zu machen. Es enthält einerseits wissenschaftliche Beiträge, die grundlegende betriebswirtschaftliche Fragen aufgreifen und die theoretische wie empirische Erkenntnisse und Methoden der Betriebswirtschaftslehre für das Krankenhausmanagement fruchtbar machen. Andererseits beinhaltet es auch Beiträge von Krankenhaus-Praktikern, die fallstudienartig ihre Handhabung von konkreten Managementproblemen im Krankenhaus aufarbeiten und Wege zum Umgang mit sich ständig verändernden Rahmenbedingungen aufzeigen.

Strategische Planung

Im ersten Beitrag beschreibt *Thomas Müller-Bellingrodt,* wie die Universitätsklinik Mainz versucht hat, ihre rechtliche Verselbständigung zu bewältigen. Er stellt die wesentlichen gesetzlichen Zielvorgaben bei der Gründung der gemeinnützigen Anstalt des öffentlichen Rechts sowie die wichtigsten organisatorischen Abgrenzungsregelungen dar und zeigt Konsequenzen für das Rechnungswesen und die Zusammensetzung und Aufgaben der Organe auf. Erste Erfahrungen deuten darauf hin, daß die neue Rechtsform Nachteile im Hinblick auf Entscheidungsgeschwindigkeit und Selbständigkeit beseitigt. Allerdings zeigt sich auch, daß die Rechtsformänderung immer nur einen ersten Schritt darstellt, der durch weitere organisatorische Maßnahmen, wie etwa die Schaffung geeigneter Anreizstrukturen, dringend ergänzt werden muß. Im nächsten Beitrag gehen *Behrend Behrends* und *Ludwig Kuntz* der Frage nach, wie Krankenhäuser zukünftig durch eine stärkere strategische Ausrichtung ihre Wettbewerbsposition und damit ihre Überlebenschancen verbessern können. Sie entwickeln strategische Erfolgsfaktoren für Universitätskrankenhäuser, die neben einer leistungsfähigen Krankenversorgung gleichzeitig auch qualifizierte Forschung und Lehre sichern müssen. Anhand ausgewählter Maßnahmen der Universitätsklinik Eppendorf (Zielformulierung, Leistungszentren, Zentrale Dienste, Krankenhausinformationssystem, Qualitätsmanagement) verdeutlichen sie die konkrete Umsetzung ihres Konzeptes. Auch Behrends/Kuntz können von deutlichen Erfolgen in Form von Kostensenkungen in Millionenhöhe berichten; weitere Effizienzsteigerungen erhoffen sie sich vor allen Dingen von einer rechtlichen Verselbständigung ihrer Klinik, womit sich der Bogen zu dem Beitrag von Müller-Bellingrodt schließt. Auch *Axel Janischowski* und *Stephan Schneider* befassen sich mit strategischen Fragen des Krankenhausmanagements und übertragen klassische marktorientierte Konzepte der strategischen Unternehmensplanung auf das „Unternehmen Krankenhaus". Die zunächst sehr allgemeinen und abstrakten Begriffe zur strategischen Planung werden mit Leben gefüllt durch die Präsentation wesentlicher Elemente der strategischen Unternehmensplanung des Ostalb-Klinikums in Aalen.

Vertragspolitik

Volker Amelung beschäftigt sich in seinem Beitrag mit einem grundlegenden Reformkonzept, dem sogenannten Managed Care, das im amerikanischen Gesundheitswesen zu einem tiefgreifenden Strukturwandel geführt hat und auch in Deutschland zunehmend diskutiert wird. Eine der wesentlichen Neuerungen ist die Abkehr von den im Gesundheitswesen bislang immer noch dominierenden Ein-Produkt-Unternehmen. Das Spektrum reicht von Versicherungen, die Versorgungsleistungen anzubieten bis zu Krankenhäusern, die im Rahmen integrierter Versorgungssysteme auch Versicherungsfunktionen wahrnehmen. Dabei lassen erste US-amerikanische Erfahrungen vermuten, daß Managed Care zwar nicht – wie oft befürchtet – zu einer Verschlechterung der Versorgungsqualität führt, daß aber möglicherweise die Zahl derjenigen, die durch die Managed Care-Organisationen hochwertig „versichert und versorgt" sind, abnimmt. Auch *Petra Riemer-Hommel* beschäftigt sich mit einer aus den USA stammenden grundlegenden Reformidee, den sogenannten selektiven Verträgen, die es Krankenkassen erlauben, die Zahl der Anbieter, mit denen sie vertragliche Bindungen eingehen, zu beschränken. Sie untersucht neben den Effekten auf die beteiligten Akteure auch die Kompatibilität mit der Wettbewerbsordnung und die Machbarkeit im aktuellen Rechtssystem. Insgesamt zeigen die Analysen, daß die Effekte von selektiven Verträgen im deutschen Gesundheitssystem nur schwer vorauszusagen sind: Effizienzsteigernden Effekten auf der einen Seite stehen wettbewerbsbeschränkende Monopolisierungseffekte auf der anderen Seite gegenüber.

Qualitätspolitik

Dietrich Adam und *Petra Gorschlüter* beschäftigen sich mit der Frage, wie Krankenhäuser unter wachsendem Kostendruck eine gleichbleibende oder gar verbesserte Qualität ihrer Leistungen garantieren können. Sie weisen darauf hin, daß im Rahmen eines integrierten Qualitätsmanagements nicht mehr nur die Effektivität der Leistungserstellung betrachtet werden darf, sondern genauso auch Fragen der Wirtschaftlichkeit bzw. Effizienz einbezogen werden müssen. Als Lösung entwickeln sie ein dreistufiges Qualitätsmanagementkonzept, das kulturelle, strukturelle und instrumentelle Elemente vereint. Auch *Hen-*

rik Olandt und *Martin Benkenstein* beschäftigen sich mit der Qualität der von Kliniken angebotenen Dienstleistungen. Sie versuchen den nur schwer zu operationalisierenden Begriff „Dienstleistungsqualität eines Krankenhauses" auf der Basis bereits vorhandener Dienstleistungsqualitätsmodelle empirisch meßbar zu machen. Anhand umfassender Patientenbefragungen können sie zeigen, daß teilleistungsbezogene Qualitätsmessungen die von Klinikpatienten wahrgenommene Qualität am besten widerspiegeln. Der Beitrag von *Achim Krings, Uschi Backes-Gellner, Elfriede Bollschweiler* und *Arnulf Hölscher* untersucht die Auswirkungen einer Veränderung von rechtlichen Rahmenbedingungen, der Einführung des Arbeitszeitgesetzes für Ärzte in Krankenhäusern, auf die Qualität der Patientenversorgung. Basierend auf theoretischen Überlegungen und Befunden aus einer empirischen Erhebung in sechs Universitätskliniken können sie zeigen, daß die vom Arbeitszeitgesetz vorgegebene Beschränkung der täglichen ärztlichen Arbeitszeiten auf acht Stunden mit Einbußen bei der Qualität der Patientenversorgung einhergeht, da sie zu einer Beeinträchtigung der betrieblichen Abläufe führt. Solange keine Änderung des Arbeitszeitgesetzes in Sicht ist, bleibt zu hoffen, zumindest von den im Gesetz vorgesehenen Ausnahmeregelungen Gebrauch gemacht wird.

Preispolitik

Manfred Mayer und *Anja Harfner* untersuchen die Auswirkungen einer Gesetzesänderung, der Einführung von krankheitsarten-spezifischen Fallpauschalen anstelle von Tagespauschalen. Auf der Basis von Simulationsstudien, die mit Daten der öffentlichen Krankenhausstatistik und eigens untersuchter Pilotkrankenhäuser gespeist werden, können sie zeigen, daß der neue Abrechnungsmodus für Krankenhäuser deutliche Anreize zur Spezialisierung auf die Behandlung einer begrenzten Zahl von Krankheitsarten schafft. Dabei ist eine solche Spezialisierung nicht nur einzelwirtschaftlich von Vorteil, sondern kann durch die gesetzliche Vorgabe von Nebenbedingungen auch gesamtgesellschaftlich überlegen sein.

Personalpolitik

Marc Dussler und *Rudolf Michel-Glöckler* beschäftigen sich wiederum mit einem sehr praktischen Problem, nämlich der Frage, welches Personalmanagementsystem für Krankenhäuser geeignet ist und wie ein solches System im Krankenhausalltag konkret eingeführt werden kann. Anhand der Einführung von SAP R/3 HR zeigen sie sehr anschaulich, welche Schritte für eine erfolgreiche Implementierung eines Personalmanagementsystems unternommen werden müssen.

Controlling und Benchmarking

Ludwig Kuntz und *Stefan Scholtes* untersuchen inwiefern die Data Envelopment-Analyse geeignet ist, die vom Gesetzgeber geforderten Krankenhausbetriebsvergleiche zu unternehmen. Sie zeigen, daß die Methode anwendbar ist und aussagekräftige Betriebsvergleiche liefert. Sie weisen aber auch darauf hin, daß einer Einführung erhebliche Akzeptanzprobleme im Weg stehen dürften. Außerdem seien auch die Auswirkungen auf die strategische Unternehmensplanung der Krankenhäuser noch zu wenig untersucht, um eine kurzfristige Implementierung zu ermöglichen.

Insgesamt zeigen die Beiträge, daß einfache Lösungen nicht in Sicht sind und daß auch US-amerikanische Erfahrungen keine einfachen Lösungen liefern. Wir hoffen aber, mit dem vorliegenden Heft zumindest Anhaltspunkte für handhabbare und ökonomisch vorteilhafte Lösungen, auch für mögliche Fehlentwicklungen geliefert zu haben. In diesem Sinne bedanken wir uns bei allen Autoren und beim Verlag für das Zustandekommen dieses Ergänzungsheftes. Ein besonders herzliches Wort des Dankes widmen wir *Dieter Sadowski*, der uns beim Zustandekommen dieses Heftes umfassend beraten und mit seiner Sach- und Personenkenntnis freundschaftlich geholfen hat. Wir wünschen dem Heft eine breite Aufnahme nicht nur in der gesundheitsökonomischen Forschung sondern auch im Krankenhausmanagement.

HORST ALBACH   USCHI BACKES-GELLNER

Professor Dr. Dr. h.c. mult. Horst Albach, Schriftleitung, o. Professor der Betriebswirtschaftslehre, Waldstr. 49, 53177 Bonn.

Zur Verselbständigung von Universitätskliniken

Von Thomas Müller-Bellingrodt

Überblick

- Universitätskliniken wurden bisher als rechtlich unselbständige Landesbetriebe geführt. Daraus ergaben sich strategische Nachteile im zunehmend wettbewerbsorientierten Krankenhausmarkt.

- Mit der rechtlichen Verselbständigung der Universitätsklinik Mainz versucht das Land Rheinland-Pfalz die bisherigen Wettbewerbsnachteile zu vermeiden und gleichzeitig der verursachungsgerechten Abgrenzung der Finanzkreisläufe Forschung, Lehre und Krankenversorgung Rechnung zu tragen.

- Der vorliegende Artikel beschreibt die in Deutschland erstmals eingeführte Methode zur Abgrenzung der Kosten für Forschung, Lehre und Krankenversorgung in Universitätskliniken und versucht eine Bewertung hinsichtlich ihrer Praktikabilität.

- Seit der Rechtsformänderung ist mehr als ein Jahr vergangen. In einer Zwischenbilanz wird untersucht, inwieweit die gesellschaftsrechtlichen Änderungen ausreichen, um die im Universitätsklinik-Neuordnungsgesetz vorgesehenen Unternehmensziele zu erreichen.

Eingegangen: 26. Februar 1999

Thomas Müller-Bellingrodt, Verwaltungsdirektor des Klinikums der Johannes Gutenberg-Universität Mainz, Langenbeckstr. 1, 55131 Mainz.

© Gabler-Verlag 1999

A. Ausgangssituation

Normalerweise sind Rechtsformänderungen von Unternehmen kein Gegenstand von betriebswirtschaftlichen Artikeln, es sei denn, es ergeben sich hieraus signifikante Änderungen für das Unternehmen oder dessen Umfeld. Das Besondere an ‚jüngeren' Rechtsformänderungen im Krankenhausbereich ist, dass dadurch erstmals unternehmensähnliche oder unternehmensgleiche Strukturen geschaffen werden. Spätestens mit dem Inkrafttreten des Gesundheitsstrukturgesetzes 1993 und der Abkehr vom Selbstkostendeckungsprinzip wird im Krankenhausbereich eine Entwicklung erkennbar, die in Branchen außerhalb des Gesundheitswesens bekannt ist: ein zunehmender, mit tendenziell sinkenden Preisen einhergehender Wettbewerb führt bei den Marktteilnehmern zur Entwicklung von Überlebensstrategien. Diese richten sich im Außenverhältnis auf die Positionierung im Markt (also der Unterscheidung vom Wettbewerber) sowie im Innenverhältnis auf die Organisation bzw. Reorganisation des Unternehmens. Gesellschaftsrechtliche Veränderungen sind im organisatorischen Maßnahmenkatalog strategische Instrumente, deren Auswirkungen mittel- bis langfristig meßbar sind.

Vor der Verselbständigung wurde das Universitätsklinikum Mainz nach § 22 (1) Landeskrankenhausgesetz als Einrichtung ohne eigene Rechtspersönlichkeit geführt. Dies bedeutete im wesentlichen:

- keine Möglichkeit der Gründung von oder Beteiligung an anderen Unternehmen,
- stark eingeschränkte Bauherreneigenschaft,
- Verwaltung des Stellenplans beim Land.

Es liegt auf der Hand, dass die vorgenannten „Nichteigenschaften" zu den Elementartätigkeiten unternehmerischen Handelns gehören. Am Beispiel *Bauherreneigenschaft* wird dies besonders deutlich. Teilweise waren auf dem Klinikgelände bis zu fünf unterschiedliche Institutionen, verteilt auf die Geschäftsbereiche zweier Ministerien, mit der Abwicklung von Instandhaltungsmaßnahmen im weiteren Sinn befaßt. Hieraus ergab sich ein größerer Zeitbedarf für die Abstimmung zwischen den einzelnen Institutionen als für die eigentliche Planung und Durchführung der Baumaßnahmen. Ebenfalls keiner ausgefeilten Begründung bedarf die Veränderung des Zustandes, den Stellenplan des Klinikums als Bestandteil des Stellenplanes des Landes zu verwalten. Da ca. 75% der Stellen ohnehin nicht landesfinanziert, sondern durch andere Ertragsbereiche (stationäre und ambulante Erträge, Erträge aus Hilfs- und Nebenbetrieben) abgedeckt sind, bietet das „Landesstellenplanmanagement" kein Controllinginstrument für Personalkosten im Krankenhausbetrieb.

Auch der Organisationsaufbau entsprach konventionellen Krankenhausstrukturen. Der Klinikvorstand, bestehend aus den stimmberechtigten Mitgliedern Ärztlicher Direktor, stellvertretender Ärztlicher Direktor, Dekan, leitende Pflegekraft und Verwaltungsdirektor, waren – mit Ausnahme des Verwaltungsdirektors – Wahlämter aus den jeweiligen Berufsgruppen, die ihre Vorstandsaufgabe quasi im Nebenamt wahrgenommen haben. Hieraus konnten sich zeitliche und inhaltliche Zielkonflikte ergeben, die in der Verfolgung des Unternehmensgesamtziels hinderlich waren.

Unterhalb der Schwelle gesellschaftsrechtlicher Veränderungen waren die Kosten, Ertrags- und Steuerungselemente auf eine statische Mittelbeschaffung und -verteilung ausgelegt. Diese gekoppelt mit dislozierten Zuständigkeiten führten in wesentlichen Bereichen – wie Personal und Bauen – zu deutlich verlängerten Reaktionszeiten und somit zu Wettbewerbsnachteilen auf dem Gebiet der Krankenversorgung. Die Gefahr wuchs, dass es in der Folge zu Quersubventionierungen des darstellbaren Bereiches Krankenversorgung durch den weniger darstellbaren Bereich Forschung & Lehre kam. Grund genug für die Landesregierung, als Gewährträger der Universitätskliniken gesellschaftsrechtliche Schritte einzuleiten, um die bisherigen Nachteile abzubauen und unternehmensgleiche oder zumindest unternehmensähnliche Strukturen aufzubauen.

B. Auswahl der Rechtsform

Einigkeit bestand also, das Unternehmen Universitätsklinik mit eigener Rechtspersönlichkeit auszustatten. Zum Zwecke einer näheren Betrachtung wurden die Rechtsformen GmbH und rechtsfähige Anstalt des öffentlichen Rechts eingehender untersucht. Die GmbH-Lösung bietet hier zunächst den Vorteil, dass die kaufmännisch/unternehmerisch relevanten Aspekte – wie die Aufgabenstellung der Organe, Kaufmannseigenschaft, Gewährträgerschaft – nicht erst definiert werden müssen, sondern im GmbH-Gesetz kodifiziert sind. Mit der GmbH-Lösung lassen sich für den Gesellschafter die Leitziele des Unternehmens im Sinne einer erfolgsorientierten Unternehmensführung besonders gut verwirklichen. Unter dem Gesichtspunkt der Personalmitbestimmung, wäre ein Wechsel aus dem Personalvertretungsrecht in das Betriebsverfassungsrecht zu verzeichnen. Die rechtsfähige Anstalt des öffentlichen Rechts (vergleichbar mit den Rundfunkanstalten der Länder) entsteht nicht wie die GmbH durch Eintrag ins Handelsregister, sondern durch einen parlamentarischen Akt in Form eines Errichtungsgesetzes. Hierin sind die Ziele, Aufgaben und Eigenschaften des zu gründenden Unternehmens zu formulieren. Die Landesregierung hat sich, um dem hoheitlichen Charakter des Universitätsklinikums in den Aufgaben Forschung & Lehre Rechnung zu tragen, für die Rechtsform *rechtsfähige Anstalt des öffentlichen Rechts* entschieden.

C. Abgrenzung Forschung/Lehre/Krankenversorgung

I. Unternehmenszielpolitische Anforderungen

Die Gründung der gemeinnützigen Anstalt des öffentlichen Rechts „Klinikum der Johannes Gutenberg-Universität Mainz" erfolgte durch Landesgesetz.[1] Die im Gesetz festgelegten Unternehmensziele lauten:

- Gewährleistung der engen Verbindung zwischen Forschung & Lehre & Krankenversorgung.
- Abgrenzung der Finanzkreisläufe für Forschung & Lehre einerseits sowie Krankenversorgung andererseits.
- Ausschöpfung der wirtschaftlichen, finanziellen und organisatorischen Spielräume für eine Optimierung der Krankenhausführung und des Einsatzes der für Forschung & Lehre zur Verfügung stehenden Mittel.[2]

Somit wird die Abgrenzung der Finanzkreisläufe Forschung/Lehre/Krankenversorgung erstmals in den Rang eines Unternehmensziels erhoben. Der Grund hierfür ist einerseits in der Vermeidung der Quersubventionierung zwischen Krankenversorgung & Forschung & Lehre zu finden, andererseits versucht der Gesetzgeber – der in der Doppelrolle Gesellschafter und Finanzier von Forschung & Lehre fungiert –, transparente und einheitliche Bemessungsgrundlagen der Zuschußgewährung für Lehr- und Forschungsleistungen auch im Verhältnis zu anderen universitären Fachbereichen aufzubauen.

II. Organisatorische Abgrenzungsregelung

In Verfolgung der beschriebenen Unternehmensziele wurden in das Landesgesetz über das Klinikum der Johannes Gutenberg-Universität Mainz (UKlG) folgende Bestimmungen aufgenommen:
- § 1 Errichtung, Zielsetzung, Übergang des Sondervermögens
- § 18 Überleitung von Beschäftigten
- § 19 Vereinbarung zwischen Universität und Klinikum

§ 1 (2) des UKlG regelt neben den allgemeinen Unternehmenszielen, daß „der Bereich Krankenversorgung des bisherigen Sondervermögens der gemeinnützigen Anstalt des öffentlichen Rechts zugeordnet ist". Damit ergibt sich bereits eine definitorische Statusveränderung gegenüber der bisherigen Situation. Die Bereiche Forschung & Lehre verbleiben bei der Universität. Zwei rechtlich selbständige Unternehmen erstellen ab jetzt gemeinsam das Kuppelprodukt Krankenversorgung – Forschung & Lehre. Wie sich der Gesetzgeber dies vorstellt, regeln die §§ 18 und 19 UKlG.

§ 18 UKlG legt fest, daß die Arbeitsverhältnisse im Bereich Krankenversorgung auf die Anstalt übergeleitet werden. Einzelheiten des Übergangs werden im Rahmen eines Überleitungstarifvertrages geregelt. Das gleiche gilt für die Beamten – entsprechend den geltenden beamtenrechtlichen Vorschriften. Somit entspricht die Personalüberleitung bekannten Verselbständigungen von bisher unselbständigen Eigenbetrieben in Unternehmensformen öffentlichen oder privaten Rechts. Neu ist die Regelung des § 18 (1) letzter Satz UKlG: „Ärztliche Beschäftigte sowie solche, die ganz oder überwiegend für Forschung & Lehre tätig sind, bleiben Beschäftigte der Johannes Gutenberg-Universität Mainz". Die Frage, ob alle ärztlichen Beschäftigten oder nur die im Bereich Forschung & Lehre Tätigen bei der Universität verbleiben, wurde aus universitätspolitischen und praktischen Gründen zugunsten der geltenden Regelung entschieden. Ganze Stellen samt Stelleninhaber jeweils dem Bereich Forschung & Lehre oder dem Bereich Krankenversorgung zuzuschlagen, entspricht in aller Regel nicht dem tatsächlichen Arbeitszyklus von ärztlichen Beschäftigten in Universitätskliniken. Die anteilige Zuordnung von Stellen samt Inhabern erweist sich in der Praxis aufgrund der dann bestehenden unterschiedlichen Arbeitsverhältnisse und der daraus resultierenden Konsequenzen als nicht durchführbar, so daß als letzte Möglichkeit die vollständige Zuordnung des ärztlichen Personals zur Universität verbleibt. Damit verfügt die Anstalt über keine eigenen ärztlichen Mitarbeiter. Sie muß sich ärztliche Dienstleistung zum Zweck der Aufgabenerfüllung im Bereich der Krankenversorgung einkaufen. Anderseits stellt sie für die selbständige (juristische Person)

Universität Dienstleistungen und Sachmittel für den Dienstleistungsbereich Forschung & Lehre zur Verfügung. Der Leistungsaustausch läßt sich an folgendem Schaubild darstellen:

Abb. 1: Leistungsaustausch Universität/Anstalt

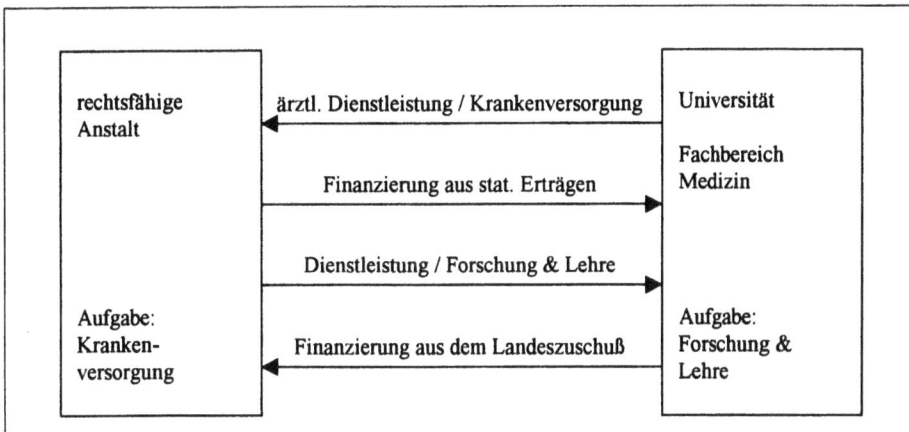

Die Rechtsgrundlage für den beschriebenen Leistungsaustausch ergibt sich aus § 19 UKlG, der den Fachbereich Medizin und die rechtsfähige Anstalt Klinikum zur Zusammenarbeit und zur Ausarbeitung einer entsprechenden Vereinbarung verpflichtet: „Darin sind insbesondere Bestimmungen zu treffen über die Erfüllung von Zielen von Forschung & Lehre und Krankenversorgung sowie über die wechselseitig zu erbringenden Leistungen und die dafür zu entrichtenden Vergütungen".

Die Vereinbarung gestaltet die gesetzlichen Bestimmungen des § 19 weiter aus. Neben allgemeinen Vertragsformulierungen gliedert sich die Vereinbarung in folgende Kernpunkte:

- Aufgabenerfüllung der Anstalt für die Universität,
- Aufgabenerfüllung der Universität für die Anstalt,
- jeweilige Finanzierung der zu erfüllenden Aufgaben.

Die Anstalt hat demnach für die vom Fachbereich Medizin anzubietenden Lehr- und Unterrichtsveranstaltungen gemäß den Studien- und Approbationsordnungen die personelle, sachliche und räumliche Ausstattung zur Verfügung zu stellen. Weiterhin stellt die Anstalt die Voraussetzungen für die durchzuführenden Forschungsarbeiten auf der Basis eines Leistungsverzeichnisses Forschung sicher. Zu den Aufgaben der Universität im Hinblick auf die Anstalt gehört es, ärztliches Personal zum Zwecke der Krankenversorgung bereitzustellen. Da es aus ausschließlich pragmatischen Gründen nicht sinnvoll wäre, das ärztliche Personal bei der Universitätsverwaltung personalrechtlich betreuen zu lassen, gehört es ebenfalls zu den Aufgaben der Universität, die Anstalt zu ermächtigen, diese Aufgaben auch in Zukunft beizubehalten.

III. Abgrenzung im Rechnungswesen

Die Dienstleistungsbereiche Krankenversorgung/Lehre/Forschung sind an Universitätskliniken weitgehend miteinander verflochten. Sie finden häufig innerhalb ein und derselben Kostenstelle statt. Die Entstehung der Dienstleistung Forschung oder auch Lehre bedingt in vielen Fällen das Vorhandensein oder das Erstellen der Dienstleistung Krankenversorgung. Insofern kann von einer Kuppelproduktion oder einer Kuppeldienstleistung gesprochen werden. Daraus folgt, dass eine verursachungsgerechte Erfassung aller Kosten entweder nicht möglich oder mit einem so hohen Aufwand verbunden ist, dass er den daraus entstehenden Nutzen bei weitem übersteigt.

Würde man im Sinne einer Kostenträgerrechnung den stationären und ambulanten Patienten, den Medizinstudenten sowie die wissenschaftliche Tätigkeit als Kostenträger heranziehen, betrüge das Kalkulationsvolumen bei einer Größe des Klinikums Mainz 50 000 stationäre Patienten, 300 000 ambulante Patienten, 4000 Studenten sowie eine noch nicht erfaßte Zahl wissenschaftlicher Leistungen. Die Transaktionskosten gegenseitiger Leistungsverrechnungen wären immens. Würde die dargestellte Berechnung gelingen, wäre sie doch nur eine Statusaufnahme und noch kein Modell einer dynamischen, leistungsbezogenen Zuschußverteilung auf dem Gebiet Forschung & Lehre für einzelne Abteilungen.

Der Ausweg aus diesem Dilemma könnte eine kombinierte „Top-down und Bottom-Up-Kalkulation" für die Bereiche Krankenversorgung einerseits und Forschung & Lehre andererseits sein. Man orientiert sich hierbei an den bekannten Größen: bilanzierte Gesamtkosten, durch Krankenkassen finanzierte Kosten, Kalkulationsmethoden Forschung & Lehre. Der erste Schritt der Top-down-Kalkulation geht von den bilanzierten Gesamtkosten des Klinikums insgesamt sowie der einzelnen Abteilungen aus und subtrahiert hiervon die durch die Kassen finanzierten Kosten der stationären Krankenversorgung und erhält die Zwischensumme 1. Der hierzu parallel zu erarbeitende Schritt durch den Fachbereich Medizin kalkuliert im Sinne der Bottom-up-Methode die Leistungsparameter im Bereich Forschung & Lehre mit den jeweiligen Leistungseinheiten der Einrichtung und des gesamten Klinikums auf diesem Gebiet; so erhält man die Zwischensumme 2. Wenn

Abb. 2: Kalkulationsmodell Abgrenzung Forschung & Lehre

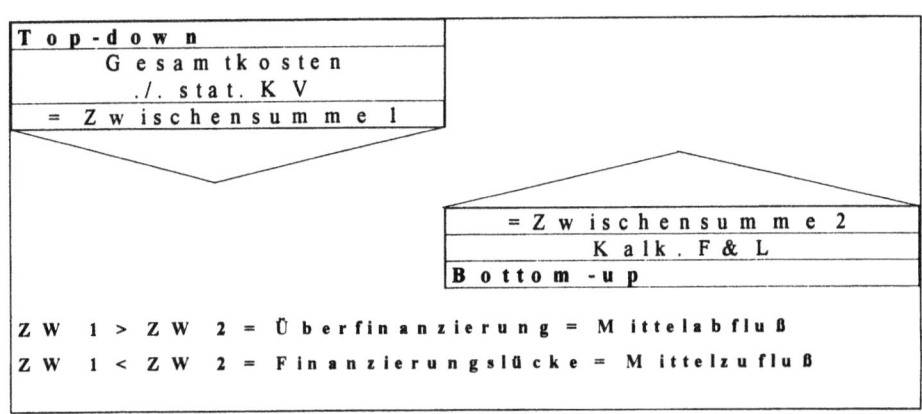

Zwischensumme 1 größer ist als Zwischensumme 2, bezogen auf die einzelne Einrichtung, liegt eine Überfinanzierung vor; es erfolgt ein Mittelabfluß in die Reserve des Fachbereichs oder in eine andere Klinik.

Ist Zwischensumme1 kleiner als Zwischensumme 2 entsteht eine Finanzierungslücke und die entsprechende Einrichtung hat einen Mittelzufluß aus der Reserve des Fachbereichs zu erwarten.

D. Zusammensetzung und Aufgaben der Organe

I. Klinikausschuß

Die durch das UKIG festgelegten Leitungsorgane sind: Klinikausschuß, Klinikvorstand, Aufsichtsrat, wobei Klinikausschuß und Klinikvorstand im wesentlichen aus dem bisherigen Landesbetrieb übernommen wurden. Der Klinikausschuß, überwiegend bestehend aus den Leitern der medizinischen Einrichtungen, hat die Aufgabe, den Klinikvorstand in grundsätzlichen Angelegenheiten zu beraten sowie aus seiner Mitte den Ärztlichen Direktor und den Stellvertretenden Ärztlichen Direktor zu wählen. Die Wahlperiode des Ärztlichen Direktors und dessen Stellvertreters beträgt drei Jahre; eine Wiederwahl ist möglich. Zusammensetzung und Aufgabenstellung des Klinikausschusses sind an die Eigenschaften der „Chefarztkonferenz" in freigemeinnützigen und kommunalen Krankenhäusern angelehnt.

II. Klinikvorstand

Der Klinikvorstand der rechtsfähigen Anstalt besteht aus vier (früher fünf) stimmberechtigten Mitgliedern: der Ärztliche Direktor als Vorsitzender, der Verwaltungsdirektor als stellvertretender Vorsitzender, Dekan des Fachbereiches Medizin, Pflegedirektor. Zu den Vorstandsaufgaben gehört die Unternehmensleitung im klassischen Sinn, einschließlich der Ausübung der Bauherreneigenschaft. Hinsichtlich der Personalgewinnung und Leitungsfunktion des Vorstandes machen zwei Besonderheiten auf sich aufmerksam, die in klassischen Unternehmensorganisationen eher ungewöhnlich bis nicht existent sind. Die erste Besonderheit bezieht sich auf die disziplinare Vorgesetzteneigenschaft. Normalerweise übt der Vorstand die disziplinare Vorgesetztenfunktion gegenüber allen Mitarbeitern des Unternehmens aus. Hierbei stellt die disziplinare Vorgesetzteneigenschaft ein wesentliches Leitungsinstrument dar, um Mitarbeiter im Sinne der Unternehmensziele zu motivieren. Das Anstaltserrichtungsgesetz weicht von diesem Grundsatz ab. Einerseits leitet der Vorstand das Klinikum und ist für das wirtschaftliche Ergebnis verantwortlich, andererseits verbleiben alle ärztlichen Mitarbeiter – und hier besonders die Leiter der medizinischen Einrichtungen – Mitarbeiter des Landes oder der Universität und sind somit der disziplinaren Gewalt des Vorstandes entzogen. Damit fallen Ergebnisverantwortung und Handlungskompetenz auseinander. Diese strategische Lücke könnte zumindest teilweise durch die Koppelung zwischen dem wirtschaftlichen Verhalten des Einrichtungsleiters und seinem zu entrichtenden Nutzungsentgelt geschlossen werden. Auch hier enthält sich das vorliegende Gesetz einer entsprechenden Formulierung.

Die zweite Abweichung des Gesetzes gegenüber klassischen Unternehmensorganisationen ergibt sich aus dem Personalgewinnungsverfahren einzelner Vorstandsmitglieder. Während der Verwaltungsdirektor vom Aufsichtsrat bestellt wird, handelt es sich bei den übrigen Vorstandsmitgliedern (Ärztlicher Direktor, Dekan, Pflegedirektor) um Wahlämter aus ihren jeweiligen Gremien heraus. Die nachfolgende Bestellung durch den Aufsichtsrat ist insofern als Bestätigung des Wahlergebnisses zu verstehen. Zwar bietet das Gesetz die Möglichkeit, dass zumindest der Pflegedirektor direkt vom Aufsichtsrat berufen werden kann; die im Gesetz festgeschriebenen Personalgewinnungsstrukturen erinnern jedoch sehr stark an die bisherige berufsgruppenorientierte Direktoriumsbesetzung bei Eigenbetrieben.

III. Aufsichtsrat

Der Aufsichtsrat ist in der rechtsfähigen Anstalt Klinikum ein neues Organ und nimmt die bisherigen Fachaufsichtfunktionen des Ministeriums für Bildung, Wissenschaft und Weiterbildung in Rheinland-Pfalz beim bisherigen Landesbetrieb war. Entsprechend der Eigentümerverantwortung des Landes werden die stimmberechtigten Mitglieder des Aufsichtsrates mehrheitlich von der Landesregierung gestellt. Diese sind: der Minister für Bildung, Wissenschaft und Weiterbildung als Aufsichtsratsvorsitzender sowie die Minister der Ressorts Arbeit, Soziales und Gesundheit sowie Finanzen; die beiden übrigen stimmberechtigten Aufsichtsratsmandate werden vom Präsidenten der Universität sowie eines vom Senat gewählten Professors des Fachbereiches Medizin der Universität wahrgenommen. Durch diese Konstellation soll die Verknüpfung zwischen Krankenversorgung/Forschung & Lehre auf Aufsichtsratsebene erreicht werden. Zu den nicht stimmberechtigten Mitgliedern des Aufsichtsrates gehören: je ein Vertreter der freien Wirtschaft, einer Forschungseinrichtung und der Gewerkschaften, die Patientenfürsprecherin sowie zwei Vertreter des Personalrates.

Die wesentlichen Aufgaben des Aufsichtsrates bestehen in der Bestellung und Abberufung der Vorstandsmitglieder Ärztlicher Direktor, Stellvertretender Ärztlicher Direktor, Pflegedirektor, Stellvertretender Pflegedirektor und Dekan auf Vorschlag der jeweiligen Wahlgremien, die Bestellung des Verwaltungsdirektors und Stellvertretenden Verwaltungsdirektors, die Bestellung der Leiter medizinischer Einrichtungen auf Vorschlag des Klinikvorstandes und des Fachbereiches, Beschluß über den Wirtschaftsplan sowie die Verwendung des Jahresergebnisses auf Vorschlag des Vorstandes sowie die Entlastung des Vorstandes. Aus der vorgenannten Aufzählung wird deutlich, dass der Aufsichtsrat jeweils auf Vorschlag eines Gremiums – in der Regel des Vorstandes – tätig wird. Damit ist die Aufgabenverteilung zwischen Vorstand und Aufsichtsrat analog dem GmbH- oder Aktiengesetz geregelt. Auf die Besonderheiten bei der Personalgewinnung im Vorstandsbereich sowie der Ausübung von Vorgesetzteneigenschaften wurde in Kapitel 4.2. hingewiesen.

E. Erste Erfahrungen

Wie bereits in Kapitel 1 erwähnt, wirken sich gesellschaftsrechtliche Veränderungen von Unternehmen eher langfristig auf meßbare Ergebnisse aus. Dies zeigt sich insbesondere

Zur Verselbständigung von Universitätskliniken

überall da, wo durch den Gesellschafter den Beteiligten die Wahrung der Besitzstände zugesagt wurde. So wurde beispielsweise im Rahmen des Überleitungstarifvertrages den Mitarbeitern die am 31.12.1997, also einen Tag vor der Rechtsformänderung, beim Landesbetrieb beschäftigt waren, die Beibehaltung ihrer Besitzstände auch für den Fall weiterer Teilprivatisierungen zugesagt. Dies hatte den Vorteil, dass die Widerspruchsquote gegen die Überleitung auf die Anstalt sehr gering war. Gleichzeitig wird mit dieser Regelung jedoch die Ausgliederung von Betriebsteilen in selbständige Tochterunternehmen, mit dem Ziel, größere unternehmerische Gestaltungsfreiräume zu erhalten, erschwert. Die Ausgliederung von Betriebsteilen wird erst dann interessant, wenn sich im Rahmen der normalen Fluktuation der Anteil der Mitarbeiter die unter den Überleitungstarifvertrag fallen reduziert.

Eine eindeutige und meßbare Verbesserung der Situation ist durch die Übertragung der Bauherreneigenschaft eingetreten. Wurden bislang die Bau- und Instandhaltungsmaßnahmen neben den von den Krankenkassen finanzierten Instandhaltungskosten auf Einzel- und Pauschaltitel im Landeshaushalt für den gesamten Hochschulbereich verteilt und damit neben der dislozierten Zuständigkeit zwischen Finanzministerium, Staatsbauamt und der Technischen Abteilung des Klinikums mehr Planungssicherheit entzogen, wurde mit dem Übergang der Bauherreneigenschaft auch eine Zusammenfassung der einzelnen Titel und somit eine vorhersehbare Planungsgrundlage geschaffen.

Neben den pflegesatzfähigen Instandhaltungskosten durch die Krankenkassen erhält die Anstalt einen im Haushaltsgesetz des Landes veranschlagten Pauschalbetrag, ermittelt aus dem Durchschnitt der einzelnen Zuweisungen der letzten drei Jahre und gekürzt um eine zu erwartende Wirtschaftlichkeitsreserve von 50%. Dieser Betrag wird von der Anstalt in eigener Zuständigkeit bewirtschaftet und deckt alle Baumaßnahmen bis zur Bagatellgrenze des Hochschulbauförderungsgesetzes (HBFG) ab; die Bagatellgrenze liegt bei 3 Mio. DM. Bei Einzelmaßnahmen ab dieser Größenordnung greift das Hochschulbauförderungsverfahren.

Ein weiterer wesentlicher Vorteil ist das Zusammenführen der Bauherreneigenschaft mit der Arbeitgeberfunktion im Sinne des Arbeitsschutzgesetzes. Technische Auflagen und Bestimmungen hinsichtlich Arbeitsschutz, Brandschutz, Umweltschutz etc. konnten teilweise in der Vergangenheit nicht umgesetzt werden, weil die technische Zuständigkeit bei anderen Behörden (zum Beispiel dem Staatsbauamt) lag. Die Folgen der Nichtbeachtung, etwa in Form der Schließung von Betriebsteilen oder Arbeitsuntersagungen, hatte jedoch das Klinikum zu tragen. Aufgrund dieser unübersichtlichen Zuständigkeitslage ergaben sich häufig Reibungspunkte mit den Aufsichtsbehörden, die nie endgültig geklärt werden konnten. Aufgrund der nunmehr eindeutigen Zusammenführung von Verantwortung und Kompetenz hat sich das Verhältnis zu den Aufsichtsbehörden deutlich verbessert. Verfahrens- und technische Fragen können im Vorfeld in aller Regel im beiderseitigen Einverständnis geklärt werden.

Ebenfalls zu erwähnen ist, dass das Klinikum nunmehr die Möglichkeit hat, bei Neubauten nach dem HBFG Einfluß auf die Ausschreibungsleistungsverzeichnisse bei Baumaßnahmen bzw. deren Einzelgewerken zu nehmen. War in der Vergangenheit die Situation auf diesem Sektor dadurch gekennzeichnet, dass das Staatsbauamt eine Mitsprache der Technischen Abteilung bei den technischen Ausstattungsmerkmalen bei Neubauprojekten kategorisch ablehnte, das Klinikum jedoch die Instandhaltungsfolgekosten tragen mußte, ist nunmehr ein Verfahrenszustand erreicht, in dem die Instandhaltungskosten bereits während der Bauphase Berücksichtigung finden. Dadurch wurden eine Reihe von Schnittstellenproblemen, gerade in der Übergabe von Neubaumaßnahmen, behoben.

Anmerkungen

1 Universitätsklinikumsgesetz (UKlG) vom 01.07.1997, Gesetz- und Verordnungsblatt Rhld.-Pf. – Seite 170.
2 Gesetzesbegründung zum Universitätsklinikumsgesetz (UKlG) Landtag Rheinland-Pfalz, 13. Wahlperiode, Drucksache 13/833.

Zusammenfassung

Mit der rechtlichen Verselbständigung von Universitätskliniken übertragen die Länder originäre Unternehmereigenschaften auf die Kliniken und beseitigen damit bisherige Nachteile was Entscheidungsgeschwindigkeit und Selbständigkeit anbelangt. Hinsichtlich der Aufgabenverteilung zwischen Aufsichtsrat und Vorstand ergibt sich noch eine Lücke zwischen Handlungskompetenz und Ergebnisverantwortung. Entscheidend für den wirtschaftlichen Erfolg wird die Schaffung von Anreizstrukturen sowie die Weiterverfolgung des „Controlling-Gedankens" sein. Steuerungsinstrumente im Bereich Forschung & Lehre müssen sich an nachvollziehbaren, objektiven und transparenten Leistungskriterien orientieren. Dadurch werden wissenschaftliche Einrichtungen stärker als bisher dazu gezwungen, ihre Leistungen zu dokumentieren. Inwieweit die bisherigen Veränderungen ausreichen, um den Unternehmensbestand zu sichern und die Unternehmensziele zu erreichen, wird vom zukünftigen Wettbewerb abhängen.

Summary

By granting legal independence to University Clinics, the Federal States are conferring fundamental entrepreneurial status on these institutions, thereby eliminating previous disadvantages regarding speed of decision making and need for independent action. The division of tasks between Supervisory Board and Board of Directors leaves a grey area between authority to act and responsibility for results which is currently undefined. The creation of incentive-based structures and continued regard for the concepts of controlling will be essential for financial success. Control mechanisms in the areas of research and education must be based on clear, objective and transparent performance criteria. This means the scientific institutions will be forced more than ever to document the services they provide. The extend to which the changes made up to now are sufficient to maintain the success of the clinics as corporate entities will depend on future market developments.

012:   Krankenhausbetriebslehre
21:   Unternehmensführung

Die strategische Ausrichtung eines Universitäts-Krankenhauses

Von Behrend Behrends und Ludwig Kuntz

Überblick

- Die strategische Ausrichtung eines Universitäts-Krankenhauses wird durch spezifische Kontextfaktoren beeinflußt und durch die Ausprägung der strategischen Erfolgsfaktoren bestimmt. Die Kontext- und Erfolgsfaktoren eines Universitäts-Krankenhauses werden in dieser Arbeit beschrieben.

- Anhand ausgewählter Maßnahmen wird verdeutlicht, wie im Universitäts-Krankenhaus Eppendorf die strategischen Erfolgsfaktoren entwickelt werden.

Eingegangen: 1. April 1999

Dr. Behrend Behrends, Kaufmännischer Direktor des Universitäts-Krankenhauses Eppendorf (UKE), Martinistraße 52, 20246 Hamburg.
Privatdozent Dr. Ludwig Kuntz, Leiter für betriebswirtschaftliche Unternehmensplanung und Controlling des Universitäts-Krankenhauses Eppendorf (UKE), Martinistraße 52, 20246 Hamburg.

© Gabler-Verlag 1999

A. Rahmenbedingungen

Die strategische Ausrichtung eines Krankenhauses wird durch mehrere Kontextfaktoren beeinflußt (Kuntz, Steffen, 1998, S. 101–122; Böing, 1990, S. 29ff.). Die wichtigsten Faktoren sind:

- die Einflußnahme des Umfeldes,
- Ziel und Ausgestaltung des Krankenhausbetriebes,
- die interne Organisationsstruktur und
- das Verhalten der Organisationsmitglieder.

In einem Universitäts-Krankenhaus kommt die wissenschaftliche Schwerpunktbildung hinzu. Einflüsse der Umwelt sind externe Kontextfaktoren. Interne Faktoren werden durch die Ziele des Trägers, die Organisationsstruktur, das Verhalten der Mitglieder innerhalb der Organisation sowie durch das wissenschaftliche Profil bestimmt.

I. Externe Kontextfaktoren

1. Gesetzgebung

Das auch für Universitäts-Krankenhäuser geltende Krankenhausfinanzierungsgesetz (KHG) geht vom Leitbild des eigenverantwortlich wirtschaftenden Krankenhauses aus (§ 1 Abs. 1 KGH). Öffentliche Fördermittel für Investitionen und leistungsgerechte Erlöse sollen dabei die wirtschaftliche Grundlage des Krankenhauses sichern (§ 4 KHG).[1] Diese seit 1974 geltenden Eckpfeiler der Krankenhausfinanzierung wurden in den letzten 20 Jahren in kurzen Abständen durch Gesetze modifiziert, zuletzt z.B. durch das Gesundheitsstrukturgesetz (GSG) vom 21.12.1992 (BGBl I, S. 2266) sowie durch das Zweite GKV-Neuordnungsgesetz vom 23.6.1997 (BGBl I, S. 1520). Dabei hat das GSG für die Finanzierung der Betriebskosten einen Paradigmenwechsel herbeigeführt. Der Rechtsanspruch der Krankenhäuser auf kostendeckende Entgelte wurde aufgegeben. Statt dessen sind medizinisch leistungsgerechte Erlöse zu vereinbaren. Diese basieren auf den durchschnittlichen Kosten. Damit ist der Wettbewerb um eine kostengünstige Leistungserbringung zwischen den Krankenhäusern eröffnet; entsprechend groß ist der Kostendruck. Da Universitäts-Krankenhäuser in der Regel die schwierigeren und aufwendigeren Fälle behandeln, ist der Rationalisierungsdruck bei ihnen besonders hoch. Verschärft wird das Problem dadurch, daß die Krankenhausbudgets durch die Anbindung an den Zuwachs der beitragspflichtigen Einnahmen der gesetzlich Krankenversicherten (§ 6 BPflV) begrenzt werden, ein möglicher Ausweg über Leistungsausweitungen also verbaut ist. Das GSG regelt aber auch das Verhältnis der Krankenhäuser zu den niedergelassenen Ärzten neu, indem den Krankenhäusern eine prä- und poststationäre Behandlung sowie ambulante Operationen gestattet werden. Dadurch wurde auch der Wettbewerb zwischen den Krankenhäusern und den niedergelassenen Ärzten verstärkt.

Durch die Flut von Gesetzesänderungen werden ständig Korrekturen am Zielsystem des Unternehmens notwendig. Die neue Bundesregierung beabsichtigt eine erneute Strukturreform der Krankenversicherung mit Wirkung zum 01. Januar 2000. Ein Ende der kurzatmigen Gesetzgebung mit unzuverlässigen Rahmenbedingungen ist daher nicht abzusehen. Dies erschwert die Entwicklung eines mittel- und langfristig angelegten betrieblichen Zielsystems. Allerdings gibt es auch eine politische Konstante. Die Verstärkung des Wettbewerbs, insbesondere durch ein differenziertes, leistungsbezogenes Entgeltsystem, ist erklärtes politisches Ziel.

2. Triadische Finanzierung

Charakteristisch für Universitäts-Krankenhäuser ist die Aufgabentrias Krankenversorgung, Forschung und Lehre. Die Finanzierung der Aufgabenbereiche erfolgt im wesentlichen aus drei verschiedenen Quellen. Die Betriebskosten für die stationäre Krankenversorgung werden von den Krankenversicherungen getragen. Die laufenden Kosten für den Wissenschafts- und Lehrbetrieb trägt das jeweilige Land. Dies gilt auch für Investitionen. Bei größeren Investitionen beteiligt sich der Bund mit der Hälfte der Anschaffungs- bzw. Herstellungskosten.

II. Interne Kontextfaktoren

1. Trägerstruktur

Träger der Universitäts-Krankenhäuser ist das jeweilige Land. In der Regel sind die Universitäts-Krankenhäuser den Kultus- bzw. Wissenschaftsministerien zugeordnet. Die dortige Entscheidungsstruktur ist nicht darauf abgestimmt, einem Großunternehmen die notwendigen Zielstrukturen zu vermitteln, da die Entscheidungsträger durch das kurz- bzw. mittelfristig orientierte politische Umfeld geprägt sind. Das Zielsystem eines Krankenhauses, das der Krankenhausleitung als notwendige Richtschnur und Maßstab für das betriebliche Handeln dient, kann aber nur auf der Basis eines strategisch ausgerichteten Zielbildes aufgebaut werden. Die eigenständige Ableitung des Zielbildes und des gesamten Zielsystems ist in diesem Umfeld zwar problematisch, aber notwendig.

2. Differenzierte Leistungsstruktur (Lehre, Forschung und Krankenversorgung)

Universitäts-Krankenhäuser haben im Vergleich zu anderen Krankenhäusern eine komplexere Aufgabenstellung. Sie sind Einrichtungen der Forschung und Lehre und nehmen zugleich als Krankenhäuser der Maximal- bzw. Spitzenversorgung staatliche Aufgaben der Krankenversorgung wahr. Die Universitäts-Krankenhäuser sind hinsichtlich ihrer Größe mit industriellen Großbetrieben vergleichbar. Sie verfügen über 2000–7000 Beschäftigte und erwirtschaften 250 Mio. bis zu 1 Mrd. DM Umsatz pro Jahr.[2] Aufgrund ihrer Doppelfunktion in der wissenschaftlichen Forschung und Lehre sowie im öffentlichen Gesundheitswesen ist der Leistungserstellungsprozeß mit Kuppel- bzw. Verbundproduktion verbunden. Die damit einhergehende Problematik bei der Herstellung von Kostentransparenz (Wandschneider, 1998, S. 538–542) birgt die Gefahr einer oberflächlichen Kostendiskussion in sich und erschwert die Ausrichtung der Personen an den strategischen Zielen.

3. Personalstruktur

Die Personalstruktur in Universitäts-Krankenhäusern ist von einem extremen Individualismus wichtiger Organisationsmitglieder geprägt. Dieser entsteht aus der verfassungs- bzw. berufsrechtlich garantierten Unabhängigkeit der Professoren als Wissenschaftler auf der einen und als Chefärzte auf der anderen Seite. Damit hat die Krankenhausleitung nur begrenzte Möglichkeiten, ein strategisches Zielbild durchzusetzen.

Die Ausprägungen sämtlicher Kontextfaktoren zeigen, daß bei einem Universitäts-Krankenhaus die Definition und operative Umsetzung von Unternehmenszielen schwieriger als bei anderen Krankenhäusern ist. Für die Hochschulmedizin besteht deshalb die Gefahr, daß sie auf die veränderten Rahmenbedingungen nicht mit der erforderlichen Geschwindigkeit reagiert, was zum Verlust der Markt- und Wettbewerbsfähigkeit führen kann. Ein Blick auf die Hochschulmedizin in den Vereinigten Staaten zeigt, daß dort mit verschiedensten Reformansätzen retrospektiv auf veränderte Umweltbedingungen reagiert wurde. Fehlende strategische Ausrichtung führte dort teilweise zu Panikreaktionen (Lauterbach, 1998, S. 184–187). Eine klare strategische Ausrichtung des Universitäts-Krankenhauses ist daher trotz aller strukturellen Schwierigkeiten überlebensnotwendig.

B. Strategische Erfolgsfaktoren für ein Universitäts-Krankenhaus (Behrends, 1993)

Angesichts der vorhandenen externen und internen Kontextfaktoren bedarf es enormer Anstrengungen, um die Leistungs- und Wettbewerbsfähigkeit eines Universitäts-Krankenhauses und seinen Charakter als Wissenschafts- und Forschungszentrum der Universität zu erhalten. Ein Universitäts-Krankenhaus steht vor einem besonders hohen Rationalisierungsdruck bei Leistungen und Kosten. Mit herkömmlichen verwaltungs- bzw. selbstverwaltungsorientierten Maßnahmen läßt sich diese Herausforderung nicht bewältigen. Es bedarf vielmehr Unternehmensstrukturen, die ein unternehmerisches und betriebswirtschaftlich orientiertes Handeln mit dem Ziel ermöglichen, die wirtschaftliche Basis für eine leistungsfähige Krankenversorgung und eine qualifizierte Forschung und Lehre dauerhaft zu sichern.

Die strategische Ausrichtung ist inhaltlich bestimmt durch die Unternehmensziele (Reibnitz, 1996, S. 544–549).

I. Unternehmensziele

Als Leitlinie für das Handeln und Entscheiden auf allen Ebenen des Unternehmens müssen Unternehmensziele formuliert werden. Dabei sind die strategischen Ziele mittel- bzw. langfristig angelegt, sie geben die allgemeine Richtung vor. Die strategischen Ziele und die geplanten Wege zur Zielerreichung müssen schriftlich als Generalplan des Unternehmens fixiert werden.

Die strategische Ausrichtung eines Universitäts-Krankenhauses

Bei dem schwierigen Prozeß der Zielfindung müssen u.a. die folgenden Fragen im Mittelpunkt stehen:

- Welche Leistungen (fachliche Schwerpunkte, Fallzahlen, Verweildauer, Auslastungsgrad, Art, Menge und Qualität spezifischer Leistungen) sollen zukünftig erbracht werden?
- Wieviele voll- und teilstationäre Betten, welche Kapazitäten für ambulante Leistungen müssen vorgehalten werden?
- Wie kann die Finanzierung gesichert werden? Sind neue Finanzierungsformen und -strategien notwendig?
- Welche Marktsegmente sind relevant?
- Welche Schwerpunkte sollen in der klinischen und theoretischen Forschung gesetzt werden?
- Wieviele Studenten sollen ausgebildet werden?

Um das Erreichen der Unternehmensziele methodisch sicherzustellen, müssen die internen Einflußgrößen identifiziert werden, die wesentlich für das Erreichen der Unternehmensziele sind. Dies sind die strategischen Erfolgsfaktoren des Unternehmens:

II. Führungskonzept und Personal

Universitäts-Krankenhäuser sind noch mehr als andere Krankenhäuser personalintensiv. Eine mitarbeiterorientierte Unternehmenskultur und eine hohe Identifikation der Mitarbeiter mit dem Unternehmen und seinen Zielen sind grundlegende Voraussetzungen dafür, Leistungspotentiale der Mitarbeiter freizusetzen und aufzubauen, die dem Unternehmen die Zielerreichung ermöglichen. Das Unternehmen muß hierfür ein Führungssystem und eine Organisationsstruktur aufweisen, die den einzelnen Mitarbeitern einen Entwicklungsraum freihält und Zukunftsqualifikationen ermöglicht. Die Führungskräfteentwicklung spielt hier eine besondere Rolle. Die konkrete Ausgestaltung des Führungssystems hängt ab von

- der bestehenden Führungssituation,
- der Durchdringung des Unternehmens mit Datenverarbeitung,
- dem Organisationsgrad des Unternehmens,
- den möglichen Anreizen

und umfaßt folgende Elemente:

- für das gesamte Unternehmen geltende Führungsgrundsätze,
- (erlernbare) Führungsmethoden und
- den persönlichen Führungsstil des einzelnen Vorgesetzten.

In diesem Umfeld spielt für Universitäts-Krankenhäuser die Zusammenarbeit mit den Personalvertretungen eine besonders große Rolle. Die Personalvertretungen sind in diesen Krankenhäusern traditionell nicht unternehmensorientiert. Es ist daher schwierig, die Identifikation mit einem Unternehmenszielbild herbeizuführen.

III. Organisation

Die Organisation eines Universitäts-Krankenhauses muß so gestaltet sein, daß sie einen optimalen Beitrag zur Erreichung der Unternehmensziele leisten kann. Eine solche – strategieorientierte – Organisation darf nicht statisch sein; sie muß sich schnell auf veränderte interne oder externe Bedingungen umstellen können. Die Merkmale einer strategieorientierten erfolgreichen Organisation sind:

- Kundenorientierung,
- einfache Grundstrukturen,
- Delegation von Verantwortung und Entscheidungsbefugnissen nach unten,
- wenig Hierarchiestufen und
- geringe Reglementierung und Bürokratie.

In einem systematisch geplanten, langfristig angelegten Organisationsentwicklungsprozeß muß ein Universitäts-Krankenhaus an solche Organisationsmerkmale herangeführt werden. Dabei gelten die folgenden Prinzipien:

- Steuerung des Unternehmens durch globale Zielvorgaben des Trägers und Verlagerung von extern wahrgenommenen betrieblichen Aufgaben (z.B. Datenverarbeitung, Personalabrechnung) auf das Unternehmen.
- Innerhalb des Unternehmens Übertragung von bisher zentralen Aufgaben und Entscheidungen auf nachgeordnete weitgehend autonom handelnde Organisationseinheiten (Dezentralisierung und Delegation von Aufgaben, Subsidiaritätsprinzip).
- Sicherung der Kongruenz von Aufgabe, Kompetenz und Verantwortung (Kongruenzprinzip). Nur wer (abschließend) entscheiden darf, kann die Ergebnisverantwortung übernehmen.
- Eindeutige Abgrenzung von Aufgabe, Kompetenz und Veranwortung an vertikalen Schnittstellen (Parlament, Landesregierung, Direktorium/Vorstand) und den horizontalen Schnittstellen (Leitung der Organisationseinheiten innerhalb des Unternehmens – Prinzip der Eindeutigkeit der Organisation).
- Verteilung der Kompetenz auf möglichst wenige Entscheidungsebenen, um Entscheidungs- und Informationswege abzukürzen (Minimalebenenprinzip).

An dem Prozeß der Organisationsentwicklung sind die Mitarbeiter intensiv zu beteiligen. Der Erfolg einer jeden Organisationsänderung hängt davon ab, ob sie von den Mitarbeitern akzeptiert und getragen wird; im Idealfall ist die Organisationsänderung das Werk der Mitarbeiter selbst. In der Regel ist allerdings die Unterstützung durch externe Berater (Change Agents) mit fundierten Erfahrungen in der Organisationsentwicklung und -gestaltung sowie in der Moderation von Gruppenarbeit notwendig.

IV. Informationsmanagement

Der Erfolgsfaktor Informationsmanagement umfaßt die Gesamtheit der zur zielorientierten Aufgabenerfüllung notwendigen Informations- und Kommunikationsprozesse einschließlich der technisch-organisatorischen Ausprägung. Die Entscheidungsinformationen müssen sich dabei als Abfallprodukt aus den prozessunterstützenden DV-Systemen ergeben. Modernes Informationsmanagement kann im Gesundheitswesen Rationalisierungseffekte wie in anderen Bereichen von Wirtschaft und Gesellschaft erzielen. Erforderlich ist ein umfassender Ausbau der Informations- und Kommunikationstechnik zwischen und innerhalb aller am Prozeß der „Gesundheitsschaffung" Beteiligten (Kuntz, 1995, S. 14).

Ein allgemeines Ziel des Informationsmanagements ist es, die richtigen Informationen am richtigen Ort und zum richtigen Zeitpunkt zur Verfügung zu stellen und somit die gewählte Organisationsform zu optimieren oder gar erst möglich zu machen. Die benutzten Konzepte sind Durchgängigkeit, Integration, Dezentralisierung, Anpassungsfähigkeit und Benutzerfreundlichkeit. Die zugehörigen Modelle und Methoden sind Projektmanagement, Beschreibungsmodelle, relationale Datenbanken, offene Systeme und Client-Server-Architektur (Kuntz und Schenk, 1995, S. 30).

Die wesentlichen Einsatzgebiete von Anwendungssoftware zur Unterstützung bzw. der Ermöglichung von Abläufen sind in den Bereichen Rechnungswesen, Logistik, Personalmanagement, Kommunikation und patientenbezogenes Auftragswesen (Kuntz und Schenk, 1995, S. 146). In einem Universitäts-Krankenhaus ist oftmals zur Gewährleistung klinischer Dokumentation und Archivierung der medizinischen und pflegerischen Qualität der Fachabteilung eine spezifische Lösung in Form eines Expertensystems oder eines Abteilungsinformationssystems (z.B. Radiologie, Labor etc.) notwendig.

Unabdingbar ist ein modernes Informationsmanagement für die Implementierung eines effizienten Steuerungssystems, das die Unternehmensleitung in die Lage versetzt, die Unternehmensziele zu realisieren. An das Informationsmanagement eines Universitäts-Krankenhauses sind ganz besondere Anforderungen gestellt, um umfassende Transparenz und Aktualität der Information auf allen Führungsebenen zu ermöglichen. Angesichts der Unternehmensgröße muß ein dezentrales, prozeßorientiertes (Eichhorn, 1996, S. 174–182) „self-Controlling" vor Ort mit einem zentralen Unternehmenscontrolling ermöglicht werden. Diese komplexe Aufgabenstellung kann nur mit einem leistungsfähigen Führungsinformationssystem (Executive Information System – EIS) geleistet werden (Kuntz und Schenk, 1995, S. 174). In einem Universitäts-Krankenhaus ist die mit den Unternehmenszielen abgestimmte Nutzung der dezentralen Fachkompetenz der Abteilungen von besonderer Bedeutung.

V. Qualitätsmanagement und Kundenorientierung

Die Kundenzufriedenheit ist für ein Unternehmen im Wettbewerb eine Frage des wirtschaftlichen Überlebens. Eine vorzügliche Medizin ist schwerer im Wettbewerb zu positionieren, wenn die Kunden mit dem Dienstleistungsangebot des Krankenhauses unzufrieden sind. Sicher steht in einem Universitäts-Krankenhaus die Qualität der medizinischen und pflegerischen Leistungen im Vordergrund. Das Qualitätsmanagement muß sich daher zuerst auf diese Bereiche konzentrieren. Ein Universitäts-Krankenhaus muß nicht nur von seinem Auftrag, sondern auch von seinem Selbstverständnis her den Anspruch erheben und erfüllen, in der Qualität der medizinischen und pflegerischen Versorgung unübertroffen zu sein. Dies gilt nicht nur für die Ergebnisqualität, sondern auch für die Prozeß- und Strukturqualität. Die Teilnahme an Maßnahmen der externen Qualitätssicherung muß für ein Universitäts-Krankenhaus selbstverständlich sein.

Für amerikanische Krankenhäuser werden weitere Erfolgsfaktoren wie zum Beispiel „maximale Personalflexibilität" und „Marketing" genannt, die in der Praxis zu telefonischen Personalbörsen, stark flexibilisierten Arbeitszeiten und Aufwendungen für Werbung im Umfang von ca. 4–8 Prozent der Klinikbudgets führen (Meurer, 1997, S. 478–484).

Diese Erfolgsfaktoren werden auch für deutsche Krankenhäuser immer wichtiger, weil der stärker werdende Wettbewerb um Patienten es notwendig macht, sich damit auseinanderzusetzen.

Die Stärkung der strategischen Erfolgsfaktoren stellt das Fundament des Unternehmens dar. Im folgenden sollen die Maßnahmen zur Stärkung der Erfolgsfaktoren am Beispiel des Universitäts-Krankenhauses Eppendorf dargestellt werden.

C. Maßnahmen zur Stärkung der Erfolgsfaktoren am Beispiel des Universitäts-Krankenhauses Eppendorf

Anhand ausgewählter Maßnahmen soll verdeutlicht werden, wie im Universitäts-Krankenhaus Eppendorf die strategischen Erfolgsfaktoren entwickelt werden.

I. Gesetz zur Neustrukturierung des Universitäts-Krankenhauses Hamburg-Eppendorf

Gegenwärtig hat das Universitäts-Krankenhaus Hamburg-Eppendorf noch folgende Organisations- und Führungsstrukturen: Es ist mit seinen akademischen Angelegenheiten Teil der Universität. Die Organe der Universität (Dekan, Fachbereichsrat, Akademischer Senat) treffen in akademischen Angelegenheiten alle Entscheidungen. Dazu gehören auch Fragen der Organisationsstruktur und der Besetzung von Leitungspositionen in der Krankenversorgung. Mit seinen übrigen Aufgaben (staatlichen Auftragsangelegenheiten) ist das Universitäts-Krankenhaus Teil der hamburgischen Verwaltung; es ist untere Verwaltungsbehörde der Behörde für Wissenschaft und Forschung. Es hat zwar einen eigenen Wirtschaftsplan, unterliegt aber voll staatlichem Haushaltsrecht nach der Landeshaushaltsordnung. Die Wirtschafts- und Personalverwaltung nimmt sowohl für den akademischen Bereich als auch für die staatlichen Auftragsangelegenheiten ein vierköpfiges Direktorium wahr, in welchem Vertreter der akademischen Selbstverwaltung die Stimmenmehrheit haben. Diese Organisations- und Führungsstruktur widerspricht den Prinzipien einer strategieorientierten und effizienten Organisation. Die wichtigsten Mängel sind:

– Das Universitäts-Krankenhaus verfügt über eine geringe betriebliche Autonomie. Es gibt eine unübersehbare Zahl von externen Zustimmungs- und Entscheidungsvorbehalten mit der Folge, daß alle wesentlichen Entscheidungen auch in operativen Angelegenheiten von Gremien der Universität und – vor allem – von externen Fachbehörden getroffen werden.

- Die Entscheidungswege sind extrem lang; kurzfristige Reaktionen auf veränderte Umfeldsituationen (z.B. Budgetkürzungen) sind nicht möglich. Wegen der Vielzahl der beteiligten Behörden und Gremien kommen dringende Entscheidungen häufig nicht zustande.
- Zuständigkeiten, Kompetenzen und Verantwortung klaffen weit auseinander. Das Direktorium soll für alles Verantwortung tragen, kann aber nur wenig entscheiden.
- Die Entwicklung eines betrieblichen Ziel- und Steuerungssystems ist wegen der vielen internen und externen Beteiligten und deren zersplitterten Kompetenzen nahezu unmöglich.
- Das Krankenhaus ist wegen mangelnder Transparenz über Zuständigkeiten, Kompetenzen und Verantwortlichkeiten und der Vielzahl der am Entscheidungsprozeß Beteiligten viel zu komplex und unüberschaubar und damit ineffektiv.

Mit diesen Mängeln in der Organisations- und Führungsstruktur ist das Universitäts-Krankenhaus in einem kompetitiven Umfeld nicht überlebensfähig. Erforderlich ist eine vollständige Neustrukturierung der Organisations- und Führungsstruktur, um die Voraussetzungen für eine effiziente Unternehmenssteuerung zu schaffen. Dazu gehört ein Höchstmaß an betrieblicher Autonomie mit der eindeutigen Trennung der Trägeraufgaben (ministeriellen Aufgaben) von den betrieblichen Aufgaben. Ferner ist es notwendig, die innere Organisation so zu gestalten, daß Zuständigkeiten, Kompetenzen und Verantwortlichkeiten für die staatlichen Auftragsangelegenheiten einerseits und die akademischen Angelegenheiten andererseits eindeutig geregelt und kurze Entscheidungswege möglich sind. Diesen Forderungen will der Landesgesetzgeber durch ein Gesetz zur Errichtung einer rechtlich selbständigen Anstalt „Universitätsklinikum Hamburg-Eppendorf" Rechnung tragen; das Gesetz soll spätestens im Jahr 2000 verabschiedet werden. Vorgesehen sind insbesondere:

- Klare Trennung der Trägeraufgaben von den betrieblichen Aufgaben; Bündelung der Trägeraufgaben in einem Aufsichtsrat,
- Klare Trennung der Selbstverwaltungsaufgaben von den staatlichen Auftragsangelegenheiten mit eindeutigen Kompetenzregelungen für die Leitungsorgane (Direktorium und Fachbereichsrat),
- Führung des Unternehmens nach kaufmännischen Grundsätzen, Befreiung von den Vorschriften der Landeshaushaltsordnung und
- Dezentralisierung von Aufgaben, Kompetenzen und Verantworlichkeiten auf Klinik-, Instituts- und Abteilungsebene zur Stärkung der Eigenverantwortung auf den unteren Führungsebenen.

II. Projekt „UKE-Generalplan"

Da einerseits die klare Definition der Unternehmensziele unabdingbare Voraussetzung für die Weiterentwicklung eines Unternehmens ist und andererseits die an der Zieldefinition zu beteiligenden Gruppen in einem Universitäts-Krankenhaus heterogen sind, wurde im Universitäts-Krankenhaus die Zielfindung als Projektaufgabe gestellt, um mit externer Unterstützung und mit Methoden des Projektmanagements die Zielfindung zu erleichtern und zu beschleunigen.

Im Rahmen des Projektes „UKE-Generalplan" soll nicht mit Hilfe von Deckungsbeitragsrechnung und Operations Research das optimale Fallklassen-Programm (Meyer, 1996, S. 14–18) bestimmt werden, sondern ein Zielbild für die künftigen Strukturen und Leistungsschwerpunkte des UKE in den Bereichen Forschung, Lehre und Krankenversorgung sowie ein Maßnahmenplan für die Zielverfolgung erarbeitet werden. Zielbild und vorgeschlagene Maßnahmen müssen geeignet sein, die Hochleistungsmedizin langfristig abzusichern; sie müssen außerdem als Grundlage für ein langfristig angelegtes Investitionsprogramm geeignet sein.

Das Zielbild soll Alternativen aufzeigen und mögliche Zielkonflikte zwischen den Anforderungen aus Forschung, Lehre und Krankenversorgung beschreiben. Entsprechendes gilt für die vorgeschlagenen Maßnahmen.

Im Rahmen der vorstehenden Zielsetzungen des Projektes werden folgende spezielle Ziele verfolgt:

⇒ Bestimmung der Fächerstruktur, der Leistungsschwerpunkte, des wissenschaftlichen Profils und der erforderlichen Kapazitäten unter Berücksichtigung der regionalen Markt- und Wettbewerbssituation, der Erfordernisse des Medizinstudiums und der Empfehlungen des Wissenschaftsrats zur Bettenzielgröße[3],

⇒ Bestimmung von Zahl und Struktur der theoretischen und klinisch-theoretischen Institute unter Berücksichtigung wissenschaftlicher Leistungsschwerpunkte,

⇒ Empfehlungen für auszugliedernde bzw. auszugründende Bereiche unter fortbestehender Anbindung an das UKE,

⇒ Empfehlungen für anzustrebende Kooperationen in Forschung, Lehre und Krankenversorgung innerhalb der Region und

⇒ Empfehlungen für anzustrebende Kooperationen mit benachbarten hochschulmedizinischen Einrichtungen.

Hierzu wurden ein Lenkungsausschuß, eine Projektleitung, eine interne und eine externe Beratungskommission sowie themenspezifische Projektgruppen als Projektorgane eingerichtet. Der externen Beratungskommission kommt eine besondere Rolle zu. Durch sie sollen spezifische Kenntnisse und Erfahrungen unabhängiger Sachverständiger in die Projektarbeit eingebracht werden. – Die Ziel- und Maßnahmenplanung wird im Laufe des Jahres 1999 abgeschlossen sein. Die Unternehmensleitung hat jedoch schon im Vorwege wichtige Entscheidungen über Kooperationen und Ausgliederungen bzw. Ausgründungen sowohl im klinischen Bereich als auch im Servicebereich getroffen.

III. Projekt „Leistungszentrum Psychiatrie"

Das Universitäts-Krankenhaus Eppendorf besteht aus mehr als hundert Abteilungen. Jede Abteilung ist einer Klinik oder einem Institut zugeordnet. Kliniken und Institute sind jedoch keine betriebswirtschaftlich gesteuerten Organisationseinheiten, da der Ressourcenverbrauch auf der darunterliegenden Hierarchieebene der Abteilungen mit der Unternehmensleitung abgestimmt wird. Diese Verbindung zwischen Unternehmensleitung und einer Vielzahl von eigenständigen Organisationseinheiten des Unternehmens verlagert teilweise das operative Geschehen in die Unternehmensleitung und verhindert eine am

Betriebsprozeß orientierte Diskussion um Ressourcenverbräuche, die medizinische, pflegerische, universitäre und betriebswirtschaftliche Belange integriert. Ähnliche Überlegungen im rein universitären Bereich haben erst begonnen, wo die Beziehung der Universität zu Fakultäten und Instituten in diesem Zusammenhang neu definiert wird (Reumann, 1998).

Vor diesem Hintergrund und zur Umsetzung der beabsichtigten Dezentralisierung von Aufgaben, Kompetenzen und Verantwortung wurde ein Organisations-Enwicklungsprozeß mit dem Ziel eingeleitet, Leistungszentren mit eigener Ergebnisverantwortung zu schaffen; in der psychiatrischen und psychotherapeutischen Versorgung wird pilothaft ein Leistungszentrum etabliert. Zu Leistungszentren sollen Organisationseinheiten (Abteilungen, Kliniken, Institute) zusammengefaßt werden, die bei der Behandlung und Betreuung der Patienten kooperieren (Organisation entlang der Wertschöpfungskette). Die Steuerung dieser Leistungszentren soll über Leistungs- und Budgetvereinbarungen mit der Unternehmensleitung erfolgen. Die Leistungszentren sollen mit einer hohen Eigenständigkeit ausgestattet sein, so daß es den dezentralen Verantwortlichen möglich ist, mit mehr ökonomischer, organisatorischer und personeller Flexibilität die inhaltlichen Aufgaben zu erfüllen. Die Leistungszentren bleiben zunächst unselbständige Betriebseinheiten. Nach erfolgter rechtlicher Verselbständigung des Universitäts-Krankenhauses ist eine Weiterentwicklung der Leistungszentren zu rechtlich selbständigen Profit-Centern jedoch denkbar. In den Leistungszentren soll ein neues Führungsmodell installiert werden. Das singuläre Führungsprinzip (Leitung durch den medizinisch Verantwortlichen) soll durch ein kollegiales Führungsprinzip ersetzt werden. Zum Managementteam eines Zentrums sollen neben dem medizinisch Verantwortlichen ein kaufmännischer Manager sowie ein Pflegemanager gehören. Das Führungssystem wird ergänzt durch ein Anreizsystem; die Zuweisung von Budgetmitteln erfolgt leistungsbezogen, wobei für die Beurteilung der wissenschaftlichen Leistungen ein internes Scoringsystem entwickelt wurde.

IV. Reorganisation der zentralen Dienste

Eine der Aufgaben des kaufmännischen Direktors als Mitglied des Direktoriums ist die Leitung der Bereiche mit zentralen administrativen (A) bzw. technischen und logistischen Funktionen (B). Im UKE werden diese Funktionen durch die folgenden Abteilungen wahrgenommen:

- Allgemeine Dienste (A),
- Sozialdienst (A),
- Personal (A),
- Rechtsangelegenheiten (A),
- Finanz- und Rechnungswesen (A),
- Wirtschafts- und Versorgungsdienst (B),
- Technischer Dienst (B),
- Apotheke (B) und
- Bauplanung (B).

In einem ersten Schritt wurde zur Unterstützung des kaufmännischen Direktors die kaufmännische Kompetenz in den traditionell verwaltungsorientierten Funktionsbereichen verstärkt. Es wurden zwei Positionen, der Direktor Administration als Manager für administrative Funktionen und der Direktor Betrieb als Manager für technische und logistische Funktionen neu geschaffen.

Die „Trias" aus kaufmännischem Direktor, Direktor Administration und Direktor Betrieb arbeitet als Managementteam eng zusammen.

Zur Unterstützung der Unternehmenssteuerung wurden betriebswirtschaftliche Funktionen in einer Stabsabteilung für betriebswirtschaftliche Unternehmensplanung und Controlling zusammengefaßt.

Die Aufgaben der Abteilung für Betriebsorganisation wurden ergänzt um die Aufgaben des Projektmanagements für Organisationsentwicklungsmaßnahmen. Diese Aufgaben werden von einer Gruppe von Projektleitern wahrgenommen, die quasi als Unternehmensberatung im Unternehmen agiert.

Mit Hilfe der so ausgebauten Managementfunktion konnte ein umfangreicher Reorganisationsprozess implementiert werden, der alle Bereiche der zentralen Dienste umfaßte. Folgende Ziele und Maßnahmen standen dabei im Vordergrund:

- Die Schaffung homogener Funktionsbereiche zur Reduzierung von Schnittstellenproblemen durch Auflösung und Neuordnung von Abteilungen,
- Bildung von Kompetenzzentren (z.B. im Einkauf und im Technischen Dienst),
- Einführung von Team- und Gruppenarbeit, verbunden mit der Ausrichtung an internen Kundengruppen (Kliniken, Institute, Abteilungen),
- Neudefinition und Optimierung der Geschäftsprozesse und
- Einführung bzw. Verbesserung der DV-Unterstützung (z.B. Personalverwaltungssystem, Materialwirtschaftssystem).

Begleitet wurde der Prozeß von umfangreichen Maßnahmen zur Personalentwicklung und -qualifizierung.

V. Krankenhausinformations- und -kommunikationssystem[4]

Ausgehend von vielen Schwachstellen in den Bereichen Kommunikation, Patientenverwaltung und -abrechnung, Finanzbuchhaltung, Materialwirtschaft, Kosten- und Leistungsrechnung und Hardware- und Netzwerkausstattung wurde das Informationsmanagement auf eine neue Grundlage gestellt. Folgende Ziele wurden dabei umgesetzt

⇒ Schaffung eines Kommunikationssystems mit unternehmensweiter einheitlicher Basis für alle Softwaresysteme innerhalb des Unternehmens;
⇒ Einrichtung eines zukunftssicheren und alle Anforderungen erfüllenden Patientenverwaltungs- und abrechnungssystems;
⇒ Einrichtung einer alle Bereiche der Finanzbuchhaltung integrierenden Software, die auch allen zukünftigen Entwicklungen gewachsen ist;
⇒ Aufbau einer Kosten- und Leistungsrechnung, die voll mit den sonstigen betriebswirtschaftlichen Systemen integriert ist und
⇒ Aufbau einer zukunftssicheren Client-Server-Architektur.

Mit dem Aufbau des integrierten Krankenhausinformations- und kommunikationssystems wurde das Berichtswesen soweit entwickelt, daß sowohl die Unternehmensleitung als auch die Budgetverantwortlichen vor Ort mit allen wesentlichen Informationen für die Ergebnissteuerung und Zielverfolgung versorgt werden können.

VI. Qualitätsmanagement und Kundenorientierung (Behrends, 1997)

Ein eingeführtes und allgemein anerkanntes Qualitätssicherungssystem für Krankenhäuser gibt es derzeit nicht. Insbesondere sind die Anforderungen an ein umfassendes Qualitätsnachweissystem im Krankenhaus noch nicht definiert. Im Universitäts-Krankenhaus Eppendorf wurde ein eigenständiges Qualitätssicherungssystem entwickelt, das im Aufbau den anerkannten (Teil-)systemen der „Gute Praxis"-Richtlinien, den Leitfäden aus dem ISO 9000-Normenwerk, den Quality Awards und dem Akkreditierungssystem der Joint Commission on Accreditation of Healthcare Organizations in den Vereinigten Staaten folgt. Das Ziel besteht zunächst darin, ein Qualitäts-Nachweis-System (Darlegungssystem) zu schaffen, das Vertrauen bei Patienten und Kostenträgern in die Qualität, Wirtschaftlichkeit, Angemessenheit, Sicherheit und zeitgerechte Erbringung der Leistungen des Krankenhauses herstellt. In zwei Kliniken wurde das System erprobt und modifiziert. Es umfaßt 20 Elemente. Dazu gehören Führungselemente (z.B. Managementanforderungen, Patientenorientierung), prozeßbezogene Elemente (z.B. Behandlungspläne für Patienten) und prozeßübergreifende Elemente (z.B. Anforderungen an das Personal, die Logistik etc.). Den Schwerpunkt bilden die prozeßbezogenen Elemente; in ihnen liegt der Schlüssel für eine fortlaufende Verbesserung von Qualität und Kosten. Neben Standard-Verfahrensanweisungen für medizinische und pflegerische Prozeduren spielt die Verbesserung der Ablauforganisation auf den Stationen und in den OP-Bereichen die größte Rolle. Durch geeignete Verfahren zur Auditierung der Systemanforderungen und Behandlungsstandards soll die kontinuierliche Verbesserung der gesamten Leistungsfähigkeit des Krankenhauses institutionalisiert werden. Durch eine regelmäßige Qualitätsberichterstattung und jährliche Audit-Berichte werden die Krankenhausleitung sowie die Klinik- und Abteilungsdirektoren mit den erforderlichen Informationen für die Steuerung des kontinuierlichen Verbesserungsprozesses versorgt. Regelmäßige Befragungen der Kunden (Patienten, Angehörige, niedergelassene Ärzte, kooperierende Krankenhäuser etc.) sollen zusätzliche Informationen über Verbesserungsmöglichkeiten liefern.

D. Bisherige Ergebnisse und Ausblick

Strategische Entscheidungen zur Stärkung der Erfolgsfaktoren eines Unternehmens wirken sich naturgemäß erst mittel- und langfristig aus. Der Erfolg wird daran festzumachen sein, ob es gelingt, die Wettbewerbsfähigkeit des Unternehmens langfristig zu sichern und das Unternehmen in der Gewinnzone zu halten. Die bisherigen Ergebnisse stimmen insoweit zuversichtlich. So konnten Budgetkürzungen durch die Krankenkassen und Kürzungen der Zuschüsse für Forschung und Lehre durch den Träger in einem Umfang von insgesamt 13 v.H. des Ausgangsbudgets durch Kostenreduzierungen aufgefangen werden;

das Kostenniveau wurde um rd. 90 Mio. DM abgesenkt. Da die Leistungen konstant geblieben sind, bedeutet das eine erhebliche Effizienzsteigerung bei gleichzeitiger Qualitätsverbesserung. Von der beabsichtigten rechtlichen Verselbständigung des Universitäts-Krankenhauses und der Dezentralisierung in Leistungszentren mit erheblich verbesserten Steuerungsmöglichkeiten wird mit Sicherheit eine weitere Effizienzsteigerung ausgehen. Es sollte daher möglich sein, das Universitäts-Krankenhaus trotz der schwierigen Rahmenbedingungen zu einem erfolgreich agierenden Krankenhaus- und Wissenschaftsbetrieb auszubauen. Ein großes Handicap stellt allerdings die alte Baustruktur dar, welche ein Optimum an Effizienz nicht zuläßt. Auch dieses Problem muß strategisch angegangen werden. Auf staatliche Hilfe kann wegen der leeren öffentlichen Kassen allerdings nicht gesetzt werden. Privatfinanzierte Klinikneubauten werden auch im Bereich der Universitäts-Krankenhäuser in einigen Jahren zur Tagesordnung gehören, weil der Erhalt von wettbewerbsfähigen Universitäts-Kliniken anders gar nicht möglich sein wird.

Anmerkungen

1 Die öffentliche Förderung von Investitionen in Universitäts-Krankenhäusern erfolgt auf der Grundlage des Hochschulbauförderungsgesetzes.
2 Schätzung auf Basis von Geschäftsberichten und Angaben der zuständigen Ministerien.
3 Empfehlungen des Wissenschaftsrates vom 14. Januar 1997 zur weiteren Entwicklung des Fachbereiches Medizin und des Universitäts-Krankenhauses Eppendorf.
4 Vgl. auch QS-Bericht der zentralen Dienste, Universitäts-Krankenhaus Eppendorf, 1999.

Literatur

Behrends B., Ebeling K.-H. und Keil R.; Reform der Organisations- und Führungsstrukturen im Universitäts-Krankenhaus Eppendorf – Sollkonzept, interne Dokumentation, 1993.
Behrends B.; Qualitätsmanagement in der Pflege als Unternehmensstrategie, in: Klein, Borsi u.a., Pflegemanagement als Gestaltungsauftrag, 1997.
Böing W.; Interne Budgetierung im Krankenhaus, Physica-Verlag, 1990, S. 29 ff.
Eichhorn S.; Erfolgreiches Management braucht ein prozeßorientiertes Controlling, ku, 3/96, S. 174–182.
Kuntz L.; Kommunikationsdefizite abbauen, Forum für Gesellschaftspolitik 4, 1995, S. 14.
Kuntz L. und Schenk K.-D.; Konzepte, Modell, Methoden – Möglichkeiten des Informationsmanagements in der stationären Krankenversorgung (I), Forum für Gesellschaftspolitik 9, 1995, S. 130.
Kuntz L. und Schenk K.-D.; Moderne Verwaltungsstrukturen – Möglichkeiten des Informationsmanagements in der stationären Krankenversorgung (II), Forum für Gesellschaftspolitik 10, 1995, S. 146.
Kuntz L. und Schenk K.-D.; Effizientes Krankenhausmanagement – Möglichkeiten des Informationsmanagements in der stationären Krankenversorgung (III), Forum für Gesellschaftspolitik 11, 1995, S. 174.
Lauterbach K. W. und Tacke W.; Anschluß an die Realitäten des Marktes, Forschung & Lehre, f&w, 4/98, S. 184–187.
Meurer U. und Riegl G. F.; In Search of Excellence in US-Hospitals, f&w, 6/97, S. 478–484.
Meyer M.; Das optimale Fallklassen-Programm eines Krankenhauses, f&w, 1/96, S. 14–18.
Reibnitz v., Ch.; Veränderte Umfeldbedingungen erfordern strategische Planung, f&w, 6/96, S. 544–549.

Reumann K.; Heidelberg stärkt die dritte Ebene, Frankfurter Allgemeine Zeitung, 12.11.1998.
Steffen A. und Kuntz L.; Universitätsklinika im Spannungsfeld von wissenschaftlichem Auftrag und Sparzwängen: ein Vorschlag zur sachgerechten Abgrenzung der Kosten für Forschung und Lehre, BFuP 2/97, S. 101–122.
Wandschneider U., Lalanne S. C. und Rösler A.; Abgrenzung der Kosten für Forschung & Lehre, f&w, 6/98, S. 538–542.

Zusammenfassung

Angesichts der vorhandenen Kontextfaktoren ist die strategische Ausrichtung eines Universitäts-Krankenhauses von existentieller Bedeutung. Die strategische Ausrichtung eines Universitäts-Krankenhauses ist einerseits durch die Klarheit und Deutlichkeit des Unternehmenszieles und andererseits durch Identifizierung und Ausprägung der strategischen Erfolgsfaktoren bestimmt. Maßnahmen zur Stärkung der strategischen Erfolgsfaktoren werden am Beispiel des Universitäts-Krankenhauses Hamburg-Eppendorf aufgezeigt.

Summary

Strategic orientation within a given set of external and internal constraints is essential to a university hospital. The strategic orientation is defined on one hand by clear expression of the hospital's aims and on the other by the identification of success factors and their state of development. Measures which can be taken to develop sucess factors will be described using the University Hospitals Eppendorf in Hamburg as an example.

012: Krankenhausbetriebslehre
21: Unternehmensführung

Controllingwissen
praxisnah

Inhalt

Das **Gabler Lexikon Controlling und Kostenrechnung** bietet eine schnelle, sichere und kompakte Information über die Fachterminologie des Controlling.
In über 3.000 Stichwörtern erläutern die Autoren praxisnah, prägnant und umfassend konzeptionelle Grundlagen, Instrumente, Methoden und die neueren Entwicklungen des Controlling. Die Besonderheiten der unterschiedlichen Branchen, der verschiedenen Unternehmensfunktionen und Unternehmensstrukturen werden berücksichtigt. Neben den klassischen Feldern und Instrumenten (z. B. Rechnungswesen, Planung, Berichts- und Informationssysteme, DV-Einsatz und Steuerungsinstrumente) werden das strategische Controlling sowie moderne betriebswirtschaftliche Entwicklungen wie z. B. qualitäts- und ökologieorientiertes Management, Prozess- und Projektorganisation, Lean Management-Konzepte, Reengineering u. v. a. m. ausführlich dargestellt.

Konrad Liessmann (Hrsg.)
Gabler Lexikon Controlling und Kostenrechnung
1997. II, 767 Seiten.
Gebunden DM 148,00
ISBN 3-409-19956-X

Bestell-Coupon

321 00 003

Ja, das interessiert mich.

Ich bestelle ___ Exemplare

Vorname und Name

Konrad Liessmann (Hrsg.)
Gabler Lexikon Controlling und Kostenrechnung
1997. II, 767 Seiten.
Gebunden DM 148,00
ISBN 3-409-19956-X

Straße (bitte kein Postfach)

PLZ, Ort

Unterschrift

Stand: August 1999. Änderungen vorbehalten.
Erhältlich im Buchhandel oder beim Verlag.

z. H. Frau Kristiane Alesch,
Abraham-Lincoln-Str. 46 · 65189 Wiesbaden
Fax: 01805. 78 78 - 70 · www.gabler.de

Strategische Planung – Eine immer wichtiger werdende Aufgabe für das Krankenhausmanagement

Von Axel J. F. Janischowski und Stephan Schneider

Überblick

- Nach der Markttheorie kann das bestehende Gesundheitswesen in Deutschland nicht als ein direktes Marktsystem zwischen Konsumenten und Leistungserbringern bezeichnet werden. So erfährt die strategische Planung der Krankenhäuser in einem bestimmten Maße eine Steuerung durch die Planungsbehörden der Bundesländer und die Kostenträger.

- Doch auch in diesem Bereich sind einige Marktmechanismen implementiert worden, und ihre Anzahl wird sich in der Zukunft weiter erhöhen. Diese Mechanismen führen zu einem eingeschränkten Markt und machen Wettbewerb zwischen den Leistungserbringern möglich. Für das Unternehmen Krankenhaus bedeutet dies, daß in der strategischen Planung durchaus Parallelen mit Unternehmen im freien Wettbewerb gezogen werden können.

- Viele der in der Betriebswirtschaftslehre entwickelten Managementmethoden und Werkzeuge zur strategischen Unternehmensplanung und -steuerung können und müssen auch im Krankenhaus angewandt werden, um Erfolgspotentiale zu sichern. Der Beitrag veranschaulicht, wie Elemente der strategischen Unternehmensplanung im Eigenbetrieb Ostalb-Klinikum Aalen/Klinik am Ipf Bopfingen realisiert wurden.

Eingegangen: 13. März 1999

Dipl. Verwaltungswirt (FH), Axel J. F. Janischowski, Betriebsdirektor, Ostalb-Klinikum Aalen, Klinik am Ipf Bopfingen, St. Barbara-Straße 23, 89264 Weißenhorn.
Dipl. Betriebswirt (BA), Stephan Schneider, Direktionsassistent, Ostalb-Klinikum Aalen, Klinik am Ipf Bopfingen, Beethovenstraße 34, 73447 Oberkochen.

A. Ziel des Aufsatzes

Betrachtet man als Krankenhauspraktiker Veröffentlichungen zum Thema der strategischen Planung, so stellt sich nur selten der unmittelbare Bezug zur betrieblichen Praxis ein. In vielen Publikationen werden zu diesem Themenkreis keine Fallbeispiele eingeführt oder Methoden vorgestellt, die der Leser zu seiner Arbeit vor Ort in Verbindung bringen und durchführen kann.

Dieser Aufsatz sieht sich ausschließlich als Praxisbeitrag. Den veröffentlichten betriebswirtschaftlichen Modellen soll nichts hinzugefügt und an ihnen auch keine kritische Analyse vorgenommen werden. Die im Ostalb-Klinikum angewandten Methoden entsprechen nicht immer der veröffentlichten Reinheitslehre, einiges wurde abgewandelt und auf die Bedürfnisse des Ostalb-Klinikums zugeschnitten, einzelne Punkte weggelassen. Bei der Umsetzung theoretischer Modelle sind die vorhandenen personellen und technischen Gegebenheiten wesentliche Einflußfaktoren. Als mittleres Unternehmen kann das Ostalb-Klinikum, wie übrigens die meisten deutschen Kliniken, nicht auf große Stäbe mit betriebswirtschaftlichem Know-how zurückgreifen. Der Beitrag soll daher auch zeigen, was aus der Perspektive der Verfasser in diesem wichtigen Feld in die Praxis umsetzbar ist.

Es soll ein Überblick darüber gegeben werden, wie das Ostalb-Klinikum für sich die Fragen

- Was bedeutet strategische Krankenhausplanung in der Krankenhauspraxis?
- Warum ist die Strategieentwicklung und -umsetzung eine immer wichtiger werdende Managementaufgabe im Krankenhaus?
- Welche Vorteile können daraus für die Versorgungsqualität und damit für die Patienten als Kunden und für die Wirtschaftlichkeit der Leistungserbringung erwachsen?
- Mit welchen Methoden/Werkzeugen können diese Aufgaben in einem mittleren Klinikum der Zentralversorgung gelöst werden?

beantwortet hat.

Der Aufsatz verzichtet aus Platzgründen bewußt auf eine detaillierte Erläuterung aller dargestellten Sachverhalte.

B. Betriebswirtschaftliche Grundlagen zur strategischen Planung im Krankenhaus

Wesen, Aufgaben, Methoden und Werkzeuge der strategischen Unternehmensplanung sowie der strategischen Unternehmenssteuerung sind in der allgemeinen betriebswirtschaftlichen Fachliteratur eingehend beschrieben worden. Auch in der krankenhausspezifischen Fachliteratur sind diesem Themenkreis eine Reihe von Arbeiten gewidmet. Im Literaturverzeichnis sind einige ausgewählte Werke aufgeführt.

Planung kann definiert werden als die gedankliche Vorwegnahme zukünftigen Handelns unter Beachtung des Rationalitätsprinzips. Nach Wöhe befaßt sich die strategische Planung „primär mit der langfristigen Planung von Strategien für bestimmte Produkt-Markt-

Kombinationen (Geschäftsfelder) und damit verbunden auch mit Plänen, die sich mit der Schaffung und Erhaltung von Erfolgspotentialen beschäftigen, und die letztlich die langfristige Produktionsplanung bestimmen" (Wöhe 1990, S. 138).

Strategische Planung ist also eine aktive Tätigkeit. Trends und Entwicklungen, die zur Schaffung und Erhaltung von Erfolgspotentialen im Unternehmen führen können, müssen antizipiert, bewertet und gegebenenfalls umgesetzt werden. Echte Strategien sind nicht auf die Lösung bestehender Probleme und Unwirtschaftlichkeiten gerichtet, sondern auf die Nutzung zukünftiger Möglichkeiten (Porter 1997, S. 42). Dieses Verhalten kann in allen Organisationen beobachtet werden. Unterschiede gibt es allerdings dahingehend, daß sich Führungskräfte vielfach nur intuitiv mit diesen Themen auseinandersetzen (Gabler 1998, S. 1784). Strategische Planung als zielgerichtetes, institutionalisiertes Handeln im Unternehmen erfordert dagegen ein bewußt geschaffenes Managementsystem.

Bei Methoden und Werkzeugen der strategischen Planung gibt es zwischen den Unternehmen des freien Wettbewerbs und den Krankenhäusern im bestehenden Gesundheitssystem in Deutschland viele Parallelen, aber auch einige beachtenswerte Unterschiede. Im freien Wettbewerb ist der Markt Steuerungs- und Sanktionsmechanismus und Motor der Innovation. Wegen des Konkurrenzdrucks werden Unternehmen im freien Wettbewerb gezwungen, sich durch Anpassung und Weiterentwicklung gegen Mitbewerber zu behaupten. Der Kunde entscheidet über den Erfolg oder Mißerfolg der Strategien. Dieser Dynamik unterliegen Non-Profit Organisationen nicht im gleichen Maße (Schwartz 1986, S. 26ff.). Im Gesundheitsmarkt sind zwischen Konsumenten und Leistungserbringer mit den Kostenträgern und den Planungsbehörden der Länder das Angebot steuernde Institutionen gesetzt worden. So müssen primär nicht die Konsumenten von der Sinnhaftigkeit der eigenen Konzeptionen überzeugt werden, sondern zuerst diese steuernden Institutionen.

Strategische Planung ist originäre Aufgabe des Top-Krankenhausmanagements in Zusammenarbeit mit den Aufsichtsorganen des Krankenhausträgers: Definieren der Positionen des Unternehmens, Treffen von Abwägungen und Abstimmen aller Aktivitäten (Porter 1997, S. 58). Nicht die Partikularinteressen der einzelnen Bereiche stehen im Mittelpunkt, sondern das Gesamtinteresse des Unternehmens (Trill 1996, S. 76). Die Zusammensetzung des Top-Managements im Krankenhaus ist zum einen von der Rechtsform, zum anderen von der Geschäftsordnung abhängig. Eine häufig anzutreffende Konstruktion ist das Krankenhausdirektorium, bestehend aus Ärztlichem Direktor, Pflegedirektor und als primus inter pares dem Verwaltungsdirektor. Strategische Planung verlangt betriebswirtschaftliches Know-how und ein teamorientiertes Arbeiten zwischen dem Top-Management und den Leitern der Geschäftsfelder, den Chefärzten.

Unternehmensgrundsätze und aus ihnen entwickelte Unternehmensziele bilden die Grundlage für die Strategische Planung der Geschäftsfelder. Sie wirken als eine Leitplanke für das tägliche Handeln, da Pläne durch die Modifikation exogener Faktoren einem ständigen Anpassungsprozeß unterworfen werden müssen.

C. Felder und Notwendigkeit strategischer Planung im Krankenhaus in der medizinischen Kernkompetenz

Auf die medizinische Kernkompetenz im Krankenhaus übertragen, lassen sich drei zentrale Aufgabenbereiche der strategischen Planung herauskristallisieren:

1. Strategische Planung neuer Fachabteilungen in einer Klinik im Rahmen der Krankenhausplanung.
2. Strategische (Neu)Ausrichtung vorhandener Fachabteilungen.
3. Aufbau und Ausgestaltung zusätzlicher medizinischer Dienstleistungen im Unternehmen Krankenhaus (Stichwort Gesundheitszentrum).

Im nachfolgenden einige Gedanken zu diesen Themen, welche die Notwendigkeit strategischer Planung im Unternehmen Krankenhaus veranschaulichen sollen.

I. Strategische Planung neuer Fachabteilungen in einer Klinik im Rahmen der Krankenhausplanung

Gegenstand der Krankenhausplanung der Bundesländer sind grundsätzlich die Krankenhäuser, die Abteilungen und die darin vorgehaltenen Betten sowie Ausbildungseinrichtungen (Bruckenberger 1998, S. 94). Es können zur Zeit allerdings Bestrebungen beobachtet werden, den Krankenkassen ein größeres Mitspracherecht bei der Krankenhausplanung zu geben. Die Frage, ob eine Abteilung in einer Versorgungsregion eingerichtet wird oder nicht, könnte zukünftig im Konsens im Landeskrankenhausausschuß zwischen Krankenkassen und Sozialministerium beschlossen werden. Die Planung der Kapazitäten in den einzelnen Abteilungen vollzieht sich über die Zielgröße Bettenzahl. Ergebnis dieses Planungsverfahrens ist der Krankenhausbedarfsplan, in dem die Kliniken mit Fachabteilungen und Betten pro Fachabteilung aufgeführt sind.

Nachdem die Planung der Geschäftsfelder überregional durch die Landesplanung gesteuert wird, bleibt die Frage: Was ist überhaupt Sinn und Zweck einer strategischen Planung im Unternehmen Krankenhaus und wie soll sie bei diesen Rahmenbedingungen überhaupt aussehen? Früher hat es doch auch gereicht, als neue Fachgebiete in die Regionen getragen wurden, sich zu bewerben und mit dem probaten Mittel der politischen Einflußnahme den Erfolg zu suchen.

Dieses System ist für die Qualität der Leistungserbringung und damit für den Patienten nicht optimal, da nicht im Rahmen eines Leistungswettbewerbs dasjenige Krankenhaus die neue Abteilung aufbauen darf, das ein besseres Konzept vorlegt, sondern jenes, dessen Einfluß am größten, oder das in einer Warteliste nach vorne gerückt ist. Unserer Beobachtung nach beginnt dieses System aufzuweichen. Der steigende Einfluß der Kostenträger auf die Krankenhausplanung wird aus den Entscheidungsgremien „Gutachter" machen, die die Bewerber um eine Fachabteilung in einer Region nach der Güte ihrer strategischen Konzeption für diese neue Einrichtung beurteilt. Von diesem System wird die Qualität und die Wirtschaftlichkeit der Leistungserbringung im Krankenhaus profitieren, von den Krankenhäusern verlangt es allerdings eine weitaus aktivere und konstruktivere Rolle als bisher.

II. Strategische (Neu)Ausrichtung vorhandener Fachabteilungen

Im Krankenhausbedarfsplan wird nicht viel über die inhaltliche Ausgestaltung einer Abteilung ausgesagt. Ob in einer Fachabteilung Kardiologie der Schwerpunkt im invasiven Bereich oder im konservativen Bereich gelegt wird, ist nicht durch die Landesplanung vorgegeben. Je nach Ausrichtung ergeben sich unterschiedliche Kostenstrukturen. Eine invasiv tätige kardiologische Abteilung mit Linksherzkathetermeßplatz ist zum Beispiel wesentlich kostenintensiver als eine Abteilung mit konservativem Schwerpunkt. Zwischen Krankenkassen und Krankenhaus werden in jährlichen Budgetverhandlungen die Pflegesätze und pauschalen Entgelte verhandelt. Seit 1996 ist die Vereinbarung von Leistungsmengen und Leistungsstrukturen bei den Pauschalentgelten auch Teil der Budgetverhandlung. Damit beginnt sich der Einfluß der Kostenträger auf das Leistungsprogramm auszudehnen. Zum größten Teil ist die strategische Ausrichtung einer Fachabteilung bisher allein von dem leitenden Arzt abhängig. In vielen Fällen wird im Unternehmen Krankenhaus beim Wechsel des Chefarztes oder der Neueinrichtung einer Fachabteilung keine Diskussion über die strategische Ausrichtung der Abteilung geführt.

Strategische Planung in diesem Bereich muß für das Krankenhaus bedeuten, die interne Struktur einer Fachabteilung am Bedarf in der Bevölkerung, den Zielen des Unternehmens, den Marktentwicklungen, dem Leistungsspektrum der anderen Fachabteilungen sowie anderer flankierender und konkurrierender Angebote in der Region auszurichten. Diese Aufgabe ist wie oben ausgeführt eine originäre Aufgabe des Top-Managements und darf nicht allein dem Chefarzt überlassen bleiben.

III. Aufbau und Ausgestaltung zusätzlicher medizinischer Dienstleistungen im Unternehmen Krankenhaus (Stichwort Gesundheitszentrum)

Die Zukunftsperspektive, die Prof. Arnold im Editorial zum Krankenhausreport 1998 formuliert, müßte alle Verantwortlichen in Krankenhäusern alarmieren: „Werden die Interessen und das Wohl der Patienten und die medizinischen Erfordernisse angemessen berücksichtigt, dann nehmen die Einweisungsfrequenzen und die Verweildauer ab, und das Akutkrankenhaus wird zu dem, was es aufgrund von Fortschritten verschiedenster Art ... heute sein kann, nämliche im letzten eine einzige Intensiveinrichtung (Arnold 1998, S. 9)". Prof. Arnold prognostiziert, daß Aufgaben, die bisher als Kernkompetenzen des klassischen Krankenhauses angesehen wurden, in Zukunft ambulant oder in anderen Formen außerhalb des klassischen Krankenhauses erfüllbar sind. Für viele Kliniken verbindet sich mit dieser Entwicklung ein Szenario aus Bettenabbau, gefolgt von Arbeitsplatzabbau und schließlich Sorge um das Fortbestehen.

Vor diesem Hintergrund müssen sich Krankenhäuser in ihren strategischen Überlegungen aktiv mit neuen Betätigungsfeldern beschäftigen, die außerhalb dem heutigen Bereich der stationären Akutversorgung liegen. Eine wettbewerbsfähige Klinik der Zukunft wird mehr als ein bloßes Akutkrankenhaus sein.

Die starre Trennung zwischen ambulanter und stationärer Versorgung lockert sich und bietet Chancen, aber auch Risiken. Die stark an Dynamik gewinnende Disziplin der ambulanten Operationen wird zwischen den Leistungserbringern aufgeteilt. Hier, wie auch

Abb. 1: Geburtsvorbereitung und Klinikempfehlung durch die Elternschule Frauenklinik Aalen e.V.

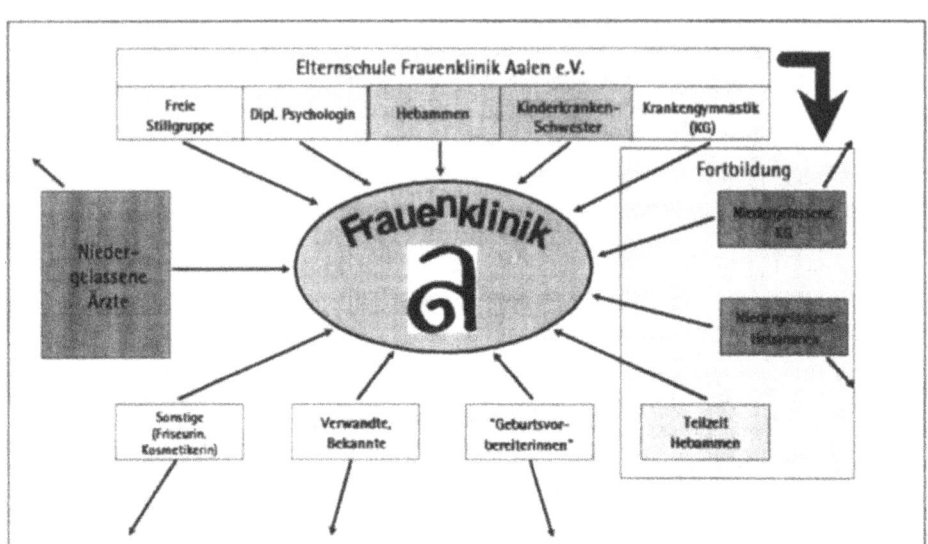

in anderen Bereichen, ist die Frage zu stellen, ob sich das Krankenhaus als Institution eigene Kompetenzen aufbauen soll oder partnerschaftliche Lösungen mit Dritten anstrebt. Das Krankenhaus soll ein Gesundheitszentrum werden, ein Ort, an dem zum Beispiel niedergelassene Ärzte ihre Dienstleistung erbringen und die Infrastruktur mit nutzen, ein Ort, um den sich verschiedene gesundheitliche und soziale Einrichtungen wie Pflegestationen, betreutes Wohnen, Tageskliniken, Sozialstationen und vieles mehr gruppieren können. Das Ostalb-Klinikum kooperiert beispielsweise mit einem niedergelassenen Radiologen im Bereich der Kernspintomographie, eine nephrologische Praxis und ein Pathologie haben in der Klinik Räume gemietet und nutzen die Infrastruktur.

Durch neue Angebote im Gesundheitswesen werden die Handlungsmöglichkeiten größer. Chancen entstehen auch außerhalb der gesetzlichen Krankenversicherung im Bereich von Prävention, Beratung, Nachsorge und Begleitung. Ein großer Teil der Bevölkerung mißt der Gesundheit einen hohen Stellenwert zu und ist auch bereit, für qualitativ hochwertige Angebote außerhalb der gesetzlichen Krankenhausversicherung zu bezahlen. Hier kann als Beispiel die Elternschule Frauenklinik Aalen e.V. Erwähnung finden, die mit großem Erfolg Familien in der Phase vor der Geburt intensiv betreut (siehe Abbildung 1).

D. Strategische Unternehmensplanung im Ostalb-Klinikum Aalen

Das Ostalb-Klinikum hat die strategische Planung institutionalisiert. Aufgaben, Kompetenzen und Verantwortlichkeiten sind klar definiert, die betriebswirtschaftlichen Metho-

Abb. 2: Strategienfächer

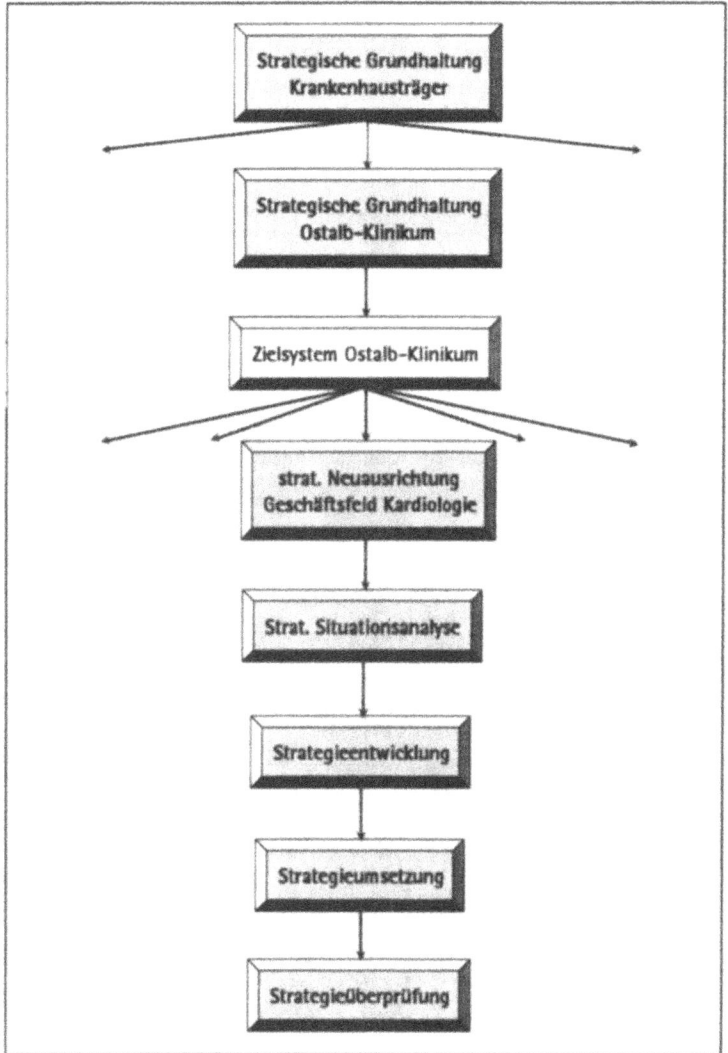

den und Modelle sowie die Planungsschritte bedürfen der Schriftform und müssen den Beteiligten und den Aufsichtsgremien bekannt sein und von diesen unterstützt werden. Das Management nutzt hierzu die Methode des Strategiefächers (Gabler 1989, S. 1784). Damit wird der stufenweise Entwurf von strategischen Programmen beschrieben, wobei in der jeweils höheren Stufe mit einem größeren Detaillierungsgrad geplant wird. Abbildung 2 zeigt die Elemente des für das Ostalb-Klinikum entwickelten Strategiefächers.

I. Strategische Grundhaltung

Ziele und Strategien können in einem Unternehmen erst dann wirkungsvoll entwickelt und umgesetzt werden, wenn sich die Organisation „ihrer Selbst bewußt" ist, das heißt ihr Selbstverständnis, ihre Rolle definiert und ihre Geschichte reflektiert. Die schriftlich fixierte strategische Grundhaltung eines Unternehmens spiegelt seine Identität durch die Darstellung eines Kerns grundlegender Eigenschaften wieder (Straub 1997, S. 187).

1. Der Eigenbetrieb Ostalb-Klinikum Aalen als Teil der dezentralen Krankenhausversorgung durch den Ostalbkreis

Der Ostalbkreis ist Hauptträger der stationären Krankenversorgung im Kreisgebiet. Er vertritt als Flächenlandkreis (in Baden-Württemberg hinsichtlich der Fläche an dritter Stelle, hinsichtlich der Einwohnerzahl an achter Stelle von 35 Landkreisen) konsequent eine dezentrale Krankenhausstruktur mit drei Eigenbetrieben und vier Standorten. Abbildung 3 zeigt das Selbstverständnis des Krankenhausträgers, die Einordnung des Gesundheitswesens in die Standortfaktoren und die stationären Krankenhauseinrichtungen des Ostalbkreises.

Abb. 3: Einbindung der kreiseigenen Krankenhäuser in das Selbstverständnis des Ostalbkreises

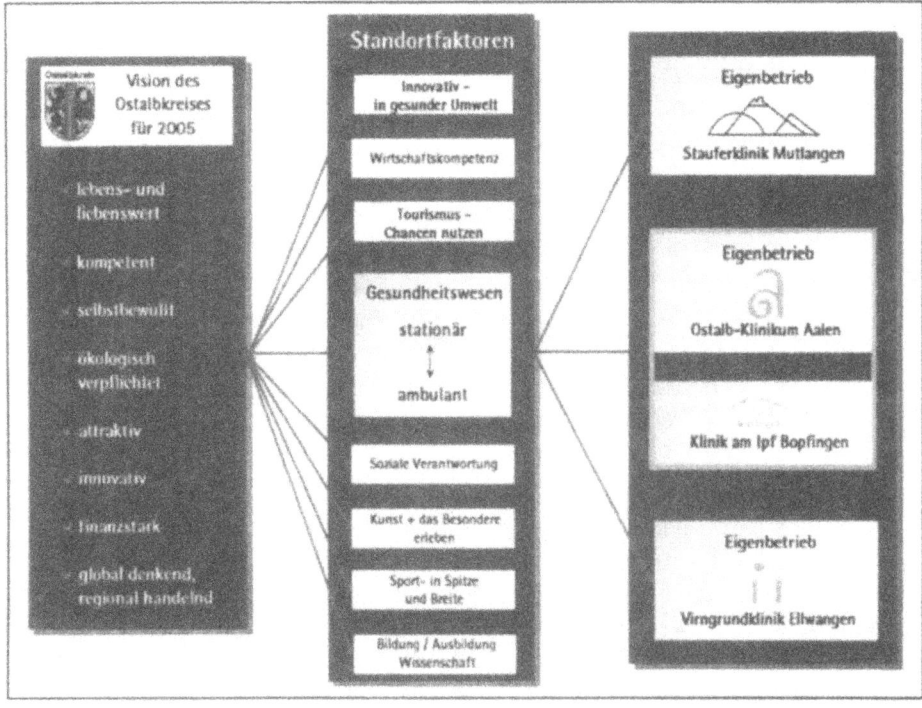

Abb. 4: Zielsystem des Ostalbkreises als Krankenhausträger

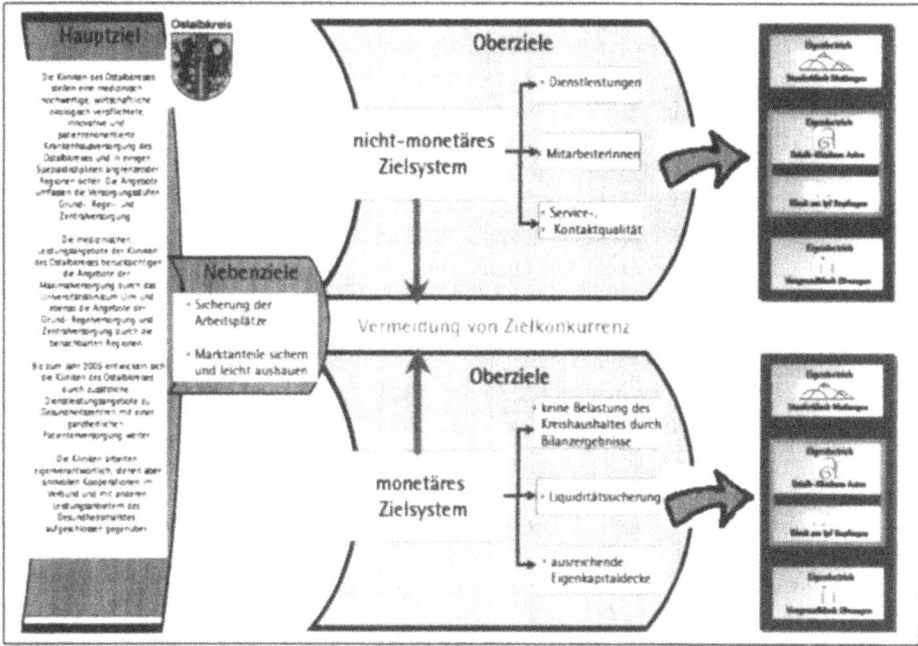

Der Ostalbkreis hat als maßgeblicher Krankenhausträger ein Zielsystem entwickelt, das Hauptziele und Oberziele für die Krankenhausversorgung durch die Kreiskliniken definiert. Dieses Zielsystem ist Richtschnur für die kreiseigenen Kliniken, in dessen Rahmen sie eigenverantwortlich planen und handeln können (siehe Abbildung 4).

Als Hauptziele der stationären Krankenhausversorgung durch den Ostalbkreis wurden definiert:

Die Kliniken des Ostalbkreises stellen eine medizinisch hochwertige, wirtschaftliche, ökologisch verpflichtete, innovative und patientenorientierte Krankenhausversorgung des Ostalbkreises und in einigen Spezialdisziplinen angrenzender Regionen sicher. Die Angebote umfassen die Versorgungsstufen Grund-, Regel- und Zentralversorgung.

Die medizinischen Leistungsangebote der Kliniken des Ostalbkreises berücksichtigen die Angebote der Maximalversorgung durch das Universitätsklinikum Ulm und ebenso die Angebote der Grund-, Regel- und Zentralversorgung durch die benachbarten Regionen.

Bis zum Jahr 2005 entwickeln sich die Kliniken des Ostalbkreises durch zusätzliche Dienstleistungsangebote zu Gesundheitszentren mit einer ganzheitlichen Patientenversorgung weiter.

Die Kliniken arbeiten eigenverantwortlich, stehen aber sinnvollen Kooperationen im Verbund und mit anderen Leistungsanbietern des Gesundheitsmarktes aufgeschlossen gegenüber.

2. Das Leitbild des Ostalb-Klinikums

Das Unternehmen Ostalb-Klinikum Aalen/Klinik am Ipf Bopfingen ist ein wirtschaftlicher Betrieb des Ostalbkreises und wird seit 1995 in der Rechtsform des kommunalen Eigenbetriebs geführt. Das Ostalb-Klinikum Aalen hat den Versorgungsauftrag der Zentralversorgung und betreibt 424 Betten in zehn Fachabteilungen. Die Klinik am Ipf Bopfingen ist eine Betriebsstätte des Eigenbetriebs mit 32 Betten hauptsächlich in der Fachrichtung Chirurgie. Sie soll zu einem Modell für eine patientenorientierte Grundversorgung im ländlichen Raum werden. Im Eigenbetrieb Ostalb-Klinikum Aalen/Klinik am Ipf Bopfingen sind etwa 1000 MitarbeiterInnen beschäftigt. Das Umsatzvolumen des Eigenbetriebs beläuft sich auf über 80 Millionen DM.

a) Unternehmensphilosophie
Aufbauend auf den Zielen und Wertvorstellungen des Ostalbkreises wurden im Ostalb-Klinikum eine Unternehmensphilosophie entwickelt, die in wenigen Sätzen das Selbstverständnis und Leitmotiv des Klinikums darstellen soll.

Verantwortung für das Leben
Für alle Mitarbeiterinnen und Mitarbeiter am Ostalb-Klinikum Aalen bedeutet Verantwortung für das Leben – die Achtung vor dem Leben, vor der Würde und den Grundrechten des Menschen.
Es ist kein Zufall, daß für alle Beschäftigten unseres Klinikums am Anfang aller Hilfe diese Achtung steht. Achten heißt soviel wie achtgeben, aufmerksam sein, eine Auge haben für den anderen, ihn ernst nehmen und anerkennen, würdigen als den, der er ist.
Die Würde des Menschen ist uns ein verpflichtender Wert. Würde als Wertschätzung unserer Patienten schließt Geborgenheit ein und garantiert nicht nur Fürsorge, sondern läßt auch Raum für Selbstbestimmtheit und Souveränität.
Unsere Arbeit an und mit den Patienten geschieht mit Kopf, Hand und Herz; drei Elemente die das ganze umfassen und ein ganzheitliches Menschenbild zum Ziel haben.
Diese ganzheitliche Betrachtungsweise ermöglicht uns ein Bild vom Menschen das den ganzen Menschen meint und sich für den ganzen Menschen verantwortlich weiß.
Der ganze Mensch will gefördert und beansprucht, angenommen und herausgefordert werden – und dies konkret in der Arbeit aller Beschäftigten unseres Klinikums, die, vom ganzen Menschen geleistet, den ganzen Menschen meint.

b) Unternehmensleitlinien
Die Unternehmensleitlinien geben den Rahmen für die Entscheidungen im Unternehmen vor und sind somit eine Orientierungshilfe im täglichen Handeln für alle Mitarbeiter. Sie sind der Maßstab, an dem wir uns als Dienstleister messen lassen wollen. Insbesondere auch neuen Mitarbeitern sollen sie Orientierung geben hinsichtlich der allgemeinen Erwartungen, Verhaltensweisen, Ausrichtungen und Führungsgrundsätze. Die Kommunikation der Unternehmensphilosophie und der Unternehmensleitlinien an Patienten und Partner des Ostalb-Klinikums hat einen hohen Stellenwert.

Strategische Planung

Unternehmensleitlinien des Ostalb-Klinikums

Unser Klinikum hat sich von einem Kreiskrankenhaus mit Regelversorgung zu einem Haus von regionaler Bedeutung entwickelt. Dadurch können wir nicht nur die medizinische Grund- und Regelversorgung für den Bereich Aalen, sondern auch die Zentralversorgung für den gesamten Ostalbkreis wahrnehmen.

Auch im akademischen Bereich haben sich neue Möglichkeiten eröffnet: In Zusammenarbeit mit der Universität Ulm widmen wir uns der Ausbildung von Medizinstudenten. Die Weiterbildung zum Facharzt und der Erwerb einer fachlichen Zusatzbezeichnung fallen ebenso in das Aufgabengebiet unseres Klinikums wie die Nachwuchsförderung im Pflegebereich. Hier bieten wir neben der Ausbildung in unseren Schulen für Pflegeberufe auch staatlich anerkannte Weiterbildungsmöglichkeiten in der Fachkrankenpflege an. Die stationäre Behandlung wird durch ambulante Versorgung und Beratung unterstützt.

Die heutige Bedeutung unserer Klinik für die gesamte Region haben wir angesehenen Medizinern und engagierten Mitarbeitern zu verdanken. Wir möchten unseren hohen medizinischen und pflegerischen Standard erhalten – auch angesichts der Veränderung im Gesundheitsbereich. Deshalb verstehen wir uns als Dienstleistungsunternehmen für die Bevölkerung der Ostalb.

Die Zukunft gestalten und sichern

Auch eine Klinik wie diese ist ein selbständiges Unternehmen, das nach betriebswirtschaftlichen Gesichtspunkten geführt werden muß. Nur so kann es seinen gesellschaftlichen Nutzen erfüllen und die Aufgaben für den Ostalbkreis wahrnehmen.

Wirtschaftlicher Erfolg und damit eine starke finanzielle Basis sind auch für unser Klinik-Unternehmen die Voraussetzung, um unseren Mitarbeitern einen sicheren Arbeitsplatz bieten zu können und für unsere Patienten stets auf dem neuesten Stand der Wissenschaft zu bleiben. Umweltschutz bedeutet für uns eine Investition in die Zukunft.

Umwelt schützen

Verantwortungsbewußter Umweltschutz heißt, sparsam mit Rohstoffen und Energie umzugehen und die natürlichen Lebensgrundlagen zu bewahren. Der Auftrag zur Krankenversorgung beinhaltet für uns auch eine präventive Gesundheitsvorsorge, die ein umweltbewußtes Verhalten einschließt.

Zufriedene Patienten

Aber unser Angebot an Dienstleistungen muß mehr als modernste Medizintechnik und hohe persönliche Fachkompetenz beinhalten: Die Grundlage unseres Erfolgs sind zufriedene Patienten. Wir werden darum auch weiterhin daran interessiert sein, neue Anforderungen und Entwicklungen in unserer Arbeit einzubeziehen und den Dienst am Patienten sinnvoll zu verbessern.

Wir helfen unseren Patienten

- durch die richtige Diagnose
- durch die Empfehlung der optimalen Therapie
- durch kompetente Behandlung und Pflege mit gutem Service
- durch nachstationäre Behandlung und Versorgung

Deshalb ist es unser Anliegen, dem Patienten nicht nur fachkundige Hilfe zu bieten, sondern auch auf ihre persönlichen Sorgen einzugehen, ein Verhältnis von Achtung und gegenseitigem Vertrauen zu schaffen. Nur im Zusammenspiel von Wissenschaft, Technik und Menschlichkeit können wir die Erwartungen unserer Patienten erfüllen und entscheidend zu ihrer Genesung beitragen.

Qualität bestimmt unsere Leistung

Qualität bedeutet für uns:
- einen hilfsbereiten, freundlichen und kompetenten Dienst am und für den Patienten
- keine endlosen Formalitäten, sondern eine zügige und fehlerfreie Abwicklung
- schnelle Entscheidungen
- den Bedürfnissen und Erwartungen unserer Patienten zu entsprechen oder – besser noch – sie zu übertreffen.

Das gilt auch für die Kosten: Gute Qualität rechtfertigt durchaus einen angemessenen Preis, der aber im Rahmen dessen bleiben muß, was die Kostenträger für unsere Leistung bezahlen.

Die eingesetzte Technik muß den Patienten helfen

Wir setzen modernste medizinische Geräte überall dort ein, wo sie unsere Patienten sinnvoll bei der Genesung unterstützen, ihnen Besserung oder Linderung verschaffen. Außerdem hilft uns die Technik im Bereich der Verwaltung und Kalkulation, unsere betriebliche Leistungsfähigkeit zu steigern und wettbewerbsfähige Preise zu halten. Unsere Mitarbeiter werden durch den Einsatz zeitgemäßer Technik entlastet, um sich anspruchsvolleren Aufgaben widmen zu können.

Alle arbeiten im Interesse dieses Klinikums

Die Aufgaben, Kompetenzen und Verantwortungsbereiche jeder Abteilung, jedes Vorgesetzten und jedes Mitarbeiters sind durch die Organisation des Klinikums klar und verbindlich festgelegt.

Dabei bleibt aber jedem einzelnen genügend Freiraum für Eigeninitiativen – begünstigt durch eine zunehmende dezentrale Unternehmensstruktur. Denn: Innerbetrieblicher Wettbewerb kann unsere Klinik noch erfolgreicher machen – wenn er fair bleibt und das Prinzip der gegenseitigen Unterstützung und Zusammenarbeit nicht gefährdet.

Wir planen, entscheiden und lernen für die Zukunft

Im Rahmen einer strategischen Orientierung vereinbaren wir unsere Ziele und setzen uns mit den Ergebnissen auseinander. Wir lernen aus Erfolgen, aber auch aus unseren Fehlern: Jede erkannte Ursache ist eine Chance, Mißerfolge künftig zu vermeiden.

Deshalb haben wir Mitarbeiter, die ihre ganzen Kenntnisse und Fähigkeiten einbringen. Wir unterstützen sie dabei mit unserem klinikinternen Aus- und Fortbildungsprogramm.

Vertrauen ist die Grundlage

Gerade der Klinikbetrieb kann nur durch den offenen Austausch von Informationen, gegenseitige Achtung und vertrauensvolle Zusammenarbeit reibungslos ablaufen. Auch ein kooperatives Verhältnis zur Vertretung der Mitarbeiter ist von gemeinsamem Interesse.

Jeder Mitarbeiter trägt zu unserem Erfolg bei

Die Leistungsfähigkeit des Klinikums hängt vom Können und dem Einsatz unserer Mitarbeiter ab. Jeder einzelne leistet an seinem Arbeitsplatz einen wesentlichen Beitrag zum Erfolg des gesamten Klinikums.

II. Das Zielsystem des Ostalb-Klinikums

Auf der Grundlage der Wertvorstellungen des Krankenhausträgers und des Unternehmens wurde im Ostalb-Klinikum ein Zielsystem (siehe Abbildung 5) entwickelt, das als Gerüst für die strategischen Planungsüberlegungen fungiert. Mit der Formulierung von Hauptzielen und Oberzielen sind die strategischen Stoßrichtungen der Unternehmenspolitik festgelegt worden:

Abb. 5: Zielsystem des Ostalb-Klinikums

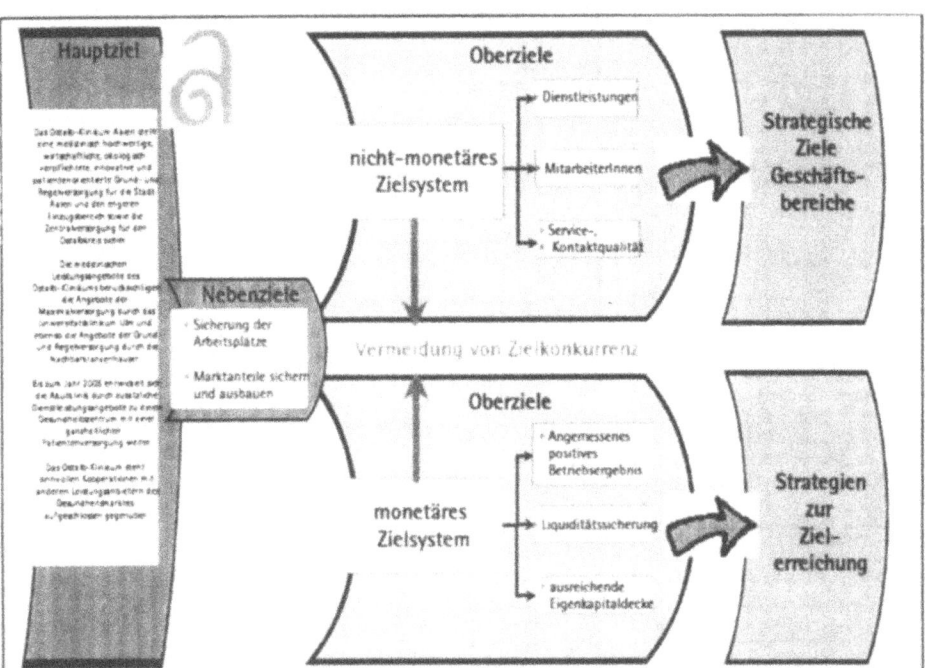

Hauptziele sind:

Das Ostalb-Klinikum Aalen stellt eine medizinisch hochwertige, wirtschaftliche, ökologisch verpflichtete, innovative und patientenorientierte Grund- und Regelversorgung für die Stadt Aalen und den engeren Einzugsbereich sowie die Zentralversorgung für den Ostalbkreis sicher.
Die medizinischen Leistungsangebote des Ostalb-Klinikums berücksichtigen die Angebote der Maximalversorgung durch das Universitätsklinikum Ulm und ebenso die Angebote der Grund- und Regelversorgung durch die Nachbarkrankenhäuser.
Bis zum Jahr 2005 entwickelt sich die Akutklinik durch zusätzliche Dienstleistungsangebote zu einem Gesundheitszentrum mit einer ganzheitlichen Patientenversorgung weiter. Das Ostalb-Klinikum steht sinnvollen Kooperationen mit anderen Leistungsanbietern des Gesundheitsmarktes aufgeschlossen gegenüber.

Wichtige Nebenziele, die auf die schon etwas konkretisierten Oberziele einwirken, sind zum einen die Sicherung der Arbeitsplätze und zum anderen das damit korrespondierende betriebswirtschaftliche Ziel, Marktanteile zu sichern oder leicht auszubauen. Als Klinikum in öffentlicher Trägerschaft und gemeinnützige Einrichtung erfährt das Ziel der (dauerhaften) Sicherung von Arbeitsplätzen naturgemäß eine starke Gewichtung.

Aus den Hauptzielen wurden Oberziele entwickelt, die sich in ein nicht-monetäres und ein monetäres Zielsystem aufspalten. Das nicht-monetäre Zielsystem umfaßt die Bereiche Dienstleistungen, MitarbeiterInnen, Service- und Kontaktqualität.

Der Bereich Dienstleistungen wurde wie folgt beschrieben: *Kundenprobleme werden durch zeitgemäße Produkte mit herausragender Qualität in Verbindung mit produktergänzenden Dienstleistungen gelöst.* Er umfaßt die Teilbereiche

- Medizinische Kernkompetenz: *Antizipation und frühzeitige Umsetzung des medizinischen Fortschritts und von Kundenforderungen in der medizinischen Kernkompetenz (stationäre Akutversorgung)*
- Ergänzende medizinische Dienstleistungen: *Aufbau ergänzender Dienstleistungen im Rahmen des Konzepts „Gesundheitszentrum". Schaffung von Zusatznutzen für die Kunden und Integration der Bevölkerung.*
- Sonstige Dienstleistungen: *Das Ostalb-Klinikum nimmt sich als Wirtschaftsfaktor in der Region wahr und bietet außerhalb der medizinischen Kompetenz Dienstleistungen an.*

Im Bereich MitarbeiterInnen werden folgende Ziele verfolgt: *Durch attraktive und interessante Arbeitsplätze wird engagierten MitarbeiterInnen die Möglichkeit verschafft, im Rahmen von Fähigkeiten und Neigungen Sinn und persönliche Bestätigung in der Arbeit zu finden. Die Dienstleistungskompetenz wird gefördert.*

Das Oberziel Service- und Kontaktqualität charakterisiert folgende Sachverhalte: *Durch kundenorientiertes Verhalten und Nutzenkomponenten neben der medizinischen Kernkompetenz stellen sich Sympathie und Vertrauen bei den Kunden, Angehörigen, Besuchern und der Öffentlichkeit ein.*

Als monetäre Oberziele wurden ein angemessenes positives Betriebsergebnis, die Liquiditätssicherung und eine ausreichende Eigenkapitaldecke definiert. Die monetären Oberziele wirken als Steuerungsgrößen auf die nicht-monetären Ziele und Strategien ein. Durch begrenzte Finanzmittel im Gesundheitswesen lassen sich konkurrierende Zielvorstellungen nicht vermeiden. Aufgabe des Krankenhausmanagements ist es, mit Blick auf das Zielsystem des Krankenhausträgers und die Verantwortung für die Sicherstellung der Patientenversorgung unter anderem durch das Setzen von Prioritäten monetäre und nicht-monetäre Ziele des Unternehmens in Einklang zu bringen.

III. Strategische Neuausrichtung einer Fachabteilung im Ostalb-Klinikum am Beispiel der Kardiologie

Aus den oben vorgestellten strategischen Grundhaltungen und Unternehmenszielen des Ostalbkreises und des Ostalb-Klinikums sollen nun die konkreten, auf Projekte bezogenen Planungsstufen des Strategiefächers im Ostalb-Klinikum aufgezeigt werden. Diese werden am Beispiel der strategischen Neuausrichtung der Kardiologie nachgezeichnet.

Ziel des Projektes war der Ausbau der medizinischen Kompetenz in der invasiven Katheterintervention mit der Einrichtung eines Linksherzkathetermeßplatzes.

1. Strategische Situationsanalyse

Ein kritischer Beobachter des Krankenhauswesens könnte sich folgende Frage stellen: Warum ist eine Neuausrichtung der Geschäftsfelder und eine Kompetenzzunahme in Zeiten knapper Kassen und gedeckelter Budgets überhaupt anzustreben? Im Ostalb-Klinikum wurden auf diese Frage folgende Antworten gefunden: Ein Klinikum der Zentralversorgung braucht kontinuierlichen Kompetenzzuwachs, sonst steht die Versorgungsstufe eines Tages nur noch auf dem Papier. In den nächsten Jahren wird aufgrund des medizinischen Fortschritts die Verweildauer weiter absinken. Das heißt, es werden so viele Patienten wie heute behandelt, aber in einer kürzeren Zeit. Die Folge wäre bei gleicher Leistungsstruktur ein Absinken der Behandlungstage und damit der Auslastung. Das bedeutet wiederum Kürzung der vorgehaltenen Bettenkapazitäten und in letzter Konsequenz Abbau von Arbeitsplätzen. Das Ostalb-Klinikum ist im Bundesvergleich ein kleines Haus der Versorgungsstufe Zentralversorgung. Der Fixkostenblock würde bei jeder weiteren Reduzierung der Betten die Fallkosten im Vergleich zu anderen Zentralversorgungshäusern ungünstig beeinflussen. Die Zukunft wird ausgeprägte Benchmarking-Systeme bringen. In Pflegesatzverhandlungen werden schon heute Betriebsvergleiche als Maßstab herangezogen. Fazit: Jede weitere Verkleinerung bringt Nachteile in der Zukunft!

Basis der Situationsanalyse war die Formulierung eines Oberzieles für das Geschäftsfeld Kardiologie: *Sicherstellung der Zentralversorgung des Ostalbkreises und angrenzender Regionen in kardiologischer Diagnostik und Therapie auf dem neuesten Stand der klinischen Praxis.*

Es folgte eine Untersuchung der Ist-Struktur der Kardiologie im Ostalb-Klinikum und des aktuellen Entwicklungsstands und der Zukunftsperspektiven in den verschiedenen Teilgebieten der Kardiologie. Die Gegenüberstellung von Ist-Analyse und den Trends in der Kardiologie war Grundlage zur Bestimmung der strategischen Zielrichtung für die Neuausrichtung der Fachabteilung. Verkürzt dargestellt, ergab die Ist-Analyse, daß sich die Kardiologie im Ostalb-Klinikum mit Ausnahme der Schrittmacherimplantation auf die Diagnostik im Bereich der Echokardiographie (bildgebende Verfahren) und Elektrophysiologie (z.B. EKG) und auf konservative Behandlungsansätze spezialisiert hatte.

Abbildung 6 stellt schematisch den Stellenwert der drei maßgeblichen diagnostischen und therapeutischen Techniken in der Kardiologie (Echokardiographie, Elektrophysiologie und Herzkatheter) dar. Die sprunghafte Entwicklung des Herzkatheterbereiches in den letzten 20 Jahren ist deutlich zu erkennen.

Der Herzkatheter eröffnete den Kardiologen endlich eine invasive therapeutische Option bei Herzinfarkt und koronarer Herzerkrankung. Der Trend bei der Therapie von Verengungen der Herzkranzgefäße geht auch in Zukunft eindeutig zum invasiven Verfahren in einem Linksherzkathetermeßplatz. War in den siebziger Jahren ausschließlich die konservative Behandlung möglich, so begannen Anfang der achtziger Jahre Zentren mit angeschlossener Herzchirurgie die invasive Therapie. Heute ist die Technik der Katheterintervention so sicher, daß eine angeschlossene Herzchirurgie nicht mehr notwendige Bedingung für einen Linksherzkathetermeßplatz mit der Durchführung von Dilatationen

Abb. 6: Entwicklungslinien der großen diagnostischen und therapeutischen Techniken in der Kardiologie

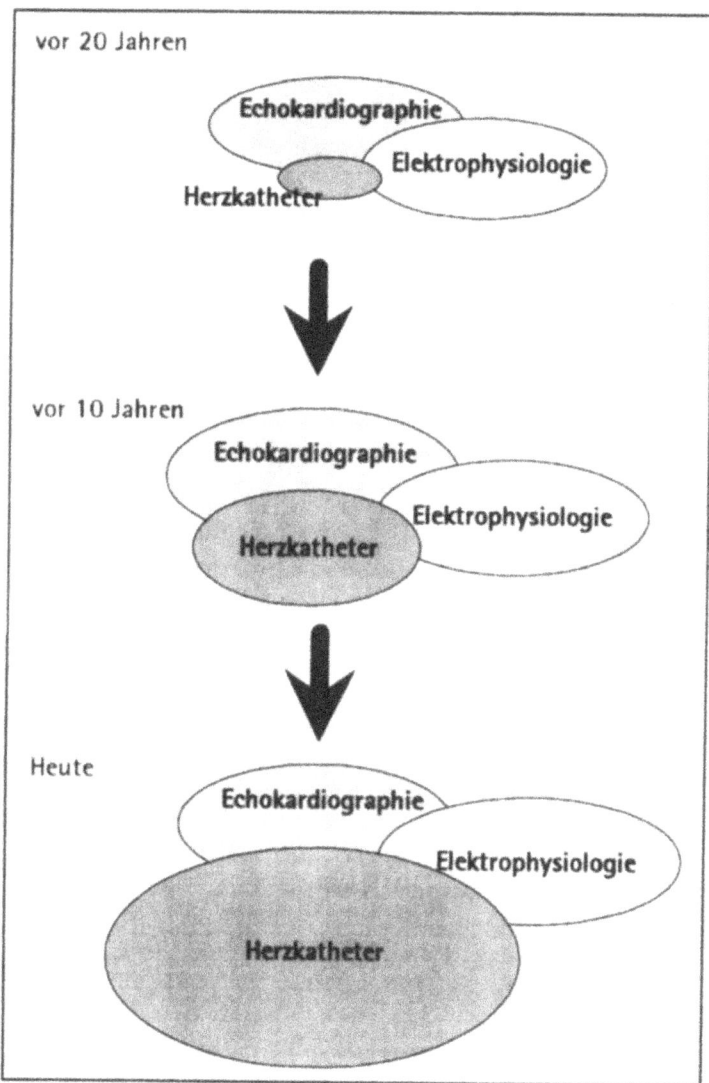

(Öffnung der verstopften Gefäße) bei akutem Herzinfarkt ist. Deshalb hat dieses Verfahren in den Kliniken der Zentralversorgung verbreitet Einzug gefunden (siehe Abbildung 7).

Die fehlende Ausrichtung auf die Katheterintervention wurde für die Kardiologie des Ostalb-Klinikums in Bezug auf ihre Stellung als leistungsfähige Klinik in einem Haus der Zentralversorgung in den nächsten fünf bis zehn Jahren als ein erhebliches Risikopotential festgestellt. Somit war die Frage nach der strategischen Zielrichtung beantwortet: *Die*

Abb. 7: Megatrends in der Koronarangiographie

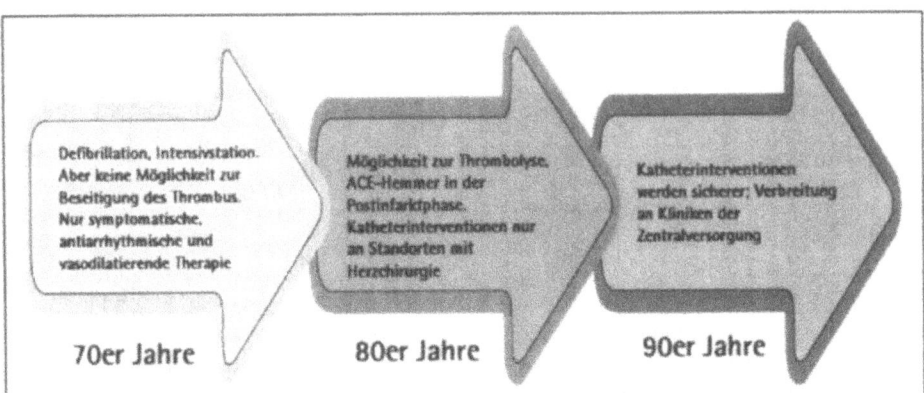

Stellung als kardiologisches Zentrum kann nur durch die Einrichtung eines Linksherzkatheterlabors gesichert werden. Voraussetzung für die Entwicklung einer wirkungsvollen Strategie waren detaillierte Analysen zu den Chancen und Risiken sowie zu den Stärken und Schwächen.

a) **Chancen- und Risikoprofil**

aa) Umfeldanalyse
Die Umfeldanalyse ist die Basis weiterer spezialisierter Betrachtungen. Mit ihr wird ergründet: Wie sieht die Umwelt um uns aus, und welche Stellung nehmen wir in ihr ein?

In die Umfeldanalyse werden sowohl globale als auch lokale Einflußgrößen einbezogen.

Wichtige globale Faktoren sind die Krankenhauspolitik auf regionaler Ebene, Landes- und Bundesebene und die Interessen der Krankenhausverbände vor Ort und in den Landes- und Bundesverbänden. Auf allen Ebenen finden sich restriktive Rahmenbedingungen für Kapazitätserweiterungen in Krankenhäusern. Speziell bei den Krankenkassen ist eine andere aktuelle Entwicklung zu beobachten. Durch den stärkeren Wettbewerb zwischen den Krankenkassen sind auch die Zeiten einer einheitlichen Politik vorbei.

Jedes Krankenhaus sollte den regionalen Gesundheitsmarkt akribisch analysieren. Nur durch die Schaffung von Transparenz auf dieser unteren Ebene können die Auswirkungen von Entscheidungen richtig abgeschätzt werden. Wichtige Kriterien sind zum Beispiel die Krankenhaushäufigkeit, Einzugsgebiete, Bevölkerungsdichte, Infrastrukturen und Trägerstrukturen.

Abbildung 8 und 9 demonstrieren zwei Ergebnisse der lokalen Umfeldanalysen des Ostalb-Klinikums. Abbildung 8 zeigt die Krankenhäuser der Region und nimmt eine Aufteilung in Versorgungsgebiete vor. Die Prozentwerte entsprechen dem Anteil der Patienten des Ostalb-Klinikums, die aus den jeweiligen Versorgungsgebieten stammen.

Abbildung 9 veranschaulicht den „Marktanteil" des Ostalb-Klinikums in ausgewählten Orten des Einzugsgebietes. Die Balken stellen die absoluten Patientenzahlen im Erhe-

Abb. 8: Aufteilung der Region in Versorgungsgebiete

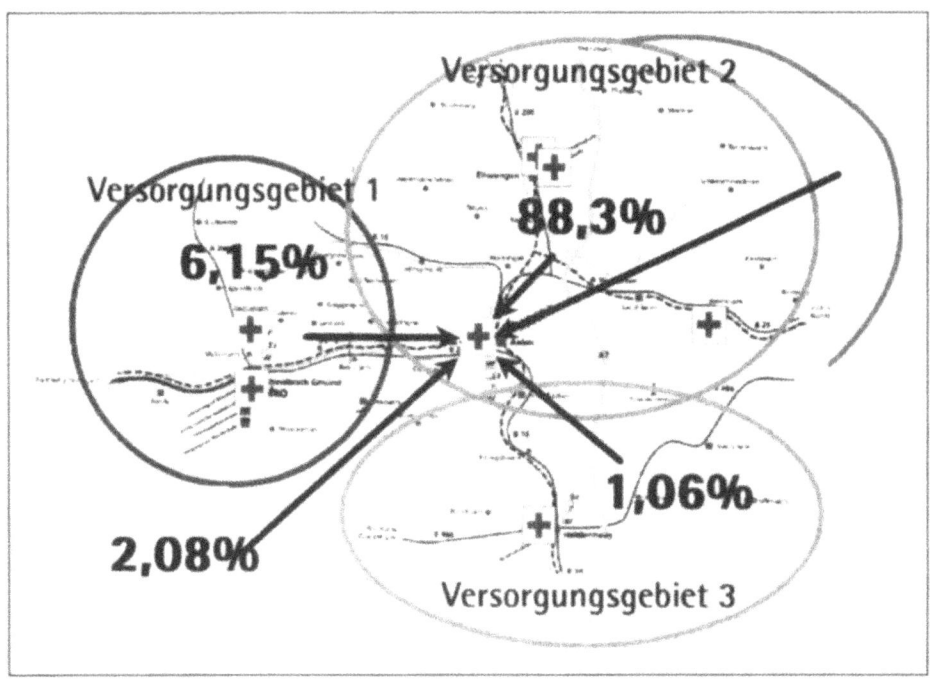

Abb. 9: Marktanteile des Ostalb-Klinikums

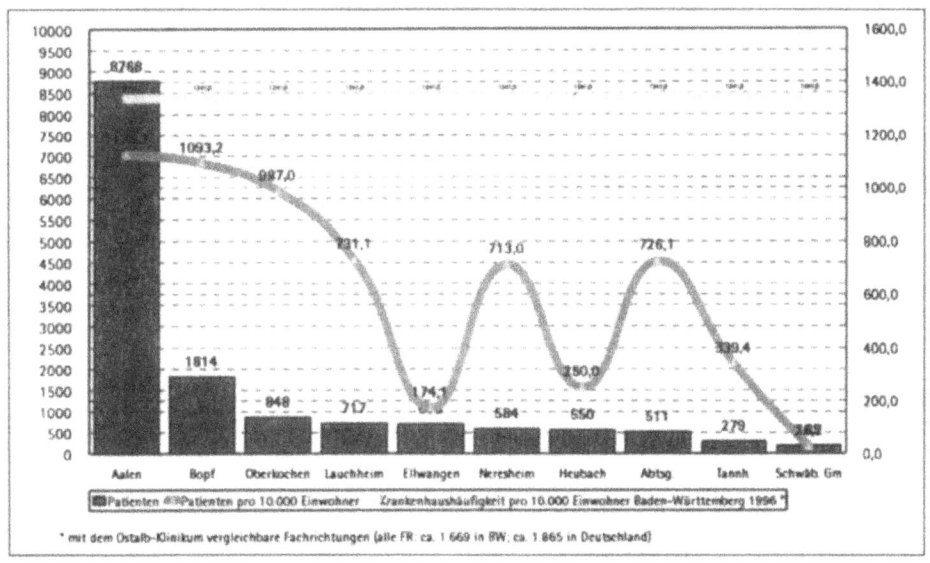

bungszeitraum aus diesen Orten dar. Die Gerade repräsentiert die Krankenhaushäufigkeit in Baden-Württemberg pro 10 000 Einwohner im Jahr 1996 für Fachabteilungen, die auch im Ostalb-Klinikum vorhanden sind. Geht man davon aus, daß die Krankenhaushäufigkeit im Einzugsgebiet des Ostalb-Klinikum nur marginal von diesem Wert abweicht, entspricht dieser Wert 100 Prozent Marktanteil. Die Kurve für die Teilorte die Einweisungen pro 10 000 Einwohner ins Ostalb-Klinikum und damit den Marktanteil

ab) Marktanalyse
Mit der Marktanalyse wurde die Fragestellung nach der Bedarfsgerechtigkeit eines Linksherzkatheterlabors am Ostalb-Klinikum behandelt. Dazu mußten unter anderem die nachfolgenden Detailfragen beantwortet werden:

- Wo existieren Herzkatheterlabors in Krankenhäusern?
- Wie sind diese verteilt?
- Wo gibt es ambulante Zentren?
- Welche Leistungsmengen erbringen ambulante und stationäre Zentren?
- Kann ein objektiver Bedarf ermittelt werden? Mit welchen Methoden bestimmen die Planungsbehörden den Bedarf?
- Wie werden sich die Leistungsmengen verändern?
- Ist der Markt gesättigt? Wenn ja, gibt es regionale Differenzierungen, das heißt ein Überangebot in der einen Region und einen Mangel in einer anderen Region? Wie wird sich das auf die Qualität der Versorgung insgesamt aus?
- Wo und wie werden die Patienten aus dem Ostalbkreis bisher versorgt?
- Welche Präferenzen haben die Patienten?
- Wie ist die Preisgestaltung? Wird sich die Preisgestaltung in den nächsten Jahre verändern?

Abbildung 10 zeigt exemplarisch die Herzkatheterlabors an Krankenhäusern in der weiteren Umgebung des Ostalb-Klinikums.

b) Stärken- und Schwächenprofil

ba) Konkurrenzanalyse
Unter Verwendung der Konkurrenzanalyse wurden, soweit dies aufgrund der Datenlage möglich war, die Dienstleistungen der Mitbewerber untersucht. Kriterien waren zum einen die bestehenden Stärken und Schwächen der Konkurrenten, als auch strategische Entwicklungen:

- Welche Leistungen werden angeboten?
- Können Aussagen zur Leistungsqualität gemacht werden?
- Welche Auslastung haben die Zentren?
- Wie ist die Leistungsentwicklung?
- Wie ist die Preispolitik der Wettbewerber?
- Sind stategische Veränderungen erkennbar?

Abbildung 11 zeigt ein Portfolio mit den Variablen Anteilen der therapeutischen Eingriffe (x-Achse) und Gesamtleistung der Klinik (y-Achse). Die Plazierung der Kliniken läßt

Strategische Planung

Abb. 10: Linksherzkathetermeßplätze in Kliniken in der weiteren Umgebung des Ostalb-Klinikums

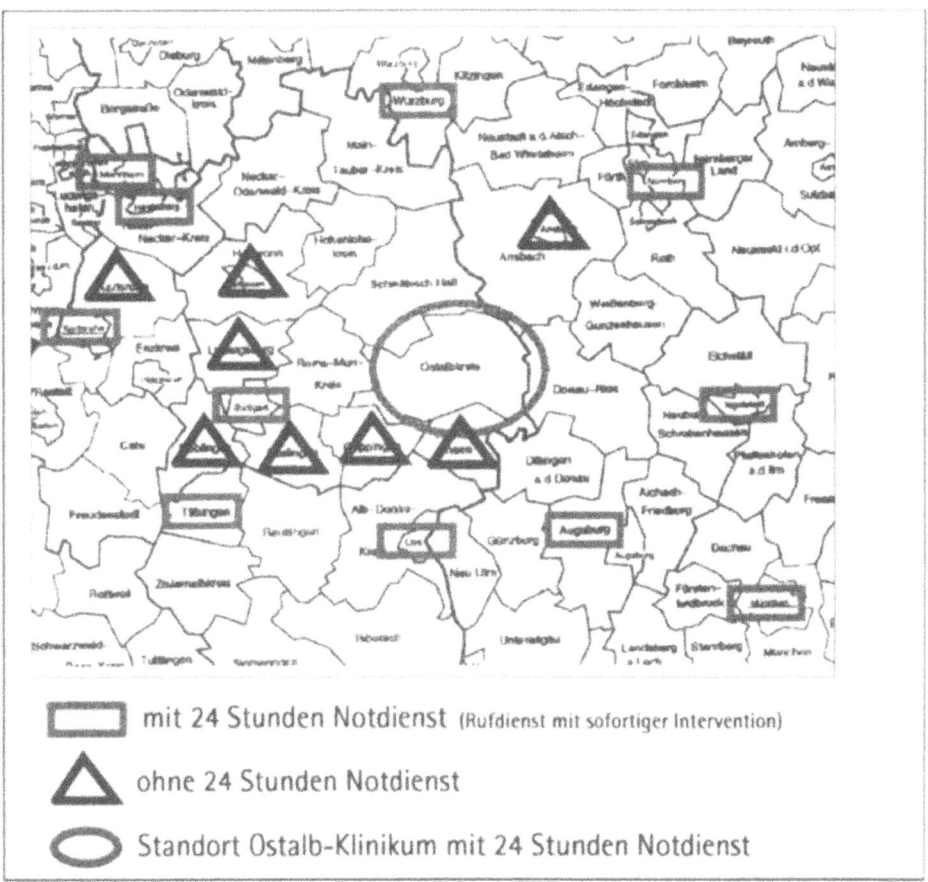

Rückschlüsse auf die Patientenstruktur, die Leistungsentwicklung und tendenziell auch auf Qualitätsgesichtspunkte zu.

bb) Potentialanalyse
Die Potentialanalyse baut direkt auf der Markt- und der Konkurrenzanalyse auf. Es war nun hinreichend bekannt, ob und was für ein Produkt der Markt aufnehmen könnte und welche qualitativen und quantitativen Anforderungen daran zu stellen waren. Mit Hilfe der Potentialanalyse wurden die im Unternehmen von der strategischen Neuausrichtung betroffenen Bereiche genau unter die Lupe genommen, ihr Fähigkeitspotential untersucht. Es sollte die Frage beantwortet werden, ob die angestrebten Ziele mit den bestehenden personellen und finanziellen Ressourcen überhaupt zu erreichen waren bzw. welche zusätzlichen Anstrengungen notwendig sein würden.

Abb. 11: Portfolioanalyse ausgewählter Linksherzkathetermeßplätze

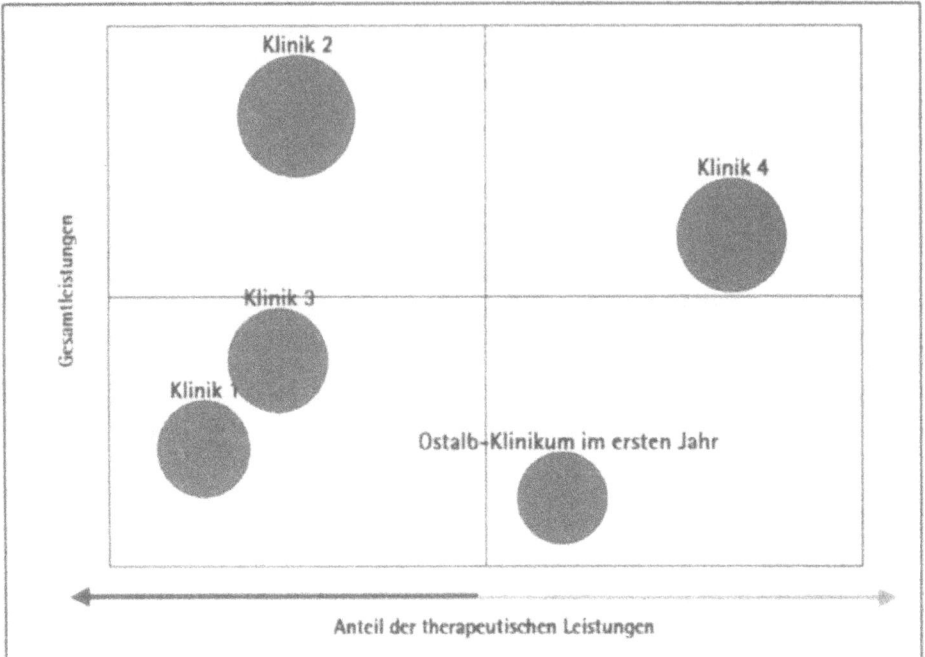

- Haben wir das medizinische Know-how? Können wir es uns aneignen? Wie schnell geht das?
- Wie sieht die flankierende Geräteausstattung im Ostalb-Klinikum aus?
- Wie ist die personelle Struktur, das Kompetenzprofil der Abteilung?
- Welche Markteintrittskosten sind zu erwarten und welche Finanzmittel stehen zur Verfügung?
- Die wichtigste Frage, die es zu beantworten galt war: Wie können wir die Qualität Versorgung des Patienten des Ostalbkreises verbessern?

2. Zielgruppenspezifische Entwicklung und Durchsetzung der Strategie

Die strategische Situationsanalyse hat klar aufgezeigt, daß die Chancen für die Einrichtung eines Linksherzkathetermeßplatzes aufgrund der restriktiven finanziellen Rahmenbedingungen und der, global betrachtet, vorhandenen Überkapazitäten in diesem Bereich, nicht sehr gut waren. Es bestand nur Aussicht auf Erfolg, wenn die vom Ostalb-Klinikum verfolgte Strategie möglichst vielen Beteiligten einen Mehrwert liefern würde. Zentraler Punkt war natürlich die deutliche Verbesserung der Patientenversorgung. Die Strategie lieferte aber auch einen Mehrwert dahingehend, daß neue Ideen und Ansätze die Versorgungsstrukturen in der Koronarangiographie für neue Ideen und Ansätze öffnen, die in Zukunft weiterentwickelt und auch an anderen Standorten umgesetzt werden können. Hauptzielgruppen der Aktivitäten waren das Sozialministerium als Planungsbehörde des

Landes, die Krankenkassen als Kostenträger, die Patienten und die Bevölkerung sowie die niedergelassenen Ärzte und Zuweiser in der Region. Für jede dieser Zielgruppen entstand eine spezifische Marketingstrategie, mit der das Konzept und der zu schaffende Mehrwert kommuniziert wurde.

Neben der Entwicklung eines Memorandums, das in verschiedenen Detaillierungsgraden an die Meinungsbildner als Diskussionsgrundlage versandt wurde, veranstaltete das Ostalb-Klinikum medizinische Symposien und Informationsveranstaltungen. Auch die Bürger als potentielle Kunden wurden mit gezielter Öffentlichkeitsarbeit angesprochen.

Vor allem für die Patienten und die Bevölkerung des Ostalbkreises, die Kostenträger sowie die niedergelassenen Ärzte und Zuweiser konnte ein Mehrwert geschaffen werden, der nachfolgend mit einigen Stichworten umrissen wird und der letztendlich erst die Umsetzung des Projektes ermöglichte:

Mehrwert für die Kostenträger:

- Sonderpreisvereinbarung: Die bundesweit gültigen Sonderentgelte (Festpreise) für Katheteruntersuchungen gelten als zu hoch bewertet. Seit langem wird darüber diskutiert, sie abzusenken. Das Ostalb-Klinikum war bereit, dieser Entwicklung im Rahmen einer individuellen Vereinbarung mit den Kostenträgern vorzugreifen. Es wurden Preise vereinbart, die weit unter den Festpreisen liegen.
- Qualitätsprojekt: In einem bundesweit bisher einzigartigen Qualitätsprojekt zwischen dem Medizinischen Dienst der Krankenkassen und dem Ostalb-Klinikum wurden für die Linksherzkatheteruntersuchungen ein Indikationskatalog sowie Regeln für eine begleitende Qualitätssicherung geschaffen.
- Einsparung von Transportkosten, da die Patienten des Ostalbkreises nicht mehr in anderen Zentren verbracht werden müssen.

Mehrwert für Patienten und Bevölkerung:

- Kein teilweise gefährlicher Transport in andere Zentren
- Ein 24-Stunden Notdienst im Katheterlabor verbessert die Optionen bei der Behandlung des akuten Herzinfarktes.
- Das Qualitätsprojekt sichert eine hohe und konstante Qualität der Versorgung.
- Mit den Sonderpreisen wird ein weiterer Schritt zur Stabilisierung der Krankenkassenbeiträge vollzogen.

Mehrwert für Niedergelassene Ärzte und Zuweiser aus anderen Kliniken:

- Das Qualitätsprojekt schafft für den Zuweiser eine hohe Transparenz auch im Hinblick auf die ambulante Nachsorge.
- Die Pateinten im Ostalbkreis können wohnort- und damit auch praxisnah versorgt werden.

Literatur

Arnold, M., Paffrath, D. (Hrsg.) (1997): Krankenhausreport 1997, Stuttgart, Jena, Lübeck, Ulm.
Arnold, M. (1998): Editorial, in: Arnold, M., Paffrath, D. (Hrsg.): Krankenhausreport 1998, Stuttgart, Jena, Lübeck, Ulm.

Breyer, F., Zweifel, P. (1992): Gesundheitsökonomie, Heidelberg.
Bruckenberger, E. (1998): Das Angebot im Gesundheitsmarkt formiert sich neu, in: f&w (5/98), S. 421–424.
Bruckenberger, E. (1989): Dauerpatient Krankenhaus – Diagnosen und Heilansätze, Freiburg.
Bruckenberger, E. (1998): Krankenhausplanung und Planungsgrundlagen, in: Arnold, M., Paffrath, D. (Hrsg.): Krankenhausreport 1998, Stuttgart, Jena, Lübeck, Ulm.
Dezsy, J., Schwarzer, H. (1993): Einführung in das Krankenanstaltenmanagement, Wien.
Eiff v., W. (1997): Leistungsorientierte Führungsstrukturen aus der Sicht des Krankenhausmanagements, in: das Krankenhaus (12/97), S. 745–753.
Gabler Wirtschafts-Lexikon (1988): Wiesbaden.
Gazdar, K. (1997): Mit Strategic Intelligence zu qualitativer Erkenntnis, in: Harvard Business Manager (3/97), S. 42–58.
Horváth, P. (1996): Controlling, 6. Auflage, München.
Köhler-Frost, W. (Hrsg.) (1995): Unternehmen Krankenhaus – Organisation und Informationsverarbeitung als strategische Erfolgsfaktoren eines marktorientierten Krankenhausmanagements, Berlin.
Porter, M. (1997): Nur Strategie sichert auf Dauer hohe Erträge, in: Harvard Business Manager (3/97), S. 42–58.
Schwartz, P. (1986): In: „Die Orientierung", Schriftenreihe der Schweizerischen Volksbank, Bern, S. 26ff.
Straub, S. (1997): Controlling für das wirkungsorientierte Krankenhausmanagement, Bayreuth.
Trill, R. (1996): Krankenhausmanagement: Aktionsfelder und Erfolgspotentiale, Neuwied, Kriftel, Berlin.
Tushmann, M., O'Reilly, C. (1998): Unternehmen müssen auch den sprunghaften Wandel meistern, in: Harvard Business Manager (1/98), S. 30–44.
Vogel, K. (1997): Langfristige Sicherung des Unternehmens – Balance von Investitionen, Risiko und Grad der Zielerreichung, in: ku (10/97), S. 780–789.
Wöhe, G. (1990): Einführung in die allgemeine Betriebswirtschaftslehre, 17. Auflage, München.

Zusammenfassung

Strategische Planung ist unerläßlich zur Sicherung der Marktstellung und Entwicklung von Erfolgspotentialen eines Unternehmens. Sie ist eine der originären Aufgaben des Managements. Obschon das Gesundheitssystem in Deutschland kein Marktsystem ist, erfährt es durch die verstärkte Einführung von Marktelementen einen deutlichen Wandel. Die Verfasser leiten daraus die Notwendigkeit einer institutionalisierten strategischen Planung im Unternehmen Krankenhaus ab. Von den Krankenhäusern wird trotz staatlicher Krankenhausplanung eine aktive Rolle bei der Gestaltung der Zukunft gefordert. Der Beitrag beschreibt am Beispiel des für das Ostalb-Klinikum Aalen entwickelten Strategiefächers Managementkonzepte und Werkzeuge der strategischen Planung und ihre Umsetzung in die Krankenhaus-Praxis. Die Darstellung der strategischen Grundhaltung bestehend aus Unternehmensphilosophie, -leitbild und Zielsystem sowie die Vorstellung eines vor kurzem abgeschlossenen Projektes, Strategische Neuausrichtung der Kardiologie, bilden die Schwerpunkte.

Summary

For a modern enterprise, for the protection of its market positions and the development of success potentials, it is imperative to carry out strategic planning. This is one of the original tasks of the management of an enterprise. Although Germany's health-system is not a market-orientated system, it is currently changed by the increased installation of market elements. From this fact the authors derive the necessity of institutionalised strategic planning fort the enterprise hospital. Despite planning on a governmental level, an active part in the shaping of the future is demanded of the hospitals. This article describes management programmes, tools of strategic planning and their implementation in hospital's practice at the example of the strategy array developed for the Ostalb-Klinikum Aalen. The main emphasis is on the presentation of our strategic basic position, consisting of our enterprise philosophy, our enterprise model and our objective system as well as the introduction of a recently completed project, namely the strategic rearrangement of our cardiology department.

012: Krankenhausbetriebslehre
17: Planung

Neu bei Gabler

Jörg Becker, Wolfgang König, Reinhard Schütte (Hrsg.)
Wirtschaftsinformatik und Wissenschaftstheorie
Bestandsaufnahme und Perspektiven
1999. XVI, 448 S.
Mit 36 Abb., 6 Tab.
Br. DM 138,00
ISBN 3-409-12002-5

Renommierte Wissenschaftler der Wirtschaftswissenschaften und der Informatik setzen sich in diesem Buch mit wissenschaftstheoretischen Grundpositionen, Problemen der Modell- und Theoriebildung etc. sowie mit weiteren Fragestellungen der Forschungspraxis auseinander.

Volker Janßen
Einsatz des Werbecontrolling
Aufbau, Steuerung und Simulation einer werblichen Erfolgskette
1999. 320 S. Mit 70 Abb.
Br. DM 108,00
ISBN 3-409-11524-2

Der Autor entwickelt ein Konzept für die Umsetzung klassischer Werbebudgets. Controllinggegenstand bildet eine Erfolgskette der Werbung, die sich aus einer Entscheidungs- und einer Wirkungskette zusammensetzt. Anhand eines Simulationsmodells weist er nach, daß eine Übertragung der Controllingfunktion auf die Mediawerbung zur Verbesserung der Planung und Kontrolle der werblichen Erfolgskette und somit zur Generierung wirtschaftlichkeitsorientierter Werbeentscheidungen beiträgt.

Wolfgang Breuer
Übungsbuch Unternehmerisches Währungsmanagement
1999. X, 138 S. Mit 2 Abb., 22 Tab. Br. DM 42,00
ISBN 3-409-11515-3

Das Übungsbuch bietet Übungsaufgaben mit ausführlichen Lösungen. Verschiedene Instrumente zur Verfolgung von Hedging- und/oder Spekulationszielen auf Devisenmärkten werden diskutiert. Die behandelten Entscheidungsprobleme reichen vom isolierten Hedging mit Forwards oder Futures bei sicheren oder unsicheren Fremdwährungspositionen über den simultanen Einsatz von Forwards und Optionen bis zu sequentiellen Entscheidungsproblemen.

Gabler Verlag
Ursula Günther
Abraham-Lincoln-Straße 46
65189 Wiesbaden
Tel: 0611.78 78 124,
Fax: 0180.5 78 78-80
Besuchen Sie uns im Internet:
www.gabler.de

Änderungen vorbehalten.
Stand: Oktober 1999.
Erhältlich im Buchhandel oder beim Verlag.

Bestell-Coupon

Ja, ich bestelle

☐ Expl. Jörg Becker, Wolfgang König, Reinhard Schütte (Hrsg.)
Wirtschaftsinformatik und Wissenschaftstheorie
DM 138,00 ISBN 3-409-12002-5

☐ Expl. Volker Janßen
Einsatz des Werbecontrolling
DM 108,00 ISBN 3-409-11524-2

☐ Expl. Wolfgang Breuer
Übungsbuch Unternehmerisches Währungsmanagement
DM 42,00 ISBN 3-409-11515-3

Vorname und Name

Straße (bitte kein Postfach)

PLZ, Ort

Unterschrift

Ursula Günther
65189 Wiesbaden
Tel: 0611.78 78 124,
Fax: 0180.5 78 78-80
321 00 003 www.gabler.de

Managed Care: Organisationen im Wandel – Produktdifferenzierung und Mehr-Produkt-Unternehmen –

Von Volker Amelung

Überblick

- Auch wenn das amerikanische Gesundheitswesen aufgrund der sehr hohen Kosten (14% des BIP) und eklatanter Unterversorgung von Bevölkerungsgruppen (15% der Amerikaner sind unversichert, weitere 15% unterversichert) nicht generell als Referenzmodell für die Systemgestaltung in Deutschland dienen kann, bietet es ausgesprochen innovative und interessante Ansätze auf der Ebene der einzelnen Organisationen.

- Der Einzug von Managed Care hat zu einem tiefgreifenden Strukturwandel im amerikanischen Gesundheitswesen geführt. Klassische Organisationsformen lösen sich auf bzw. verschwimmen zunehmend, und völlig neue Organisationen drängen auf den Markt.

- Das traditionelle Konzept von Ein-Produkt-Unternehmen respektive vom nur auf einem Markt agierende Unternehmen (z.B. Akutversorgung oder Versicherungsmarkt) ist immer weniger anzutreffen. Health Plans bieten ihren Kunden verschiedenartige Produkte an, und auch Krankenhäuser sind gleichzeitig in den unterschiedlichen Märkten aktiv. Gleichermaßen arbeiten auch

- Ärzte parallel für differierende Organisationsformen, was zu komplexen Organisationsstrukturen führt.

- Die Konsequenz aus dieser Ausdifferenzierung der Organisationsformen und deren Parallelität im Markt ist, daß Organisationsvergleiche fast nicht mehr möglich sind, da sie sowohl im Innen- als auch Außenverhältnis zu heterogen sind.

Eingegangen: 13. März 1999

Dr. oec. Volker Amelung ist wissenschaftlicher Assistent an der Hochschule für Wirtschaft und Politik, Von Melle Park 9, 20146 Hamburg. Seit 1997 ist er Visiting Assistant Professor in der Division of Health Policy and Management der Columbia University/New York. Im Rahmen seiner Habilitation untersucht er die Entwicklung von Integrierten Versorgungssystemen im amerikanischen Gesundheitswesen. Bevorzugte Arbeitsgebiete: Managed Care, Gesundheitsmanagement, Gesundheitsökonomie, Managementlehre.

A. Einführung

„Managed care has become the hottest health care topic in the US and attracts increasing attention in Europe as well" konstatiert Lawrence D. Brown (1998, S. 37) treffend. Im vorliegenden Beitrag[1] soll entsprechend der Frage nachgegangen werden, welche Auswirkung Managed Care auf die Organisationen des amerikanischen Gesundheitswesen hatte und nach wie vor hat. Es soll aufgezeigt werden, daß Managed Care nicht nur zu einer Produktdifferenzierung, sondern auch zu einer Ausdifferenzierung der Organisationsformen führt. Dabei soll nicht nur auf die Veränderungen bei den bereits existierenden Marktteilnehmern eingegangen werden, sondern insbesondere ein Augenmerk auf die neu entstandenen Marktteilnehmer gerichtet werden. Dabei geht es um den Einzug von ursprünglich „gesundheitssystemfremden" Organisationen in den prosperierenden Gesundheitsmarkt sowie um die Entwicklung von neuen Organisationen durch bestehende Marktteilnehmer, wie beispielsweise die Gründung von Management Service Organizations (MSOs) zur Ausgliederung von Managementaufgaben.

Die organisatorische Ausdifferenzierung führt dazu, daß selbst Experten des amerikanischen Gesundheitswesens Mühe haben, all die neuen Organisationstypen und vor allem Abkürzungen von Organisationsformen noch auseinanderzuhalten. Durch diese Entwicklung wird es auch nahezu unmöglich, die Kernelemente von Organisationsformen miteinander zu vergleichen, da die Heterogenität zu groß ist, respektive keine unmittelbaren Kausalitäten zwischen Strukturen und Outcomes hergestellt werden können.

B. Managed Care: eine Idee setzt sich durch

„Managed Care isn't coming; it has arrived" (Jensen et al., 1997) gilt für das amerikanische Gesundheitswesen zweifellos. 76% der über ihre Arbeitgeber versichert Amerikaner[2] sind in einer Managed Care-Organisation eingeschrieben und bis zum Jahre 2000 werden 90% prognostiziert (Eliopoulos, 1998, S. 47). Und dies, obwohl vor zehn Jahren Managed Care noch vollständig unbekannt war (Zelman, Berenson, 1998, S. 1).

Bevor wir uns näher mit den Managed Care-Organisationen auseinandersetzen ist es notwendig, die Grundzüge des Konzeptes von Managed Care aufzuzeigen. Kühn definiert Managed Care als die Anwendung von Managementprinzipien auf die medizinische Versorgung und die Integration der Funktionen Versicherung und Versorgung (Kühn, 1997, S. 7). Dieser Definition soll im vorliegenden Beitrag gefolgt werden, wobei das selektive Kontrahieren mit Leistungserstellern (providern) als weiteres konstitutives Elemente hinzugefügt werden soll. Aber Managed Care ist kein in sich geschlossenes Theoriekonzept, sondern vielmehr ein Oberbegriff für Organisationsformen und Management-Instrumente im Gesundheitswesen. Entsprechend gibt es auch keine allgemein akzeptierte Definition (vgl. Amelung, Schumacher, 1999).

Das was Managed Care vom traditionellen System unterscheidet und konstitutiv für das Konzept ist, ist die Annahme, daß Kosten und Qualität keine konkurrierenden Ziele sind, sondern in einem komplementären Verhältnis zueinander stehen können. Hierin liegt auch die enorme Attraktivität des Konzeptes.[3] Trotzdem liegt der Ursprung – vor allem für den explosionsartigen Bedeutungsgewinn – in der Zielsetzung, die zweistelligen Zuwachsra-

Abb. 1: Managed Care-Organisationen und -Instrumente

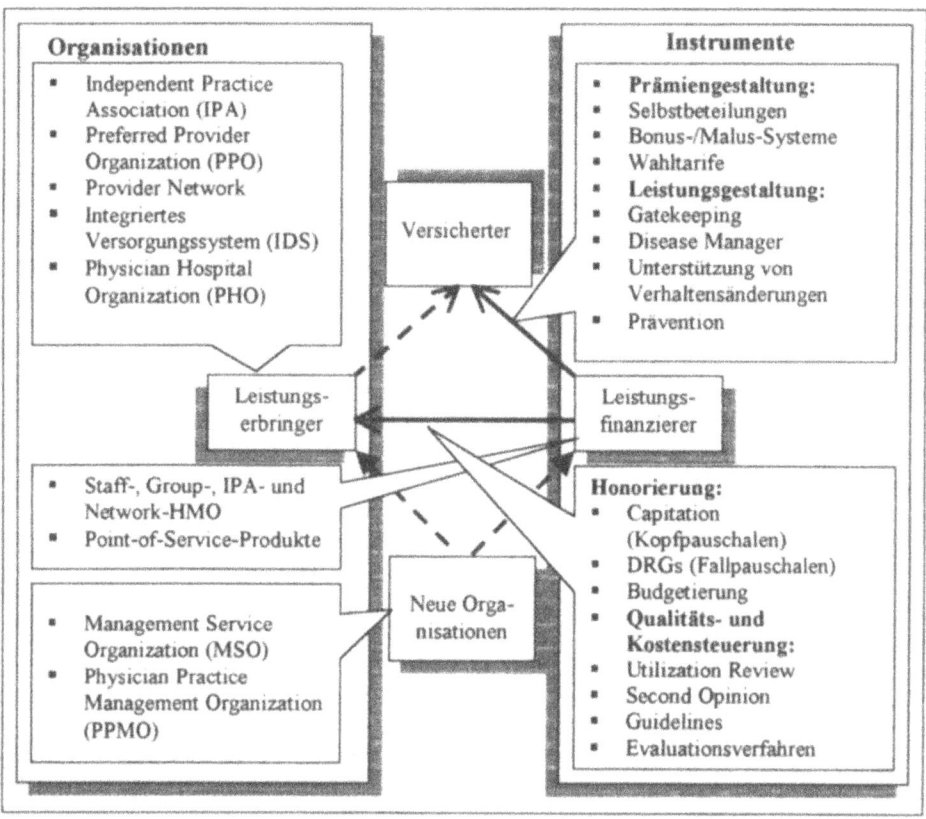

ten der Versicherungsprämien in den Griff zu bekommen (Wilkerson, Devers, Given, 1997, S. 3). Die Möglichkeit zur Qualitätssteigerung wird quasi „noch mitgenommen". Und Potential für Effizienzsteigerungen gab und gibt es genug. Experten gehen davon aus, daß 300 Mrd. US $ der über einer Billion US $ (1998) Gesundheitsausgaben „in some sense unnecessary and inappropriate" (Brown, 1998, S. 41) seien. Vor allem der Staat, der mit den Programmen Medicare und Medicaid[4] fast die Hälfte des Budgets zu finanzieren hat, kann als Vorreiter bei der Entwicklung von Managed Care-Instrumenten angesehen werden (Drake, 1997, S. 61).

Managed Care zeigte in den letzten Jahren aber auch, daß das klassische fee-for-service-System noch ineffizienter als vermutet war und, daß die Preise für Gesundheitsleistungen sehr viel elastischer waren als erwartet (Ellwood, Lundberg, 1996, S. 1084). Eine zentrale Bedeutung für den „Siegeszug" von Managed Care hatte aber auch das Scheitern des Health Security Acts Clintons (Brown, 1996 oder Ginzberg, 1996). Jedem war von dort an klar, daß Veränderungen nicht auf der Gesundheitssystemebene stattfinden werden, sondern die einzelnen Organisationen gefordert sein würden. Somit hat eine Verlagerung auf die Mikroebene stattgefunden.

C. Neue Organisationsformen im Managed Care-Umfeld

Charakteristisch für ein Wettbewerbsumfeld ist die Ausdifferenzierung von Organisationsformen. Als Systematisierung bietet es sich an, nach dem Ursprung zu differenzieren. Unter Ursprung wird hier nicht eine Organisation, sondern der inhaltliche Ausgangspunkt verstanden. Ein HMO-Produkt ist unabhängig davon, ob es von einem Krankenhaus[5] oder einer Versicherung angeboten wird, ursprünglich ein Versicherungsprodukt. Analog sind integrierte Versorgungssysteme anbieterorientierte Produkte und Management Service Organizations (MSOs) unabhängig vom Eigentümer beratungsorientierte.

Der Begriff Managed Care-Organisation wird für Institutionen verwendet, die Managed Care-Instrumente einsetzen, und zumindest bis zu einem gewissen Grad die Funktionen Versicherung und Versorgung integrieren und selektiv kontrahieren. D.h., daß ein Beratungsunternehmen, das Managed Care-Instrumente einsetzt oder entwickelt, nicht als Managed-Care-Organisation verstanden wird. Folgende Abbildung stellt die wesentlichen Organisationsformen dar:

Abb. 2: Kategorien von Managed Care-Organisationen

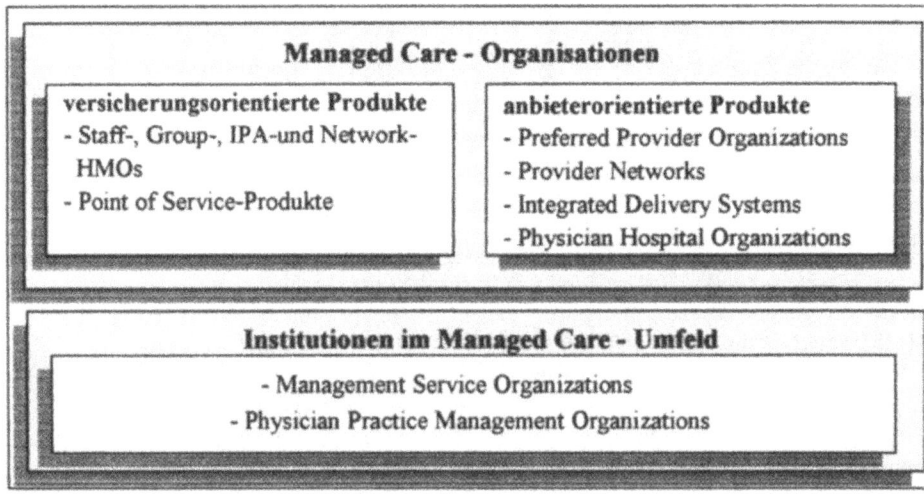

Dabei handelt es sich um Kategorien von Organisationen, die in sich wiederum stark differieren.

I. Versicherungsorientierte Managed Care-Organisationen und -Produkte

Bei versicherungsorientierten Produkten muß im wesentlichen zwischen den unterschiedlichen Formen von Health Maintenance Organizations (HMOs) und Point of Service-Produkten unterschieden werden.

Managed Care: Organisationen im Wandel

1. Health Maintenance Organizations

Der Begriff Health Maintenance Organization wurde Anfang der 70er Jahre vom amerikanischen Arzt Paul Ellwood geprägt, um die negativ besetzte Prepaid-Group-Practice-Bezeichnung abzulösen. Den Durchbruch erlangten HMOs jedoch nicht durch Markterfolge, sondern durch staatliche Regulierungen. Das von Nixon 1973 initiierte HMO-Gesetz legte fest, daß Arbeitgeber, die mehr als 25 Mitarbeiter beschäftigen und die ihren Mitarbeitern Krankenversicherungen als fringe benefits anbieten, mindestens ein HMO-Produkt offerieren müssen (Barrett 1997, 49f.). Außerdem wurden Subventionen für den Aufbau von HMOs eingeführt (Wilkerson, Devers, Given, 1997, S. 46). Nur durch diese staatliche Anschubförderung, die die Türen zu den potentiellen Kunden öffnete, konnten sich HMOs durchsetzen. Trotzdem verlief die Entwicklung schleppend. 1980 waren gerade einmal 4% der Amerikaner in einer der 235 HMOs versichert (Brown, 1998, S. 38). Dies war insbesondere deshalb enttäuschend, weil davon ausgegangen wurde, daß Ende der 70er Jahre in 1300 HMOs mindestens 65 Mio. Amerikaner versichert sein würden (Zelman, Berenson, 1998, S. 52).

In den letzten Jahren hat sich das Bild aber dramatisch verändert. In den nunmehr 749 HMOs (1996)[6] sind 77,3 Mio. Amerikaner versichert, was einem Marktanteil von 29,2% der arbeitgeberfinanzierten Versicherten entspricht. In einzelnen Regionen (z.B. in der Pacific Region) liegt er sogar über 40% (Hoechst Marion Roussel, 1997, S. 5).

Der große Erfolg von HMOs ist im wesentlichen darin begründet, daß es ihnen gelungen ist, die Krankenhauskosten durch eine Verkürzung der Verweildauer und der Forcierung des ambulanten Sektors massiv zu senken. HMO-Versicherte weisen im Durchschnitt lediglich 133 Krankenhaustage pro 1000 Versicherte auf, im Gegensatz zu 486 im nationalen Durchschnitt. Bei Medicare-Versicherten ist das Verhältnis 960 zu 2927 Kranken-

Abb. 3: Versicherte in HMOs

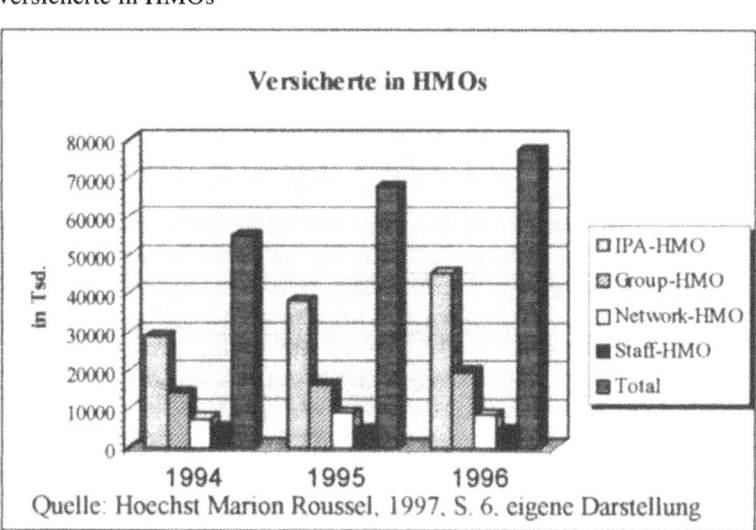

haustagen (Wilkerson, Devers, Given, 1997, S. 9). So beeindruckend diese Verhältnisse auch sein mögen, so weist Luft doch zu Recht darauf hin, daß das Patientengut differiert und somit die Vergleiche sehr vorsichtig geführt werden müssen (Luft, 1997, S. 39 und 46 oder Ginzberg, 1996, S. 48).

Die durchschnittliche Prämie lag 1997 bei 147 US $, wobei die regionalen Differenzen, die überwiegend durch die regionale Wettbewerbsintensität bestimmt sind, enorm sind (New Mexico 122,91 US $, Montana 262,61 US $ (1996)) (Hoechst Marion Roussel, 1997, S. 28f.).

Charakteristisch für alle Formen von HMOs ist die Integration der Funktionen Leistungsfinanzierung und -erstellung. Die HMO-Formen differieren im wesentlichen bezüglich der Art der Einbindung der Leistungsersteller (von weisungsgebundenen Mitarbeitern bis hin zu relativ losen Vertragskonstellationen über unzählige Zwischenformen).

In der Praxis haben sich aber nicht nur eine Vielzahl unterschiedlicher HMO-Formen (Staff-, Group-, IPA- und Network-HMOs) herausgebildet, sondern diese werden je nach Leistungsgebiet parallel eingesetzt (Wilkerson, Devers, Given, 1997, S. 7). So kann beispielsweise für Allgemeinmediziner (primary care practionier) das Staff-Modell gewählt werden, für Internisten demgegenüber ein IPA-Modell. Im folgenden sollen nur Staff- und IPA-HMO-Formen näher betrachtet werden.[7]

Die noch übriggebliebenen 46 Staff-HMOs (Hoechst Marion Roussel, 1997, S. 6) sind die reinste und ursprünglichsten Form von HMOs dar. Die Ärzte und andere Leistungsersteller sind von der HMO angestellt und erhalten ein regelmäßiges Gehalt. Leistungserstellung und Finanzierung sind vollständig in einer Hand, und die Leistungsersteller sind weisungsgebunden.

Abb. 4: Grundstruktur einer Staff-HMO

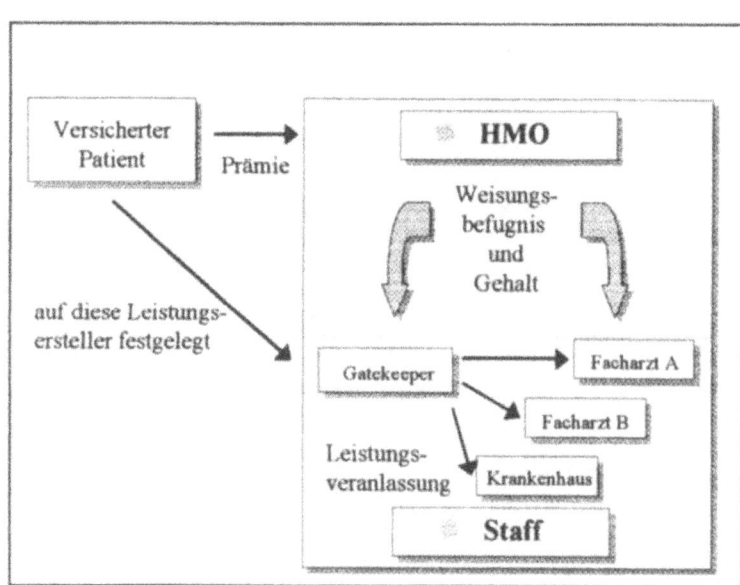

Da die angestellten Ärzte in der Regel auch eine erfolgsabhängige Gehaltskomponente haben, ist die Zielfunktion der Ärzte eher identisch mit der der Leistungsfinanzierer. Das moral-hazard-Problem der angebotsinduzierten Nachfrage entfällt, da in diesem System kein Anreiz für eine Mengenausweitung besteht. Dafür entstehen aber erhebliche Anreize zur Mengenbegrenzung und zur Leistungsvorenthaltung, woraus ein Vertrauensdefizit seitens der Versicherten und ein erheblicher Bedarf an externer Kontrolle resultiert.

Staff-Modelle weisen zwar durch den direkten Einfluß auf die Leistungserstellung erhebliche Vorteile auf, aber die Aufgabe der Selbständigkeit stellt für die Ärzte eine große Hürde dar. Für den Initiator ist der Aufbau einer Staff-HMO außerdem mit extrem hohen Investitionen verbunden, da die Ressourcen nicht nur gesteuert, sondern auch akquiriert werden müssen. Inhärent ist damit auch ein hohes Risiko für Fehlinvestitionen. Für die Versicherten bedeuten Staff-HMOs eine sehr weitgehende Einschränkung der Wahlfreiheit. Der Abbruch der Beziehung zu einem Arzt, weil dieser nicht zur Staff-HMO gehört, kann auch zu Qualitätseinbußen führen (Luft, 1997, S. 43). Abgeschwächt – allerdings zu Lasten der Steuerungsmöglichkeiten – werden diese Problemfelder im IPA-Modell.

Charakteristisch für die 502 IPA-HMOs (Hoechst Marion Roussel, 1997, S. 13) ist, daß die Ärzte ihre Praxis behalten und nicht ausschließlich Patienten einer HMO behandeln, sondern diese nur einen begrenzten Anteil ihres Patientenstammes ausmachen. Diese Form entspricht sehr viel stärker den Bedürfnissen der Ärzte. Auch wenn akzeptiert wird, daß sie sich der einen oder anderen Form von Managed Care-Organisation anschließen müssen, bleibt ein großes Maß an Autonomie bestehen (Zelman 1996, S. 26).

Die 1225 IPAs mit ihren 351 328 eingeschriebenen Ärzten sind quasi Dachorganisationen für freiberuflich tätige Ärzte. Über 50% der IPAs haben zwischen 100 und 499 Mit-

Abb. 5: Grundstruktur einer IPA-HMO

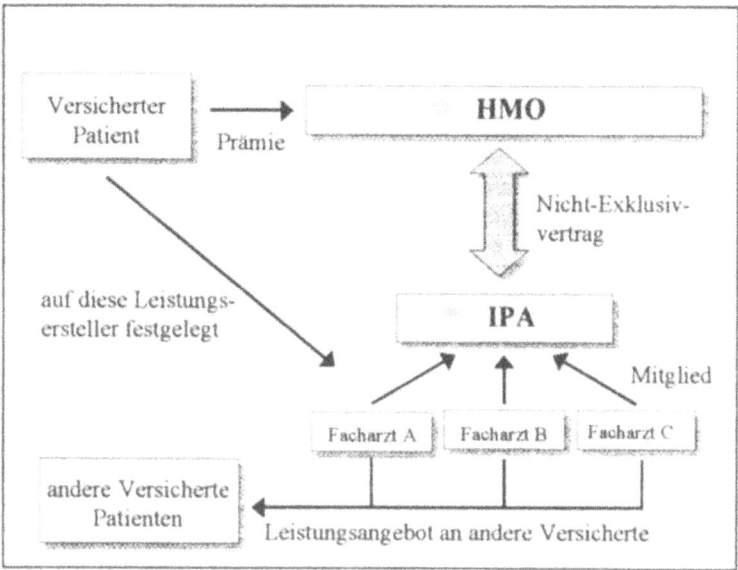

glieder, 18% sogar mehr als 500 (Hoechst Marion Roussel, 1998b, S. 29f.). Dabei sind die Ärzte überwiegend auch kapitalmäßig an der IPA beteiligt.

Über die Entwicklung von IPAs wird eine Gegenmacht aufgebaut und die Verhandlungsführung professionalisiert. Dies gewinnt vor allem deshalb an Bedeutung, als durch Managed Care eine neue Form der Professionalisierung auf der Seite der Leistungsfinanzierer stattgefunden hat. An Stelle von klassisch bürokratisch verwalteten non-profit-Krankenversicherungen, treten nun for-profit-Organisationen mit großem Gewinninteresse.

Da die IPA für die Ärzte nur eine Patientenquelle unter anderen ist, bestehen keine Exklusivverträge. Die rasante Entstehung von IPAs, 353 existieren seit weniger als 10 Jahre (Hoechst Marion Roussel, 1997, S. 13), kann als eine der wesentlichen Veränderungen durch den Einzug von Managed Care angesehen werden.

Für HMOs weist die IPA-Variante zwei entscheidende Vorteile auf. Erstens ist sie nicht mit Investitionen verbunden und bietet ein hohes Maß an Flexibilität. Zweitens, und dies dürfte der entscheidende Vorteil sein, bietet die IPA-Variante die Möglichkeit, mit sehr viel mehr Ärzten zu kontrahieren. Dem Kunden kann somit kommuniziert werden, daß die Einschränkung der Wahlfreiheit minimal ist. IPA-HMOs haben Verzeichnisse von teilnehmenden Ärzten (im Durchschnitt 2865 Ärzte, wohingegen bei Staff-HMOs lediglich 1145 (Hoechst Marion Russel, 1997, S. 15)), die den Umfang von Telefonbüchern erreichen.

Aus Sicht der HMO weisen IPA-Modelle aber auch erhebliche Probleme bzw. Nachteile auf. Durch die Aggregation von Verhandlungsmacht und eine deutliche Erhöhung der Management-Skills bei den Leistungsanbietern lassen sich nur ungünstigere Konditionen als bei Einzelverhandlungen durchsetzen. Die IPA ist in der Lage, und das ist ihr entscheidendes Verkaufsargument gegenüber Ärzten, bessere Konditionen für die Ärzte auszuhandeln. Außerdem besitzen HMOs geringere Einflußmöglichkeiten auf das Verhalten der Ärzte.

2. Point of Service-Produkte

Neben den verschiedenen Formen von HMOs sind Point of Service-Produkte (POS) die zweite Kategorie von versicherungsorientierten Managed Care-Organisationen. Ihr Marktanteil bei arbeitgeberfinanzierten Versicherungen beträgt 20%, und die Prämien (1997, für einen Einzelversicherten) liegen mit durchschnittlich 152 US $ etwas höher als jene von HMOs (Eliopoulos, 1998, S. 2ff.). Charakteristisch für POS-Produkte ist, daß die Versicherten die Leistungserbringer frei wählen können, allerdings bei erhöhter Zuzahlung (copayments), wenn Leistungen außerhalb des Systems in Anspruch genommen werden.

Somit ist eine POS eine hybrides Organisation. Innerhalb des Systems handelt es sich um eine klassische HMO – in welcher Ausgestaltung auch immer. Außerhalb dieses engen Systems besteht für den Versicherten die Möglichkeit, jeden anderen Leistungserbringer frei auszuwählen. Die Vergütung der Nichtmitglieder des Systems erfolgt über fee-for-service (Shi, Singh 1998, S. 318). Es gibt aber meistens Einschränkungen. So ist es üblich, daß beispielsweise Spezialisten, die nicht zum System gehören, zwar konsultiert werden können, aber die Überweisung vom Gatekeeper – einem leistungssteuernden Allgemeinmediziner – nach wie vor notwendig ist.

Abb. 6: Grundstruktur von POS-Produkten

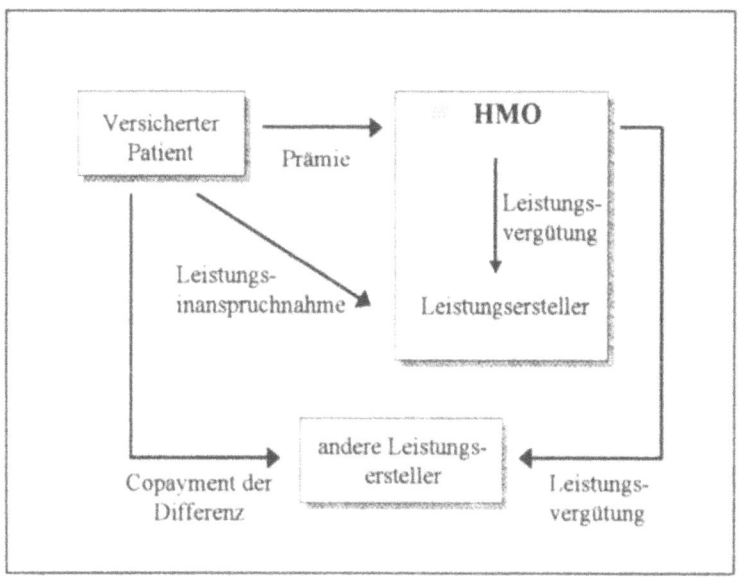

Der Versicherte hat somit die freie Wahl, ob er im System behandelt werden will und dann auch keine Copayments zu entrichten hat, oder aber außerhalb, bei beispielsweise einer Zuzahlung von 20% (Robinson/Steiner 1998, S. 12).

Die Wahlfreiheit wird sehr hoch eingeschätzt, gleichwohl kaum genutzt. Empirische Studien haben ergeben, daß 90% der POS-Versicherten nie Leistungen außerhalb des Systems in Anspruch nehmen (Cafferky 1997, S. 23). Weil POS-Produkte teurer sind und die Kunden einen Preisaufschlag von mehreren Prozentpunkten zahlen, handelt es sich um einen Einnahmenzuwachs, ohne daß gravierende Mehrausgaben zu erwarten sind, da der „unmanaged" Bereich gering ist. Mittlerweile wird davon ausgegangen, daß rund 70% der HMOs POS-Produkte offerieren (Cafferky 1997, S.23) und diese Form der open-end-HMOs eine zunehmende Bedeutung erlangen wird.

POS-Produkte sind ein geeignetes Beispiel dafür, daß die traditionelle Unterteilung in Managed Care-Organisationen nicht mehr ausreicht. Abgesehen davon, daß es als Produktdifferenzierung neben den klassischen HMO-Produkten alternativ angeboten wird, handelt es sich auch um eine Mischform aus Indemnity-Versicherung und HMO.

II. Anbieterorientierte Managed Care-Organisationen und -Produkte

Häufig werden Versicherungen als Ursprung von Managed Care-Organisationen betrachtet. Auch wenn dies für die Wiederbelebung von Managed Care seit Mitte der 70er Jahre durchaus zutrifft, liegen die Ursprünge in den USA eher in den 20er und 30er Jahren bei der Risikoübernahme durch die Leistungsersteller in der Form von sogenannten Prepaid Group Practices (Sachs, 1998, S. 5ff). Gegen einen festen monatlichen oder jährlichen Betrag erlangten die Mitglieder Anspruch auf Behandlung durch die Praxisgemeinschaft. Leistungen, die nicht durch diese erbracht werden konnten, waren nicht inbegriffen. Damals stand nicht die Kostenkontrolle, sondern die Verbesserung der Versorgung im Vordergrund (Brown, 1998, S. 37). Analog zu der Entwicklung bei versicherungsorientierten Organisationen führte Managed Care auch bei den anbieterorientierten zu gravierenden Veränderungen.

Unmittelbare Reaktion war die Entstehung von sogenannte Preferred Provider Organisationen (PPOs), die als Verkaufsgenossenschaften (Kühn 1997, S. 12) bezeichnet werden können. PPOs können und werden aber grundsätzlich von allen Marktteilnehmern entwickelt. Insofern ist die Zuordnung zu den anbieterorientierten Managed Care-Produkten wiederum eher historisch zu verstehen, da dort ihr Ursprung liegt. Eine zweite Form sind sogenannte Networks. Networks sollen zu einer Steigerung der bargaining-position (Aufbau oligopolistischer Marktstrukturen) führen und die Realisierung von Skalenerträgen ermöglichen. Eine dritte Form stellen integrierte Versorgungssysteme (integrated delivery systems, kurz IDS) dar. Sie stellen die maximale Form einer anbieterorientierten Managed Care-Organisation dar, in der sämtliche Teilfunktionen integriert sind. Eine Sonderstellung nehmen sogenannte Physician Hospital Organizations ein, die die traditionelle Trennung von Krankenhäusern und deren Belegärzte aufheben sollen.

1. Preferred Provider Organizations

PPOs stehen zwischen einer definierten Anzahl von Ärzten und/oder Krankenhäusern und einer definierten Anzahl von Versicherten. Der Zusammenschluß der Leistungsanbieter erfolgt, um gegenüber direkt versichernden Arbeitgebern[8], traditionellen Versicherungsgesellschaften oder freiwillig Versicherten ein konkurrenzfähiges Angebot zu entwickeln. Dies soll einerseits durch den Einsatz von Managed Care-Instrumenten erfolgen (hier besteht kein Unterschied zu HMOs) und durch die Gewährung von Preisabschlägen (discounted-fee-for-service) (Frech III, 1988, S. 353). Damit bleibt das Prinzip der Einzelleistungsvergütung im Gegensatz zu HMOs bestehen.

Die 983 PPOs mit 88,6 Mio. Versicherten (Hoechst Marion Roussel, 1997, S. 65, Angaben für 1996) haben einen Marktanteil von 35 Prozent (Eliopoulos, 1998, S. 4). Für ihre Brokerrolle verlangen sie im Durchschnitt 5,04$ pro Monat und Versicherten (Hoechst Marion Roussel, 1997, S. 74).

Charakteristisch für eine reine PPO ist, daß grundsätzlich auch Leistungsanbieter außerhalb des Systems gewählt werden können. Bei diesen Leistungsanbietern, die nicht „preferred" sind, müssen aber höhere copayments und/oder deductables gezahlt werden. Hiermit soll die Nachfrage zumindest leicht gesteuert werden.[9] Grundsätzlich bedeuten PPOs für die Versicherten deutlich mehr Entscheidungsfreiheit als die klassische HMOs. Oder mit anderen Worten: „In this respect, the PPO is like a Mexican or Chinese restaurant that incudes hamburger on its menue. It is thus patronized by families with one American-food lower who would otherwise have vetoed so exotic cuisine" (Frech III, 1988, S. 356).

Eine Sonderstellung nehmen sogenannte Exclusive Provider Organizations (EPO) ein, die den Leistungsumfang auf eine definierte Anzahl von Leistungsanbietern beschränken. Sowohl klassische PPOs als auch EPOs können mit einem vorgeschalteten Gatekeeper kombiniert werden.

Für die Leistungsersteller ist der entscheidende Vorteil, daß sie die traditionelle Einzelleistungsvergütung beibehalten können und somit auch nicht das Versicherungsrisiko tragen. Eine PPO ist im Prinzip keine Organisation zur Risikoübertragung wie beispielsweise eine HMO, wobei heutzutage bereits 28,7% der PPOs risk-shared contracts unterzeichnen (Hoechst Marion Roussel, 1997, S. 66).

Der wesentliche Erfolgsfaktor einer PPO ist die Auswahl der beteiligten Leistungsanbieter. Durch die selektive Kontrahierung kann verhindert werden, daß übermäßig viele kostspielige Leistungsanbieter, wie beispielsweise die Academic Medical Centers (Universitätskliniken), frequentiert werden.

PPOs sind die großen Gewinner der letzten Jahre. Die Gründe hierfür liegen sowohl auf der Angebots- als auch auf der Nachfrageseite. Die Leistungsanbieter haben die deutliche Bereitschaft gezeigt, daß auf ihre Leistungserstellung Einfluß genommen wird. PPOs sind in dieser Hinsicht als das kleinere Übel anzusehen. Auch wurden deutliche Konzessionen hinsichtlich der Kosten gemacht. Somit können PPOs erhebliche Einsparungen bei der Leistungserstellung realisieren. Allein die discounted-fee-for-service-Raten liegen in den USA 15–20% unter den üblichen (reasonable and customary fees) Sätzen (Shi, Singh 1998, S. 317). Die Einsparpotentiale liegen sicherlich nicht in den Dimensionen, die HMOs erzielen können, sind aber immerhin signifikant höher als im klassischen fee-for-service-System. Auf der anderen Seite befriedigen PPOs das zentrale Bedürfnis nach – wenn auch nicht genutzter – freier Arztwahl. Das ist vor allem dann relevant, wenn langjährige Bindungen zu einzelnen Ärzten bestehen, die durch HMOs häufig abgebrochen werden.

Trotz des enormen Markterfolges bleibt abzuwarten, ob es sich bei PPOs nicht um eine Zwischenform von Managed-Care-Produkten handelt, die langfristig wieder vom Markt verschwinden werden. Denn sie führen nicht zu wesentlichen Verbesserungen der Leistungserstellung, Brown bezeichnet sie treffend als „toothless" (1994, S. 177), sondern sind primär auf temporäre Marktgegebenheiten ausgerichtet (Kühn 1997, S. 13).

2. Networks

Networks können aus sehr unterschiedlicher Perspektive analysiert werden. Klassisches Argument ist die Erzielung von Skalenerträgen und die Optimierung der Auslastung (Robinson, 1996, S. 157). Außerdem wird die Steigerung der Koordination und Kommunikation der Leistungserstellung angeführt. Durch diese strategischen Allianzen soll die Abstimmung zwischen Versorgungsstufen, z.B. zwischen Akutversorgung und Rehabilitation, optimiert werden. Gleichermaßen werden Netzwerke gebildet, um insbesondere Academic Medical Centers mit der notwendigen Nachfrage an High-End-Medizin zu versorgen. Somit findet eine Steuerung der Leistungsstufe (Regel- bis Maximalversorgung) statt. Bei diesen Zielsetzungen entsprechen sie einer Vorstufe von integrierten Versorgungssystemen, auf die im folgenden Abschnitt noch detailliert eingegangen wird.

In Metropregionen tritt noch ein vierter Grund zur Bildung von Netzwerken auf. Hochpreisige, aber prestigeträchtige, innerstädtische Academic Medical Centers sehen sich einem immer größer werdenden externen Druck ausgesetzt. Die Quersubventionierung von Ausbildung und Forschung durch Patientenversorgung wird von Leistungsfinanzierern immer weniger akzeptiert, und es bestehen auch nur begrenzte Möglichkeiten, diese Organisationen effizienter zu gestalten. Sie sind auch überproportional mit dem Problem von unversicherten Patienten konfrontiert (Ginzberg, 1996, S. 66). Aus diesem Grund müssen Wettbewerbsstrategien entwickelt werden, um das Überleben zu sichern. Durch den Zusammenschluß zu Networks wird verhindert, daß Versicherungen selektiv kontrahieren. In der Metropolregion New York ist es beispielsweise aus Marketinggründen nicht denkbar, Versicherungsprodukte anzubieten, die die renommierten vier bis fünf Networks nicht beinhalten.

Networks können also genauso eine reine Abwehrstrategie der Leistungsanbieter zur Verhinderung von selektivem Kontrahieren sein. Diese Strategie ist vor allem dann bedeutend, wenn wie im Krankenhaussektor enorme Überkapazitäten bestehen, die tendenziell eigeninduzierte Nachfrage generieren können.

In der Praxis entsteht außerdem der Eindruck, daß auch das „Blocken" von potentiellen anderen Konstellationen eine wichtige Rolle spielt. So ist beispielsweise die Anzahl von renommierten Academic Medical Centers sehr begrenzt, d.h., es bestehen berechtigte Ängste von Marktteilnehmern, ohne Bindung zu bleiben respektive daß die attraktiven Partner nicht mehr zur Verfügung stehen.

Managed Care führt zweifellos zu einer Konsolidierung im Gesundheitsmarkt. Wenige, große Anbieter und Nachfrager oder beides in einer Hand werden im Markt bestehen bleiben und die heute fragmentierten und durch Schnittstellen charakterisierten Marktstrukturen ersetzen.

3. Integrierte Versorgungssysteme

Integrated Delivery Systems (IDS) werden als die reinste Form von Managed Care-Organisationen bezeichnet. Kein anderes Thema wird im Rahmen von Managed Care ausgiebiger diskutiert als die Vor- und Nachteile von integrierten Versorgungssystemen und vor allem die Frage, wie solche Systeme konfiguriert sein müssen. Unter integrierten Versorgungssystemen wird ein Netzwerk von Organisationen verstanden, das die Leistungen selber erbringt oder die Erbringung organisiert; und zwar über das gesamte Kontinuum von Gesundheitsbedürfnissen hinweg und welches sowohl die medizinische als auch die finanzielle Verantwortung für die Versorgung einer vorab definierten Bevölkerungsgruppe übernimmt (Shortell et al. 1996, S. 7). Im Extremfall werden sie dann selbst „licensed health plan", d.h. eine zugelassene Krankenversicherung.

Charakteristisch ist, daß die benötigten Leistungen entweder selber erbracht oder hinzugekauft werden, aber das integrierte Versorgungssystem die Koordination der Leistungen übernimmt; und dies nicht nur für eine Behandlungsepisode, sondern prinzipiell für unbestimmte Zeit, in der reinsten Form von der Geburt bis zum Tod. Die Fragmentierung der Gesundheitsversorgung wird somit aufgehoben und eine ganzheitliche, systemübergreifende Versorgung angestrebt. Neben der Art der Leistungserstellung ist die Frage der Verantwortung entscheidend. Integrierte Versorgungssysteme übernehmen entwedr die Versicherungsfunktion komplett, z.B. indem sie direkt mit Großarbeitgebern kontrahieren oder aber sie werden nach full-risk capitation vergütet. Diese Form der Versorgung ist auch in den USA noch eine reine Zielvorstellung, die bei weitem noch nicht erreicht wurde. Die meisten Systeme – auch wenn sie sich integrierte Versorgungssysteme nennen – befinden sich eher auf dem Weg, diesen Status zu erreichen (Shortell et al. 1997, Vorwort). 1997 wurden 228 Systeme als integrierte Versorgungssysteme klassifiziert, von denen 70% krankenhausbasiert sind (Hoechst, Marion Roussel, 1998a, S. 4ff).

Abb. 7: Grundstruktur eines integrierten Versorgungssystems

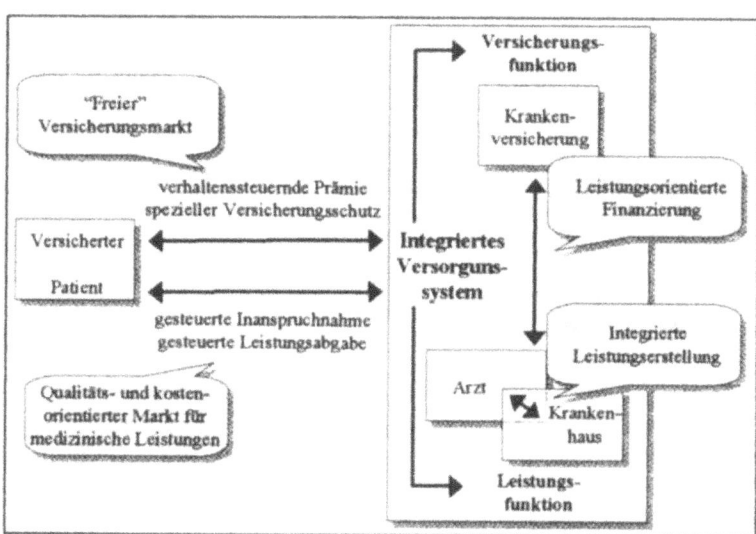

Im folgenden sollen zuerst die wesentlichen zu integrierenden Funktionen dargestellt werden.

Abb. 8: Elemente eines integrierten Versorgungssystems

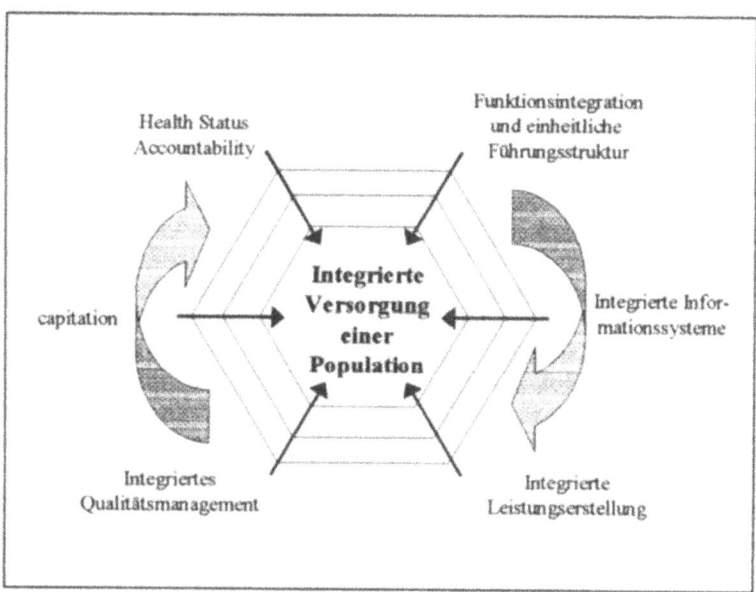

Tendenziell sollte mit einer Funktionsintegration und einer einheitlichen Führungsstruktur begonnen werden, anschließend ein Informationsnetz implementiert werden. Im

nächsten Schritt können die medizinischen Leistungen integriert und ein Qualitätsmanagement aufgebaut werden. Sind diese Schritte abgeschlossen, kann sowohl die finanzielle als auch die medizinische Verantwortung übernommen werden.

Unter *Funktionsintegration* wird die Integration nicht-medizinischer Leistungen wie Personalwesen, Finanz- und Rechnungswesen, Marketing oder strategische Planung verstanden. Dies kann, muß aber nicht auf Zentralisierung und Standardisierung hinauslaufen (Shortell et al. 1996, S. 57), denn im Vordergrund steht die Koordination. Die Funktionsintegration ist in vielen Systemen sehr weit vorangeschritten, da es sehr viel einfacher ist, Personalabteilungen aufeinander abzustimmen oder zusammenzufügen als eine klinische Einheit. Eine zentrale Rolle kommt hier der integrierten Führungsstruktur zu. Der Erfolg eines integrierten Versorgungssystems hängt ganz wesentlich davon ab, ob die Verschmelzung unterschiedlicher Unternehmenskulturen erfolgreich gelingt. Krankenhäuser haben oft sehr starke Kulturen und Subkulturen, vor allem wenn es sich um konfessionell begründete Häuser handelt, die die neue Konstellation unterstützen müssen. Neben der Kultur sind aufeinander abgestimmte Anreizsysteme von entscheidender Bedeutung. Gerade in einem fragmentierten Finanzierungssystem bestehen häufig gegenläufige Interessen, die es zu harmoniesieren gilt. Klassisches Beispiel für Interessenkonflikte sind Fallpauschalen, die dazu führen, daß nachgelagerte Versorgungsstufen die Patienten „quicker and sicker" bekommen. Dies muß nicht im Interesse des Gesamtsystems sein und, entsprechend müssen die Anreize gestaltet werden.

Obwohl *integrierte Informationssysteme* zu den absoluten Kernfunktionen eines integrierten Versorgungssystems gehören, sind in der Praxis hier die größten Schwierigkeiten zu finden. Grundsätzlich muß jede Patienteninformation an jedem Ort zugänglich und auch die finanziellen Transaktionen in diesem System integriert sein. In der Praxis sind aber lediglich 19,6% der integrierten Versorgungssysteme in der Lage, die Informationen an jedem Ort zur Verfügung zu stellen und nur 56% hatten zumindest partielle Intranet-Verbindungen der Leistungsstufen (Hoechst Marion Roussel, 1998a, S. 26). Die Schwierigkeiten mit Informationssystemen haben zwei Hauptgründe: erstens, handelt es sich um hohe Investitionssummen. Hier wird von 30 bis 150 Mio. US $ pro integriertes Versorgungssystem gesprochen (Shortell et al. 1996, S. 74), die zur Entwicklung solcher Systeme notwendig sind. Da in den USA sehr viele Systeme non-profit-Organisationen sind, haben sie nur begrenzten Zugang zum Kapitalmarkt. Zweitens ist der Widerstand sehr hoch. In der Regel wurden in den letzten Jahren lokale Lösungen entwickelt, die sich fast nie in ein integriertes System einbinden lassen. Dies bedeutet für alle Beteiligten eine Umstellung auf neue EDV-Systeme.

Von besonderer Bedeutung ist, daß ein integriertes Versorgungssystem in der Lage ist, über Systemgrenzen hinweg ein *Kontinuum an Leistungen* anzubieten. Womit weder alle Leistungen, noch eigene Leistungen gemeint sind. In der Literatur hat sich durchgesetzt, daß es mindestens drei Leistungskomponenten sein müssen (Hoechst Marion Roussel 1998a, S. 3). Neben den dominanten Komponenten ärztliche Leistungen und Krankenhausleistungen handelt es sich überwiegend um sogenannte Home Health Agencies (ähnlich der Pflege durch karitative Organisationen in Deutschland), Altenheime und ambulante Operationszentren.

Weniger Bedeutung für die deutsche Diskussion um Managed Care aber um so mehr in den USA hat die *Integration ärztlicher Leistungen (clinical integration)*. Das amerikanische Krankenhauswesen baut weitgehend auf dem Belegarztsystem auf. Der Arzt besitzt eine eigene Praxis und kommt mit dem Patienten in ein Krankenhaus. Das Krankenhaus stellt lediglich die Räumlichkeiten und ärztliche Servicefunktionen wie beispielsweise das Labor zur Verfügung. Es nimmt aber keinen Einfluß auf die unmittelbare Leistungserstellung und stellt auch nicht die Rechnung für ärztliche Leistungen. In der Regel verfügen die Ärzte auch nicht nur über ein „Appointment" mit nur einem Krankenhaus, sondern sie können mit ihren Patienten in verschiedene Krankenhäuser gehen. Betriebswirtschaftlich gesprochen heißt dies, daß das Krankenhaus im wesentlichen keinen Einfluß auf das Kerngeschäft hat. So ist es nicht weiter verwunderlich, daß die wesentlichen Anstrengungen auf eine Integration des Kerngeschäfts hinauslaufen.

Bei einer völlig von den ärztlichen Leistungen getrennten Abrechnung und Steuerung des Krankenhauses werden die Nutzenfunktionen nahezu zwangsläufig gegeneinander laufen. Je nachdem, ob die Ärzte und die Krankenhäuser auf der Basis von fee-for-service, per diem oder über capitation vergütet werden, bestehen unterschiedliche Interessen. So hat der Arzt meistens ein Interesse an längeren Krankenhausaufenthalten als ein Krankenhaus. Ein integriertes System kann aber nur effizient sein, wenn die Nutzenfunktionen zumindest in den wesentlichen Zügen kompatibel sind. Anreizsysteme, die beiden Interessenlagen gerecht werden, lassen sich nur dann implementieren, wenn entweder das Krankenhaus weitgehende Kontrolle über die Ärzte hat oder die Ärzte über das Krankenhaus.

Mindestens die gleiche Bedeutung hat die Planung der ärztlichen Leistungserstellung. Zumindest in einem Wettbewerbssystem wie den USA ist es kaum möglich, steuernd einzugreifen. Das Ergebnis ist ein enormer Überhang an Spezialisten und eine völlig unzureichende Versorgung an Allgemeinärzten. Diesem Phänomen kann zumindest innerhalb eines integrierten Systems mit der Kontrolle über die ärztliche Leistungserstellung begegnet werden. Integrierte Versorgungssysteme sind nach außen wettbewerbsorientiert, bei der Innenorganisation handelt es sich um eine „Planwirtschaft". Was Kanada oder England auf der Systemgestaltungsebene machen, d.h. die konkrete Planung der benötigten Leistungen, wird nun innerhalb des integrierten Systems durchgeführt. So wird beispielsweise für 270 000 Werktätige und 30 000 Rentner ein Bedarf an 171 Hausärzten (ein Hausarzt pro 2000 Werktätige respektive einer pro 900 Rentner), 81 300 Krankenhaustage und 13 020 ambulante Operationen kalkuliert (Golembesky, 1997). In dieser präzisen internen Steuerung des Leistungsbedarfs wird eine wesentliche Stärke von integrierten Versorgungssystemen gesehen. Die Unternehmen sollen in den USA das übernehmen, woran der Staat gescheitert ist: eine sinnvolle Planung und Koordination.

Diese Planung verfolgt zwei Ziele. Erstens sollen keine Überkapazitäten aufgebaut werden und genau die richtigen Versorgungsmengen vorgehalten werden. Weitaus entscheidender ist aber zweitens, daß von teueren Versorgungsstufen auf günstigere umgeschichtet werden soll. Dies hat nicht zwangsläufig mit Rationierung zu tun, sondern mit Versorgung auf der kostenoptimalen Leistungsstufe. Hier liegt genau der potentielle Hauptvorteil von integrierten Versorgungssystemen. Ausgehend von der These, daß Prävention günstiger ist als Kuration (Fröschl, 1998, S. 149), sollen entsprechende Anreize gesetzt werden. So spart die Verhinderung einer „low-weight-Geburt" zwischen 14 000 und 30 000 US $ und die Investition von einem Dollar in pränatale Versorgung führt zu Einsparungen von 3,38 US $ in späteren Behandlungskosten (Office of Technology Assessment und Institute of Medicine, zitiert in: Shortell et al. 1996, S. 25).[10]

Ein System muß somit Anreize bekommen, an der Gesundheit und nicht an der Krankheit zu verdienen. Dies ist das wesentliche Argument für integrierte Versorgungssysteme, welches bei zunehmend multimorbiden und/oder chronisch Kranken auch an Bedeutung gewinnen wird. Dies setzt aber Kontinuität im Versicherungsverhältnis voraus. 54% der Amerikaner sind aber seit weniger als drei Jahren bei ihrer heutigen Versicherung eingeschrieben (Davis et al., 1995, S. 103); d.h., Investitionen in die Reduktion zukünftiger Behandlungskosten rentieren sich nur schwerlich. Ein ähnliches Problem wie Investitionen in das Humankapital eines Unternehmens.

Entscheidend bei einer Vergütung über *capitation* und einer *Übernahme der Verantwortung* für den medizinischen Status einer Population ist, daß dies nur gemacht werden kann, wenn die zuvor beschriebenen Funktionen zumindest bis zu einem gewissen Grad integriert sind.

Eine Beurteilung von integrierten Versorgungssystemen ist ausgesprochen schwierig, da es sich überwiegend noch um theoretische Konstrukte handelt und keine umfassenden empirischen Ergebnisse vorliegen. In den USA ist die Begeisterung für integrierte Versorgungssysteme etwas verflogen, da sich gezeigt hat, daß sich viele Systeme mehr aggregiert als integriert haben. Diese Aggregation zur Gewinnung von Marktanteilen im Rahmen einer Machtstrategie hat natürlich nicht zu den erhofften Qualitätssteigerungen und Kostensenkungen geführt, sondern tendenziell sogar eher zu noch höheren Preisen, da Angebotsmonopole entstehen. Außerdem ist es eine enorme Herausforderung, ein derart komplexes System zu führen. Folgerichtig sind die Chancen zu scheitern auch sehr hoch (Herzlinger, 1998, S. 23). So weist Herzlinger auf empirische Untersuchungen hin, in denen lediglich 17% der von Krankenhäusern akquirierten Arztpraxen Gewinne erzielten (Herzlinger, 1998, S. 23).

Diese Markterscheinungen widersprechen aber nicht der Grundidee, daß vertikal integrierte Versorgungssysteme sowohl den Bedürfnissen der Versicherten näher kommen als auch gleichzeitig wirtschaftlicher sind, sondern machen lediglich deutlich, daß primär die Intention der Strategie und die Art der Umsetzung (ownership vs. contractual networks) entscheidend ist.

4. Physician Hospital Organizations (PHO)

Eine der zentralen Reaktionen auf die wachsende Bedeutung von Managed Care-Organisationen ist die Entstehung von sogenannten Physician Hospital Organizations (PHO). Mag es unter fee-for-service-Vergütungen durchaus noch Sinn gemacht haben, daß Krankenhäuser und Ärzte getrennte Einheiten waren, die individuell mit den Versicherungen abgerechnet haben, besteht seit der zunehmenden Dominanz von Managed Care ein erhebliches Interesse, Anbieterinteressen zu bündeln und somit ein gegenseitiges Ausspielen zu verhindern.

Eine PHO kann als ein Joint-Venture zwischen einem oder mehreren Krankenhäusern und einer Gruppe von Ärzten definiert werden, wobei die Initiative in der Regel von den Krankenhäusern ausgeht. Ziele von PHO sind

1. das gemeinsame Kontrahieren mit anderen Managed Care-Organisationen,
2. die verbesserte Kooperation mit Krankenhausangestellten und Ärzten,
3. die gemeinsame Risikoübernahme und
4. die Steigerung der medizinischen Qualität (Zelman, 1997, S. 117).

Abb. 9: Grundstruktur einer PHO

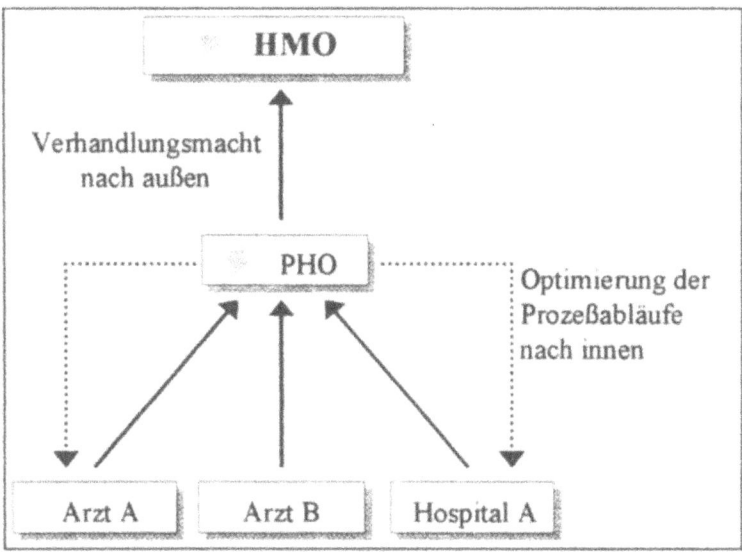

Entscheidend ist aber die Steigerung der Marktmacht bzw. die Entwicklung einer Verteidigungsstrategie (Burns, Thorpe 1997, S. 352) gegenüber anderen Managed Care-Organisationen und die Umsetzung einer Diversifikationsstrategie von Krankenhäusern in attraktive ambulante Märkte.

PHOs unterscheiden sich im wesentlichen hinsichtlich ihres Leistungsumfangs und der Zugangsberechtigung. Das Leistungsspektrum reicht von einer bloßen Analyse der Managed Care-Verträge bis hin zur Entwicklung von standardisierten Vertragsmodellen. Im ersten Fall werden die kritischen Punkte herausgearbeitet und dem entsprechenden Arzt als Entscheidungsgrundlage vorgelegt. Dieser entscheidet für sich, ob er zu diesen Konditionen kontrahieren möchte. Die PHO verhandelt aber im wesentlichen nicht, sondern macht nur die Verträge verständlich. Im zweiten Fall übernimmt sie eine wesentlich weiterreichende Funktion und entwickelt proaktive Modelle und Konzepte, die sie in den Verhandlungen mit anderen Managed Care-Organisationen versuchen durchzusetzen. Hier liegt strenggenommen auch der zentrale Sinn von PHOs und die Begründung, sie als Managed Care-Organisation zu bezeichnen.

Ein ausgesprochen kritischer Punkt von PHOs ist die Zugangsberechtigung. Hier wird zwischen open-PHOs und closed-PHOs unterschieden. Wie aus der Bezeichnung schon hervorgeht, stehen open-PHOs sämtlichen Ärzten eines Krankenhauses offen. In der Regel sind sie deshalb stark von Spezialisten dominiert, die selektives Kontrahieren verhindern wollen (Burns, Thorpe 1997, S. 353). Allgemeinärzte spielen eine untergeordnete Rolle. Closed-PHOs sind demgegenüber durch die Begrenzung der Mitglieder gekennzeichnet. Auch wenn diese sehr viel schwieriger in einem Krankenhaus durchzusetzen sind, weisen sie ein sehr viel höheres Erfolgspotential auf. Dies liegt im wesentlichen darin begründet, daß die Zusammensetzung von Fach- und Allgemeinärzten gesteuert werden kann und eventuell sogar Leistungskriterien eines einzelnen Arztes[11] mit hinzugezogen werden können. Die Art, wie aktiv PHOs in die Leistungserstellung eingreifen, hängt primär von der Vergütungsform ab. PHOs mit capitation greifen sehr viel stärker in die Art der Leistungserstellung ein und müssen dies auch tun (Zelman 1996, S. 121). Die eingesetzten Instrumente wie beispielsweise utilization review, Qualitätsmanagement, guidelines, outcome measurement und der Aufbau von Informationstechnologien sind absolut identisch mit denen, die andere Managed Care-Organisationen zur Steuerung der Leistungserbringer einsetzen, nur mit dem zentralen Unterschied, daß sie hier als ausschließlich interne Steuerungselemente eingesetzt werden.

Für Health Plans bedeutet eine PHO eine erhebliche Vereinfachung der Vertragsgestaltung und somit eine Reduzierung von Transaktionskosten, da nur mit einer Organisation und nicht mit vielen einzelnen Ärzten und Krankenhäusern verhandelt werden muß. Dies hat aber auch seinen Preis: Der Health Plan wird abhängig von einer Vertragslösung, da sie häufig ihre Produkte nur verkaufen können, wenn sie über ausreichend Verträge mit den wichtigsten PHOs verfügt. Anstatt einfach Vertragsbedingungen „vorzulegen", muß nun regelrecht mit den PHOs verhandelt werden. PHOs bedeuten außerdem, daß eine weitere Schnittstelle zwischen Leistungsfinanzierung und -angebot eingebaut wird. Genau dies ist aber häufig nicht im Interesse der anderen Managed Care-Organisationen, die unmittelbaren und direkten Einfluß auf die Leistungserstellung nehmen wollen und an einer größeren Distanz nicht interessiert sind.

Für die beteiligten Ärzte und Krankenhäuser ist neben den häufig besseren Vertragsbedingungen entscheidend, daß sie Zugang zu neuen Märkten bekommen können. So kann eine PHO Verträge mit selbstversichernden Arbeitgebern oder solche mit risk capitation aushandeln. Darüber hinaus sind PHOs eine Strategie für jene Ärzte, die zwar akzeptieren, daß sie nicht unabhängige, niedergelassene Ärzte bleiben können, trotzdem aber ihre Praxis nicht verkaufen möchten (McCall-Perez 1997, S. 67). Eine inhärente Schwäche von PHOs ist, daß die Ärzte neben den Verträgen über die PHO immer noch ihre eigenen Vertragsbeziehungen (z.B. zu einer IPA) aufrechterhalten und somit zwangsläufig eine Konkurrenz- und Konfliktsituation besteht (Weis, Miller 1997, S. 78).

PHOs sind sehr charakteristische Organisationsformen für das sowohl von den Organisations- als auch vor allem von den Vergütungstrukturen her extrem fragmentierte amerikanische Gesundheitswesen. Aber auch hier werden sie eher als eine temporäre Erscheinung, als ersten Schritt hin zu integrierten Versorgungssystemen betrachtet (Zelman 1996, S. 120 und Weis, Miller 1997, S.76).

III. Beratungsorientierte Organisationen im Managed Care-Umfeld

Seit die Wall-Street das Gesundheitswesen als Wachstumsbranche entdeckt hat, ist nicht nur die Zeit der friedlichen Koexistenz zwischen Leistungserbringer und -finanzierer vorbei, sondern es hat sich auch ein völlig neuer Markt für Beratungs- und Serviceleistungen entwickelt. Die Art der Produkte differiert dabei sehr stark.[12] Von besonderer Bedeutung sind hier die zunehmend gegründeten Management Service Organizations (MSO) und Physician Practice Management Organizations (PPMO). Sie repräsentieren die Öffnung des Gesundheitsmarktes für for-profit-Organisationen respektive die Auslagerung von

For-Profit-Bereichen aus den traditionell überwiegend als non-profit-Organisationen strukturierten Leistungsanbietern und auch Leistungsfinanzierern.

1. Management Service Organizations (MSO)

Management Service Organizations (MSO) können bis zu einem gewissen Grad als eine Weiterentwicklung von PHOs betrachtet werden. Es handelt sich dabei, auch wenn häufig so dargestellt, nicht um einen neuen Organisationstyp. Die Ursprünge gehen auf sogenannte medical service bureaus und physician billing companies anfang des Jahrhunderts zurück (DeMuro 1997, S. 375).

Beschränken sich PHOs primär auf Verhandlungen mit Managed Care-Organisationen und auf ein begrenztes Maß an medizinischer Steuerung, gehen MSOs sehr viel weiter und umfassen den kompletten Managementbereich der Leistungserbringung. Charakteristisch für MSOs ist die Kapitalbeteiligung an den Leistungserstellern. Dies kann die Räumlichkeiten, die Ausstattung, die Einrichtung oder das Inventar (DeMuro 1997, S. 380) betreffen. Im Gegenzug erhalten die Ärzte Anteile. Neben der Kapitalbeteiligung ist auch typisch, daß das nicht-medizinische Personal einer Praxis häufig von der MSO gestellt wird (Hoffman 1997, S. 92). Entscheidend ist dabei aber, daß die MSO kein Leistungsersteller im medizinischen Sinne ist und auch keine Verantwortung für Patienten übernimmt, sondern immer nur eine unterstützende Funktion hat, d.h., wie aus dem Namen hervorgeht, Serviceleistungen zur effizienten Leistungserstellung anbietet.

Die Auflistung macht deutlich, daß MSOs weit über das Leistungsspektrum von PHOs hinausgehen. Aber neben den Managementleistungen, die sicherlich als konstituierend be-

Abb. 10: Leistungsbereiche einer MSO

zeichnet werden können, haben MSOs auch eine wesentliche Funktion bei der Kapitalbeschaffung. Sowohl Krankenhäuser als auch Arztpraxen sind notorisch unterkapitalisiert. Liegt dies bei Krankenhäusern häufig an ihrem non-profit-Status und dem daraus resultierenden begrenzten Zugang zum Kapitalmarkt, sind Ärzte typische personenbezogene Dienstleister, bei denen das Kapital das Privatvermögen darstellt. MSOs sind somit der ideale Einstieg für Investoren in den Gesundheitsmarkt. Anstatt ein Krankenhaus zu kaufen, kann es deutlich sinnvoller sein, indirekt über eine MSO einzusteigen, die jede Art von Rechtsform aufweisen kann.

Meistens sind aber Krankenhäuser die Initiatoren von MSOs. Die MSO kann hierbei entweder direkt in die Struktur des Krankenhauses integriert sein oder aber auch eine eigene Rechtspersönlichkeit haben. Häufig sind die internen Abteilungen derart gewachsen, daß es sich anbietet, sie als eigene Geschäftsbereiche auszulagern. Dies ist vor allem dann relevant, wenn non-profit-Krankenhäuser um ihre Steuerbefreiung fürchten müssen (DeMuro 1997, S. 377). Aber auch Ärztevereinigungen oder branchenfremde Investoren treten als Initiatoren auf.

Für ihre Leistungen verlangen MSOs 11 bis 16% der Prämien. Den größten Anteil macht dabei der Gewinn der MSO mit bis zu 5% (wobei dieser je nach Zielsetzung zwischen 0 und 5% variiert), gefolgt vom Medical Management (4,6%), den Claims (2,3%), der Administration (1,2%) und den MIS (1,4%) (DeMarco, Marx 1997, S. 399).

Vor- und Nachteile lassen sich nur sehr schwer diskutieren, da sie im wesentlichen davon abhängen, wer der Initiator der MSO ist. Allen Formen ist aber gemein, daß MSOs ein geeignetes Instrument sind, um das dringend benötigte Kapital und Management-Know-how in die Leistungserstellung zu bringen. Aus Sicht der Ärzte, die sich einer MSO anschließen (nicht gründen), ist besonders hervorzuheben, daß, wenn die eine Seite, nämlich die Managed Care-Organisationen, „aufrüstet" und entsprechendes Management-Know-how entwickelt, ihnen überhaupt nichts anderes übrigbleibt, als mitzuziehen. Die nette, kleine Praxis an der Ecke, wo abends und am Wochenende das Ärztehepaar die Buchhaltung macht und den Dienstplan aufstellt, ist ein Modell, das in einem von Managed Care bestimmten Umfeld keine Überlebenschance hat. Ärzte müssen Zugang haben zu einem professionellen Management. McCall-Perez spricht hier davon, daß sie „managed-care ready" (1997, S. 109) sein müssen, ansonsten werden sie überrannt und verlieren ihre Selbständigkeit vollständig. Somit ist die Partizipation an einer MSO auch als eine Abwehrstrategie zu verstehen. Außerdem erfordert beispielsweise der Umgang mit capitation-Verträgen Risikomathematiker und spezialisierte Anwälte. Hierbei handelt es sich um hochspezialisierte Aufgaben, die sich erst ab einem gewissen Umfang lohnen. Somit stehen zwei Aspekte im Vordergrund: erstens sollen Wirtschaftlichkeitspotentiale erschlossen werden, indem schlicht Mengenvorteile ausgenutzt werden. Zweitens sollen Leistungen derart optimiert werden, daß sie in einem Wettbewerbsumfeld konkurrenzfähig sind. Für die Ärzte ist ein zentraler Vorteil, daß sich MSOs in der Regel nicht in medizinische Fragestellungen einschalten und somit ihre Autonomie bestehen bleibt.

Der Zuwachs an MSOs ist auch nur plausibel, da durch die Entstehung immer neuerer Organisationsformen generell ein neuer Markt für professionelles Management und Beratung entstanden ist.

2. Physician Practice Management Organizations (PPMO)

Physician Practice Management Organizations (PPMO) sind in wesentlichen Zügen identisch mit MSOs, unterscheiden sich aber insofern, als daß PPMOs reine Ärztegesellschaften sind und somit keinen institutionenübergreifenden Zugang haben (Kongstvedt/ Plocher 1997, S. 48).

Dabei bedeutet dies nicht, daß zwangsläufig nur einzelpraktizierende Ärzte zusammengeführt werden, sondern gleichermaßen werden Ärztegruppen über lokale Märkte hinweg koordiniert (Robinson 1998, S. 54). Die Tatsache, daß es sich um Arztgruppen handelt, bedeutet aber nicht, daß Ärzte die Eigentümer sein müssen. Entscheidend ist jedoch, daß PPMOs weder krankenhaus- noch versicherungskontrolliert sind. Dies schließt aber nicht aus, daß solche Organisationen PPMOs im Rahmen einer Diversifikationsstrategie initiieren. Vor allem die großen PPMOs werden ausgesprochen erfolgreich als Publikumsgesellschaften (48,3% der PPMOs; Hoechst Marion Roussel, 1998b, S. 31) an der Börse gehandelt. Auch hier entwickelt sich der Markt hin zu oligopolistischen Strukturen. Die sieben Größten PPMOs haben einen Marktanteil von 50,9%, respektive 79 368 Ärzte und PhyCor Corp. vereinigt alleine bereits 21 000 Ärzte und 2 600 000 Versicherte (Hoechst Marion Roussel, 1998b, S. 32).

Ausgangspunkt für PPMO ist wiederum einerseits das Bedürfnis nach einer Bündelung von Marktmacht und andererseits die Notwendigkeit, das Management von ärztlichen Leistungen signifikant zu erhöhen. Drei wesentliche Organisationsmodelle lassen sich unterscheiden (Burns/Robinson 1998, S. 7).

Beim Physician Service Modell stellt die PPMO einer Krankenhausabteilung das ärztliche Personal, zum Beispiel in der Notaufnahme. Im Innenverhältnis können die Ärzte angestellt oder vertraglich gebunden sein. Beim Physician Equity Modell übernimmt die PPMO sämtliche Vermögenswerte im Tausch gegen Anteilscheine an der PPMO. Zwischen dem Arzt und der PPMO werden sehr langfristige Verträge (30–40 Jahre sind üb-

Abb. 11: Formen von PPMOs

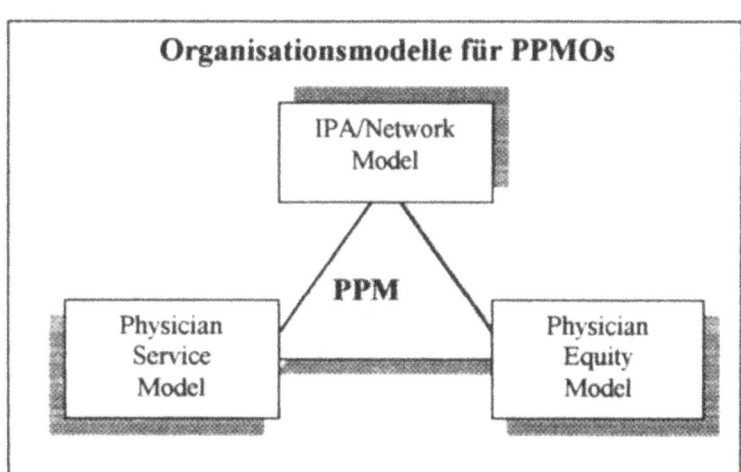

lich) geschlossen (Burns/Robinson 1998, S. 6). Die PPMO übernimmt alle Verwaltungsaufgaben und erhält dafür eine Kompensation von rund 15% (Robinson 1998, S. 64). Die IPA-/Network-Modelle entstanden in den 90er Jahren um virtuelle Netzwerke zum Kontrahieren mit Managed Care-Organisationen aufzubauen.

32% der PPMOs sind ausschließlich auf eine Fachrichtung konzentriert (Burns, Robinson, 1998, S. 11). So gibt es PPMOs speziell für Onkologen oder Gynäkologen. Die konsequente Orientierung auf Fachrichtungen oder Marktnischen ist ebenfalls eine neue Erscheinung in diesem Markt. So gibt es diverse PPMOs, die sich ausschließlich auf Notaufnahmen oder die Behandlung chronischer Erkrankungen und sogar auf die Versorgung von Gefangenen spezialisiert haben (für letztere gibt es zumindest in Kalifornien ein erhebliches Marktvolumen).

PPMOs zielen unmittelbar auf die Realisierung von Economies of Scale. Auf drei Feldern können diese besonders einfach realisiert werden (Robinson 1998, S. 65ff und Zuckerman et al. 1998, S. 13f.). Erstens bei der Kapitalbeschaffung. Nicht nur, daß es für eine überregionale PPMO sehr viel einfacher ist Kapital zu beschaffen, auch stehen ihnen aufgrund der Größe sowohl bessere Konditionen als auch andere, geeignetere Finanzinstrumente zur Verfügung. So verfügt PhyCor Corp. über eine Kreditline von 400 Mio. $ und finanziert ihr enormes Wachstum über einbehaltene Gewinne (Robinson 1998, S. 66). Darüber hinaus verfügen sie über eine geeignetere Rechtsform zur Kapitalbeschaffung als die meisten Arztgruppen. Zweitens können PPMOs deutliche Economies of Scale bei der Materialbeschaffung realisieren. Große PPMOs können beispielsweise Pharmazeutika direkt vom Hersteller kaufen. Und drittens sind sie in der Lage, Skalenerträge bei den Verhandlungen mit Versicherungen oder selbstversichernden Arbeitgebern zu realisieren.

Je nach Umfang der angebotenen Leistungen können PPMOs ernsthafte Konkurrenten für integrierte Versorgungssysteme darstellen. Dies betrifft vor allem die fachübergreifenden PPMOs, die das gesamte Spektrum medizinischer Leistungen abdecken können. Spricht man bei integrierten Versorgungssystemen von vertikaler Integration, ist es üblich, hier von virtueller Integration zu sprechen. Im Gegensatz zu integrierten Versorgungssystemen agieren PPMOs meistens nicht nur auf lokaler Ebene, sondern auch regional und häufig sogar überregional. Entscheidender dürfte aber ein anderer Unterschied sein: PPMOs bringen neue Produkte in bestehende Märkte und sind nicht wie Krankenhäuser durch historisch gewachsene Strukturen in der Umsetzung innovativer Strategien behindert. Hier liegt auch der wesentliche Unterschied zum Aufbau von krankenhausbasierten, integrierten Versorgungssystemen, die eher als eine Überlebensstrategie von bestehenden Organisationen gesehen werden können. Eine PPMO ist da sehr viel weniger vulnerabel gegenüber Marktveränderungen, da sie mit Krankenhäusern primär kontrahiert und somit sehr viel flexibler ist.

National agierende und auf Profit ausgerichtete PPMOs stellen in verschiedener Hinsicht eine Innovation dar. Neben der starken Profitausrichtung und dem Zugang zu klassischen Kapitalmärkten sorgen PPMOs auch dafür, daß lokale Märkte zu regionalen und nationalen werden. Gerade in den USA, wo im Prinzip überhaupt nicht von „einem" Gesundheitssystem gesprochen werden kann, sondern von etlichen verschiedenen, die sich nicht einmal in den Grundzügen ähnln, bilden PPMOs Brücken zwischen Märkten. Robinson (1998, S. 54) hebt zu Recht hervor, daß über national agierende PPMOs Managed Care-Know-how in jene Märkte transportiert wird, in denen die Managed Care-Penetration noch gering ist. In Märkten wie New York, die bis vor kurzem überhaupt kein Managed Care kannten, dringen nun Unternehmen ein, die in Kalifornien, dem Managed Care-Markt schlechthin, Erfahrungen gesammelt haben und dementsprechend einen wesentlichen Wettbewerbsvorteil gegenüber den lokalen Anbietern haben.

PPMOs zielen genau wie andere Managed Care-Organisationen auf eine Konsolidierung des fragmentierten Gesundheitsmarktes. Neben durchaus positiven Zielsetzungen wie der Steigerung der Effizienz in der Leistungserstellung durch Economies of Scale und Scope (Burns, Robinson 1998, S. 24) geht es auch häufig schlicht um Marktmacht. Genau wie für Netzwerke und integrierte Versorgungssysteme ist es ein entscheidendes Ziel, eine derartige Marktposition zu erlangen, die selektives Kontrahieren unmöglich macht. Eine PPMO mit einem Marktanteil von beispielsweise 25%, was in der extremen lokalen Ausprägung von Gesundheitsmärkten überhaupt nicht viele Ärzte einschließen muß, führt dazu, daß Managed Care-Produkte, die diese nicht mit einschließen, nahezu unverkäuflich sind. Weniger bei fachübergreifenden, aber um so mehr bei fachspezifischen PPMOs wie solche, die sich auf die Krebstherapie spezialisiert haben, entstehen fast automatisch lokale Monopole. So spielen „Antitrust"-Überlegungen in der amerikanischen Diskussion über PPMOs eine ganz wesentliche Rolle.

D. Fazit: Der Wandel zur Mehr-Produkt-Organisation und die Auswirkungen der Produktdifferenzierung

Neben dem Wandel zu Mehr-Produktunternehmen sollen im folgenden auch die Auswirkungen durch die Ausdifferenzierung der Organisationsformen näher betrachtet werden.

I. Der Wandel zum Mehr-Produkt-Unternehmen

Eine der zentralen Veränderungen der letzten Jahre ist der Wandel von homogenen Ein-Produkt-Managed Care–Organisationen hin zu differenzierten „Health Plans". Charakteristisch für diese ist sowohl daß den Versicherten verschiedene Produkte angeboten werden, als daß sie auch im Innenverhältnis verschiedene Varianten parallel einsetzten.

Betrachten wir zuerst die Produktdifferenzierung. Eine klassische Staff-HMO bietet ihren potentiellen Kunden somit nicht nur eine Produktvariante – die Staff-HMO – an, sondern gleichzeitig auch eine IPA-HMO oder ein POS-Variante. Eine Studie von Gold und Hurley (Gold, Hurley, 1997, S. 31) hat ergeben, daß 71% der Health Plans mehrere Produkte anbieten, von denen 19% sogar mehr als vier Varianten im Angebot haben. Dabei sind IPA-/Network-HMOs mit 88% überproportional Anbieter von Mehr-Produkt-Health Plans, wohingegen die enger ausgerichteten Staff-/Group-HMOs mit 59% deutlich unterproportional diversifizieren. Kombiniert werden dabei überwiegend traditionelle HMO und PPO sowie ein POS-Produkt (Gold/Hurley, 1997, S. 31). Der wesentliche Grund für Mehr-Produkt-Health Plans ist das Bedürfnis der Kunden nach Wahlfreiheit. Dies betrifft sowohl institutionelle Nachfrager (Arbeitgeber) als auch individuelle. Eine Rolle spielt darüber hinaus, daß die Möglichkeiten der Produktvariation für HMOs gesetzlich begrenzt ist und somit neuer Spielraum geschaffen wird.

Abb. 12: Mehr-Produkt-Organisationen und deren Organisation

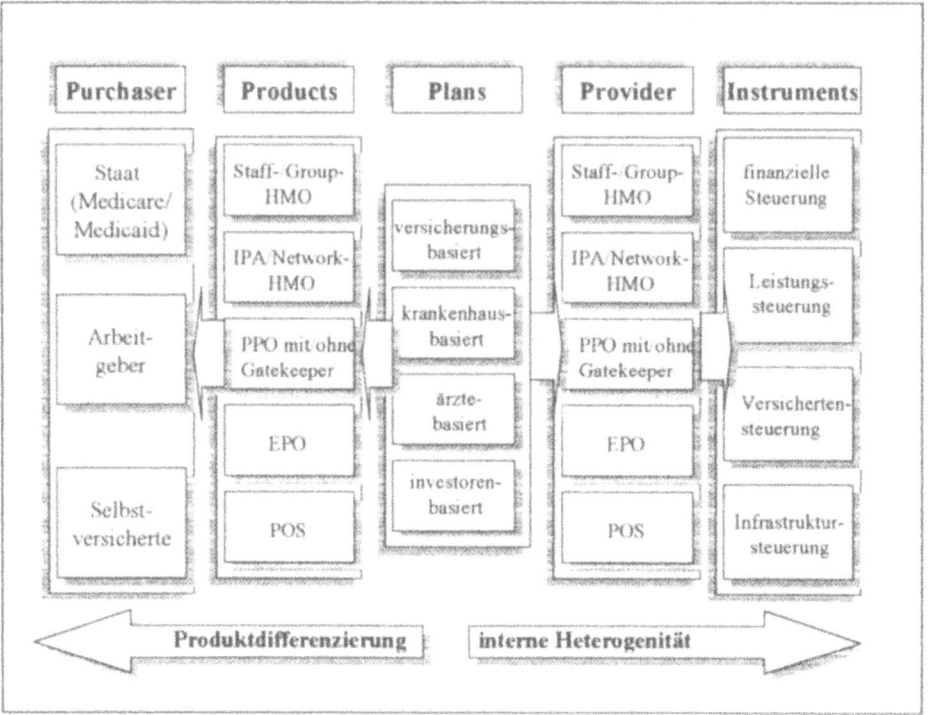

Die Diversifizierung in neue Produktbereiche führt zu erheblichen Problemen. Die Plans fürchten dabei eine „cannibalization" (Gold, Hurley, 1997, S. 35), d.h., der Wachstum neuer Produkte geht zu Lasten bestehender. Außerdem besteht die Gefahr, das beispielsweise eine HMO ihre Identität als HMO verliert und kein klares Profil mehr aufweist.

Die Auflösung der klaren Strukturen betrifft aber nicht nur daß Außenverhältnis, sondern gleichermaßen die Struktur in einem Health Plan. So werden auch im Innenverhältnis die Modellvarianten je nach Marktgegebenheiten gemischt (Landon, Wilson, Cleary, 1998, S. 1377). Die Differenzierung kann nach Berufsgruppen erfolgen aber auch innerhalb von Berufsgruppen. Bei der notorischen Unterversorgung der Health Plans mit Allgemeinmedizinern – ein amerikanisches Problem – ist es durchaus nachvollziehbar, daß die Plans verschiedene Varianten anbieten, um möglichst viele Allgemeinmediziner binden zu können.

Darüber hinaus variieren auch die eingesetzten Managed Care-Instumente. Zur Steuerung der Ärzte bieten sich vier Felder an (Landon, Wilson, Cleary, 1998, S. 1379). Erstens, die Wahl der finanziellen Steuerungsinstrumente. Neben capitation und fee-for-service gibt es eine Vielzahl hybrider Vergütungsformen, die mit unterschiedlichen Bonus- und Malussystemen arbeiten. Dabei wird in der Regel nicht nur eine Form angewandt, sondern je nach Leistungsgruppe unterschiedliche. Typisch ist beispielsweise dabei, daß die Allgemeinärzte überwiegend nach capitation vergütet werden. Zweitens differieren die eingesetzten Instrumente zur Steuerung der Leistungssteuerung. Hierbei geht es um den Einsatz von utilization review und management, second opinion-Programmen, formulatories oder guidelines. Drittens differiert die Ausgestaltung der Versichertenverträge. Im wesentlichen geht es um den Einsatz von copayments und deductables, d.h. der Beteiligung der Versicherten an den finanziellen Lasten. Entscheidend ist auch der vierte Aspekt, die zur Verfügung stehende Infrastruktur. Die zugrundeliegende These ist hierbei, daß zur Verfügung stehende Ressourcen auch genutzt werden. Ein Krankenhaus mit Labor wird mehr Laborleistungen in Anspruch nehmen, als eines ohne (Landon, Wilson, Cleary, 1998, S. 1380). Bei einem Vergleich von Managed Care-Organisationen kann somit nicht nur auf die Organisationsstruktur zurückgegriffen werden, sondern es muß gleichzeitig die nachgelagerte Ebene der eingesetzten Managed Care-Instrumente berücksichtigt werden.

Wird nun auch noch die Heterogenität beim Einsatz der Organisationstypen berücksichtigt, kommt man zwangsläufig zum Schluß, daß eine Ursachen-Wirkungs-Analyse – d.h. auch ein Organsationsvergleich – kaum möglich erscheint. Es läßt sich nämlich nicht sagen, worauf die beobachteten Ergebnisse zurückzuführen sind; insbesondere, da Marktbesonderheiten noch nicht einmal mit berücksichtigt wurden.

Es scheint daher auch angezeigter, die Analyse auf die eingesetzten Strukturkomponenten zu begrenzen und bei ganzen Systemen auf Fallstudienanalysen zurückzugreifen.

II. Auswirkungen der Produktdifferenzierung

Abschließend sollen noch einige generelle Anmerkungen zu den Auswirkungen der Produktdifferenzierung im speziellen und zu Managed Care im allgemeinen gemacht werden.

Die Qualität eines Gesundheitssystems mißt sich ganz maßgeblich an den Auswirkungen auf soziale Randgruppen (Daniels, Light, Caplan, 1996). Parallel zum Wachstum von Managed Care ist die Zahl der unversicherten Amerikaner angestiegen. Momentan sind 31 Mio. Amerikaner zwischen 18–64 Jahren ohne Versicherungsschutz (Kaiser Foundation, 1998, S. 10) und jährlich werden es eine Millionen mehr (Brown, 1996, S. 7). Und die Zahl der Unterversicherten steigt parallel. Und Brown spricht zu Recht von einer „population for whom managed care per se does no particular good and some possible harm" (Brown, 1998, S. 39). Die niedriger Prämien in Managed Care-Systemen sind womöglich auch das Resultat des Herausdrängens sozialer Randgruppen. Und hier ist der Staat gefordert. Die Hoffnung, daß das Scheitern staatlicher Lösungen (Clintons Health Reform Act) durch privatwirtschaftliche „Reformen" kompensiert wird, ist sicher unbegründet.

Der zweite Aspekt ist die zunehmende Bedeutung von for-profit-Organisationen. Die Auswirkungen sind noch völlig ungewiß, oder treffender formuliert: „a discussion that is now more theological than evidence-based" (Brown, 1998, S. 40). Es besteht eine berechtigte Annahme, daß es in einem Wettbewerbsumfeld keine bedeutenden Unterschiede zwischen for-profit und non-profit-Organisationen gibt. Amerikaner sprechen auch nicht durch Zufall von der „health care industry" und nicht von einem „welfare system", d.h., Profit aus dem Gesundheitsmarkt wird nicht grundsätzlich abgelehnt.

Eine entscheidende Frage ist, ob Managed Care, entgegen der Annahmen im Konzept, zu einer Verschlechterung der Qualität führt. Auch wenn es verfrüht ist, hier abschließend zu urteilen, läßt sich zumindest annehmen, daß Managed Care nicht zu einer Verschlechterung der Qualität geführt hat (Robinson, Steiner, 1998) – zumindest für diejenigen, die versichert sind. Es ist sogar davon auszugehen, daß der Qualitätswettbewerb die nächste Stufe in der Entwicklung von Managed Care sein wird, da die Rationalisierungpotentiale mehr und mehr ausgeschöpft sind und somit der Preiswettbewerb an Bedeutung verlieren wird.

Abschließend noch eine Anmerkung zu den Veränderungen für die Leistungsersteller und insbesondere für die Ärzteschaft. „We physicians no longer have a health system that was built by us and sometimes for us" (Ellwood, Lundberg, 1996, S. 1083). Die Zeiten des „blank cheque" gehören der Vergangenheit an. Zukünftig müssen Ärzten bilingual sein, d.h. „not only fluent in organ systems and disease aetiologies but also in cost-effectiveness thinking, technological assessment and more" (Brown, 1998, S. 42).

Anmerkungen

1 An dieser Stelle möchte ich mich für wertvolle Hinweise zur ersten Version dieses Beitrags bei Herr Dipl.-Kfm. Gernod Grüning und Herr Dipl.-Kfm. Andreas Steenbock bedanken. Für inhaltliche Fehler bleibt der Autor alleine verantwortlich.
2 Ohne auf die Struktur des amerikanischen Gesundheitswesens näher eingehen zu wollen sei darauf verwiesen, daß 60% der Amerikaner unter 65 ihren Krankenversicherungsschutz als freiwillige Sozialleistung (fringe benefits) ihres Arbeitgebers erhalten. Die Arbeitgeber sind dadurch ganz wesentliche Marktteilnehmer und entscheiden durch die Aufnahme eine Produktes ganz maßgeblich über den Erfolg von Managed Care – Produkten. 41% der Arbeitgeber bieten Wahlmöglichkeiten, wobei dieser Anteil mit steigendem Einkommen und Größe des Unternehmens ansteigt (Kaiser Foundation, 1998, S. 40)
3 Auch wenn Managed Care Wettbewerb zwischen den einzelnen Organisationen fordert, bedeutet dieses aber nicht, daß Managed Care nur in einem wettbewerbsmäßig organisierten Gesundheitssystem wie dem der Vereinigten Staaten funktionieren kann. Vollständig staatliche Systeme wie das britische National Health System (NHS) implementieren Managed Care-Ansätze – allerdings primär die Management-Instrumente – über sogenannte „internal markets" (Jérome-Forgot,White,Wiener, 1995) in ihr System.
4 Medicare ist ein steuerfinanziertes Programm für alle Amerikaner über 65 sowie jüngere mit speziellen Krankheiten (z. B. end stage renal diseases); Medicaid ist demgegenüber die Krankenversicherung für die ärmsten Amerikaner. Finanzierung und Organisation liegt in der Verantwortung der einzelnen Staaten.
5 1997 gab es 61 hospital-owned HMOs mit über 4 Mio. Versicherten (Hoechst Marion Roussel, 1998c, S. 4)
6 Der Markt weist aber oligopolistische Strukturen auf. Der größte Anbieter, Blue Cross/Blue Shield Ass. hat alleine fast 14 Mio. Versicherte ((Hoechst Marion Roussel, 1997, S. 5)
7 Auch in der Literatur ist häufig die Zusammenfassung von Staff- und Group-HMO sowie die von network- und IPA-HMO anzutreffen, da die Strukturmerkmale die gleichen sind. Vgl. beispielsweise Gold und Hurley (1997, S. 29)
8 Charakteristisch für das amerikanische Gesundheitswesen ist, daß große Arbeitgeber wie Ford oder IBM die Versicherungsfunktion selbst übernehmen und direkt mit Leistungsanbietern kontrahieren.
9 In einer abgewandelten Form, den sogenannten Exclusive Provider Organizations, werden ausschließlich die gelisteten Leistungsanbieter finanziert (Wagner, 1995, S.27). Diese Form wird primär von selbstversichernden Arbeitgebern gewählt, für die die Höhe der Prämie alleiniges Entscheidungskriterium ist.

10 Es gibt auch ausreichend Beispiele, wo Präventionsmaßnahmen primär Kosten verursachen und der Nutzen sehr gering ist.
11 In diesem Zusammenhang spielt das credentialing eine wesentliche Rolle. Vergleiche hierzu Amelung/Schumacher 1999.
12 Im Rahmen dieser Arbeit soll nicht auf Beratungsprodukte eingegangen werden, die nur Entwicklung und/oder Umsetzung von Managed Care-Instrumenten unterstützen, wie beispielsweise der Entwicklung von guidelines.

Literatur

Amelung, Volker, Schumacher Harald (1999), Managed Care – Neue Wege im Gesundheitsmanagement, Wiesbaden, 1999

Barrett, Diana (1997), Health Maintenance Organizations, in: Miller Kimball/Miller Elaine (eds.), Making Sense of Manged Care, Vol. 1, San Francisco 1997, S. 47–62

Brown Lawrence D. (1994), Who Shall Pay? Politics, Money, And Health Care Reform, in: Health Affairs, Spring (II) 1994, S. 175–184

Brown Lawrence D. (1998), The Evolution of Managed Care in the US, in: Pharmaoeconomics, 14 Suppl. 1, 1998, S. 37–43

Brown, Lawrence D. (1996), American Health Care in Transition: A Guide to the Perplexed, Grantmaker Assistance Program, Washington DC, Oktober 1996

Burns, Lawton R., Robinson, James C. (1998), Physician Practice Management Companies: Implications for Hospital-Based Integrated Delivery Systems, in: Frontiers of Health Service Management 14:2, S. 3–35

Burns, Lawton R., Thorpe Darrell P. (1997), Physician-Hospital Organizations: Strategy, Structure and Conduct, in: Conners, Ronald B., Integrating the Practice of Medicine, Chicago 1997, S. 351–371

Cafferky, Michael E. (1997), Managed Care & You, The Consumer Guide to Managing your Health Care, Los Angeles 1997

Davis, Karen et al. (1995), Choice Matters: Enrollees' View of Their Health Plans, in: Health Affairs, Summer 1995, S. 99–112

DeMarco, William J., Marx, Jennifer M. (1997), The Management Service Organization Industry, in: Conners, Ronald B., Integrating the Practice of Medicine, Chicago 1997, S. 391–412

DeMuro, Paul R. (1997), Evolution of Management Service Organizations, in: Conners, Ronald B., Integrationg the Practice of Medicine, Chicago 1997, S. 375–389

Daniels, Norman, Light Donald W., Caplan Ronald C. (1996), Benchmarks of Fairness for Health Care Reform, New York/Oxford, 1996

Drake David F. (1997), Managed Care – A Product of Market Dynamics, in: JAMA, Vol. 277, No. 7, S. 560–563

Eliopoulos Phoebe (Hrsg.) (1998), Managed Care: Facts, Trends and Data: 1998–99, Washington, 1998

Ellwood Paul M., Lundberg Georg D. (1996), Managed Care – A Work in Progress, in: JAMA, Vol. 276, No. 13, 2. Okt. 1996, S. 1083–1086

Frech Henry E. III (1988), Preferred Provider Organizations and Health Care Competition, in: Frech Henry E. III, Health Care in America, 1988

Fröschl, Monica (1998), HIV-Infektion: Kostenersparnis durch Prävention, in: Gesundh.ökon. Qual.manage. 3 (1998), S. A149–A150

Gaynor, Martin, Haas-Wilson, Deborah (1998), Vertical Relations in Health Care Markets, in: Morrisey, Michael, Managed Care & Changing Health Care Markets, Washington 1998, S. 140–163

Ginzberg, Eli (1996), Tomorrow's Hospital, New Haven/London, 1996

Golembesk, H. E. (1997), A Structured Perspective of Market Evolution, San Francisco, in: Coile, Russell C. (1997), The Five Stages of Managed Care, Chicago 1997

Herzlinger Regina E. (1998), The Managerial Revolution in the U. S. Health Care Sector: Lessons from the U. S. Economy, in: Health Care Management Review, 23 (3), 1998, S. 19–29

Hoechst Marion Roussel (1997), HMO-PPO/Medicare-Medicaid Digest, Managed Care Digest Series, Kansas City 1997
Hoechst Marion Roussel (1998a), Integrated Health System Digest, Managed Care Digest Series, Kansas City 1998
Hoechst Marion Roussel (1998b), Medical Group Practice Digest, Managed Care Digest Series, Kansas City 1998
Hoechst Marion Roussel (1998c), Institutional Digest, Managed Care Digest Series, Kansas City 1998
Hoffman, Jeffrey R. (1997), Management Service Organizations, in: Miller Kimball Austin, Miller Elaine King, Making Sense of Managed Care, San Francisco 1997, S. 91–99
Jensen Gail A. et al. (1997), The New Dominance of Managed Care: Insurance Trends in the 1990s, in: Health Affairs, Vol. 16, No. 1, Jan./Feb. 1997, S. 125–135
Kongstvedt, Peter R., Plocher David W. (1997), Integrated Health Care Delivery Systems, in: Kongstvedt, Peter R., The Managed Care Handbook, Aspen 1997, S. 46–65
Kühn, Hagen (1997), Managed Care – Medizin zwischen kommerzieller Bürokratie und Integrierter Versorgung, WZB-Paper, Berlin 1997
Luft Harold S. (1997), Perspectives and Evidence on Efficiency in Managed Care Organizations, in: Wilkerson John D., Devers Kelly J., Given Ruth S. (Hrsg.), Competitive Managed Care: The Emerging Health Care System, San Francisco, 1997
McCall-Perez, Fred (1997), Physician Equity Groups and Other Emerging Entities, New York 1997
Robinson James C., (1996), The Dynamics and Limits of Corporate Growth in Health Care, in: Health Affairs, Vol. 15, No. 2, Summer 1996, S. 155–169
Robinson, James C. (1998), Financial Capital and Intellectual Capital in Physician Practice Management, in: Health Affairs, July/August 1998, S. 53–74
Robinson Ray, Steiner Andrea (1998), Managed Health Care – US Evidence and Lessons for the National Halth Service, Buckingham 1998
Sachs Michael A. (1998), Managed Care: The Next Generation, in: Frontiers of Health Service Management, 14:1, 1998, S. 3–26
Shapiro Harvey M (1997), Managed Care Beware, West Hollywood 1997
Shi, Leiyu, Singh, Douglas A. (1998), Delivering Health Care in America, A System Approach, Gaithersburg 1998
Shortell Stephen M. et al. (1996), Remarking Health Care in America, San Francisco 1996
The Henry J. Kaiser Family Foundation/Commonwealth Fund (1998), Working Families at Risk: Coverage, Access, Costs, and Worries, The Kaiser/Commonwealth 1997 National Survey of Health Insurance, Menlo Park/New York, April 1998
Wagner, Eric R. (1995), Types of Managed Care Organizations, in: Kongstvedt, Peter R., Essentials of Managed Health Care, Gaithersburg 1995, S. 24–34
Weis, Eileen, Miller, Kimball Austin (1997), Overview of Physician Hospital Organizations and Physician Organizations, in: Miller Kimball Austin, Miller Elaine King, Making Sense of Managed Care, San Francisco 1997, S. 75–89
Wilkerson John D., Devers Kelly J., Given Ruth S. (1997), The Emerging Competitive Managed Care Marketplace, in: Wilkerson John D., Devers Kelly J., Given Ruth S. (Hrsg.), Competitive Managed Care: The Emerging Health Care System, San Francisco, 1997
Zelman, Walter A (1996), Changing Health Care Marketplace, San Francisco, 1996
Zelman, Walter A, Berenson Robert A (1998), The Managed Care Blues – and How to Cure Them, Washington D.C. 1998
Zuckerman Howard S. et al. (1998), Physicians and Organizations: Strange Bedfellows or a Marriage Made in Heaven?, in: Frontiers of Health Service Management, 14:3, Spring 1998, S. 3–34

Managed Care: Organisationen im Wandel

Zusammenfassung

Managed Care hat im amerikanischen Gesundheitswesen sowohl zu einer Ausdifferenzierung der Organisationsformen geführt, als auch zu einem Wandel zu Mehr-Produkt-Unternehmen. Auf der Seite der Versicherer sind verschiedenartigste Formen von Health Maintenance Organizations (HMOs) entwickelt worden, auf jener der Leistungsanbieter entstanden neue Formen der Kooperation zwischen den einzelnen Leistungsstufen wie beispielsweise integrierte Versorgungssysteme (IDS). Nicht nur die traditionellen Beteiligten haben sich durch den Wettbewerb angepaßt, sondern gleichermaßen sind völlig neue Anbieter aus dem Beratungsbereich auf den Markt gedrängt.

Neben dieser Ausdifferenzierung ist ein kontinuierlicher Wandel zu Mehr-Produkt-Unternehmen zu konstatieren. Um ihren Kunden Wahlmöglichkeiten zu offerieren, bieten die traditionellen Ein-Produkt-Unternehmen verschiedenartigste Produktvariationen an.

Summary

In the US managed care has resulted in both new forms of providing and financing health care and in a move towards multiple-product companies. Different types of HMOs have been developed by the health insurance companies, whereby the providers have created new forms of cooperation such as integrated delivery systems. However, not only the traditional players have changed their products due to competition but an increasing number of consultant firms have also entered the market to deliver new consulting services such as the development of guidelines.

Besides these changes there is a strong movement toward multiple-product companies. The traditional one-product-company is developing more and more into a multiple-product company: this is mainly the result of increasing consumer demand for choice.

012: Krankheitsbetriebslehre
23: Betriebs- und Unternehmensformen

Neu zum Thema Statistik und Controlling

Günther Bourier
Wahrscheinlichkeitsrechnung und schließende Statistik
Praxisorientierte Einführung. Mit Aufgaben und Lösungen
1999. XII, 382 S. Br.
DM 58,00
ISBN 3-409-11463-7

Dieses einführende Lehrbuch zeigt den gesamten Weg von der elementaren Ermittlung von Wahrscheinlichkeiten bis zur Erstellung theoretischer Wahrscheinlichkeitsverteilungen auf. Im Vordergrund stehen die Anwendung und praktische Umsetzung statistischer Methoden. Alle Methoden werden in klar strukturierter Form, Schritt für Schritt und detailliert dargestellt. Übungsaufgaben und Kontrollfragen zu allen Kapiteln vertiefen den Stoff. Für alle rechnerisch zu lösenden Aufgaben ist eine ausführliche Lösung angegeben.

Friederike Wall
Planungs- und Kontrollsysteme
Informationstechnische Perspektiven für das Controlling. Grundlagen - Instrumente - Konzepte
1999. XXI, 442 S. Br.
DM 78,00
ISBN 3-409-13032-2

Der Schwerpunkt des Buches liegt auf der integrierenden Sichtweise von Planung und Kontrolle (PuK), Organisation und Informationstechnologie (IT). Im Vordergrund stehen weniger einzelne Technologieansätze als vielmehr die Grundlinien der IT-Entwicklung und ihre Bedeutung für PuK. Wiederholungs- und Vertiefungsfragen am Ende eines jeden Kapitels ermöglichen dem Leser eine gezielte und systematische Aufarbeitung des behandelten Lernstoffs.

Peter P. Eckstein
Angewandte Statistik mit SPSS
Praktische Einführung für Wirtschaftswissenschaftler
2., vollst. überarb. u. erw. Aufl. 1999. VIII, 350 S. Br.
DM 54,00
ISBN 3-409-22232-4

Unter Einsatz des Statistik-Software-Paketes SPSS für Windows werden sämtliche statistische Verfahren anhand praktischer Problemstellungen demonstriert und die Ergebnisse sachlogisch interpretiert. Die zweite Auflage basiert auf der SPSS Version 8.0 für Windows. Sie wurde um das Kapitel Zeitreihenanalyse erweitert. Zu jedem Kapitel gibt es Übungs- und Klausuraufgaben mit vollständigen Lösungen.

Gabler Verlag, Ursula Günther,
Abraham-Lincoln-Straße 46,
65189 Wiesbaden
Tel: 0611.78 78 124
Fax: 0180.5 78 78-80
www.gabler.de

Änderungen vorbehalten. Stand: August 1999.
Erhältlich im Buchhandel oder beim Verlag.   321 00 003

Selektive Verträge in der Krankenversorgung – Chancen und Risiken

Von Petra Riemer-Hommel*

Überblick

- Die Reform des deutschen Gesundheitssystems teilt ihre Befürworter in die Anhänger eher staatlich-regulativ geprägter Lösungen und die Verfechter wettbewerbsorientierter Lösungen.

- Dieser Beitrag setzt sich mit den Effekten eines spezifischen Reformvorschlags, den selektiven Verträgen, vor dem Hintergrund des rechtlichen Status Quo auseinander.

- Die Analyse verdeutlicht nicht nur die Komplexität der in die Bewertung eingehenden Aspekte, sondern auch die Schwierigkeiten, die es bereitet, innerhalb des Korsetts der gesetzlichen Bestimmungen Veränderungen zu bewirken.

- Der Beitrag verdeutlicht, daß der Nettoeffekt selektiver Verträge auf die Struktur des deutschen Gesundheitssystems schwer vorherzusagen ist.

Eingegangen: 10. Mai 1999

Petra Riemer-Hommel, Ph.D. ist wissenschaftliche Mitarbeiterin an der Universität Trier, Fachbereich IV, Betriebswirtschaftslehre insbesondere Services Administration & Management, 54286 Trier. Forschungsschwerpunkte sind Gesundheitsökonomie, Ökonomie der Dienstleistungsunternehmen und Corporate Governance.

A. Einleitung

Der Gesundheitssektor in Deutschland ist eine der vielversprechenden Wachstumsbranchen im Dienstleistungssektor, zugleich ist er jedoch auch ein Beispiel für die Probleme des deutschen Sozialstaats, insbesondere der weiteren Finanzierbarkeit des Systems auf demselben Niveau. Die Kosten im Gesundheitswesen sind in den letzen Jahren weiterhin stark angestiegen, die Ursachen dieser Entwicklung sind sowohl im medizinisch-technischen Fortschritt begründet, als auch in der Marktstruktur und der Organisation der Leistungserbringung. Von den Gesetzen marktwirtschaftlicher Allokation und Verteilung ist der Sektor bisher weitestgehend isoliert durch ein Geflecht von Regulierungsvorschriften und eingeschränkter Vertragsfreiheit, das sich aus der Verpflichtung zur kooperativen Verhandlung zwischen den Krankenkassen und den Anbietern von Gesundheitsleistungen ergibt und zu kartellähnlichen Strukturen geführt hat. Die Monopolkommission spricht in ihrer Bestandsaufnahme des deutschen Gesundheitswesens von einem dirigistischen Grundverständnis (1998).

Der Weg hin zu einem mehr marktwirtschaftlich orientierten Gesundheitswesen wird sich, nach Meinung des Sachverständigenrates (1994) und anderer Experten, ohne eine Reform der Vertragsbeziehungen, insbesondere eine zumindest partielle Abkehr von kollektiven Vertragsfindungen, nicht erfolgreich gestalten lassen. Dieser Beitrag analysiert die Voraussetzungen und Wirkung der Einführung sogenannter selektiver Verträge, die es Krankenkassen erlaubt, die Anzahl der Anbieter, mit denen sie vertragliche Bindungen eingehen, zu beschränken.

In Abschnitt B wird der Status Quo der Vertragsbeziehungen im deutschen Gesundheitswesen im Kontext der historischen Entwicklung dargestellt. Teil C analysiert das Instrument selektive Verträge, wobei hier zunächst die theoretischen Argumente für und wider selektives Kontrahieren dargestellt werden und während in D auf die Anwendungsbereiche in der Praxis, insbesondere im Gesundheitswesen, eingegangen wird.

Das Hauptanliegen dieses Abschnittes ist es, die potentiellen positiven sowie negativen Effekte von selektiven Verträgen aufzuzeigen und ihre kurz- und langfristigen Auswirkungen auf die Marktstruktur und andere Elemente des institutionellen Rahmens zu untersuchen. Im Kontext der deutschen Gesundheitsreform ist dabei auch die entstehende Spannung zwischen den Sphären von Wettbewerbs- und Sozialrecht von Bedeutung, insbesondere wenn man der Interpretation von selektiven Verträgen als möglicher Form von Markteintrittsbarrieren folgt oder in ihnen eine Begrenzung der grundgesetzlich zugesicherten Wahlfreiheit sieht. Ebenfalls von rechtlicher Bedeutung ist die Frage, in wessen Obhut die Gewährleistung des Versorgungsauftrages fällt, wenn die Pflichtkollektive der Versorger und Versicherer sich auflösen sollten. Gegeben die derzeitige Rechtslage bleiben die Schlußfolgerungen hypothetisch.

B. Verträge im deutschen Gesundheitswesen – eine Bestandsaufnahme

Verträge im deutschen Gesundheitswesen sind das Ergebnis bilateraler Verhandlungen der Verbände, die als Repräsentanten der Krankenversicherer und der Leistungserbringer auftreten. Beide Parteien stehen sich damit als Quasi-Kartelle gegenüber. Gesetzliche Rege-

Abb. 1: Das Magische Dreieck

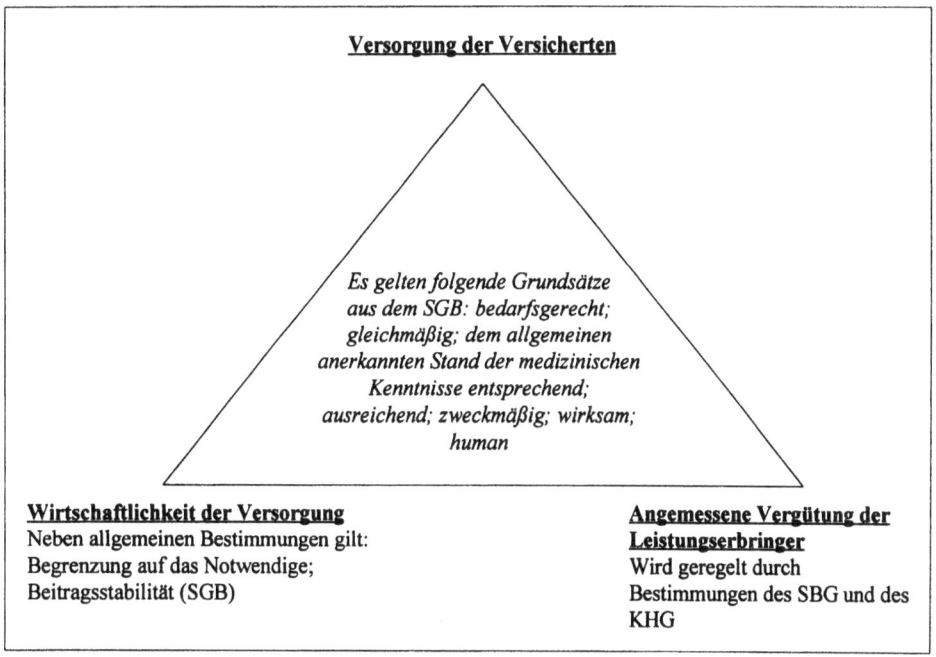

Quelle: Basiert auf Sachstandsbericht 1995, S. 48

lungen bezüglich der Vertragsgestaltung sind hauptsächlich im Fünften Buch des Sozialgesetzbuchs (SGB V) und im Krankenhausgesetz zu finden.

In Abbildung 1 wird das „Magische Dreieck der Leistungserbringung" illustriert, das die Ziele Versorgung der Versicherten, Wirtschaftlichkeit der Versorgung und angemessene Vergütung der Leistungserbringer zueinander in Beziehung setzt. Demgegenüber zeigt Abbildung 2 die Verbindungen zwischen den einzelnen Vertragsparteien auf.

Vertragsparteien sind auf der Seite der Anbieter der Gesundheitsleistungen die kassenärztlichen Vereinigungen und auf der Seite der Versicherer die Landesverbände der Krankenkassen sowie die Verbände der Ersatzkassen. Inhalt der Vertragsverhandlungen sind sowohl die Art der Vergütung als auch das Volumen der Gesamtversorgung, wobei der Grundsatz der Gemeinsamkeit und Einheitlichkeit gilt (vgl. auch Rath 1998).

Eine selbständige Vertragspolitik liegt somit weder im Ermessensspielraum der Krankenkassen noch der Krankenhäuser. Ein Abweichen von diesen Gesamtverträgen ist bisher nur in Ausnahmefällen möglich. Beispielsweise können Krankenkassen nach §72a SGB V dann die Versorgung selbst übernehmen und *differenzierte* Verträge schließen, sobald die Sicherstellung nach §72 nicht gewährleistet ist.[1] In diesem besonderen Fall dürfen die Krankenkassen und ihre Verbände gemäß §140 Abs. 2 auch neue Eigeneinrichtungen gründen (ansonsten dürfen nur solche Eigeneinrichtungen betrieben werden, die bereits am 1.01.1989 Bestand hatten). Gerade Eigeneinrichtungen sind in Gesundheits-

Abb. 2: Beziehungen in der gesetzlichen Krankenversicherung

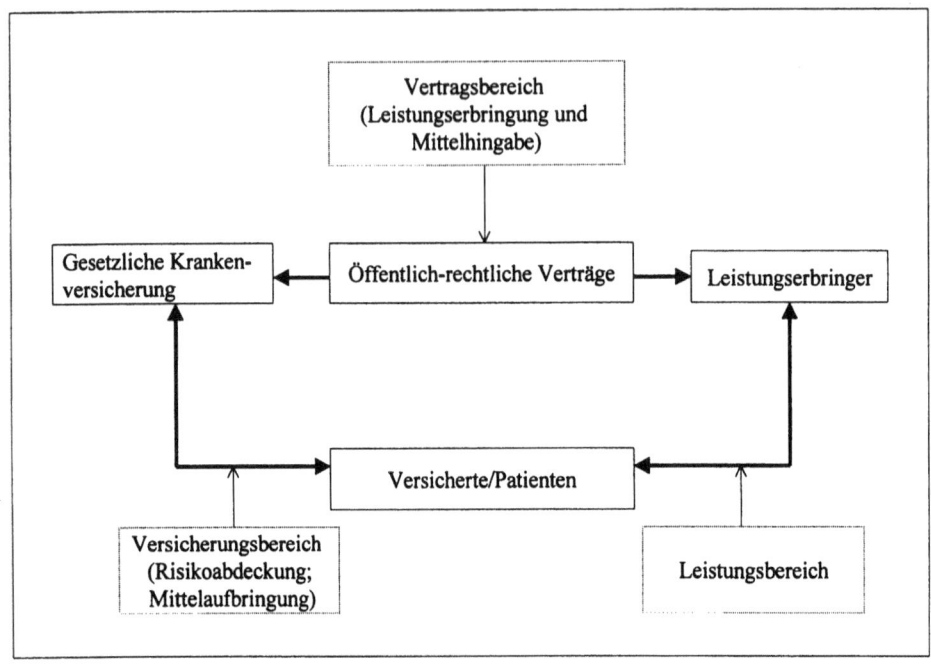

Quelle: Basiert auf Sachstandsbericht 1994 (S. 210)

systemen mit integrierter Versorgung und freier Vertragsgestaltung jedoch ein fester Bestandteil des Marktes.

Ein Abweichen von den Gesamtverträgen ist auch innerhalb von Modellversuchen und Strukturverträgen möglich. Modellversuche sind nicht nur zeitlich begrenzt, sie benötigen auch die Zustimmung der kassenärztlichen Vereinigung als notwendige Voraussetzung zur Zulassung. Kritiker (vgl. u.a. Schönbach 1997) sehen das inhärente Veränderungspotential dadurch bereits vorab begrenzt, da Reformen, die den Interessen der Kassenärztlichen Vereinigung entgegenlaufen, durch deren vorgeschaltete Zustimmungspflicht nicht in die Versuchsphase gelangen können. Auch eine Zulassung des Modellversuches bedeutet jedoch nicht, daß damit die Akzeptanz durch Anbieter und Nachfrager medizinischer Leistungen gewährleistet ist, deren Teilnahme an solchen Projekten auf freiwilliger Basis zu erfolgen hat. Dies bedeutet auch, daß Anbieter, die sich bereit erklären, den Vorschriften des Modellversuches zu folgen, nicht ausgeschlossen werden können und organisatorische Veränderungen, die Effizienzgewinne durch eine Begrenzung der Anbieter erreichen wollen, nicht möglich sind (vgl. Broll/Lehr 1997).

Strukturverträge können gemäß der Bestimmungen in §73a SGB V ausgehandelt werden.[2] Sie zeichnen sich im Gegensatz zu Modellversuchen dadurch aus, daß es sich hier um permanente, separate Bestimmungen innerhalb der Gesamtverträge handelt. Netzwerke von Allgemein- und Fachärzten sowie sogenannte „Gatekeeper"-Modelle, die auf die Stärkung der Allgemeinmediziner abzielen, gehören zu den aktuellen Beispielen bestehender Strukturverträge. Innerhalb dieser Strukturverträge kann ein separates Budget für die teilnehmenden Ärzte vereinbart werden, und bei der Vergütung der ärztlichen Leistungen kann zudem von den Bewertungen des einheitlichen Bewertungsmaßstabes abgewichen werden. Jedoch gilt auch hier der Grundsatz der freiwilligen Teilnahme von Versicherten und Vertragsärzten. Um zu verhindern, daß durch Strukturverträge Ausschließlichkeitsbindungen eingeführt werden können, enthalten diese eine Optionsklausel, in der solche Vereinbarungen verboten werden.

In seinem Sachstandsbericht „Gesundheitsversorgung und Krankenversicherung 2000" (1994) hat der Sachverständigenrat für die Konzertierte Aktion im Gesundheitswesen (SVR) vorgeschlagen, mehr Vertragsfreiheit im Gesundheitswesen zu ermöglichen, insbesondere in der Beziehung von Krankenversicherungen und Leistungserbringern. Dort wurde die Möglichkeit kollektiver Rahmenverträge angedacht, ähnlich wie im Tarifvertragsrecht, denen nicht per se Allgemeingültigkeit zugestanden werden sollte. Innerhalb dieser Rahmenverträge sollte dann den Verbänden ein selektives Vertragsrecht zugestanden werden, primär bezogen auf die Ausgestaltung der Vergütungsformen und die Arten der Leistungserbringung. Der SVR hält in einem nächsten Schritt die Verlagerung der Gewichte weg von Rahmenverträgen und hin zu konkurrierend ausgehandelten Verträgen für möglich.

Vorgestellt wurden zwei denkbare Alternativen, Einkaufsmodelle und selektive Verträge auf individueller Ebene. Bei dem Einkaufsmodell handelt es sich dabei um eine Vertragsreform zugunsten kollektiver Verträge, demzufolge verpflichten die Verbände der Krankenkassen gemeinsam so viele Leistungserbringer, wie sie es für bedarfsnotwendig halten. Bei selektiven Verträgen schließen einzelne Krankenkassenverbände, oder sogar einzelne Kassen, Verträge mit ausgewählten Leistungserbringern. Bei den selektiven Verträgen gibt es historische Parallelen zur Vertragssituation vor 1932, wo diese Abschlüsse möglich waren (für eine ausführliche Darstellung der historischen Entwicklung vgl. Schmitt 1990).[3]

Gemeinsam ist beiden Vorschlägen, daß damit der Versorgungsauftrag de facto auf die Krankenkassen übergeht, was bisher nur in den Ausnahmefällen möglich ist, in denen §72a SGB V Anwendung findet. Eine weitere Gemeinsamkeit ist der potentielle Konflikt mit dem geltenden Wettbewerbsrecht, der durch die Konzentration der Einkaufsmacht entstehen könnte – insbesondere mit §26 des Gesetzes gegen Wettbewerbsbeschränkungen (GWB).[4] Der SVR hat für diesen Fall die Einschränkung der Gültigkeit des Wettbewerbsrechts zur Diskussion gestellt.

Die Vorschläge des SVR bezüglich der Vertragsreform im Gesundheitswesen sind bisher nicht umgesetzt worden. Einkaufsmodelle als Reformansatz sind viel diskutiert worden und haben sowohl Anhänger als auch Gegner gefunden. Kritik wird hier insbesondere von Seiten der Deutschen Krankenhausgesellschaft (DKG) vorgebracht (vgl. Renezewitz/Einwag 1998; o.V. 98), die in einem Wettbewerb durch Einkaufsmodelle eine Gefährdung der sozialen Gerechtigkeit und eine Abkehr vom öffentlichen Sicherstellungsauftrag sieht. Die OECD hingegen erachtet in ihrem Länderbericht von 1997 aktive Einkäufer als notwendigen Bestandteil einer besseren Integration der einzelnen Bestandteile des Gesundheitswesens (o.V. 1998/2).

Die Implementierung von Einkaufsmodellen in nächster Zeit wird zunehmend fraglicher, so hat sich nun auch die SPD, die bisher im Gegensatz zu den anderen politischen Parteien diesem Reformansatz positiv gegenüberstand, davon distanziert (siehe o.V. 1999).

In Abschnitt C werden bereits bestehende Systeme selektiver Verträge diskutiert, während Abschnitt D sich mit den möglichen Effekten selektiver Verträge im Gesundheitswesen auseinandersetzt.

C. Selektive Verträge als alternative Modelle der Vertragsgestaltung

Die Einführung selektiver Verträge wird im heutigen Gesundheitswesen zwar von vielen Seiten gefordert, ist jedoch, wie oben ausgeführt, bisher nur in Ansätzen verwirklicht. Um dennoch eine Bewertung selektiver Verträge vornehmen zu können, bietet sich ein Blick auf praktizierte Systeme exklusiver Verträge an. In Deutschland finden wir diese vor allem im Vertrieb. Beschränkungen treten meist in zwei Spielarten auf. Bei qualitativen Beschränkungen werden Verträge nur mit solchen Einrichtungen geschlossen, die bestimmte Kriterien erfüllen. Quantitative Beschränkungen hingegen limitieren die Anzahl der Einrichtungen, die am Vertriebsnetz teilnehmen können – Exklusivverträge sind eine Extremform, die der ausgewählten Einrichtung ein, zumeist regionales, Monopol gewähren.

Aus betriebswirtschaftlicher Sicht hat sich Ahlert wiederholt mit den rechtlichen Wirkungen von selektiven Verträgen und Marketinginstrumenten auseinandergesetzt. So hat Ahlert in seinem Beitrag zur Bedeutung des vertraglichen Selektivwettbewerbs für den freien Wettbewerb und die Funktionsfähigkeit von Märkten (1987) vier Fragen zur Bewertung von selektiven Verträgen vorgegeben. Diese stellen einen geeigneten Rahmen für die Analyse unserer Problemstellung dar.

Die erste Frage beschäftigt sich damit, ob selektive Verträge mit freiheitlichem und funktionsfähigem Wettbewerb vereinbar sind, auch Kompatibilitätsproblem genannt. Betrachtet man die relevante Gesetzgebung, dann wird dort zwischen horizontalen und vertikalen Wettbewerbsbeschränkungen unterschieden, die ersten werden durch §1 GWB eo ipso für unwirksam erklärt. Vertikale Beschränkungen (i.e. Vertriebs- und Ausschließlichkeitsbindungen) unterliegen §18 GWB, der eine Mißbrauchsaufsicht durch die Kartellbehörde beinhaltet. Diese Aufsicht greift dann ein, wenn eine für den Wettbewerb auf dem Markt erhebliche Zahl von Unternehmen gleichartig gebunden und in ihrer Wettbewerbsfreiheit unbillig eingeschränkt ist und wenn dadurch für andere Unternehmen der Marktzutritt unbillig beschränkt oder durch das Ausmaß solcher Beschränkungen der Wettbewerb wesentlich beeinträchtigt wird (vgl. Creutzig 1998). Habermaier (1997) weist darauf hin, daß Schutz gegen die Konkurrenz nicht-systemzugehöriger Außenseiter in der deutschen Rechtsprechung nur unter relativ engen Voraussetzungen gewährt wird, insbesondere nur dann, wenn von einem sittenwidrigen Zugang (im Sinn des Gesetzes gegen unlauteren Wettbewerb (UWG)) zur Ware ausgegangen werden kann.

Nach der Abklärung der Vereinbarkeit stellt sich die Frage nach der Legitimation selektiver Verträge und davon abgeleitet nach der Schutzwürdigkeit solcher Vereinbarungen. Ahlert (1987) und vor kurzem Posselt (1998) argumentieren, daß diese Art von Verträgen zur Heilung von Marktmängeln beitragen kann. Beide Autoren verweisen in diesem Zusammenhang auf beratungsintensive Produkte, bei denen der Reputation des Produkts eine erhebliche Funktion im Wettbewerb zukommt. Von Juristen wird der Versuch, den fehlenden Schutz des Veblen-Effekts (z.B. Image eines Parfüms) sowie bestehende

Trittbrettfahrer-Probleme (z.B. Beratung bei einem Fachhändler, Kauf des Produkts beim Discounter) als Marktmangel zu betrachten, der durch das Instrument selektiver Verträge geheilt werden kann, kritisch bewertet (siehe Habermaier 1997).

Die Auswirkungen selektiver Verträge auf die beteiligten und dritte Parteien sind daher Gegenstand der dritten Frage, die in der Bewertung selektiver Verträge beantwortet werden muß. Während Händler in Vertriebssystemen per se von selektiven Vereinbarungen profitieren, ist dies für Hersteller nicht notwendigerweise gegeben. Die Sinnhaftigkeit von selektiven Verträgen für den Hersteller ist in solchen Fällen begründet, in denen durch Gewährung des Selektivvertriebs Händler Anreize entwickeln können, vertriebsfördernde und kostenintensive Leistungen zu erbringen, die zur Sicherung der Reputation des Produktes dienen. Händler favorisieren selektive Verträge in jedem Fall, da die geringere Anzahl der Konkurrenten sie begünstigt. Selektive Verträge können somit als unter Umständen billigere Alternative zu stärker vertikal integrierten Systemen gesehen werden.

Hier läßt sich auch die Parallele von den Vertriebssystemen zu den wenigen bisher existierenden Modellen selektiver Verträge im Gesundheitswesen ziehen. Gal-Or (1997) zeigt mit Hilfe eines Cournot-Wettbewerbsmodells, das Verträge zwischen Versicherern und Krankenhäusern zum Gegenstand hat, daß Krankenhäuser Universalverträge selektiven Verträgen in jedem Fall vorziehen, während Versicherer exklusive Verträge favorisieren und Versicherungsnehmer im Austausch für Prämienreduktionen bereit sind, ihre Wahlmöglichkeiten einzuschränken. Encinosa (1997) modelliert zusätzlich explizit den Markteintritt potentieller Mitbewerber. Er kommt zu der Schlußfolgerung, daß zu viele exklusive Verträge abgeschlossen werden. Seiner Meinung nach wird beziehungsspezifischen Investitionen in der U.S.-amerikanischen Rechtsprechung ein übermäßiger Schutz gewährt, was auf Kosten potentieller Mitbewerber geht.

Die letzte der vier Fragen zielt auf die Konsequenzen für die Wettbewerbs- politik ab und umfaßt sowohl die Frage nach den Existenzvoraussetzungen für selektive Vertriebssysteme als auch die Frage, ob deren Sicherung Aufgabe der Rechtsordnung sein soll. Bei dieser Frage zur Bewertung selektiver Vertriebssysteme im besonderen und selektiver Verträge im allgemeinen werden in der Literatur zwei diametral verschiedene Positionen vertreten. Anhänger der sogenannten Chicago-School (in diesem Zusammenhang sind insbesondere Bork (1978) und Posner (1976) zu nennen) sehen selektive Verträge als effizientes Mittel zur Erhöhung der Wettbewerbsintensität, während ihre Kritiker (u.a. Aghion/Bolton 1987; Rasmussen et al., Encinosa 1997) in ihnen eine Markteintrittsbarriere sehen. Interessant ist in diesem Zusammenhang die Feststellung von Innes/Sexton (1994), die unter der notwendigen Annahme fehlender Diskriminierung zwischen den Vertragsnehmern die Chicago-Position der effizienten selektiven Verträge reetablieren können.

Die Beurteilung exklusiver Verträge als Wettbewerbsbeschränkung hat vereinzelt ihren Niederschlag in der deutschen Rechtsprechung gefunden. So hat das Bundeskartellamt für die Touristik-Branche Unterlassungsverfügungen erlassen, die es Reiseunternehmen untersagen, in Mietverträgen Klauseln einzufügen, die dem jeweiligen Hotelier verbieten, Bettenkontingente an namentlich genannte Mitbewerber zu vergeben (vgl. o.V. 1998/3). Der Bundesgerichtshof hat diese Verfügungen bestätigt.

Wie bereits in Teil B ausgeführt, gilt im deutschen Gesundheitswesen bisher der Grundsatz der Einheitlichkeit, der nur in Ausnahmefällen aufgehoben werden kann. Seit der grundlegenden Veränderung der Vertragsgestaltung im Jahr 1932 sind selektive Elemente so gut wie nicht vorhanden, eine Ausnahme war in der jüngeren Vergangenheit das Sprengelarztsystem der Knappschaft. Die Beschränkung der Patientenwahl durch dieses regionalisierte Hausarztsystem wurde jedoch Ende der sechziger Jahre als Verstoß gegen Art. 2 Abs. 1 des Grundgesetzes gewertet und aufgehoben (LSG Saarland 1969, zitiert in Wigge 1996).

Im nächsten Abschnitt werden auf der Grundlage der vorgestellten vier Fragen die möglichen Auswirkungen selektiver Verträge auf die Vertragspartner, d.h. Krankenhäuser und Krankenversicherungen, analysiert.

D. Auswirkungen selektiver Verträge zwischen Krankenhäusern und Krankenkassen

Wie lassen sich nun selektive Verträge im Gesundheitswesen realisieren? Möglich sind einmal selektive Verträge zwischen Krankenversicherungen und Versicherungsnehmern sowie zwischen Versicherern und Leistungserbringern. Im folgenden wenden wir uns der zweiten Alternative zu, da die erste explizit durch einen Kontrahierungszwang für die gesetzlichen Krankenversicherungen in Deutschland ausgeschlossen ist und die Reformvorschläge ebenfalls auf die zweite Variante abzielen.

Eine erste modell-theoretische Operationalisierung, die sich mit dieser Problematik auseinandersetzt, stammt von Gal-Or (1997). Dort wird der Vertragswettbewerb zwischen zwei Krankenhäusern und zwei Versicherungen abgebildet, für horizontal differenzierte Versicherer und Krankenhäuser und Versicherungsnehmer, deren unterschiedliche Präferenzen mit Hilfe eines einfachen Hotelling-Ansatzes abgebildet werden. Die Ergebnisse dieses Modells werden in der Folge noch angesprochen.

Um den Einsatz selektiver Verträge im deutschen Gesundheitswesen bewerten zu können, greifen wir nun die im vorherigen Abschnitt vorgestellten vier Fragen wieder auf.

Die erste Frage zielt auf die Untersuchung der Vereinbarkeit selektiver Verträge mit freiheitlichem und funktionsfähigem Wettbewerb ab. Ein Rückblick auf Abschnitt B und insbesondere auf Abbildung 2 zeigt, daß Wettbewerb in der Beziehung zwischen gesetzlichen Krankenkassen und Anbietern im Gesundheitswesen bisher nicht existiert. Bisher wurde versucht, Wettbewerb im Gesundheitswesen durch die Einführung der Kassenwahlfreiheit für Versicherungsnehmer zu fördern. Die Etablierung von Wettbewerb und selektiven Verträgen wird auch das Magische Dreieck aus Abbildung 1 notwendigerweise verändern. Wie bereits in Abschnitt B erwähnt, sehen Kritiker von Seiten der Krankenhäuser insbesondere die gleichmäßige Versorgung der Bevölkerung gefährdet. Viele der größeren Krankenkassen könnten zudem eine regionale Dominanz entwickeln, die sie in Konflikt mit dem geltenden Wettbewerbsrecht bringen würde. Eine eindeutige Antwort auf diese erste Frage ist somit auch im Hinblick auf die komplexen Veränderungen, die von einer solchen Reform ausgelöst werden würden, nicht möglich.

Auch die Beantwortung der zweiten Frage nach der Legitimation selektiver Verträge kann, im Hinblick auf die bestehende Rechtslage, nur auf Analogien zu existierenden Verträgen zurückgreifen. So wurde in Abschnitt C auf die Sinnhaftigkeit selektiver Vertragsbeziehungen, insbesondere für beratungsintensive Produkte mit mangelnder Qualitätstransparenz, hingewiesen. Gerade im Gesundheitswesen ist Qualität ein vielschichtiger

Begriff, was die übliche Unterteilung in Prozeß-, Struktur- und Ergebnisqualität unterstreicht, und die ebenso vielfältigen Versuche der letzten Jahre, Qualität zu definieren, zu zertifizieren und greifbar zu machen. Transparenz bezüglich der Qualitätsunterschiede zu erlangen ist sowohl für die Krankenkasse als auch insbesondere für den Versicherungsnehmer schwierig, wenn nicht gar unmöglich. Reputation spielt in diesem Markt, dessen „Produkt" Gesundheit Aspekte eines Erfahrungs- und Vertrauensgutes in unterschiedlichem Maß auf sich vereint, eine wesentliche Rolle.

Akzeptiert man die Argumentation aus dem vorherigen Abschnitt, dann können Krankenkassen als Agent des Versicherungsnehmers durch eine gezielte Auswahl der Gesundheitsanbieter eine qualitativ bessere Versorgung darstellen. Da aber eine Krankenkasse nicht selbst Hersteller der Gesundheitsleistung ist, sondern nur Zahler und gegebenenfalls Vermittler, muß sichergestellt sein, daß Qualität und nicht nur Preis ein wesentlicher Entscheidungs- und Wettbewerbsparameter für die Kasse ist. Ist dies der Fall, dann kann selektiven Verträgen eine Rolle im Gesundheitswesen zugestanden werden.

Die dritte Frage richtet sich nach den Auswirkungen selektiver Verträge auf die beteiligten Parteien. Um deren Beantwortung zu vereinfachen, werden die drei Szenarien aus dem beidseitigen Duopol-Wettbewerbsmodell von Gal-Or (1997) analysiert. Folgende Ergebnisse sind damit denkbar: (i.) kein Versicherer geht eine exklusive Bindung ein (Universalvertrag); (ii.) ein Versicherer geht eine exklusive Bindung ein; (iii.) beide Versicherer schließen exklusive Verträge ab.

Wenden wir uns zunächst der Position des Versicherers zu. Befinden wir uns in Szenarium (i.), kann davon ausgegangen werden, daß die Wahl der Versicherungsnehmer durch die Prämiendifferenz bestimmt wird (vgl. auch erste deutsche Erfahrungen mit Kassenwahlfreiheit, Knieps 1998).

Sind wir in Szenarium (ii.), d.h. nur ein Versicherer geht eine exklusive Bindung ein, dann wird dieser notwendigerweise mit einer geringeren Nachfrage konfrontiert. Unter den Determinanten der Nachfrage sollten dabei die Reputation des Versicherers, seiner Vertragsklinik und die Präferenzen der Versicherungsnehmer für mehr oder weniger Wahl sein. Diese Situation ist jedoch nicht nur mit Nachteilen für den Versicherer behaftet. Dadurch, daß dieser dem ausgewählten Krankenhaus ein gewisses Patientenvolumen garantieren kann, entsteht ein Verhandlungsspielraum für eine Absenkung der Preise, die dann an den Versicherungsnehmer weitergereicht werden kann.

Befinden wir uns in Szenarium (iii.), muß man zudem unterscheiden, ob beide Versicherer mit demselben Krankenhaus eine exklusive Bindung eingehen oder jeweils mit verschiedenen Häusern kontrahieren. Im ersten Fall spricht man von einer sogenannten „common agency". Das auserwählte Krankenhaus als gemeinsamer Vertragspartner ermöglicht es den Versicherern, eine kartellähnliche Lösung zu erhalten, mit einer Koordination der Preisgestaltung (vgl. Gal-Or 1991) – im Vergleich zu der Situation mit unterschiedlichen Vertragspartnern – mit niedrigeren Prämiennachlässen für Versicherungsnehmer.

Man kann davon ausgehen, daß Krankenhäuser Universalverträge präferieren, da exklusive Verträge im Extremfall auch ihren Ausschluß vom Marktgeschehen nach sich ziehen können. Was die Situation der Patienten betrifft, so zeigen Erfahrungen mit sogenannten Health Maintenance Organizations in der Schweiz und den USA, daß Versicherungsnehmer durchaus bereit sind, ihre Wahlmöglichkeiten für Prämienreduktionen einzuschränken (Bollag, 1997).

Man sollte jedoch nicht in einer statischen Betrachtung verharren. Erste empirische Untersuchungen aus den USA haben gezeigt, daß Krankenhäuser Strategien entwickeln, um den gestärkten Einkäufern wirksam begegnen zu können. So findet Thompson (1998), daß Krankenhäuser auf steigenden Wettbewerb zwischen Krankenversicherern mit einer Spezialisierung, d.h. einer Einschränkung ihres Produktportfolios, reagieren.

Die letzte Frage zielt schließlich auf die Konsequenzen für die Wettbewerbspolitik ab, die mit einer Zulassung selektiver Verträge verbunden sind. Hierzu müssen unter anderem die Zuständigkeiten von Sozialrecht und Wettbewerbsrecht abgeklärt werden. Die fehlenden Erfahrungswerte im Gesundheitswesen stehen einer abschließenden Beantwortung entgegen.

Alle vier Fragen zeigen eine Vielzahl von Problemen und Möglichkeiten auf. Was die zusammenfassende Bewertung erschwert, ist die Tatsache, daß man keine isolierten Phänomene betrachtet, deren Einführung sich neutral bezüglich des institutionellen Rahmens verhält. Als Fazit wird daher versucht, die Auswirkungen, die mit der Einführung selektiver Verträge einhergehen, zusammenzufassen.

E. Fazit

Sind die Akteure im Gesundheitswesen von Rechtsnormen geknebelt? Blickt man auf die vorangegangene Analyse, erkennt man die Schwierigkeiten, Veränderungen im System durchzusetzen, ohne dabei bestehendes Recht zu verletzen.

Mit der Einführung selektiver Verträge ist der Übergang des Versorgungsauftrages auf die Kassen verbunden. Dies würde konsequenterweise zu einer Neudefinition des bisher primär passiven Rollenverständnisses der Krankenkassen führen. Das herrschende Rechtsverständnis stellt das Prinzip der Gleichbehandlung aller Anbieter in den Vordergrund. Davon wird die Prämisse abgeleitet, daß Wirtschaftlichkeit zwar ein Grundprinzip der Versorgung sein muß, daß aber aktives Kostenmanagement als marktsteuernde Maßnahme abzulehnen ist (vgl. Beuthien 1994).

Es wird die Auffassung vertreten, daß zur Förderung des Wettbewerbs eine Vielzahl von Anbietern und die uneingeschränkte Wahlmöglichkeit der Versicherten bereits ausreichen. Betrachtet man aber die mangelnde Transparenz im Gesundheitssystem sowie die fehlenden Anreize für die Patienten, kostenbewußt zu handeln, dann ist es eher unwahrscheinlich, daß es allein durch die freie Wahl der Versicherten zu einer automatischen Hinwendung zum effizientesten Anbieter kommt. Selektive Verträge treffen eine Auswahl unter den Anbietern und setzten dadurch Anreize, effizienter zu arbeiten. In manchen Teilbereichen des Gesundheitswesens, z.B. nicht-beratungsintensive Hilfsmittel, können positive Skalenerträge realisiert werden. Es muß jedoch darauf geachtet werden, daß Wettbewerb nicht allein in der Preisdimension geführt wird. Ein verstärkter Fokus auf Ergebnisorientierung in der Medizin wäre dazu ein erster Schritt. Die Beschränkung der Wahlfreiheit der Versicherten bezüglich der zur Verfügung stehenden Leistungserbringer wird bisher als Verstoß gegen Art. 2 I des Grundgesetzes gesehen (vgl. Wigge 1996, Beuthien 1994). Ob sich dieses Verbot auch nach der Einführung selektiver Verträge weiter aufrechterhalten läßt, ist fraglich. Selektive Verträge können, quasi durch einen Dominoeffekt, tiefgreifende Veränderungen in der Struktur des Gesundheitssystems bewirken. Es ist eine Frage sowohl für die Politik als auch die Rechtsprechung, ob man bereit ist, die resultierende Struktur zu akzeptieren.

Anmerkungen

* Die Autorin bedankt sich bei Ulrich Hommel, Ph.D. und Prof. Dr. Dieter Sadowski für Anregungen und Kommentare sowie bei Sabine Schulze für tatkräftige Unterstützung.
1 §72a SGBV wurde 1992 eingeführt, §72 SBGV zum selben Zeitpunkt neugefaßt. Laut §72 ist die vertragsärztliche Versorgung durch schriftliche Verträge zwischen den Parteien so zu regeln, daß eine ausreichende, zweckmäßige und wirtschaftliche Versorgung der Versicherten unter Berücksichtigung des allgemein anerkannten Standes der medizinischen Erkenntnisse gewährleistet ist und die ärztlichen Leistungen angemessen vergütet werden. §72a SGBV definiert die Voraussetzungen für den Übergang des Sicherstellungsauftrages auf die Krankenkassen. Abs. 3 erlaubt den Betrieb von Eigeneinrichtungen in diesem Fall. Abs. 4 legt fest, daß die durch Absatz 3 ermöglichten Verträge mit unterschiedlichem Inhalt abgeschlossen werden dürfen. Ärzten, die zu einem früheren Zeitpunkt einen solchen Vertrag eingehen, können höhere Vergütungsansprüche eingeräumt werden, als solchen, die erst später Verträge eingehen.
2 §73a SGBV wurde 1997 per Gesetz eingeführt. Die Kassenärztlichen Vereinigungen können demnach mit den Landesverbänden der Krankenkassen und den Verbänden der Ersatzkassen in den Verträgen nach §83 Versorgungs- und Vergütungsstrukturen vereinbaren, die dem vom Versicherten gewählten Hausarzt oder einem von ihm gewählten Verbund vernetzter Praxen Verantwortung für die Gewährleistung der Qualität und Wirtschaftlichkeit der vertragsärztlichen Versorgung sowie der ärztlich verordneten oder veranlaßten Leistungen insgesamt oder für inhaltlich definierte Teilbereiche dieser Leistungen übertragen. Wichtig ist hier die Bestimmung in Satz 4, der festlegt, daß für die Vergütung der vertragsärztlichen Leistungen von den ansonsten gültigen Leistungsbewertungen abgewichen werden kann.
3 1892 wurde das „Gesetz betreffend die Krankenversicherung der Arbeiter" abgeändert, durch diese Änderung wurde es den Krankenversicherungsverträgern ermöglicht, die freie Arztwahl zu beschränken. In der Folge organisierten sich Vertreter der Ärzte (insbesondere der spätere Hartmannbund) und forderten den Ersatz der Einzelleistungsverträge durch Kollektivverträge. Konflikte und Übergangsregelungen kennzeichnen die Zeit bis 1931. 1932 wurde dann eine Verordnung über die kassenärztliche Versorgung erlassen. In dieser wurden kassenärztliche Vereinigungen eingeführt, auf diese wurde der Sicherstellungsauftrag übertragen und das Recht, die Gesamtvergütung entgegenzunehmen und auf die Kassenärzte zu verteilen. Damit war das Ende des Einzelvertrages besiegelt.
Was die Beziehung zu den Krankenhäusern betrifft, so erlaubte die Reichsversicherungsordnung von 1911, daß die Gewährung von Krankenbehandlung auf ausgewählte Krankenhäuser beschränkt werden konnte. Mit Verabschiedung des Krankenhauskostendämpfungsgesetzes von 1981 wurde der Abschluß von Verträgen zwischen Landesverbänden der Krankenkassen und den Krankenhäusern (im Krankenhausplan) zwingend vorgeschrieben. Mindestinhalte und ein Schiedsverfahren werden dort festgelegt. Das Fünfte Buch Sozialgesetzbuch hat diese Verfügungen ausgebaut (vgl. Schmitt 1990).
4 §26 (Absatz 2–4) GWB regelt das Verbot der Diskriminierung und unbilligen Behinderung. Weiterhin Anwendung auf Krankenkassen finden §1 GWB, das Kartellverbot und §35 Abs. 1, in dem Schadenersatz geregelt wird. Vgl. Falk (1998) und Beuthien (1994) für eine umfassende Darstellung.

Literatur

Ahlert, D. (1987): Die Bedeutung des vertraglichen Selektivwettbewerbs für den freien Wettbewerb und die Funktionsfähigkeit von Märkten, in: Wettbewerb in Recht und Praxis, 4, S. 215–280.

Beuthien, V. (1994): Krankenkassen zwischen Wirtschaftlichkeitsgebot und Wettbewerbsrecht, in: Medizinrecht, 7, S. 253–267.
Bollag, U. (1997): HMO – Schweizer Erfahrungen aus ärztlicher Sicht, in: Die Betriebskrankenkasse, 9, S. 367–371.
Bork, R. (1978): The Antitrust Paradox: A Policy at War with Itself, New York.
Broll, H., Lehr A. (1997): Zwischen Staat und Wettbewerb – Eindrücke von der Expertentagung zu Gesundheitszielen in der GKV, in: Arbeit und Sozialpolitik, 3–4, S. 25–36.
Creutzig, J. (1998): Zum Fortbestand des selektiven und exklusiven Vertriebssystems der VW AG, in: Europäische Zeitschrift für Wirtschaftsrecht, Heft 10, S. 293–298.
Encinosa, W. (1997): Strategic Exclusive Contracting in the HMO Market, Working Paper, University of Michigan.
Falk, W. (1998): Wettbewerbs- und kartellrechtliche Aspekte wettbewerblichen Verhaltens in der GKV, in: Die Krankenversicherung, Mai, S. 127–133.
Focke, K. (1998): Vertragsrecht im Krankenhausbereich – Zwischen „dynamischem Stillstand" und erweiterten Handlungsspielräumen, in: Die Betriebskrankenkasse, 8, S. 389–394.
Gal-Or, E. (1997): Exclusionary Equilibria in Health-Care Markets, in: Journal of Economics and Management Strategy, vol. 6, No. 1, S. 5–43.
Habermaier, S. (1997): Gesetzliche Vertragsbruchsanktionen bei selektiver Absatzmittlung, in: Zeitschrift für das gesamte Handels- und Wirtschaftsrecht, 161, S. 774–804.
Innes, R., Sexton, R. J. (1994): Strategic Buyers and Exclusionary Contracts, in: American Economic Review, June, S. 566–584.
Knieps, F. (1998): Herausforderungen und Handlungsmöglichkeiten für die AOK, in Die Ortskrankenkasse 5–6, März, S.156–162.
Monopolkommission (1998): Hauptgutachten 1996/1997 – Marktöffnung umfassend verwirklichen, Baden-Baden.
Posner, R. A. (1976): Antitrust Law: An Economic Perspective, Chicago.
Posselt, T. (1998): Motive für Selektivvertrieb – Eine institutionenökonomische Untersuchung, in: Zeitschrift für betriebswirtschaftliche Forschung 50, S. 1098–1119.
Rath, T. (1998): Im Krankenhaussektor muß das Fingerhakeln ums Geld ein Ende haben, Arbeit und Sozialpolitik, 1–2, S. 34–42.
Renzewitz, S., Einwag, M. (1998): Modellvorhaben nach §§63 bis 65 SGB V – Chancen, Risiken und Nebenwirkungen für Krankenhäuser, in: Das Krankenhaus, 1, S. 13–16.
Sachverständigenrat für die Konzertierte Aktion im Gesundheitswesen (1994): Gesundheitsversorgung und Krankenversicherung 2000: Eigenverantwortung, Subsidiarität und Solidarität bei sich ändernden Rahmenbedingungen; Sachstandsbericht 1994, Baden-Baden.
Sachverständigenrat für die Konzertierte Aktion im Gesundheitswesen (1995): Gesundheitsversorgung und Krankenversicherung 2000: Mehr Ergebnisorientierung, mehr Qualität und mehr Wirtschaftlichkeit; Sondergutachten 1995, Baden-Baden.
Schönbach, K.-H. (1997): Strukturverträge und Modellvorhaben in der GKV, in: Arbeit und Sozialpolitik, 11–12, S. 64–71.
Schmitt, J. (1990): Leistungserbringung durch Dritte im Sozialrecht, Köln.
Thompson, J. M. (1998): The relationship of hospital services domain to health plan contracting, Präsentation, 16th Annual Conference of the Association of Management/International Association of Management, Global Reach for the 21st Century.
o.V. (1998): Selbststeuerung des Systems anstatt Einkaufsmodell und „Amerikanisierung" – DKG fordert stabile Rahmenbedingungen im Gesundheitswesen, in: Das Krankenhaus, 9, S. 501.
o.V. (1998/2): Empfehlungen der OECD für die weitere Reform des deutschen Gesundheitswesens, in: Krankenversicherung, Februar, S. 42–43.
o.V. (1998/3): BGH: Selektive Exklusivität, in: Europäische Zeitschrift für Wirtschaftsrecht, 10, S. 315–319.
o.V. (1999): Kein Einkaufsmodell für die Krankenkassen, in: Frankfurter Allgemeine Zeitung 1.1.1999, S. 15+17.
Wigge, P. (1996): Ärztliche Leistungserbringung durch Einzelverträge – Ein Zukunftsmodell für die Krankenversicherung?, in: Medizinrecht, Heft 2, S. 51–59.

Zusammenfassung

Ziel dieses Beitrages ist es, eine Bewertung der potentiellen Effekte vorzunehmen, die mit der Einführung selektiver Verträge im Gesundheitswesen verbunden sind. Vor dem Hintergrund des derzeit gültigen Rechtsrahmens werden die Kompatibilität solcher Verträge mit der Wettbewerbsordnung, ihre Legitimation, ihre Effekte auf die beteiligten Akteure und dritte Parteien sowie die sich ableitenden Konsequenzen für die Wettbewerbspolitik untersucht. Dabei wird nicht nur deutlich, daß die Akteure zur Zeit in ein Korsett von Rechtsnormen eingebunden sind, sondern auch, daß selektive Verträge tiefgreifende direkte und indirekte Veränderungen im System auslösen können. Eine Entscheidung für oder wider selektive Verträge muß alle diese Effekte in Betracht ziehen.

Summary

The focus of this article is on the potential effects associated with an introduction of selective contracts into the German health care system. Taking the existing legal framework as given, we study the following four aspects of selective contracts, their compatibility with competition, legitimacy, their effect on the involved parties and outsiders, as well as the consequences for competition policy. It can be seen that the protagonists are encircled in an increasing number of legal norms and that selective contracts can result in a number of direct and indirect changes within the system. Anyone deciding upon the desirability of such a reform will need to consider all of them.

012: Krankenhausbetriebslehre
014: Volkswirtschaftlicher Rahmen

Das Lehrbuch zur Produktion- & Kostentheorie

Inhalt Adams "Produktions-Management" integriert die heutige marktgetriebene Revolution der Fertigung vollständig und erweitert damit die klassische Produktions- und Kostentheorie zum marktorientierten Produktionsmanagement. Dieses seit langem bewährte Lehrbuch bietet eine gute Einführung und einen Überblick über alle heute relevanten Probleme und Lösungen der Produktions- und Kostentheorie. Für die 9. Auflage sind aktuelle und marktgesteuerte Entwicklungen in der Fertigungssteuerung ebenso berücksichtigt wie neueste Überlegungen zu TQM, CIM und Lean Management.

Autor Prof. Dr. Dietrich Adam ist Direktor des Instituts für Industrie- und Krankenhausbetriebslehre an der Westfälischen Wilhelms-Universität Münster.

von Dietrich Adam
Produktions-Management
9., vollst. überarb. u. erw. Aufl.
1998. XX, 720 S.,
broschiert DM 98,00
ISBN 3-409-79116-0

Bestell-Coupon

Ja, ich bestelle ____ Exemplare

Dietrich Adam
Produktions-Management
9., vollst. überarb. u. erw. Aufl. 1998. XX, 720 S.,
broschiert DM 98,00
ISBN 3-409-79116-0

Vorname und Name

Straße (bitte kein Postfach)

PLZ, Ort

Unterschrift

z. H. Frau Kristiane Alesch,
Postfach 15 46, 65173 Wiesbaden,
Fax: (0611) 78 784 39
http://www.gabler-online.de

Änderungen vorbehalten. Stand: Januar 1999.
Erhältlich im Buchhandel oder beim Verlag.

Qualitätsmanagement im Krankenhaus

Von Dietrich Adam und Petra Gorschlüter

Überblick

- Der zunehmende Wettbewerbs- und Kostendruck im Gesundheitswesen fordert von Krankenhäusern einen grundlegenden Wandel ihrer Strukturen und Politiken. Um überlebensfähig zu bleiben, müssen Krankenhäuser in ihrem strategischen und operativen Management die Effektivität und Effizienz ihrer Leistungen verbessern.

- Der erreichte Entwicklungsstand des Qualitätsmanagements (QM) zeigt Defizite. Die Integration von Effektivität und Effizienz ist bislang völlig unzureichend, da nur isoliert entweder die Effektivität oder die Effizienz von Leistungen betrachtet wird. Demzufolge wird die höchste Entwicklungsstufe des QM – Total Quality Management (TQM) – nur von wenigen Krankenhäusern aufgegriffen.

- Erforderlich ist ein QM im Krankenhaus, das Effektivität und Effizienz integriert. Dieser Artikel zeigt ein dreistufiges Grundkonzept eines integrierten QM.

Eingegangen: 16. Dezember 1998

Professor Dr. Dietrich Adam, Direktor des Instituts für Industrie- und Krankenhausbetriebslehre der Westfälischen Wilhelms-Universität Münster, Universitätsstr. 14–16, 48143 Münster. Forschungsschwerpunkte: Krankenhausmanagement, Produktionstheorie, Umweltmanagement, Planung und Entscheidung, Investitionscontrolling.
Dr. Petra Gorschlüter, bis 1998 wissenschaftliche Mitarbeiterin am Institut für Industrie- und Krankenhausbetriebslehre, seit 1999 Assistentin des Verwaltungsdirektors in der St. Barbara-Klinik Hamm-Heessen. Forschungsschwerpunkte: Managementkonzepte für Krankenhäuser.

© Gabler-Verlag 1999

A. Entwicklungsstand des Qualitätsmanagements in deutschen Krankenhäusern

Die Entwicklung des Qualitätswesens verläuft im Krankenhaus – ähnlich wie in der Industrie – in vier Phasen.[1]

(1) Qualität durch Kontrolle

Im medizinischen Bereich existieren eine Reihe von traditionellen, internen Qualitätssicherungsmaßnahmen, zu denen Assistenzen, Zweitgutachten, Visiten und Konferenzen zu Indikationen oder unerwarteten Ereignissen gehören. Diese Maßnahmen sind einseitig auf die Kontrolle der Behandlungsqualität gerichtet und entspringen dem klassischen Qualitätsbegriff im Krankenhaus, der allein auf die medizinische Leistung fokussiert ist. Die ersten externen Qualitätsprüfungen werden auf der Basis von Richtlinien (Röntgenverordnung und Eichgesetz) durchgeführt. Die vorgeschriebenen Maßnahmen umfassen Präzisions- und Richtigkeitskontrollen von Geräten sowie eine Überprüfung von Untersuchungsergebnissen durch Stichproben oder Ringversuchen. Hinter dieser Qualitätssicht steht die Auffassung, daß Qualität erprüft werden kann.

Die breite Masse deutscher Krankenhäuser beschränkt sich auch heute noch auf die vorgeschriebenen externen Maßnahmen zur Qualitätssicherung.[2] Sie befindet sich damit auf der untersten Entwicklungsstufe des QM: Sicherung der Qualität durch Kontrolle.

(2) Statistische Qualitätssicherung

Durch statistische Methoden wird die kontrollorientierte Qualitätssicherung der Medizin erweitert. In den siebziger Jahren wurden externe Qualitätssicherungsstatistiken (Vorreiter sind die Perinatologie und Chirurgie) eingeführt.[3] Von den Krankenhäusern sind ausgewählte Indikatoren (z.B. Komplikations- und Mortalitätsraten) laufend zu erheben. Die Krankenhäuser werden periodisch und in anonymer Form über die Ergebnisse informiert. Es schließen sich zahlreiche Qualitätssicherungsprojekte in anderen Fachgebieten sowie die Qualitätssicherung bei Fallpauschalen und Sonderentgelten an. Entscheidend für den Erfolg ist, daß die externe Qualitätssicherung in eine interne Struktur eingebunden ist. Nur wenn die Ergebnisse in den Krankenhäusern analysiert und diskutiert werden, läßt sich die Qualität der medizinischen Behandlung verbessern.

(3) Mitarbeiterorientierte Maßnahmen zur Qualitätsförderung

Die dritte Phase ist durch ein verändertes Verständnis von Qualität gekennzeichnet. Erste Ansätze von Fehlervermeidung – Qualität ist zu produzieren und nicht zu erprüfen – werden deutlich. Zudem ist der Qualitätsstil mitarbeiterorientiert. Die Potentiale motivierter und erfahrener Mitarbeiter sollen zur Qualitätsverbesserung genutzt werden. Dieser Ansatz wird zuerst vom Pflegepersonal aufgegriffen. Die ersten Qualitätszirkel beschäftigen sich mit Pflegestandards und Fragen der Arbeitsorganisation (Funktions- oder Bereichspflege). Ergänzt werden die Qualitätszirkel-Projekte durch Evaluationen. Mitarbeiter und Patienten werden nach qualitätsrelevanten Dimensionen befragt. Die Qualitätssicht wandelt sich damit, da auch die Patienten mit einbezogen und nicht nur medizinische Aspekte berücksichtigt werden. Qualitätszirkel stellen somit einen ersten Schritt in Richtung TQM dar. In vielen Krankenhäusern existieren heute derartige Qualitätsprojekte. Allerdings werden sie noch nicht auf der Basis des umfassenden TQM-Konzeptes gebündelt.

(4) Total Quality Management (TQM)

TQM ist ein integriertes Managementkonzept mit dem Ziel, die Qualität von Produkten und Dienstleistungen durch die Mitwirkung aller Mitarbeiter auf die Kundenanforderungen abzustimmen.[4] Die Kundenanforderungen sollen erfolgbringend für den Kunden aber auch für das eigene Unternehmen erfüllt werden. TQM ist die derzeit höchste Entwicklungsstufe des QM.

Im Krankenhaus hat TQM zur Konsequenz, den Patienten mit seinen Bedürfnissen in den Mittelpunkt des Interesses zu stellen. Das QM muß auf alle direkten und indirekten Leistungsbereiche ausgedehnt und es muß eine Qualitätskultur entwickelt werden. Bisher gibt es nur wenige Krankenhäuser mit einem umfassenden QM im Sinne von TQM. Das Modellvorhaben „Vertrauen durch Qualität" der fünf städtischen Krankenhäuser Münchens von 1990 ist das erste Beispiel für den Versuch einer Implementierung von TQM.[5] Dem Münchener Modell folgend gibt es mittlerweile weitere Beispiele für TQM-Ansätze in Krankenhäusern. Aber selbst diese Krankenhäuser versuchen den TQM-Ansatz innerhalb der traditionellen Organisations- und Führungsstrukturen umzusetzen. Auf diesem Wege kann aber eine Qualitätskultur und -politik auf Basis von TQM langfristig nicht greifen, da die strategischen Rahmenbedingungen fehlen. Die Implementierung eines kulturorientierten Ansatzes wie TQM muß sich im Krankenhaus auf die Schaffung der strategischen Rahmenbedingungen konzentrieren. In dieser Hinsicht bestehen noch erhebliche Defizite im QM von Krankenhäusern.

B. Grundkonzept für ein integriertes Qualitätsmanagement

Qualität von Leistungen und Kosten für die Erstellung derartiger Leistungen müssen immer zusammen gesehen werden. QM muß daher Effektivität und Effizienz integrieren. Hohe Qualität und niedrige Kosten müssen bei kurzen Verweilzeiten der Patienten gleichzeitig angestrebt werden. Das integrierte Effektivitäts- und Effizienzmanagement überwindet den Zielkonflikt zwischen Qualität, Kosten und Zeit auf der Basis eines neuen Qualitätsverständnisses. Unter Qualität wird eine effektive und effiziente Leistungserstellung verstanden, die kundenorientiert in kürzerer Zeit zu tendenziell sinkenden Kosten erbracht wird.

Grundlage für das integrierte QM ist die Ausrichtung der Krankenhäuser an den Wünschen und Bedürfnissen der relevanten Kunden – Patienten, Krankenkassen und einweisende Ärzte. Gleichzeitig rücken die Mitarbeiter als Leistungsersteller in den Mittelpunkt der Betrachtung. Durch die stark personenbezogene Art der Leistungsprozesse sind die Mitarbeiter der entscheidende Einflußfaktor auf Qualität und Wirtschaftlichkeit sowie auf die Zufriedenheit der Patienten.

Verstärkte Kundenorientierung ist zwingend mit prozeßorientierter Sicht und Steuerung der Abläufe im Krankenhaus verknüpft. Die Krankenhausorganisation muß darauf gerichtet sein, den Behandlungsprozeß im Sinne der Patienten bestmöglich zu koordinieren. Ineffektive und ineffiziente Leistungsprozesse, wie unnötige oder mehrfach durchgeführte Untersuchungen oder lange Wartezeiten, führen nicht nur zu einer schlechteren medizinischen Qualität und geringeren Patientenzufriedenheit, sondern verschwenden zudem Ressourcen. Aufgabe des QM ist es daher, die stark arbeitsteilige Leistungserstellung im Krankenhaus neu zu organisieren und besser zu koordinieren, den Ressourceneinsatz zu drosseln sowie die Leistungsqualität zu stabilisieren und zu verbessern.

Das Grundkonzept des integrierten QM umfaßt drei aufeinander aufbauende Ebenen.[6] Die *kulturelle Ebene* basiert auf dem Leitbild des Krankenhauses und bildet die normative Grundlage für das integrierte QM. Darauf aufbauend muß sich das Krankenhaus einen geeigneten organisatorischen und führungstechnischen Rahmen schaffen, der es erlaubt, die Ziele Qualität und Wirtschaftlichkeit gleichzeitig zu fördern (*strukturelle Ebene*). Erst wenn diese strategischen Rahmenbedingungen geschaffen sind, können auf der *technokratischen Ebene* spezielle Instrumente des QM greifen. Alle Ebenen sind in das Konzept zu integrieren, wobei der kulturorientierten Ebene die zentrale Bedeutung zukommt. Denn ohne ein gemeinsames Grundverständnis von Qualität scheitern strukturorientierte und technokratische Maßnahmen an den Zielkonflikten der verschiedenen Abteilungen und Berufsgruppen.

C. Entwicklung einer Qualitätskultur im Krankenhaus

Unter Qualitätskultur ist ein System von Wertvorstellungen („shared values"), Verhaltensweisen sowie Denk- und Handlungsweisen zu verstehen, die bei allen relevanten Qualitätsfragestellungen das Verhalten prägt.[7] Die Qualitätskultur im Krankenhaus stellt den Patienten in den Mittelpunkt des Leistungsgeschehens und schafft bei den Mitarbeitern Qualitätsbewußtsein und -verantwortung. Ein solches Wertesystem kann nur langfristig über ein Leitbild aufgebaut werden. An dieser gemeinsamen Qualitätskultur fehlt es in den meisten Krankenhäusern. Partialinteressen dominieren, die Berufsgruppen sind nicht auf gemeinsame Ziele ausgerichtet. Aufgabe des Leitbildes ist es, die Partialinteressen zu harmonisieren.

I. Partialinteressen der unterschiedlichen Anspruchsgruppen

Das Krankenhaus ist eine Koalition einer Vielzahl von Anspruchsgruppen mit unterschiedlichen Interessen. Die drei strategisch relevanten Anspruchsgruppen sind die Leistungsanbieter, die Leistungsnachfrager und die Mitarbeiter:

- Der Begriff des Leistungsanbieters ist weit zu fassen. I.e.S. sind dazu das Krankenhaus als Organisation und Träger sowie die dort tätigen Berufsgruppen zu rechnen. Aber auch die Krankenkassen als Kostenträger und der Staat, der als öffentliche Aufgabe die Gesundheitsversorgung sicherstellt, sind als Leistungsanbieter i.w.S. anzusehen. Das Interesse der Anbieterseite ist auf die medizinische Qualität gerichtet, schließt aber auch die wirtschaftliche Leistungserstellung mit ein.

- Auch der Begriff des Leistungsnachfragers muß weit gefaßt werden. Primärer Nachfrager ist der Patient als Kunde, dem aber wichtige Kundenfunktionen vom einweisenden Arzt und von der Krankenkasse abgenommen werden. Weitergehend sind auch die Angehörigen des Patienten als Nachfrager anzusehen. Für die Patienten ist die medizinische Qualität der Grundnutzen. Darüber hinaus werden zunehmend ein angenehmes Umfeld, Service und Betreuung verlangt. Der Patient muß als Kunde verstanden werden, dessen berechtigte Qualitätsansprüche und subjektive Bedürfnisse zu erfüllen sind.
- Die Kundenorientierung bezieht sich aber nicht nur auf die externen Kunden des Krankenhauses, sondern ebenso auf die Mitarbeiter als organisationsinterne Kunden. Aufgrund der personenbezogenen Leistungserstellung im Krankenhaus sind die Mitarbeiter der Schlüssel, um Effektivität und Effizienz zu erreichen.

Die Integration der Anspruchsgruppen ist schwierig, da aufgrund unterschiedlicher Individualziele erhebliche Konfliktpotentiale bestehen. Aus den heterogenen Ansprüchen ergeben sich auch innerhalb der Anbieter- und Nachfragerseite Interessenkonflikte. Insbesondere die divergierenden Individualziele der drei großen Berufsgruppen – Medizin, Pflege und Verwaltung – behindern eine ganzheitliche und prozeßorientierte Sicht der Patienten und führen zu Ineffektivität und Ineffizienz.

Das integrierte QM erfordert eine umfassende Auseinandersetzung mit den Bedürfnissen, Werten und Zielen der Anspruchsgruppen, um einen bestmöglichen Interessenausgleich zu erreichen. Diese Auseinandersetzung erfolgt im Rahmen der Leitbildentwicklung. Der Sinn des Leitbildes ist es, alle an dem Krankenhaus beteiligten Gruppen auf eine gemeinsame Werteordnung, ein Zielsystem, eine Aufgabenstellung und allgemeine Organisations- und Führungsprinzipien hin auszurichten.

II. Leitbild als kulturelle Grundlage

Das Leitbild bestimmt das Selbstverständnis und die zukünftige Entwicklungsrichtung. Am Anfang des integrierten QM sollte daher ein Leitbild entwickelt werden, um die Orientierung für die Anspruchsgruppen nach innen (Mitarbeiter) und außen (Kunden und Umfeld) aufzuzeigen. Das Leitbild ist die kulturelle Grundlage zur Integration und Koordination der Anspruchsgruppen. Auf diese Weise soll das Leitbild dazu beitragen, Effektivität und Effizienz der arbeitsteiligen Prozesse zu steigern.

Abb. 1: Vision – Leitbild – Ziele und Strategien

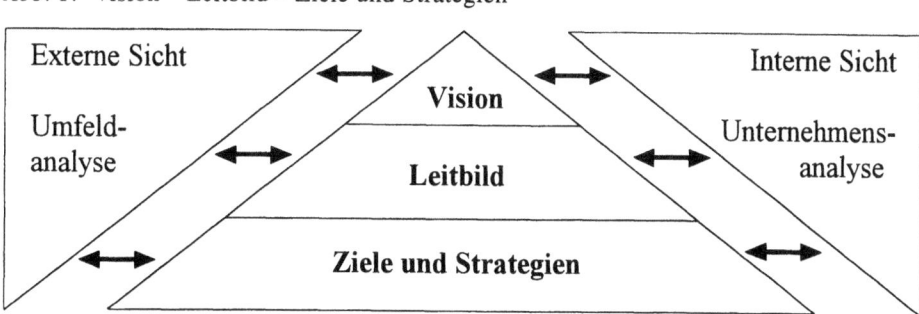

Das Leitbild gibt in thesenhafter Form Auskunft über Grundsätze, Ziele, Struktur- und Führungsprinzipien.[8] Dem Leitbild ist die Vision voranzustellen. Sie umschreibt ein erstrebenswertes und motivierendes Zukunftsbild des Krankenhauses, gibt die Richtung an und vermittelt den Sinn des Ganzen. Vision und Leitbild sind konsequent auf den umfassenden Qualitätsbegriff auszurichten. Zudem steckt das Leitbild den Rahmen ab, aus dem sich Strategien entwickeln lassen. Vision und Leitbild sind deshalb mit dem Umfeld und den eigenen Potentialen rückzukoppeln, um sicherzustellen, daß die Strategien erreichbar sind.[9]

Die Entwicklung einer umfassenden Qualitätskultur vollzieht sich auf der Grundlage des Leitbildes. Das Leitbild übernimmt im integrierten QM wichtige Funktionen:[10]

- Die *Koordinationsfunktion* resultiert aus dem gemeinsamen Werte- und Normensystem. Das Wertesystem muß dazu beitragen, die Aktivitäten der Mitarbeiter auf ein einheitliches Qualitätsverständnis auszurichten. Aufgrund der starken Arbeitsteilung und der zunehmenden Spezialisierung kann im Krankenhaus die Koordination der Leistungsprozesse nicht durch bürokratische Vorgaben erreicht werden, sondern muß über die gemeinsame Kultur gesteuert werden. Auf diese Weise trägt die Qualitätskultur auch zur Komplexitätsreduktion bei, da im Idealfall Handlungsanweisungen und formale Verhaltensregeln nicht mehr erforderlich sind.
- Die *Integrationsfunktion* basiert auf der gemeinsamen Grundorientierung aller Mitarbeiter. Sie sorgt für einen Konsens in Grundsatzfragen. Das ist für Krankenhäuser, die in einem sensiblen Spannungsfeld von Ethik, Medizin und Ökonomie arbeiten, besonders wichtig. Die gemeinsame Kultur soll bei den Mitarbeitern für ein Gefühl der Zusammengehörigkeit und Solidarität sorgen, um die vorhandenen Schranken zwischen den Berufsgruppen und den Fachabteilungen zu überwinden.
- Mit der *Identifikationsfunktion* ist die sinnstiftende Wirkung der Kultur angesprochen. Den Mitarbeitern werden Möglichkeiten geboten, sich mit der Arbeit zu identifizieren. Dadurch kann die Bindung zum Krankenhaus gefestigt und die Arbeitszufriedenheit und -motivation gefördert werden.
- Die *Motivationsfunktion* kommt dem Bedürfnis nach Sinnvermittlung entgegen und mobilisiert die Mitarbeiterpotentiale. Intrinsische Motivation resultiert daraus, daß die Mitarbeiter sich mit den Normen und Werten des Krankenhauses identifizieren.[11]

D. Strategische Rahmenbedingungen der Krankenhäuser

Die Strukturen in den Krankenhäusern sind historisch gewachsen und in der Vergangenheit wenig verändert worden. Traditionell ist die Organisation funktional auf die Berufsgruppen Medizin, Pflege und Verwaltung ausgerichtet.[12] Mit funktionsorientierten Strukturen kann die zunehmende Verzahnung der Leistungsprozesse aber nicht sinnvoll gesteuert werden. Die hohe Komplexität der Prozesse resultiert aus dem Individualcharakter der Leistungen und der Vielzahl beteiligter Menschen, Methoden und technischer Verfahren. Zudem ist der Leistungsprozeß in ein sehr dynamisches Umfeld (demographische Entwicklung, gesetzliche Rahmenbedingungen) eingebettet.[13] Krankenhäuser leiden daher verstärkt unter komplexitätsbedingten Koordinationsschwierigkeiten. Für verbesserte

Effektivität und Effizienz sind deshalb ein Abbau der Komplexität und eine bessere Beherrschung der Restkomplexität erforderlich.

Die Komplexität ist insbesondere durch veränderte Leistungsbreite und -tiefe abzubauen. Krankenhäuser sind heute häufig noch vollständig integrierte Dienstleistungsunternehmen mit einem sehr breiten Leistungsprogramm. Die Komplexität läßt sich durch Spezialisierung reduzieren. Spezialisierung vereinfacht das Leistungsprogramm und schafft ein Mindestvolumen gleichartiger Leistungen, was positiv auf Effektivität und Effizienz wirkt. Durch reduzierte Leistungstiefe können sich Krankenhäuser zudem verstärkt auf Kernkompetenzen konzentrieren. Neben Outsourcing und Kooperationen bieten sich Netzwerkstrukturen zum Abbau der Leistungstiefe an.

I. Restrukturierung der Aufbau- und Ablauforganisation

Krankenhäuser müssen die verbleibende Restkomplexität besser beherrschen lernen. Dazu sind die Strukturen und Prozesse zu reorganisieren.

Die *Aufbauorganisation* muß die funktionale Expertise erhalten, gleichzeitig aber die bereichs- und berufsübergreifende Zusammenarbeit auf den Patienten konzentrieren. An die Stelle von funktionalen muß prozeß- und kundenorientiertes Denken treten. Das kann erreicht werden, wenn in relativ kleinen, überschaubaren Organisationseinheiten integrierte, kundenorientierte Prozesse geschaffen werden. Ansatzpunkt dieses Modularisierungskonzeptes ist die Reintegration von Arbeitsinhalten zu ganzheitlichen Aufgabenkomplexen.[14] Auf diesem Wege können Schnittstellen abgebaut und die Koordination vereinfacht werden.

Der Modularisierungsansatz fördert die Anpassungsfähigkeit an veränderte Kundenanforderungen. Zudem geht mit der Modularisierung eine Abflachung der Hierarchien einher. Mitarbeiter werden stärker in Entscheidungsprozesse eingebunden, was die Motivation erheblich steigern kann.

Die Modularisierung führt auf der Ebene der Arbeitsorganisation zur Bildung von Gruppen und auf der Ebene des gesamten Krankenhauses zu Profit-Center-Strukturen.

Gruppenarbeit ist für Krankenhäuser ein interessanter Ansatz, um strukturelle Qualitätsprobleme zu lösen. Gruppenarbeit kann in Form interdisziplinärer Patient-Care-Teams realisiert werden.[15] Hierbei handelt es sich um teilautonome Arbeitsgruppen aus Ärzten, Pflegekräften und anderen am Behandlungsprozeß beteiligten Berufsgruppen (medizinisch-technische Dienste, Psychologen). Die Teams sind für die gesamte Versorgung und Behandlung bestimmter Patienten gemeinschaftlich zuständig. Die Vorteile liegen darin, daß der Aufwand für die berufsübergreifende Abstimmung reduziert wird, eine interdisziplinäre Integration der Leistungsprozesse erfolgt und sich ein Vertrauenspotential zwischen den Berufsgruppen aufbaut. Patientengruppen, die von einem Team betreut werden, können nach Krankheitsbildern oder nach spezifischen Bedürfnissen (Kinder, ältere Menschen) zusammengefaßt werden. Die (medizinischen und nicht-medizinischen) Patientenbedürfnisse sind damit Ausgangspunkt der Organisationsstruktur. Diese kundenorientierte Segmentierung paßt die Organisation an die Patientenbedürfnisse an und bricht mit den traditionellen Strukturen. Mit dem Teamkonzept wird die Arbeitsorganisation auf der untersten Ebene des Krankenhauses restrukturiert. Die Mitarbeiter sollen Erfahrungen mit dezentralen Strukturen sammeln und Eigenverantwortung übernehmen. Im Ergebnis führt die Teamstruktur zu tiefgreifenden Veränderungen im Aufbau und der Führung des Krankenhauses.

Die Idee von Profit-Centern besteht darin, das Krankenhaus in überschaubare Teilbereiche zu gliedern, die eigenverantwortlich agieren und weitgehend über einen Marktmechanismus gesteuert werden. Motiviert ist dieses Konzept durch die zunehmende Komplexität, die durch zentrale Steuerung nicht mehr beherrschbar ist. Zudem zielt das Konzept darauf, die Nähe zum Markt bzw. zu den Kunden zu erhöhen und durch den „Marktdruck" Strukturen und Verhalten auf Effektivität und Effizienz zu überprüfen. Krankenhäuser sind im Prinzip erst mit dem neuen Entgeltsystem für die Profit-Center-Konzeption geöffnet worden.[16] Das differenzierte Preissystem aus Fallpauschalen, Sonderentgelten, Abteilungspflegesätzen und Basispflegesatz ermöglicht es, die Erlöskomponenten eindeutig und leistungsorientiert den bettenführenden Abteilungen zuzuordnen. Dadurch können die einzelnen Abteilungen wie Innere Medizin, Chirurgie, Gynäkologie, HNO als eigenverantwortliche Profit-Center definiert werden. Darüber hinaus existieren Abteilungen, die nicht direkt externe Erlöse erzielen (Labor, Radiologie, Pathologie, Wäscherei, Küche), sondern Dienstleistungen für die bettenführenden Abteilungen erbringen. Diese Abteilungen können als Cost-Center oder Dienstleistungs-Center organisiert werden. Das Outsourcing einzelner Leistungsbereichen stellt somit einen ersten Schritt dar, Center-Strukturen einzuführen.

Die *Ablauforganisation* muß die Prozesse analysieren und mit dem Ziel neu gestalten, sie zu beschleunigen, indem überflüssige Prozeßschritte abgebaut, Doppelarbeiten vermieden, Schnittstellen reduziert und die Teilprozesse besser verzahnt werden. Erster Ansatzpunkt für die Prozeßoptimierung ist eine ganzheitliche Betrachtung. Abteilungsegoismen behindern heute eine Gesamtoptimierung. Isoliert betrachtet sind die Abläufe der Abteilungen zwar effektiv und effizient, sie sind aber zwischen den Abteilungen unzureichend abgestimmt. Abbau von Prozeßkomplexität ist der zweite Weg zur Prozeßoptimierung. Im Krankenhaus existiert ein breites Leistungsspektrum mit einer Vielfalt an Prozessen, die unterschiedlich miteinander kombiniert werden können. Diese Prozeßkomplexität ist durch Standardisierung zu reduzieren. Standards erleichtern die Planung, da sie festlegen, welche Leistungen in welcher Reihenfolge bei bestimmten Krankheitsbildern erforderlich sind.

Die Restrukturierung beginnt mit einer Verbrauchsanalyse (Zeitbedarf, Ressourcenverbrauchsgrößen, Leistungsqualität). Die Ergebnisse fließen in die Prozeßmodellierung ein. Auf dieser Basis können konkrete Lösungsvorschläge erarbeitet und getestet werden. Bei der Neugestaltung der Prozesse liegt die innovative Komponente in der konsequenten Kundenorientierung, in einer krankenhausübergreifenden Prozeßbetrachtung und im Einsatz moderner Informations- und Kommunikationstechnologie. Darüber hinaus sind Maßnahmen zur laufenden Qualitätssicherung und kontinuierlichen Verbesserung der Prozesse zu verankern.

II. Neue Anforderungen an die Mitarbeiterführung

Verbesserte Strukturen und Prozesse sind die Basis für ein neues Führungsverständnis und neue Führungsinstrumente. Im integrierten QM ist die Mitarbeiterführung auf Selbststeuerung und Selbstkoordination in dezentralen Strukturen auszurichten. Alle Mitarbeiter müssen involviert und motiviert sein, um die Leistungen effektiv und effizient zu erbringen. Das stellt neue Anforderungen an Mitarbeiter und Führungskräfte. Komplexität läßt sich dadurch reduzieren, daß Hierarchien abgeflacht und bürokratische Regeln abgebaut werden. Stattdessen erfolgt eine globale Koordination der Mitarbeiter über die Krankenhauskultur und die Delegation von Kompetenzen und Verantwortung auf der Grundlage operationaler Ziele.

Die neu definierte Führungsaufgabe besteht darin, Rahmenbedingungen zu schaffen, die es den Mitarbeitern ermöglichen, ihre Aufgaben selbständig und eigenverantwortlich zu erfüllen. Diese neue Führungsrolle läßt sich durch drei Funktionen beschreiben:[17]

- *Initiativ- und Vorbildfunktion*
  Die Krankenhausleitung hat die Aufgabe, das integrierte QM in Gang zu setzen und für Akzeptanz und Durchsetzung der Grundprinzipien bei allen Mitarbeitern zu sorgen. Zudem gewinnt das „Führen durch Vorbild" herausragende Bedeutung. Alle Führungskräfte müssen engagiert und dauerhaft die Werte und Grundprinzipien vorleben.
- *Dienstleistungsfunktion*
  Die Führungskräfte nehmen ihren Mitarbeitern gegenüber die Rolle eines Dienstleisters ein, der sie in die Lage versetzen soll, umfassende Qualität selbständig zu erstellen und zu verbessern. Zudem sind die Mitarbeiter zu motivieren, und es ist ein konstruktives, kreatives Klima zu schaffen. Die Rolle der Führungskräfte wandelt sich vom traditionellen Aufgabenzuweiser zum Berater und Coach, der Eigenverantwortung und Selbststeuerung seiner Mitarbeiter fördert.
- *Koordinationsfunktion*
  Führung ist als Koordinationsaufgabe zu verstehen. Infolge von Dezentralisation und neuer Formen externer Zusammenarbeit verstärkt sich der Koordinationsbedarf. Die Führungskräfte müssen die Aktivitäten ihrer Mitarbeiter auf die Gesamtziele des Krankenhauses ausrichten sowie die Teams und Center untereinander und in bezug auf die Außenwelt koordinieren. Kommunikation ist dabei das zentrale Koordinationsinstrument, um den reibungslosen Ablauf der Leistungsprozesse zu gewährleisten.

Das integrierte QM erfordert modernes Führungsverhalten und den Einsatz leistungsfähiger Führungsinstrumente. Die Mitarbeiterorientierung kommt in einem kooperativen und partizipativen Führungsstil zum Ausdruck. Die Eckpfeiler eines veränderten Führungsverhaltens sind die Führung durch Zielvereinbarung, durch Kommunikation und Information sowie durch Fehlerkultur und Feedback.[18] Die Führung durch Zielvereinbarung kann als das führungstechnische Rahmenkonzept des integrierten QM interpretiert werden. Die Führungsaufgaben sind nicht unabhängig voneinander, sondern bedingen sich gegenseitig.

Das integrierte QM setzt auch ein Anreizsystem voraus, das die Mitarbeiter gezielt zum qualitätsorientierten Verhalten motiviert. Mit dem Aufbrechen der alten Strukturen müssen die bestehenden Anreizsysteme verändert werden. Deshalb sind neue Formen der Entlohnung und der Karriere- und Laufbahnplanung zu entwickeln. Derzeit sind fast alle Krankenhäuser an den einengenden Bundesangestelltentarif (BAT) mit allen Einschränkungen bei Eingruppierungen, Beförderungen sowie Prämien- und Zulagensystemen gebunden.[19] Das integrierte QM ist darauf gerichtet, die Schranken abzubauen. Eine neue Entlohnungsform, die der Gruppenarbeit gerecht wird und das integrierte QM unterstützt, ist ein System aus qualifikationsorientiertem Grundlohn und einer leistungsabhängigen Gruppenprämie.

Derzeit werden Medizinern aufgrund ihres Fachwissens hohe Karrierechancen in Krankenhäusern eingeräumt. Problematisch ist, daß an die medizinische Fachkarriere auch die Führungslaufbahn gekoppelt ist (Chefarztprinzip). Den Führungsanforderungen stehen die leitenden Ärzte aber oft hilflos gegenüber, weil sie dafür weder ausgebildet noch besonders motiviert sind.[20] Mit der Einführung neuer Organisationsstrukturen verflachen die Hierarchien und bieten automatisch weniger traditionelle Führungspositionen. Zudem verändern sich die Anforderungen an die Führungskräfte grundlegend. Unter diesen Bedingungen sind neue Formen der Karriere- und Laufbahnplanung erforderlich. Grundlage dafür ist die Entkopplung der medizinischen Fachkarriere von der Führungslaufbahn. Prinzipiell muß jede Berufsgruppe bei entsprechender Qualifikation und Motivation die Chance auf Übernahme von Führungspositionen erhalten.

E. Einsatz von Qualitätsinstrumenten im Krankenhaus

Das integrierte QM erfordert im letzten Schritt spezifische Qualitätsinstrumente. Die kulturelle Grundlage sowie die Strukturen in Führung und Organisation geben den Rahmen für diese Instrumente vor. Ohne die kulturellen und strukturellen Rahmenbedingungen bleiben die Qualitätsinstrumente aber wirkungslos, da ihre Einsatzvoraussetzungen nicht gegeben sind.

I. Qualitätsmessung

Die Qualitätsmessung stellt die Informationsgrundlage bereit. Die Qualität der Leistungen muß durch aussagekräftige Qualitätsindikatoren gemessen werden, um sie planen, steuern und kontrollieren zu können. Für Krankenhäuser ist das Drei-Ebenen-Konzept (Potential-Prozeß-Ergebnis) von Donabedian entwickelt worden, um die Qualitätsmessung operational zu strukturieren.[21] Gute Qualität der Potentiale und Prozesse wird dabei als Voraussetzung für Ergebnisqualität gesehen.

- *Potentialqualität*
  Voraussetzung zur Leistungserstellung sind Potentialfaktoren (Gebäude, Einrichtung, Personal). Die Qualität der Potentialfaktoren wird durch die Leistungsbereitschaft und -fähigkeit gekennzeichnet. Die Messung der Potentialqualität erfolgt inputorientiert und ist ohne Quantifizierungsprobleme möglich.
- *Prozeßqualität*
  Die Krankenhausleistung wird weitgehend durch den Prozeß der Leistungserstellung am Patienten determiniert. Voraussetzung zur Messung der Prozeßqualität sind detaillierte Vorgaben für den Diagnose-, Therapie- und Pflegeprozeß in Form von Leistungsstandards. Meßprobleme ergeben sich nicht, weil Prozesse grundsätzlich über Zeit- und Mengeneinheiten erfaßbar sind.

- *Ergebnisqualität*
  Das Ergebnis der Krankenhausleistung ist die Erhaltung bzw. die Verbesserung des Gesundheitszustandes. Am Ergebnis zeigt sich, inwieweit eine Behandlung erfolgreich war. Die Messung der Ergebnisqualität ist mit erheblichen Problemen verbunden, da es keinen eindimensionalen Maßstab für den Gesundheitszustand gibt.

Gegenstand der Qualitätsmessung sollte grundsätzlich die Ergebnisqualität sein. Sie ist in allen relevanten Dimensionen zu messen. Gerade bei diesem Messungsansatz existieren aber die größten Schwierigkeiten. Aus diesem Grund weichen viele Krankenhäuser darauf aus, ersatzweise die Prozeß- oder Potentialqualität zu betrachten. Dieses Vorgehen kann zu Fehlsteuerungen führen, wenn einseitig Prozeß- und Potentialqualität maximiert werden, ohne deren Rückwirkungen auf die Ergebnisqualität zu evaluieren.

Als Grundkonzepte zur Qualitätsmessung lassen sich objektive und subjektive Meßverfahren unterscheiden:[22]

- *Objektive Meßbarkeit* liegt vor, wenn das Niveau eines Qualitätsindikators in einer spezifizierten Dimension feststellbar und interpersonell nachprüfbar ist. Gemessen werden beobachtbare („harte") Größen, die unabhängig von der Einschätzung der Betroffenen sind.
- *Subjektive Meßbarkeit* liegt vor, wenn das Niveau von Qualitätsindikatoren durch eine beurteilende Person festgelegt wird. Gemessen wird die wahrgenommene Qualität, die an den subjektiven Bedürfnissen und Anforderungen des die Qualität Beurteilenden orientiert ist.

Für ein umfassendes QM sind beide Messungsarten erforderlich. Traditionell neigen Krankenhäuser dazu, die Qualitätsmessung auf die medizinische Kernleistung zu konzentrieren und nur unzureichend die Sichtweise ihrer Kunden/Patienten zu beachten. Neue Impulse für die Qualitätsmessung ergeben sich aber erst, wenn objektive Messungen zunehmend um subjektive Einschätzungen der Patienten erweitert werden. Geeignete Instrumente, um die Qualität aus Kundensicht bzw. die Kundenzufriedenheit zu messen, sind systematische Befragungen.

II. Qualitätsplanung und -gestaltung

Strategische Qualitätsplanung beschreibt das Vorgehen zur Gestaltung der Leistungen und der dafür erforderlichen Prozesse. Für die Qualitätsplanung können im Krankenhaus auch Qualitätsinstrumente aus dem industriellen Entwicklungsbereich wirkungsvoll eingesetzt werden. Diese Instrumente müssen allerdings für die Belange eines Krankenhauses umformuliert werden. Das Instrument des *Quality Function Deployment (QFD)* ist ein strategisch ausgerichtetes Instrument zur systematischen Qualitätsplanung mit dem Ziel, die Kundenanforderungen in operationale Qualitätsmerkmale der Leistungsprozesse umzusetzen. Um potentielle Fehlerquellen möglichst frühzeitig zu identifizieren, können auch Instrumente wie die *Fehlermöglichkeits- und -einflußanalyse (FMEA)* eingesetzt werden.

Der erreichte Qualitätsstandard eines Krankenhauses hängt vom Grad erfüllter Patientenerwartungen aber auch von objektiven medizinischen Merkmalen ab. Die Qualitätsplanung im Krankenhaus steht daher im Spannungsfeld zwischen medizinischer Expertensicht und der Sichtweise der Patienten.[23] Das Instrument des QFD gestattet es, dieses Spannungsfeld zu überbrücken, indem systematisch Patientenanforderungen und medizinische Erfordernisse an die Leistung abgeklärt, diese in Qualitätsmerkmale übersetzt und daraus Standards abgeleitet werden. Das Grundprinzip von QFD ist im Krankenhaus einsetzbar, um komplexe Leistungsprozesse kundenorientiert und qualitätsgerecht zu planen.[24]

FMEA gehört zu den präventiven Qualitätsinstrumenten, um potentielle Fehlerquellen schon bei der Qulitätsplanung zu entdecken und durch geeignete Maßnahmen zu vermeiden. Im Krankenhaus kommt der Fehlervermeidung eine noch größere Bedeutung zu als in der Industrie, deshalb gehören Fehleranalysen zu den zentralen Instrumenten des Riskmanagements. Im Mittelpunkt steht die Prozeß-FMEA, die potentielle Prozeßfehler und Qualitätsschwachstellen, mögliche Auswirkungen auf den Patienten und deren Ursachen im Leistungsprozeß ermittelt, um aus einer Risikobeurteilung heraus nach Abstellmaßnahmen zu suchen.[25] Die Prozeß-FMEA kann zudem in das umfassendere Konzept des QFD integriert werden, um für höhere Prozeßsicherheit zu sorgen.

III. Qualitätssteuerung und -verbesserung

Die operative Qualitätssteuerung zielt darauf ab, bestimmte Ergebnisse sicherzustellen, indem vorgesehene Kontrollen eingehalten werden. Für die Qualitätssteuerung können Instrumente der industriellen Qualitätssicherung herangezogen werden. Das klassische Instrument der Qualitätssteuerung ist die *Statistische Prozeßregelung (SPC)*, das darauf ausgerichtet ist, festgelegte Qualitätsparameter zu überwachen und zu regulieren. Ziel der Qualitätsverbesserung ist es, Ineffizienz und Ineffektivität abzubauen. Der Weg dazu führt über die Analyse von Qualitätsproblemen. Als organisatorisches Instrument können *Qualitätszirkel* eingesetzt werden.

Durch SPC werden die qualitätsrelevanten Parameter eines Prozesses kontinuierlich überwacht und gesteuert. Dazu werden in festgelegten Intervallen die Qualitätsparameter einer Stichprobe gemessen und mit den Qualitätszielwerten verglichen. Auf Qualitätsregelkarten werden die Meßergebnisse dokumentiert. Auftretende Abweichungen der Qualitätsparameter vom Zielwert werden auf systematische oder zufällige Einflüsse untersucht. Das Prinzip von SPC wird im Krankenhaus in Form von Fieberkurven eingesetzt. Auf diese Weise wird der Gesundheitszustand der Patienten an physiologischen Parameter (Körpertemperatur, Blutdruck) ständig überwacht. SPC ist keine Methode, um die Prozeßqualität unmittelbar zu verbessern, da lediglich kleinere Abweichungen ausgesteuert werden. Qualitätsverbesserung ist nur zu erreichen, wenn auf der Basis von systematischen Abweichungsanalysen die grundlegenden Prozeßparameter in der Qualitätsplanung gezielt verändert werden.

Qualitätszirkel sind moderatorengeleitete Gesprächsrunden in kleinen Gruppen, die sich regelmäßig und freiwillig treffen, um zu Qualitätsproblemen ihres Arbeitsbereichs Lösungen zu erarbeiten und zu realisieren. Auf diese Weise soll das Problemlösungspotential der Mitarbeiter zur Verbesserung der Arbeitsabläufe und Strukturen genutzt werden. Darüber hinaus sollen der Umgang mit Methoden und Werkzeugen des QM eingeübt und die Qualitätsphilosophie anhand der konkreten Problemstellung vermittelt werden. Die

Zielrichtung der Qualitätszirkel besteht darin, die Qualität – im Sinne von Kaizen – in kleinen Schritten laufend zu verbessern. Im Krankenhaus werden Qualitätszirkel punktuell für konkrete, relativ abgrenzbare Problembereiche erfolgreich eingesetzt.[26] Mit strategischen Fragestellungen sind Qualitätszirkel überfordert, da sie die Organisationsstruktur und -kultur im Krankenhaus nicht grundlegend verändern können.

Anmerkungen

1 Vgl. dazu Adam, D. (1997), S. 125 ff.
2 Vgl. Bundesministerium für Gesundheit (1994), S. II 14.
3 Vgl. Schlüchtermann, J. (1996), S. 254 f.
4 Zum TQM im Krankenhaus vgl. Kaltenbach, T. (1991).
5 Vgl. Piwernetz, K., Selbmann, H. K., Vermeij, D. J. B. (1991).
6 Zum integrierten Qualitätsmanagement im Krankenhaus vgl. Gorschlüter, P. (1998).
7 In Anlehnung an Meffert, H. (1989), S. 390.
8 Vgl. Schröer, H. (1997), S. 208.
9 Vgl. Adam, D. (1996), S. 142.
10 Vgl. dazu Reiß, M. (1994), S. 334 und Bellabarba, J. (1997), S. 100.
11 Vgl. Eichhorn, S., Schmidt-Rettig, B. (1995), S. 185.
12 Vgl. Adam, D., Schlüchtermann, J., Gorschlüter, P. (1993), S. 825 f.
13 Vgl. Köck, C. (1996), S. 41 f.
14 Zum Modularisierungskonzept vgl. Picot, A., Reichwald, R., Wigand, R. T. (1996), S. 201 ff.
15 Vgl. Heimerl-Wagner, R. (1996), S. 176 f.
16 Vgl. Conrad, H.-J. (1997), S. 19.
17 Vgl. Bühner, R. (1995), S. 39 f.
18 Vgl. Bühner, R. (1995), S. 45.
19 Vgl. Eichhorn, S., Schmidt-Rettig, B. (1995), S. 147.
20 Vgl. Schwarz, R. (1997), S. 496.
21 Vgl. Donabedian, A. (1980), S. 79 ff. und Donabedian, A. (1988), S. 1745 f.
22 Vgl. Stauss, B., Hentschel, B. (1991), S. 240 und Witte, A. (1993), S. 75 f.
23 Vgl. Ebner, H., Köck, C. (1996), S. 89.
24 Zum Einsatz von QFD im Krankenhaus vgl. Viethen, G. (1995), S. 50 ff. und Eichhorn, S. (1997), S. 212 ff.
25 Zum Einsatz von Fehleranalysen im Krankenhaus vgl. Viethen, G. (1995), S. 55 ff. und Eichhorn, S. (1997), S. 216 ff.
26 Zum Einsatz von Qualitätszirkeln im Krankenhaus vgl. Güntert, B., Horisberger, B. (1991) und Mühlbauer, B. H., Nierhoff, G. (1994).

Literatur

Adam, D. (1996): Planung und Entscheidung: Modelle – Ziele – Methoden, 4. Auflage, Wiesbaden 1996.
Adam, D. (1997): Produktions-Management, 8. Auflage, Wiesbaden 1997.
Adam, D., Schlüchtermann, J., Gorschlüter, P. (1993): Krankenhausmanagement, in: Das Wirtschaftsstudium, 1993, Nr. 10, S. 822–830.
Bellabarba, J. (1997): Zum Konzept der Unternehmenskultur in Krankenhäusern, in: Hoefert, H.-W. (Hrsg.), Führung und Management im Krankenhaus, Göttingen, Stuttgart 1997, S. 99–108.
Bühner, R. (1995): Führungsaspekte im Rahmen des Total Quality Management, in: Preßmar, D. B. (Hrsg.), Total Quality Management I, Schriften zur Unternehmensführung, Band 54, Wiesbaden 1995, S. 37–59.

Bundesministerium für Gesundheit (Hrsg.) (1994): Maßnahmen der medizinischen Qualitätssicherung in der Bundesrepublik Deutschland: Bestandsaufnahme, Projekt im Auftrag des Bundesministeriums für Gesundheit/Institut für Medizinische Informationsverarbeitung der Universität Tübingen, Schriftenreihe des Bundesministeriums für Gesundheit, Band 38, Baden Baden 1994.
Conrad, H.-J. (1997): Qualitätsmanagement und Controlling im Krankenhaus: Medizinische und ökonomische Zielsetzung, Inhalte, Methoden und Hinweise zur Realisierung. Frankfurt/Main 1997.
Donabedian, A. (1980): Explorations in Quality Assessment and Monitoring. Volume I: The Definition of Quality and Approaches to its Assessment, Ann Arbor 1980.
Donabedian, A. (1988): The Quality of Care, How Can It Be Assessed?, in: Journal of the American Medical Association, Volume 260, 1988, No. 12, S. 1743–1748.
Ebner, H., Köck, C. (1996): Qualität als Wettbewerbsfaktor für Gesundheitsorganisationen, in: Heimerl-Wagner, P., Köck, C. (Hrsg.), Management in Gesundheitsorganisationen: Strategien, Qualität, Wandel, Wien 1996, S. 72–101.
Eichhorn, S. (1997): Integratives Qualitätsmanagement im Krankenhaus: Konzeption und Methoden eines qualitäts- und kostenintegrierten Krankenhausmanagement, Stuttgart, Berlin, Köln 1997.
Eichhorn, S., Schmidt-Rettig, B. (1995): Mitarbeitermotivation im Krankenhaus, Beiträge zur Gesundheitsökonomie, Band 29, Gerlingen 1995.
Gorschlüter, P. (1998): Integriertes Qualitätsmanagement zur Effektivitäts- und Effizienverbesserung im Krankenhaus, Dissertation, Münster 1998.
Güntert, B., Horisberger, B. (1991): Qualitätssicherung im Krankenhaus – Können Qualitätszirkel (QZ) helfen?, in: Führen und Wirtschaften im Krankenhaus, 1991, Nr. 3, S. 179–183.
Heimerl-Wagner, P. (1996): Organisation in Gesundheitsinstitutionen, in: Heimerl-Wagner, P., Köck, C. (Hrsg.), Management in Gesundheitsorganisationen: Strategien, Qualität, Wandel, Wien 1996, S. 127–186.
Kaltenbach, T. (1991): Qualitätsmangement im Krankenhaus: Qualitäts- und Effizienzsteigerung auf der Grundlage des Total Quality Management, Melsungen 1991.
Köck, C. (1996): Qualitätsmanagement als Weg zur Organisationsveränderung im Krankenhaus, in Bellabarba, J., Schnappauf, D. (Hrsg.), Organisationsentwicklung im Krankenhaus, Göttingen, Stuttgart 1996, S. 39–54.
Meffert, H. (1989): Klassische Funktionenlehre und marktorientierte Führung – Integrationsaspekte aus der Sicht des Marketing, in: Adam, D., Backhaus, K., Meffert, H., Wagner, H. (Hrsg.), Integration und Flexibilität. Eine Herausforderung für die Allgemeine Betriebswirtschaftslehre, Wiesbaden 1989, S. 373–408.
Mühlbauer, B. H., Nierhoff, G. (1994): Qualitätszirkel in der Krankenhauspraxis: Erfahrungen im St. Johannes-Hospital Dortmund, in: Führen und Wirtschaften im Krankenhaus, 1994, Nr. 1, S. 43–46.
Picot, A., Reichwald, R., Wigand, R. T. (1996): Die grenzenlose Unternehmung: Information, Organisation und Management, 2. Auflage, Wiesbaden 1996.
Piwernetz, K., Selbmann, H. K., Vermeij, D. J. B. (1991): „Vertrauen durch Qualität": Das Münchener Modell der Qualitätssicherung im Krankenhaus, in: Das Krankenhaus, 1991, Nr. 11, S. 557–560.
Reiß, M. (1994): Führung, in: Corsten, H., Reiß, M. (Hrsg.), Betriebswirtschaftslehre, München, Wien 1994, S. 233–343.
Schlüchtermann, J. (1996): Qualitätsmanagement im Krankenhaus: Kritische Bestandsaufnahme und Perspektive einer Weiterentwicklung, in: Führen und Wirtschaften im Krankenhaus, 1996, Nr. 3, S. 252–259.
Schröer, H. (1997): Unternehmensleitbild, in: Hauser, A., Neubarth, R., Obermair, W. (Hrsg.), Management-Praxis: Handbuch soziale Dienstleistungen, Berlin 1997, S. 208–225.
Schwarz, R. (1997): Wer nicht umdenkt, verschwindet vom Markt, in: Führen und Wirtschaften im Krankenhaus, 1997, Nr. 6, S. 494–496.
Stauss, B., Hentschel, B. (1991): Dienstleistungsqualität, in: Wirtschaftswissenschaftliches Studium, 1991, Nr. 5, S. 238–244.
Viethen, G. (1995): Qualität im Krankenhaus: Grundbegriffe und Modelle des Qualitätsmanagements, Stuttgart, New York 1995.
Witte, A. (1993): Integrierte Qualitätssteuerung im Total Quality Management, Münster, Hamburg 1993.

Zusammenfassung

Die Rahmenbedingungen zwingen Krankenhäuser heute dazu, die Qualität ihrer Leistungen unter wachsendem Kostendruck zu sichern und aufgrund des einsetzenden Wettbewerbs noch zu steigern. Die Qualität darf sich nicht allein auf die Effektivität der Leistungserstellung beziehen, sondern muß Effektivitäts- und Effizienzaspekte integrieren. Auf dieser Basis läßt sich ein dreistufiges Grundkonzept zum integrierten Qualitätsmanagement entwickeln, das auf der kulturellen Ebene, eine strukturelle und instrumentelle Ebene aufbaut.

Summary

Nowadays, the basic conditions in the health sector force hospitals to safeguard or – due to raising competition – even increase their performance quality while the upward pressure of costs is growing. The quality, therefore, shouldn't be applied only to the effectivity, but also to the efficiency of performance. Based on these conclusions a three-phase conception for an integrated quality management system, which is founded on the cultural, the structural, and the instrumental level, can be developed.

012: Krankenhausbetriebslehre
21: Unternehmensführung

Controlling –
Werkzeuge und Strategien für die Zukunft

Inhalt Die vierte, vollständig überarbeitete und erweiterte Auflage der "Controlling-Konzepte" präsentiert eine Fülle konstruktiver Beiträge und bereitet Controller-, Kapital- und Informationsdienste optimal auf die entscheidenden Fragen der Zukunft vor.

- Strategisches Controlling
- Wertorientiertes Controlling
- Leitbildcontrolling als Denk- und Steuerungskonzept
- Vision und Praxis für ein Controllingkonzept im Mittelstand
- Internationales Beteiligungscontrolling
- Portfolio-Management
- Prozeßorientiertes F&E-Controlling
- Controlling im Franchising

Seit 70 Jahren Kompetenz in Sachen Wirtschaft... Gabler Jubiläumsgewinnspiel im Internet: www.gabler-online.de

Die Herausgeber
Prof. Dr. Elmar Mayer (entpflicht.) und Prof. Dr. Konrad Liessmann lehren Betriebswirtschaftslehre, insbesondere Controlling und Rechnungswesen an der Fachhochschule Köln. Prof. Dr. Carl-Christian Freidank ist Inhaber des Lehrstuhls für Revisions- und Treuhandwesen der Universität Hamburg.

Elmar Mayer,
Konrad Liessmann und
Carl-Christian Freidank (Hrsg.)
Controlling-Konzepte
Werkzeuge und Strategien
für die Zukunft
4., vollst. überarb. und erw. Aufl.
1998. XVI, 456 S.
Geb. DM 128,00
ISBN 3-409-43004-0

Bestell-Coupon

Ja, ich bestelle ___ Exemplare

Mayer /Liessmann /Freidank (Hrsg.)
Controlling-Konzepte
Werkzeuge und Strategien für die Zukunft
4., vollst. überarb. und erw. Aufl. 1998.
XVI, 456 S. Geb. DM 128,00
ISBN 3-409-43004-0

Vorname und Name

Straße (bitte kein Postfach)

PLZ, Ort

Unterschrift   321 99 004

Gabler Verlag, Frau Ursula Günther,
Postfach 15 46, 65173 Wiesbaden,
Tel: 0611.78 78 124 · Fax: 0180.5 78 78 80
www.gabler-online.de

Änderungen vorbehalten. Stand: Mai 1999.
Erhältlich im Buchhandel oder beim Verlag.

Modelle der Dienstleistungsqualität in Kliniken

Operationalisierung und Validierung auf der Basis von SERVQUAL und TEILQUAL

Von Henrik Olandt und Martin Benkenstein

Überblick

- Die veränderten Rahmenbedingungen im bundesdeutschen Gesundheitssystem und die noch anstehenden Strukturreformen haben dazu geführt, daß die medizinische Qualitätssicherung auch in der Wissenschaft besondere Beachtung findet. Dabei kommt auch den Qualitätswahrnehmungen der Patienten ein zunehmender Stellenwert zu.

- Eine Grundvoraussetzung, damit Kliniken und Krankenhäuser ihre Dienstleistungsqualität gezielt steuern und optimieren können, sind Methoden und Modelle zur Operationalisierung und Messung der aus Patientensicht relevanten Qualitätsdimensionen. Aber auch für Patienten, Krankenkassen und niedergelassene Ärzte sind derartige Qualitätsinformationen für die Steuerung des Nachfrage- und Empfehlungsverhaltens relevant.

- Zur Operationalisierung und Messung der Dienstleistungsqualität in Kliniken werden die merkmalsorientierten Verfahren SERVQUAL und das Teilleistungsmodell von Güthoff auf die Besonderheiten dieser Dienstleistungsbranche angepaßt. Es wird gezeigt, daß beide Ansätze geeignet sind, die verschiedenen Dimensionen der Dienstleistungsqualität in Kliniken und Krankenhäusern aus Patientensicht abzubilden.

- Weiterhin werden die beiden Meßmodelle einer empirischen Prüfung anhand eines Datensatzes unterzogen. Der Datensatz beruht auf einer Patientenbefragung in einer Universitätsklinik für innere Medizin. Es zeigt sich, daß die durch das Teilleistungsmodell abgegrenzten Qualitätsdimensionen dem Qualitätsempfinden der Patienten augenscheinlich eher entsprechen als die Dimensionen des SERVQUAL-Ansatzes.

Eingegangen: 6. Februar 1999

Dr. Henrik Olandt ist Mitglied des Zentrums für Dienstleistungs- und Intermediationsforschung der Universität Rostock, Parkstr. 6, 18057 Rostock. Hauptarbeitsgebiete: Dienstleistungsmarketing, Krankenhausmanagement, Käuferverhalten.
Professor Dr. Martin Benkenstein ist Direktor des Instituts für Marketing und Innovationsmanagement der Universität Rostock und Sprecher des obigen Zentrums. Hauptarbeitsgebiete: Dienstleistungsmarketing, Marktorientierte Unternehmensführung und Marketingstrategie, Innovationsmanagement, Markenführung.

A. Zum Stellenwert der Dienstleistungsqualität in Kliniken

Das Interesse an und die wissenschaftliche Auseinandersetzung mit der medizinischen Qualitätssicherung hat in jüngerer Vergangenheit an Stellenwert gewonnen. In Deutschland ist dies vor allem auf die veränderten Rahmenbedingungen des Gesundheitssystems zurückzuführen, die die Wettbewerbsintensität zwischen den Anbietern klinischer Dienstleistungen erheblich verschärft haben.[1] In anderen Ländern wie beispielsweise den USA besteht eine derartige Situation bereits seit langem. Unter Wettbewerbsbedingungen wird eine hohe Dienstleistungsqualität zum entscheidenden Erfolgsfaktor. Damit diese durch das Klinikmanagement entsprechend gesteuert und optimiert werden kann, bedarf es als Grundvoraussetzung geeigneter Verfahren zur Operationalisierung und Messung der Dienstleistungsqualität in Kliniken. Aber auch für niedergelassene Ärzte, Krankenkassen und Patienten sind Informationen über die Dienstleistungsqualität von Kliniken von besonderer Bedeutung, weil dadurch das Empfehlungs- und Nutzungsverhalten auf eine objektivierbare Informationsbasis zurückgeführt werden kann.

Zur Messung der von Kunden eines Dienstleistungsunternehmens wahrgenommenen Qualität sind in der Literatur eine Vielzahl von Ansätzen vorgestellt und diskutiert worden.[2] Zur Messung der subjektiv von den Klinikpatienten wahrgenommenen Dienstleistungsqualität sind zwei dieser Modelle am ehesten geeignet, weil ihre Validität bereits empirisch belegt wurde.[3]

Der SERVQUAL-Ansatz von Parasuraman, Zeithaml und Berry[4] ist eines der wenigen empirisch überprüften Dienstleistungsqualitätsmodelle, das in der Praxis bereits eine relativ starke Verbreitung gefunden hat und zudem den Anspruch erhebt, für alle Dienstleistungsbranchen geeignet zu sein. Güthoff hingegen entwickelt ein teilleistungsbezogenes Modell (TEILQUAL) speziell für Dienstleistungen, die hinsichtlich der Anzahl und der Heterogenität ihrer Teilleistungen als komplex in der Wahrnehmung der Nachfrager anzusehen sind.[5] Damit ist eine der wesentlichen Besonderheiten klinischer Dienstleistungen berücksichtigt. Zudem ist auch dieser Ansatz empirisch überprüft.

Vor diesem Hintergrund soll im folgenden konzeptionell hinterfragt werden, welches der beiden Modelle am ehesten für die Abbildung der Qualität von Klinikdienstleistungen geeignet erscheint.[6] Darüber hinaus sollen die beiden zu entwickelnden Modelle empirisch validiert werden. Dazu kann auf eine Befragung von nahezu 500 Patienten einer Universitätsklinik für Innere Medizin zurückgegriffen werden.[7]

B. TEILQUAL-Modell für Klinikdienstleistungen

I. Darstellung des TEILQUAL-Modells

Es ist davon auszugehen, daß sich die Komplexität von Dienstleistungen[8] in starkem Maße auf die Qualitätswahrnehmung der Nachfrager auswirkt.[9] Vor dem Hintergrund der mangelnden Berücksichtigung dieser Zusammenhänge in Operationalisierungsmodellen der Dienstleistungsqualität entwickelt Güthoff einen teilleistungsbezogenen Ansatz der Qualitätsmessung.[10] Dieses Modell ist speziell für Dienstleistungen konzipiert, die hinsichtlich der Anzahl und der Heterogenität der Teilleistungen von den Nachfragern als komplex wahrgenommen werden. Güthoff geht davon aus, daß derartige Dienstleistungen einer teilleistungsbezogenen Wahrnehmung unterliegen. Das bedeutet, daß sich die Qualitätswahrnehmung der Leistungsnutzer nicht durch leistungsübergreifende, relativ abstrakte Qualitätsdimensionen, sondern vielmehr durch konkret teilleistungsbezogene Dimensionen erklären läßt. Teilqualitäten stellen also qualitative Bewertungen der einzelnen Teilleistungen dar. Grundlage eines entsprechenden Qualitätsmodells ist damit ein Teilleistungsmodell. Bis in welche Tiefe eine derartige Teilleistungshierarchie untersucht wird, muß von der Wahrnehmung der Nachfrager abhängig gemacht werden.

Der teilleistungsbezogene Ansatz berücksichtigt mit der Komplexität eine der entscheidenden Besonderheiten klinischer Dienstleistungen. Zudem bietet die teilleistungsbezogene Formulierung der Qualitätsdimensionen konkrete Ansatzpunkte für die klinikinterne Qualitätssteuerung. Vor dem Hintergrund dieser Einschätzung wird im folgenden ein teilleistungsbezogenes Qualitätsmodell für klinische Dienstleistungen entwickelt.[11]

Ein Krankenhausaufenthalt läßt sich in drei wesentliche Teilleistungsbereiche untergliedern, die medizinischen, die pflegerischen und die Hotelleistungen.[12] Diese Gliederung in Teilleistungen entspricht dem organisatorischen und funktionalen Aufbau von Kliniken, welcher auch für den Patienten offensichtlich ist. Der Hotelleistungsbereich kann darüber hinaus in die Leistungsbereiche Patientenzimmer, Mahlzeiten, stationäre Aufnahme und zeitliche Organisation unterteilt werden. Auf eine weitere Untergliederung des medizinischen und pflegerischen Bereiches wird hingegen verzichtet, wenngleich diese Teilleistungen den Behandlungserfolg maßgeblich bestimmen. Gleichwohl sind diese Leistungen nur in eingeschränktem Maße durch den Patienten beurteilbar, weil er in aller Regel nicht über die notwendigen medizinischen Kenntnisse verfügt. Dies hat zur Folge, daß eine differenzierte Teilleistungswahrnehmung durch den Patienten eher unwahrscheinlich ist.

Die Dimensionen des zu entwickelnden teilleistungsbezogenen Qualitätsmodells ergeben sich aus der subjektiven Qualitätseinschätzung der Patienten in bezug auf die genannten Teilleistungen. Diese einzelnen Teilqualitäten stellen latente Variablen bzw. Konstrukte dar, die nicht direkt, sondern nur über Indikatoren meßbar sind. Zur Auswahl derartiger Qualitätsindikatoren kann auf die Erkenntnisse der Dienstleistungsqualitätsmodelle von Donabedian[13] und Parasuraman/Zeithaml/Berry[14] zurückgegriffen werden. Zudem können Erkenntnisse aus anderen Patientenbefragungen[15] und empirischen Voruntersuchungen[16] genutzt werden. Als Operationalisierungskonstrukt für die Qualitätsindikatoren wird die Patientenzufriedenheit ausgewählt, da diese im Gegensatz zu einer einstellungsorientierten Operationalisierung die kurzfristigen Qualitätswahrnehmungen der Patienten im unmittelbaren Umfeld des Klinikaufenthaltes besser abbilden kann.[17]

II. Prüfung der Anpassungsgüte des TEILQUAL-Modells

Zur empirischen Prüfung der Anpassungsgüte des teilleistungsbezogenen Qualitätsmodells für Klinikdienstleistungen wird auf die bereits angesprochene Patientenbefragung zurückgegriffen. Da Beziehungen zwischen latenten, d.h. nicht direkt beobachtbaren Variablen überprüft werden sollen, wird als statistisches Verfahren zur Prüfung der Anpassungsgüte die konfirmatorische Faktorenanalyse als Spezialfall des LISREL-Ansatzes der Kausalanalyse herangezogen.[18]

Abb. 1: Parameterschätzungen des TEILQUAL-Modells

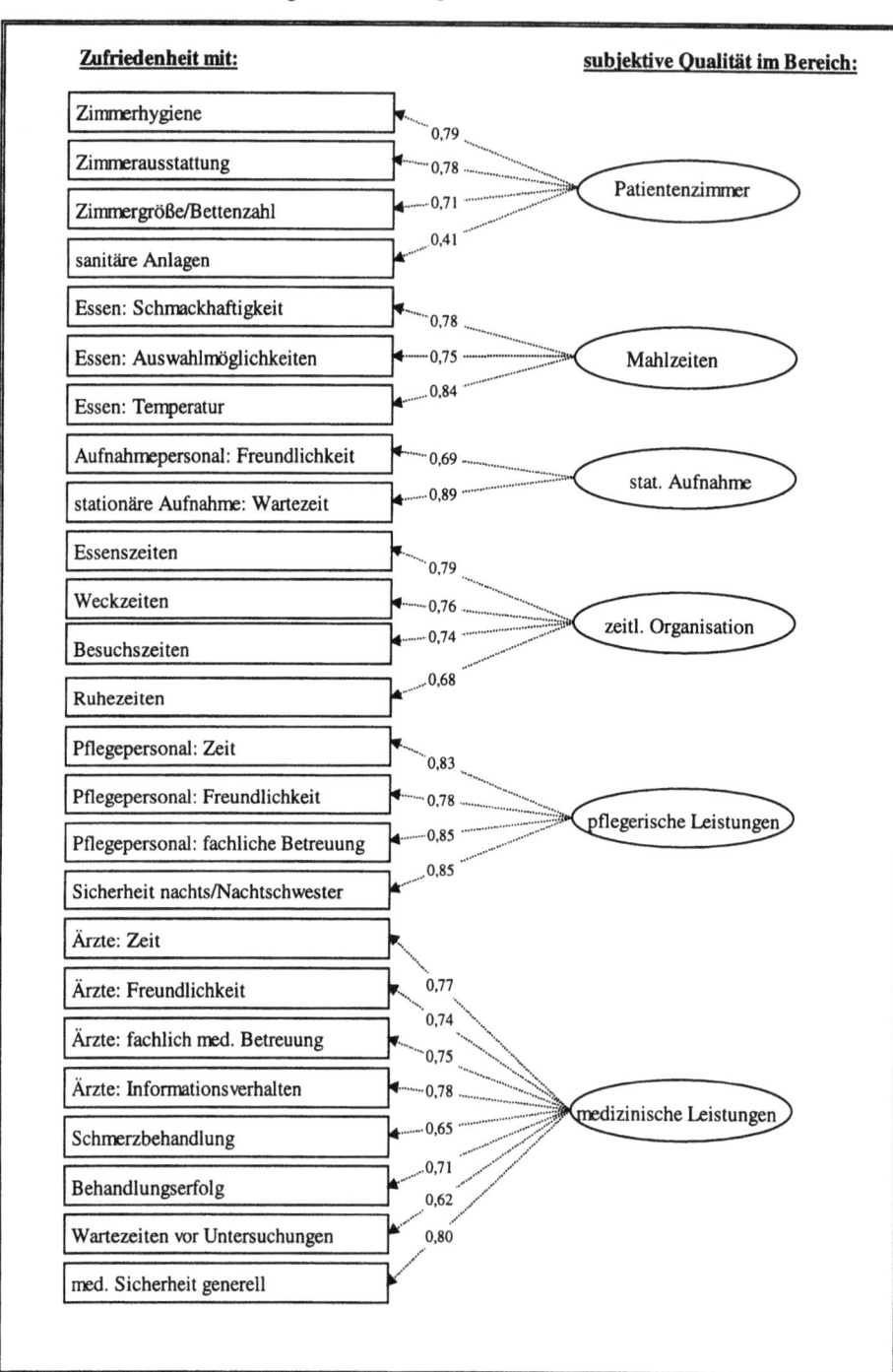

Abbildung 1 zeigt das entwickelte Meßmodell der Teilqualitäten in Form eines Pfaddiagramms und die vollständig standardisierten Schätzwerte für die jeweiligen Pfadkoeffizienten zwischen Qualitätsdimensionen und ihren Indikatoren.[19] Die Pfadkoeffizienten bestätigen die Konzeption des Teilleistungsmodells. Alle Werte sind mit nur einer Ausnahme größer als 0,5. Damit besteht – der „Faustregel" der explorativen Faktorenanalyse folgend – ein ausreichend starker Erklärungszusammenhang, um das Modell zu bestätigen.[20] Lediglich für den Zusammenhang zwischen der Zufriedenheit mit den sanitären Anlagen und der subjektiven Qualität im Bereich Patientenzimmer ist der Pfadkoeffizient kleiner als 0,5. Diese geringe Abweichung vom kritischen 0,5-Wert läßt sich jedoch dadurch erklären, daß in der konkret untersuchten Klinik die sanitären Einrichtungen erst teilweise in die Patientenzimmern integriert sind. In vielen anderen Krankenhäusern zählt dies hingegen bereits zum Standard, so daß der Indikator prinzipiell zur Erklärung der Teilqualität des Patientenzimmers heranzuziehen ist.

Um zu beurteilen, wie gut sich die theoretische Gesamtstruktur des Meßmodells an die empirischen Daten anpaßt[21], werden im folgenden vier verschiedene Gütemaße herangezogen, deren Werte in Tabelle 1 dargestellt sind. Der Chi-Quadrat-Test prüft die Validität des Modells. Dabei wird die Nullhypothese, die besagt, daß die empirische Kovarianz-Matrix der modelltheoretischen Kovarianz-Matrix entspricht, der Alternativhypothese gegenübergestellt, welche angibt, daß die empirische Kovarianz-Matrix einer beliebig positiv definiten Matrix entspricht. Eine entsprechende Prüfgröße wird unter Berücksichtigung der Freiheitsgrade des Modells entwickelt. Für das TEILQUAL-Modell wurde ein Chi-Quadrat-Wert von 280,79 bei 260 Freiheitsgraden und einer Irrtumswahrscheinlichkeit von p=0,18 ermittelt. In praktischen Anwendungen hat sich durchgesetzt, ein Modell dann abzulehnen, wenn der Chi-Quadrat-Wert größer als die Anzahl der Freiheitsgrade ist bzw. wenn die Irrtumswahrscheinlichkeit kleiner als 0,1 ist. Da ersteres in dem betrachteten TEILQUAL-Modell der Fall ist, spricht dieses Testergebnis für eine Verwerfung der Nullhypothese und somit für eine Ablehnung des aufgestellten Modells. Allerdings wird der Chi-Quadrat-Test allgemein stark kritisiert.[22] Insbesondere tendiert dieser Testwert dazu, mit größerem Stichprobenumfang und geringerer Anzahl von Modellparametern anzusteigen. Er reagiert außerdem sehr empfindlich auf Verletzungen der Normalvertei-

Tab. 1: Beurteilungskriterien der Anpassungsgüte des TEILQUAL-Modells

Chi-Quadrat-Wert bei 260 Freiheitsgraden (p = 0,18)	280,79
Goodness-of-Fit-Index (GFI)	0,99
Adjusted-Goodness-of-Fit-Index (AGFI)	0,99
Root-Mean-Square-Residual (RMR)-Index	0,043

lungsannahme. Vor dem Hintergrund dieser Probleme kann der Test nicht abschließend relevant für die Beurteilung der Modelleignung sein. Vielmehr sollen zwei weitere Kriterien zur Beurteilung der Gesamtgüte des Modells dienen, die unabhängig vom Stichprobenumfang und robust gegen Abweichungen von der Normalverteilung sind: der Goodness-of-Fit-Index (GFI) und der Adjusted-Goodness-of-Fit-Index (AGFI).

Der GFI gibt den Anteil der insgesamt erklärbaren Kovarianzen an und entspricht dem Bestimmtheitsmaß der Regressionsanalyse. Der GFI beträgt für das betrachtete Modell 0,99, d.h. die Modellstruktur erklärt 99% der gesamten Ausgangsvarianz. Damit liegt eine hohe Anpassungsgüte des untersuchten Modells vor.

Der AGFI ist wie der GFI ein Maß für den durch das Modell erklärten Varianzanteil, er berücksichtigt jedoch zusätzlich die Zahl der Freiheitsgrade. Sein Wert beträgt in diesem Fall 0,99. Auch die verdeutlicht die hohe Anpassungsgüte des Modells.

Als vierte Testgröße soll der Root-Mean-Square-Residual (RMR)-Index betrachtet werden. Dieser Index untersucht die durchschnittlichen Residualvarianzen. Dabei basiert er auf der Annahme, daß alle Varianzen im Meßmodell etwa gleich groß sind. Wert unter 0,1 werden als positiv beurteilt, da dann die Varianz bzw. Kovarianz, die durch das Modell erklärt wird, sehr gering ist und damit von einer hohen Anpassungsgüte des Modells auszugehen ist. Die Beurteilung des betrachteten Modells fällt deshalb bei einem RMR-Index von 0,043 positiv aus.

Unter Berücksichtigung dieser Ergebnisse kann davon ausgegangen werden, daß die analysierten Teilqualitäten durch die herangezogenen Indikatoren beschrieben werden können und das in Abbildung 1 dargestellte Beziehungsgefüge des TEILQUAL-Modells nicht grundlegend falsch ist.[23]

Unabhängig von allen angeführten Testkriterien müssen die Schätzwerte vor allem auch Plausibilitätsbetrachtungen standhalten. Beispielsweise sind negative Varianzen oder Korrelationskoeffizienten größer eins nicht logisch plausibel, so daß von einer fehlerhaften Modellstruktur ausgegangen werden muß. Derartige unplausible Werte sind in der Untersuchung des teilleistungsbezogenen Modells nicht festzustellen.

Aufgrund aller angeführten Kriterien kann das Meßmodell der Teilqualitäten nicht abgelehnt werden. Vielmehr kann von einer starken Übereinstimmung des konzipierten Modells mit der Qualitätswahrnehmung von Klinikpatienten ausgegangen werden. Der TEILQUAL-Ansatz ist damit für klinische Dienstleistungen geeignet.

C. SERVQUAL-Modell für Klinikdienstleistungen

I. Darstellung des SERVQUAL-Modell

Auf Basis ihrer empirischen Untersuchungen schlagen Parasuraman, Zeithaml und Berry zur Messung der Dienstleistungsqualität generell den SERVQUAL-Ansatz vor.[24] In diesem Modell werden fünf Dimensionen der subjektiv wahrgenommenen Dienstleistungsqualität abgebildet. Die Dimension „Tangibles" umfaßt die materielle, technische und personelle Ausstattung eines Dienstleisters. Die „Reliability" beschreibt die Verläßlichkeit des Anbieters, d.h. die Fähigkeit die versprochene Leistung zuverlässig und exakt auszuführen. Die „Responsiveness" betrifft die generelle Einsatzbereitschaft, den Kunden bei der Dienstleistungsinanspruchnahme zu unterstützen. Die Dimension „Assurance" bezieht sich auf die Sicherheit der Leistungsinanspruchnahme bzw. die Glaubwürdigkeit des Anbieters im Sinne von Kompetenz, Höflichkeit und Vertrauenswürdigkeit. Die Dimension „Empathy" betrifft schließlich das Einfühlungsvermögen des Dienstleisters und die Bereitschaft, auf individuelle Kundenwünsche einzugehen.

Diese Qualitätsdimensionen werden im Rahmen des SERVQUAL-Ansatzes durch 22 Indikatoren gemessen, die durch die Probanden getrennt hinsichtlich der Real- und der Idealausprägung zu beurteilen sind. Die Differenz beider Werte ergibt das Qualitätsurteil hinsichtlich eines Kriteriums.

Trotz seiner empirischen Basis und der relativ starken Verbreitung in der Praxis wird der SERVQUAL-Ansatz in der Literatur unter verschiedenen Gesichtspunkten kritisiert. Dies betrifft beispielsweise die mangelnde Überschneidungsfreiheit der Qualitätsdimensionen[25], die getrennte Messung von Real- und Idealbild[26] und die Entscheidungslogik des Modells.[27]

Besonders aber wird bezweifelt, daß der Ansatz ohne Veränderungen für alle Formen von Dienstleistungen anwendbar ist.[28] In bezug auf klinische Dienstleistungen ist festzustellen, daß die verwendeten Qualitätsindikatoren zum Teil überhaupt nicht auf die Situation in Krankenhäusern übertragbar sind. Die übrigen Indikatoren sind klinikspezifisch zu formulieren, um hinreichend aussagefähige Informationen für die Qualitätssteuerung gewinnen zu können. Gleichwohl ist es möglich, die Qualitätsdimensionen des SERVQUAL-Ansatzes auch für klinische Dienstleistungen einzusetzen und lediglich die verwendeten Indikatoren an die Besonderheiten von Klinikdienstleistungen anzupassen.

Um empirisch zu überprüfen, ob das SERVQUAL-Modell auf Klinikdienstleistungen übertragen werden kann, werden die bereits zur Prüfung des TEILQUAL-Ansatzes genutzten Qualitätsindikatoren herangezogen. Damit werden die Ergebnisse der statistischen Parameterprüfungen für beide Modellansätze vergleichbar.

Die oben beschriebenen Qualitätsindikatoren werden – wie in Abbildung 2 dargestellt – den Qualitätsdimensionen des SERVQUAL-Ansatzes zugeordnet. Dabei ist zu beachten, daß der Dimension „Reliability" keine Qualitätsindikatoren zugeordnet werden. Dies ist damit zu begründen, daß sich diese Dimension zum einen auf die Leistungserstellung zu einem versprochenem Termin bezieht. Bei klinischen Dienstleistungen wird der Entlassungszeitpunkt jedoch durch medizinische Notwendigkeiten und den individuellen Krankheitsverlauf bestimmt. Er ist in der Regel nicht exakt planbar. Insofern ist dieser Qualitätsindikator auf Krankenhausdienstleistungen nicht übertragbar. Zum anderen kennzeichnet die „Reliability" die allgemeine Zuverlässigkeit der Leistungserstellung. Diese kann z.B. durch die medizinische Sicherheit in einem Krankenhaus abgebildet werden. Dieser Indikator dient aber in viel stärkerem Maße zur Erklärung der Dimension „Assurance". Die mangelnde Überschneidungsfreiheit der Dimensionen erschwert also die Identifikation geeigneter Indikatoren.

II. Prüfung der Anpassungsgüte des SERVQUAL-Modells

Abbildung 2 zeigt die vollständig standardisierten Schätzwerte für die Pfadkoeffizienten zwischen den Qualitätsdimensionen und ihren Indikatoren. Insgesamt bestätigen diese

Abb. 2: Parameterschätzungen des SERVQUAL-Modells

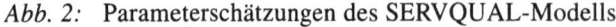

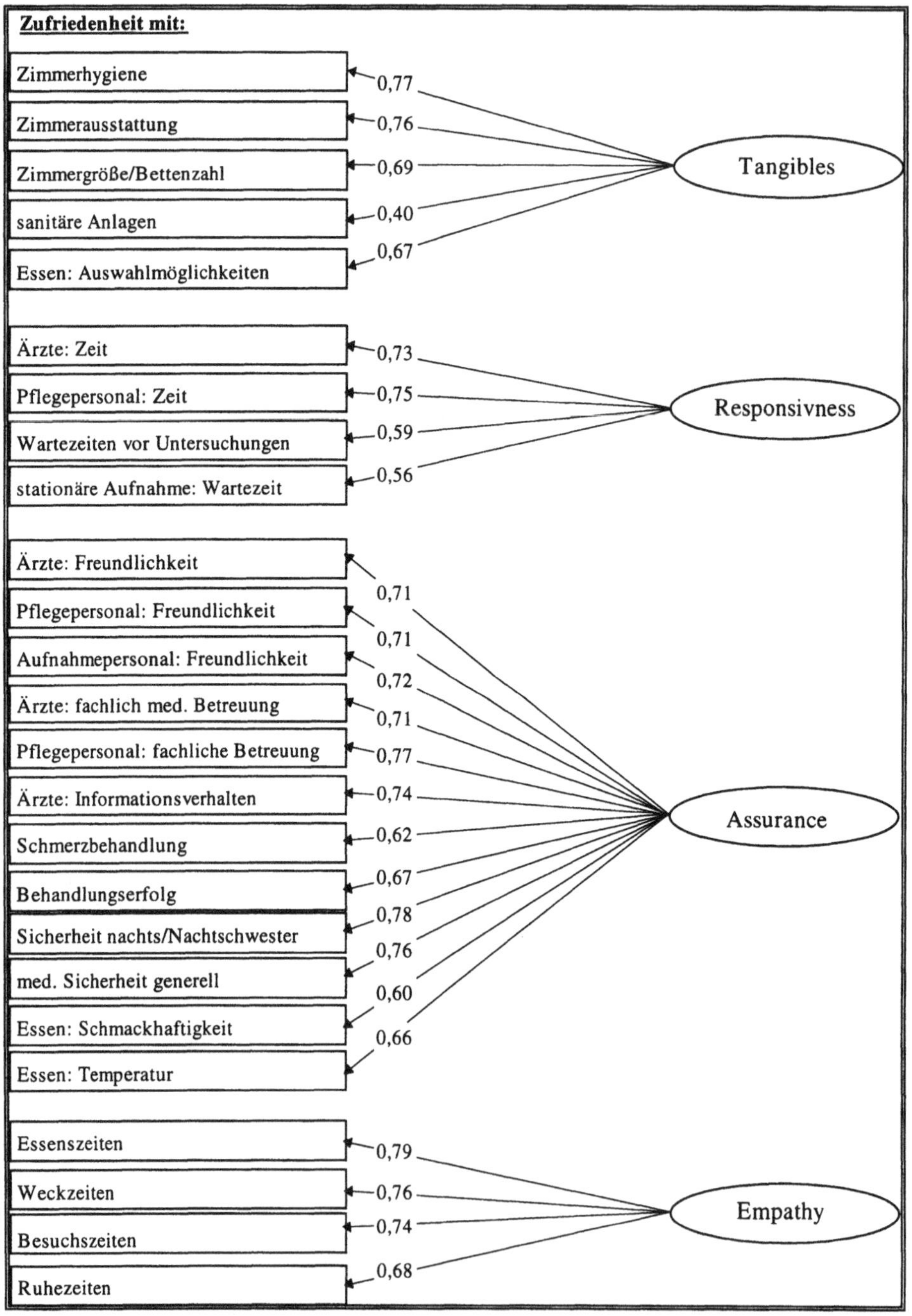

Tab. 2: Beurteilungskriterien der Anpassungsgüte des SERVQUAL-Modells

Chi-Quadrat-Wert bei 269 Freiheitsgraden (p = 0,00)	556,62
Goodness-of-Fit-Index (GFI)	0,98
Adjusted-Goodness-of-Fit-Index (AGFI)	0,98
Root-Mean-Square-Residual (RMR)-Index	0,061

Werte die vermuteten Zusammenhänge. Lediglich für den Pfad zwischen der Zufriedenheit mit den sanitären Anlagen und der Dimension „Tangibles" ist der Wert geringer als 0,5. Eine Erklärung dafür ist allerdings nicht unmittelbar einsichtig.

Tabelle 2 faßt die wichtigsten Testkriterien zur Beurteilung der Anpassungsgüte des Gesamtmodells zusammen. Alle Prüfkriterien sprechen für eine relativ gute Modellanpassung und geben keine Hinweise dafür, daß das Hypothesensystem abzulehnen ist. Eine Ausnahme stellt erneut der Chi-Quadrat-Test dar, der aber aus den bereits genannten Gründen nicht allein zur Modellablehnung führen kann.

Schließlich ist die Plausibilität der ermittelten Schätzwerte zu betrachten. Zwischen den Dimensionen „Assurance" und „Responsibility" ergibt sich ein vollständig standardisierter Pfadkoeffizient von 1,04. Dieser Wert ist als Korrelationswert zu interpretieren und damit nicht plausibel. Damit besteht ein Hinweis auf eine Fehlspezifikation in der Modellstruktur. Vor diesem Hintergrund ist die Modelleignung kritisch zu hinterfragen.

Abschließend ist festzuhalten, daß die Mehrzahl aller Testkriterien zwar auf eine verhältnismäßig gute Modelleignung hinweist. Allerdings läßt insbesondere die Existenz eines unplausiblen Pfadkoeffizienten Zweifel hinsichtlich der Annahme des Hypothesensystems aufkommen.

D. Vergleichende Würdigung der Modelle zur Messung der Dienstleistungsqualität in Kliniken

Werden die beiden Modellansätze anhand der empirisch ermittelten Testkriterien verglichen, zeigen sich die in Tabelle 3 dargestellten Ergebnisse. Dabei wird deutlich, daß das TEILQUAL-Modell dem SERVQUAL-Ansatz überlegen zu sein scheint, da sämtliche relevanten Testkriterien das TEILQUAL-Modell positiver bewerten. Die Dimensionen des SERVQUAL-Ansatzes sind allerdings nicht grundsätzlich abzulehnen. Auch sie sind prinzipiell für die Beschreibung der subjektiv von Klinikpatienten wahrgenommenen Qualität geeignet. Die Verwendung klinikspezifischer Indikatoren ist allerdings zwingend erforderlich.

Tab. 3: Empirische Ergebnisse der Modellbeurteilung im Vergleich

Testkriterien	TEILQUAL-Modell	SERVQUAL-Modell
GFI	0,99 +	0,98 +
AGFI	0,99 +	0,98 +
RMR	0,043 +	0,061 +
(Chi-Quadrat)	280,79 (-)	556,62 (-)
Plausibilitätsbetrachtungen	+	-

(Erklärung: ‚+' = Annahme des Modells; ‚–' = Ablehnung des Modells)

Gleichwohl bleibt insgesamt festzuhalten, daß das teilleistungsbezogene Modell zur Messung der Dienstleistungsqualität in Kliniken überlegen ist. Teilleistungsbezogene Qualitätsdimensionen entsprechen augenscheinlich in stärkerem Maße der subjektiven Qualitätswahrnehmung der Patienten. Zudem liefert der Ansatz differenziertere Anregungen für die klinikinterne Qualitätssteuerung, weil die im TEILQUAL-Modell erhobenen Qualitätsdimensionen und dort eventuell feststellbare Mängel direkt in Maßnahmen des Qualitätsmanagements in Kliniken überführt und die Verantwortlichkeiten für die Qualitätssicherung direkt zugeordnet werden können.

E. Implikationen für das Qualitätsmanagement von Kliniken

Aufgrund des Nachweises, daß das TEILQUAL-Modell besser geeignet ist, die Qualitätswahrnehmungen von Klinikpatienten widerzuspiegeln, ergeben sich Konsequenzen für die praktische Steuerung der Dienstleistungsqualität im Rahmen des Klinikmanagements.[29] Zunächst ist grundsätzlich festzustellen, daß es auch bei Klinikdienstleistungen zwingend erforderlich ist, den Qualitätsgedanken in der gesamten Unternehmenskultur zu verankern. Allerdings ist eine zentrale, leistungsübergreifende Vorgabe von Qualitätsstandards für die klinikinterne Qualitätssteuerung vor dem Hintergrund einer teilleistungsbezogenen Qualitätswahrnehmung eher ungeeignet. Vielmehr erscheint es sinnvoll, eine dezentrale Qualitätssteuerung zur Optimierung aller Teilqualitäten durch Vorgabe teilleistungsspezifischer Standards zu betreiben.

Desweiteren wird deutlich, daß neben der Qualität der Hotelleistungen auch die medizinischen und pflegerischen Teilleistungen der Wahrnehmung der Klinikpatienten unterliegen. Hier gilt es, die Transparenz dieser Leistungsbereiche für die Patienten zu erhöhen und so bestehende Kompetenzen und Wettbewerbsvorteile in diesen Bereichen zu kommunizieren. Dies kann wesentlich zur Patientenzufriedenheit beitragen und das Vertrauen der Patienten in die behandelnde Klinik erhöhen. Denkbare Kommunikationsmittel stellen beispielsweise eine Informationsbroschüre und nicht zuletzt auch das Informationsverhalten des Klinikpersonals dar. Letztlich darf aber bei der internen Qualitätssteuerung nicht nur der medizinische und pflegerische Bereich im Mittelpunkt stehen, vielmehr muß auf alle Leistungsbereiche abgezielt werden. Dies schließt auch ein, daß objektive Qualitätsmaße geschaffen werden, die sich auf den Hotelleistungsbereich beziehen.

Abschließend bleibt festzustellen, daß das Problemfeld der Messung und Operationalisierung der stationären medizinischen Dienstleistungsqualität keinesfalls abschließend behandelt wurde, sondern weiterhin Erkenntnisbedarf auf diesem Gebiet besteht.

Anmerkungen

1 Vgl. dazu z.B. Glasmacher et al. 1995, S.25 ff.; Klugel, Hoffman, Porth 1994 sowie Thomae 1995.
2 Vgl. Brandt 1987 und 1988; Berry 1986; Donabedian 1980; Meyer, Mattmüller 1987 und insbesondere die Zusammenfassung der Modelle bei Benkenstein 1993, S. 1104 ff.
3 Vgl. Parasuraman, Zeithaml, Berry 1984 und 1988 sowie Güthoff 1995.
4 Vgl. dazu Parasuraman, Zeithaml, Berry 1988.
5 Vgl. dazu Güthoff 1995, S. 78 ff.
6 Für die konzeptionelle und empirische Untersuchung der Eignung der beiden Ansätze für komplexe Dienstleistungen vgl. Benkenstein, Güthoff (1997).
7 Die Patientenbefragung wurde im August und September 1997 an der Klinik für Innere Medizin der Universität Rostock durchgeführt. Die Daten wurden in einer Kombination aus mündlichen und schriftlichen Interviews gewonnen. Über einen Zeitraum von sechs Wochen wurden sämtliche zur Entlassung anstehenden Patienten direkt vor ihrer Entlassung befragt. Die Responsequote betrug 94,2 %, insgesamt gingen 468 Befragungen in den Datensatz ein.
8 Für die Abgrenzung von komplexen im Gegensatz zu einfach strukturierten Dienstleistungen vgl. Güthoff 1995, S. 31 ff. sowie Benkenstein, Güthoff 1996.
9 Vgl. dazu auch die Überlegungen von Kupsch, Hufschmied, Mathes, Schöler 1978, S. 41 ff., S. 174 ff. und S. 200 ff.
10 Vgl. zum folgenden Güthoff 1995, S. 78 ff.
11 Vgl. dazu auch Olandt (1998), S. 55 ff.
12 Vgl. dazu beispielsweise Henke, Brügemann 1996, S. 102.
13 Vgl. dazu Donabedian 1980.
14 Vgl. dazu Parasuraman, Zeithaml, Berry 1984 und 1988.
15 Vgl. dazu Aust 1994; DAK 1996 a und b; Hamburger Morgenpost 1996; Glasmacher et al. 1995; Raspe et al. 1996; Klinikum der Philipps-Universität Marburg 1997; Knoblich, Stegmüller 1989; Russ, Wohlmannstetter 1987; Spießl, Klein 1995 sowie Swertz, Steininger 1987.
16 Vgl. dazu Krentz, Gierl 1996; Krentz, Olandt 1996.
17 Vgl. zur Gegenüberstellung von einstellungs- und zufriedenheitsorientiertem Qualitätskonstrukt z.B. Benkenstein 1993, S. 1101 f. sowie Meffert, Bruhn 1997, S. 210 f.
18 Vgl. dazu insbesondere Backhaus et al. 1996, S. 322 ff. sowie Jöreskog, Sörbom 1996 a und b.
19 Von einer vollständig standardisierten Lösung spricht man, sofern sowohl die latenten als auch die Indikatorvariablen standardisiert sind.
20 Diese Faustregel hat sich in der praktischen Anwendung der Faktorenanalyse durchgesetzt. Allerdings weisen Backhaus et al. darauf hin, daß der Anwender letztlich selbst entscheiden muß, ab welcher Ladungshöhe er eine Variable einem Faktor zuordnet; vgl. dazu Backhaus et al. 1996, S. 229.

21 Vgl. dazu insbesondere Backhaus, Erichson, Plinke, Weiber (1996), S. 393 ff. sowie Browne, Cudeck (1993).
22 Vgl. dazu Jöreskog, Sörbom 1996 b, S. 122 ff. sowie Backhaus et al. 1996, S. 398 ff.
23 Vgl. dazu z.B. auch das Vorgehen bei Güthoff 1995, S. 113 f., S. 121 und S. 123.
24 Vgl. zum folgenden Parasuraman, Zeithaml, Berry 1988.
25 Vgl. dazu Hentschel 1991, S. 332.
26 Vgl. dazu Hedvall, Paltschik 1988; Meffert, Bruhn 1997, S. 212 sowie Hentschel 1991, S. 333.
27 Vgl. dazu Hentschel 1991, S. 333 f.
28 Vgl. dazu Hentschel 1991, S. 334.
29 Vgl. zu den Implikationen Olandt (1998), S. 115 ff

Literatur

Aust, B. (1994): Zufriedene Patienten? Eine kritische Diskussion von Zufriedenheitsuntersuchungen in der gesundheitlichen Versorgung, Publication series of the research group „Health Risks and Preventive Policy", Berlin, Februar 1994.

Backhaus, K.; Erichson, B.; Plinke, W.; Weiber, R. (1996): Multivariate Analysemethoden. Eine anwendungsorientierte Einführung, 8. Auflage 1996, Berlin, et al.

Benkenstein, M. (1993): Dienstleistungsqualität. Ansätze zur Messung und Implikationen für die Steuerung, in: Zeitschrift für Betriebswirtschaft, 63. Jg., Nr. 11, S. 1095 ff.

Benkenstein, M.; Güthoff, J. (1996): Typologisierung von Dienstleistungen – ein Ansatz auf Grundlage system- und käuferverhaltenstheoretischer Überlegungen, Zeitschrift für Betriebswirtschaft, 66. Jg., S. 1493 ff.

Benkenstein, M., Güthoff, J. (1997): Qualitätsdimensionen komplexer Dienstleistungen. Konzeptionelle Operationalisierung und empirische Validierung auf der Grundlage von SERVQUAL und eines Teilleistungsmodells, in: Marketing ZFP, 19. Jg., Nr. 2, S. 81 ff.

Berry, L. L. (1986): Big Ideas in Services Marketing, in: Venkatesan, M.; Schmalensee, D. M.; Marshall, C. (Hrsg.): Creativity in Services Marketing: What's New, What Works, What's Developing, Chicago, S. 6 ff.

Brandt, D. R. (1987): A Procedure for Identifying Value-Enhancing Service Components Using Customer Satisfaction Survey Data, in: Surprenant, C. F. (Hrsg.): Add Value to Your Service: the Key to Success, American Marketing Association Proceedings, Chicago, S. 61 ff.

Brandt, D. R. (1988): How Service Marketers Can Identify Value-Enhancing Service Elements, in: Journal of Services Marketing, 2. Jg., Nr. 3, S. 35 ff.

Browne, M. W.; Cudeck, R. (1993): Alternative ways of assessing model fit, in: Bollen, K. A.; Long, J. S. (Hrsg.): Testing Structural Equation Modells, Newbury Park.

DAK (Hrsg.; 1996 a): DAK-Versichertenbefragung über Hamburger Krankenhäuser, Auszug 1+2, Hamburg, April 1996.

DAK (Hrsg.; 1996 b): Wohin in Hamburg? Der DAK-Krankenhaus-Ratgeber.

Donabedian, A. (1980): Explorations in Quality Assessment and Monitoring, Bd. 1: The Definition of Quality and Approaches to its Assessment, Ann Arbor.

Glasmacher, C.; Freter, H.; Baumgarth, C.; Axler, G. (1995): Messung der Patientenzufriedenheit im Krankenhaus, Arbeitspapier des Lehrstuhls für Marketing der Universität-GH-Siegen.

Güthoff, J. (1995): Qualität komplexer Dienstleistungen – Konzeption und empirische Analyse der Wahrnehmung, Wiesbaden.

Hamburger Morgenpost (Hrsg.; 1996): Hamburger Kliniktest: Wohin bei welcher Krankheit?, Artikelreihe, 28.05.1996–08.06.1996.

Hedvall, M. B.; Paltschik, M. (1988): Perceived Service Quality, in: Pharmacies, Working Paper 175/88, Helsingfors.

Henke, N.; Brügemann, N. (1996): Leistungskennziffern für Krankenhäuser: Exemplarische Darstellung für drei Fallpauschalen, in: Arnol, M.; Paffrath; D. (Hrsg.): Krankenhausreport '96, Stuttgart, et al., S. 99 ff.

Hentschel, B. (1991): Multiattributive Messung von Dienstleistungsqualität, in Bruhn, M.; Stauss, B. (Hrsg.): Dienstleistungsqualität, Konzepte-Methoden-Erfahrungen, Wiesbaden, S. 313 ff.

Jöreskog, K.; Sörbom, D. (1996 a): LISREL 8: User's Reference Guide, Chicago, 2. Auflage.

Jöreskog, K.; Sörbom, D. (1996 b): LISREL 8: Structural Equation Modeling with the Simplis Command Language, Chicago, 4. Auflage.

Klinikum der Philipps-Universität Marburg (Hrsg.; 1997): Qualitätsbericht 1996, Jahresbericht der Konferenz für Qualitätsmanagement und Ergebnissicherung 1996 und Bericht zum Qualitätsmanagement (Marburger Modell für Umfassendes Qualitätsmanagement – UQM – im Krankenhaus), Hrsg.: Vorstand des Klinikums Marburg, Mai 1997.

Klugel, T.; Hoffman, W.; Porth, A. (1994): Neues Entgeltsystem – Gewinn oder Verlust für das Krankenhaus, in: Medizin und Informatik: 39. Jahrestagung der Deutschen Gesellschaft für Medizinische Informatik, Biometrie und Epidemiologie, München, S. 183 ff.

Knoblich, H.; Stegmüller, B. (1993): Zufriedenheit der Patienten im Klinikum Göttingen – eine empirische Untersuchung, Krankenhaus Umschau.

Krentz, H.; Gierl, L. (1996): Qualitätssicherung an der Medizinischen Fakultät der Universität Rostock: Messung der Patientenzufriedenheit in der Universitäts Augenklinik, Arbeitspapier, Institut für Medizinische Informatik und Biometrie, Universität Rostock, August 1996.

Krentz, H.; Olandt, H. (1996): Qualitätssicherung an der Medizinischen Fakultät der Universität Rostock: Messung der Patientenzufriedenheit in der Chirurgischen Klinik und der Klinik für Herzchirurgie, Institut für Medizinische Informatik und Biometrie, Universität Rostock, Arbeitspapier, Oktober/November 1996.

Kupsch, P.; Hufschmied, P.; Mathes, H. D.; Schöler, K. (1978): Die Struktur von Qualitätsurteilen und das Informationsverhalten von Konsumenten beim Kauf langlebiger Gebrauchsgüter, Opladen.

Meffert, H.; Bruhn, M. (1997): Dienstleistungsmarketing, Grundlagen-Konzepte-Methoden, 2. Auflage, Wiesbaden.

Meyer, A.; Mattmüller, R. (1987): Qualität von Dienstleistungen. Entwurf eines praxisorientierten Qualitätsmodells, in: Marketing ZFP, 9. Jg., Nr. 3, S. 187 ff.

Olandt, H. (1998): Dienstleistungsqualität in Krankenhäusern – Operationalisierung und Messung der Patientenwahrnehmung, Wiesbaden.

Parasuraman, A.; Zeithaml, V. A.; Berry, L. L. (1984): A Conceptual Model of Service Quality and Its Implications for Future Research, Working Paper No. 84-106 des Marketing Science Institute, Cambridge.

Parasuraman, A.; Zeithaml, V. A.; Berry, L. L. (1988): SERVQUAL: A Multiple Item Scale for Measuring Customer Perceptions of Service Quality, in: Journal of Retailing, Vol. 64, No. 1, S. 12 ff.

Raspe, H.; Voigt, S.; Herlyn, K.; Feldmeier, U.; Meier-Rebentisch, K. (1996): Patienten-„Zufriedenheit" in der medizinischen Rehabilitation – ein sinnvoller Outcome-Indikator? Gesundheitswesen 58 (1996), Stuttgart – New York, S. 372 ff.

Russ, L.; Wohlmannstetter, V. (1987): Durchführung und Ergebnisse einer Patientenbefragung im Krankenhaus, Krankenhaus Umschau 1/87, S. 23 ff.

Spießl, H.; Klein, H. E. (1995): Psychiatrische Patienten beurteilen Institution und Personal, in: Psycho, Jg. 21 (1995), Nr. 10, S. 35 ff.

Swertz, P.; Steininger, S. (1987): Vergleichende Patientenbefragung – Ein Service-Angebot für Krankenhäuser, Krankenhaus Umschau, Nr. 10/87, S. 828 ff.

Thomae, D. (1995): Marktstrukturen im Krankenhausbereich, in: Arnol, M.; Paffrath, D. (Hrsg.): Krankenhausreport '95, Stuttgart – Jena, S. 49 ff.

Zusammenfassung

Die Qualitätsmessung in Krankenhäusern trifft gegenwärtig auf besonderes Interesse. Deshalb stellt sich die Frage, inwieweit bereits vorhandene Dienstleistungsqualitätsmodelle auf den Spezialfall von Klinikdienstleistungen angewendet werden können. Der vorliegende Bericht untersucht vergleichend die Eignung des SERVQUAL-Ansatzes von Parasuraman/Zeithaml/Berry und des teilleistungsbezogenen Qualitätsmodells für komplexe Dienstleistungen von Güthoff. Dazu wird anhand empirischer Daten analysiert, inwieweit die Qualitätsdimensionen der beiden Ansätze der Qualitätswahrnehmung von Klinikpatienten entsprechen. Als Untersuchungsverfahren wird die konfirmatorische Faktorenanalyse genutzt. Die Gegenüberstellung der jeweiligen Untersuchungsergebnisse führt zu der Erkenntnis, daß das teilleistungsbezogene Modell offenbar besser für Klinikdienstleistungen geeignet ist.

Summary

At present an increased interest in the quality measurement at hospitals exists. Therefore one question is revealed, to what extent can existing service quality models be applied to the special case of hospital services. This paper comparatively examines the suitability of the SERVQUAL approach by Parasuraman/Zeithaml/Berry and the subservice related quality model for services with a high complexity by Güthoff. To this purpose it is analysed to what degree the quality dimensions of both approaches concur with the quality perception of hospital patients. The confirmatory factor analysis is used as examination method. The comparison of the empirical results for both approaches leads to the understanding that the subservice related approach obviously seems to be more suitable for hospital services.

012: Krankenhausbetriebslehre
68: Produktqualität, Produktplanung

Alternative Arbeitszeitmodelle und die Qualität der Patientenversorgung – eine empirische Studie auf chirurgischen Intensivstationen

Von Achim Krings, Uschi Backes-Gellner, Elfriede Bollschweiler und Arnulf H. Hölscher*

Überblick

- Seit dem 1.1.1996 gilt auch für Ärzte in Krankenhäusern das Arbeitszeitgesetz, welches u.a. die Länge der täglichen Arbeitszeit beschränkt. In Reaktion darauf wechselten viele Krankenhäuser von einem Zweischichtmodell mit einer idealtypischen Schichtdauer von zwölf Stunden zu einem Dreischichtmodell mit einer idealtypischen Schichtdauer von acht Stunden. Der Beitrag analysiert die Auswirkungen dieser beiden Arbeitszeitmodelle auf die Qualität der Patientenversorgung.

- Theoretische Überlegungen lassen bei der Entscheidung über das optimale Arbeitszeitmodell einen Zielkonflikt vermuten: Einerseits verursachen längere tägliche Arbeitszeiten tendenziell eine höhere Belastung der Ärzte, was sich negativ auf die Qualität der Patientenversorgung auswirkt. Andererseits erleichtern lange tägliche Arbeitszeiten die Organisation der Produktionsabläufe, was sich positiv auf die Qualität der Patientenversorgung auswirkt.

- Empirisch läßt sich kein signifikanter Unterschied in der individuellen Belastung der Ärzte in Zwei- und Dreischichtmodellen feststellen. Unter sonst gleichen Bedingungen scheint die Qualität der Patientenversorgung in Dreischichtmodellen eher geringer zu sein als in Zweischichtmodellen.

- In der Summe scheinen die vom Arbeitszeitgesetz verlangten kürzeren täglichen Arbeitszeiten mit Einbußen bei der Qualität der Patientenversorgung verbunden zu sein.

Eingegangen: 19. Mai 1999

Professor Dr. Uschi Backes-Gellner ist Direktorin des Seminars für ABWL und Personalwirtschaftslehre, Universität zu Köln; Dipl.-Vw. Achim Krings ist Wissenschaftlicher Mitarbeiter an diesem Seminar. Professor Dr. Arnulf H. Hölscher ist Direktor der Klinik und Poliklinik für Visceral- und Gefäßchirurgie, Universität zu Köln. PD Dr. Elfriede Bollschweiler ist Leiterin der Chirurgischen Forschung an dieser Klinik.

© Gabler-Verlag 1999

Achim Krings, Uschi Backes-Gellner, Elfriede Bollschweiler und Arnulf H. Hölscher

A. Neue Anforderungen des Arbeitszeitgesetzes und aktuelle Diskussionen um Arbeitszeiten in Krankenhäusern

Das Arbeitszeitgesetz (ArbZG) vom 1.7.1994 ist an die Stelle der seit 1938 geltenden Arbeitszeitordnung (AZO) getreten. Der Gesetzgeber verfolgte mit dem Arbeitszeitgesetz die Intention, einerseits in einer veränderten Arbeitswelt eine gegenüber der AZO höhere Flexibilität der Arbeitszeit zu ermöglichen, andererseits aber Gesundheit und Sicherheit der Arbeitnehmer zu schützen.[1] Seit dem 1.1.1996 gelten die neuen Regelungen auch für Ärzte in Krankenhäusern. Die Länge und Organisation der ärztlichen Arbeitszeiten ist seit diesem Zeitpunkt in das Blickfeld von Krankenhausverwaltungen, Ärzten und Patienten gerückt. Insbesondere die in § 3 ArbZG vorgeschriebene zulässige Höchstdauer der täglichen Arbeitszeit von durchschnittlich acht Stunden[2] setzte Krankenhäuser vielerorts unter Anpassungsdruck.

Die Diskussion über das Arbeitszeitgesetz in Krankenhäusern wird nicht nur in den medizinischen und verbandlichen Fachorganen geführt, sondern hat auch Eingang gefunden in populäre Zeitungen, Zeitschriften und sogar TV-Sendungen.[3] Hauptgegenstand der Auseinandersetzungen ist die Arbeitsbelastung der Ärzte. Die Verfechter der Vorschriften des Arbeitszeitgesetzes argumentieren, daß eine zu lange tägliche oder wöchentliche Arbeitszeit zu Ermüdungserscheinungen der Ärzte führe. Damit erhöhe sich indirekt die Wahrscheinlichkeit von Fehlern und verringere sich die Qualität der Patientenversorgung. Dem wird entgegengehalten, daß die Arbeitssituation in Krankenhäusern eine besondere sei: Die Versorgung von Patienten könne nicht in starre Arbeitszeitschemata gepreßt werden und bedürfe einer langen kontinuierlichen Anwesenheit der Ärzte. Sowohl Befürworter als auch Gegner der arbeitsrechtlichen Schutzbestimmungen engagieren sich ihrem Bekenntnis nach also für die bestmögliche Patientenversorgung, vermuten aber unterschiedliche Effekte der neuen arbeitsrechtlichen Situation.

Die aktuelle Diskussion um das Arbeitszeitgesetz wird von Praktikern dominiert, die selbst direkt oder indirekt als Interessenvertreter von den Arbeitszeitregelungen im Krankenhaus betroffen sind. Dies hat zur Folge, daß auf theoretischen und empirischen Erkenntnissen basierende Analysen zur optimalen Arbeitszeitorganisation weitgehend fehlen.[4] Eine Ausnahme bildet die Studie von Laine et al. (1993), die die Auswirkungen einer Beschränkung der Arbeitszeit von Ärzten im Staat New York auf die Qualität der Patientenversorgung untersucht. Erstaunt müssen die Autoren feststellen, daß die Argumente, die zur Begründung von Arbeitszeitschutzgesetzen herangezogen werden, zwar ad hoc einleuchten, aber noch nie systematisch untersucht wurden (Laine et al. 1993, S. 374).

Der vorliegende Beitrag versucht, sich diesem Defizit der aktuellen Diskussion um Arbeitszeiten in Krankenhäusern anzunehmen. Er konzentriert sich, insbesondere im empirischen Teil, auf die Analyse der Auswirkungen alternativer Arbeitszeitmodelle auf die Qualität der Patientenversorgung in der (chirurgischen) Intensivmedizin von Universitätskliniken.[5] Der Beitrag ist folgendermaßen aufgebaut. In Abschn. B werden arbeitswissenschaftliche und organisationsökonomische Erkenntnisse zu den Auswirkungen alternativer Arbeitszeitmodelle auf die Belastung der Arbeitnehmer und auf die Funktionsfähigkeit der betrieblichen Abläufe ausgewertet und bei Berücksichtigung der Besonderheit der Produktionsbedingungen im Krankenhaus auf diesen Sektor übertragen. Anschließend wird in Abschn. C das Meßdesign der Studie und die Ergebnisse einer empirischen Untersuchung in sechs chirurgischen Intensivstationen von Universitätskliniken vorgestellt. In Abschn. D werden die empirischen Ergebnisse zusammengefaßt und erste Schlußfolgerungen aufgezeigt.

B. Die Auswirkungen alternativer Arbeitszeitmodelle: Theoretische Überlegungen

In der chirurgischen Intensivmedizin sind typischerweise zwei alternative Aufteilungen der 24-stündigen Betriebszeit zu finden. Entweder wird die Betriebszeit in zwei Schichten zu jeweils zwölf Stunden pro Tag oder in drei Schichten zu jeweils acht Stunden pro Tag abgeleistet.[6] Das wesentliche Unterscheidungsmerkmal zwischen Zwei- und Dreischichtmodellen besteht darin, daß bei ersteren eine vergleichsweise lange tägliche Arbeitszeit geleistet wird, für die auf der anderen Seite längere Freizeitausgleichsräume gewährt werden müssen. Bei Dreischichtmodellen ist es umgekehrt: Die tägliche Arbeitszeit ist vergleichsweise kurz, dafür muß im Durchschnitt an mehr Tagen pro Monat oder Jahr gearbeitet werden.[7] In Reaktion auf die neuen Anforderungen des Arbeitszeitgesetzes wechselten viele Krankenhäuser vom Zwei- zum Dreischichtmodell. Es stellt sich die Frage, welche Auswirkungen Zwei- und Dreischichtmodelle auf die Belastung der Arbeitnehmer und auf die Funktionsfähigkeit der Produktionsabläufe ausüben. Da verlängerte Tagesarbeitszeiten bei komprimierten Arbeitswochen zu den noch wenig erforschten Schichtarbeitsmustern gehören (Kutscher/Weidinger/Hoff 1996, S. 33), müssen auf der Suche nach einer Antwort auch Ergebnisse aus anderen arbeitszeitpolitischen Fragestellungen auf das hier behandelte Problem übertragen werden.

I. Alternative Arbeitszeitmodelle und die individuelle Belastung der Arbeitnehmer

Mit den Auswirkungen unterschiedlich langer täglicher Arbeitszeiten auf die individuelle Belastung und Leistungsfähigkeit von Arbeitnehmern beschäftigt sich die Arbeitswissenschaft (vgl. übersichtsartig Smith et al. 1998). Diese leitet anhand von Beobachtungen der Fehler der Arbeitnehmer bei der Arbeitsausübung Kurven der Leistungsfähigkeit ab. Die stilisierte Erkenntnis dieser Untersuchungen ist, daß die Leistungskurve im Laufe der Arbeitsdauer schwankt. Morgens ist die Leistungsfähigkeit hoch, nach Mittag fällt sie leicht ab, um gegen 17.00 Uhr einen zweiten niedrigeren Höhepunkt zu erreichen und danach steil abzufallen (vgl. Müller-Seitz 1996, S. 69). Die Ergebnisse der Arbeitswissenschaft zu den Auswirkungen von Zwei- und Dreischichtmodellen auf die Arbeitsbelastung sind uneinheitlich. Einige Studien, die für Arbeitnehmer der industriell-gewerblichen Produktion bzw. für Lastwagenfahrer durchgeführt wurden, kommen zu dem Ergebnis, daß tägliche Arbeitszeiten von mehr als acht Stunden eine verringerte Produktivität, steigende Fehlerquoten und zunehmende Absentismen hervorrufen (Rosa et al. 1989 und 1991; Knauth 1997; Mitler et al. 1997). Auch das Arbeitszeitgesetz (als ein Arbeitnehmerschutzgesetz) beruft sich in § 6 Abs. 1 ausdrücklich auf diese arbeitswissenschaftlichen Erkenntnisse. Andererseits finden sich aber auch Untersuchungen, die im Vergleich von

Zwei- und Dreischichtmodellen keinen signifikanten Unterschied in der Arbeitsbelastung feststellen (Meggeneder 1993, Northrup 1991, Frese/Semmer 1986). Offensichtlich ist ein pauschales Urteil über die Belastung von Arbeitnehmern im Vergleich von acht- und zwölfstündigen täglichen Arbeitszeiten nicht möglich. Insbesondere die Monotonität der Arbeit und die körperliche Anstrengung, die Arbeitnehmer aufwenden müssen, scheinen wichtige Determinanten der Belastbarkeit zu sein (vgl. Smith et al. 1998, S. 218f).

Für die hier betrachtete besondere Arbeitnehmergruppe der Ärzte in Krankenhäusern lassen zwei Merkmale erwarten, daß deren Belastbarkeit vergleichsweise hoch ist. Erstens ist der Arztberuf ein Beruf mit einer Tradition untypischer Arbeitszeiten. Mit der Wahl des Arztberufes erklärt sich ein Arbeitnehmer implizit dazu bereit, nach der Lage und der Länge ungewöhnliche Arbeitszeiten in Kauf zu nehmen. Es wird sogar die Ansicht vertreten, daß es zu den Ehrenzeichen der ärztlichen Profession gehöre, lange Arbeitszeiten zu leisten (vgl. Daugherty/Baldwin 1996, S. S93). Insofern ist zu erwarten, daß sich insbesondere diejenigen Personen in den Arztberuf selektieren, deren Belastungswilligkeit und -fähigkeit in Bezug auf atypische Arbeitszeiten über derjenigen von anderen Arbeitnehmern liegt. Zweitens sind ärztliche Tätigkeiten nur schwer mit den eher repetitiven Tätigkeiten im industriell-gewerblichen Bereich zu vergleichen. Die Anspannung, die bspw. in einer heiklen Notfallsituation oder bei einer dringenden Operation eintritt, dürfte Beeinträchtigungen durch Müdigkeit zumindest kurzfristig überspielen können.

Letzlich ist es eine nur empirisch zu klärende Frage, ob Krankenhausärzte einen Acht-Stunden-Arbeitstag als deutlich weniger belastend empfinden als einen Zwölf-Stunden-Arbeitstag. Zur empirischen Klärung dieser Frage wurde in der vorliegenden Studie eine Befragung der Ärzte vorgenommen, deren Ergebnisse in Abschnitt C.I. vorgestellt werden.

II. Alternative Arbeitszeitmodelle und organisatorische Kosten

Alternative Arbeitszeitmodelle verursachen neben unterschiedlichen individuellen Belastungen der Arbeitnehmer auch unterschiedliche Kosten der betrieblichen Organisation. Insbesondere lassen sich Koordinations- und Kontrollkosten unterscheiden.

1. Die Koordinationskosten alternativer Arbeitszeitmodelle: Informationsunvollkommenheiten und Rüstkosten der Patientenversorgung

In einem Zweischichtmodell, in dem jeder Arbeitnehmer etwa zwölf Stunden pro Tag arbeitet, sind nur zwei Schichtwechsel pro Tag erforderlich, in einem Dreischichtmodell sind drei Schichtwechsel pro Tag erforderlich. Mit anderen Worten: Der fiktive 24-stündige Arbeitsplatz wird in einem Dreischichtmodell auf mehr Köpfe aufgeteilt als in einem Zweischichtmodell. Dies wäre dann kein Problem, wenn die 24-stündige Betriebszeit ohne Kosten in beliebig kleine Einheiten aufgeteilt werden könnte. Es existieren aber teilweise beträchtliche Kosten einer Entkopplung von Person und Funktion.

Die Literatur zur Teilzeitarbeit und zum Job-Sharing weist darauf hin, daß eine stärkere zeitliche Aufteilung von Arbeitsplätzen insbesondere dann Probleme aufwirft, wenn die Arbeitsaufgaben der einzelnen Arbeitsplätze hochgradig miteinander verflochten sind. Je schwieriger die anfallende Arbeit in Teilaufgaben zu separieren und je höher die Erfordernis zu einer kontinuierlichen Erledigung der Arbeitsaufgabe ist, umso höher sind die Koordinationskosten, die mit den Wechseln zwischen Arbeitnehmern verbunden sind. Diese Kosten stellen Rüstkosten dar, die zusätzlich zu den Kosten der eigentlich produktiven Arbeit aufgewendet werden müssen. So muß der erste Arbeitsplatzinhaber, bevor er[8] seinen Arbeitsplatz verlassen kann, sicherstellen, daß dem zweiten Arbeitsplatzinhaber alle Ressourcen zur Verfügung stehen, die er für die Weiterführung der Arbeitsaufgabe benötigt. Bevor der zweite Arbeitsplatzinhaber mit der eigentlichen Arbeit beginnen kann, muß er diese Informationen erst erhalten und verarbeiten.

Im Krankenhaus ist die Verflechtung der Arbeitsplätze und damit die Notwendigkeit der Koordination und Informationsweitergabe hoch. Die Patienten verbleiben alle länger als die Dauer einer Arbeitsschicht im Krankenhaus, so daß notwendigerweise ein Patient von mehreren Ärzten behandelt werden muß. Der Verflechtungsgrad wird darüber hinaus durch die mangelnde Planbarkeit des Arbeitsanfalls im Krankenhaus verstärkt. Ein Krankenhausarzt kann am Anfang seiner Schicht keine genaue Liste der Tätigkeiten anfertigen, die er während des Dienstes ableisten wird. Seine Arbeitsaufgaben haben eher den Charakter eines Feuerwehr-Dienstes (vgl. Harris 1977, S. 469): Es ist jederzeit möglich (auch fünf Minuten vor Schichtende), daß unvorhersehbare Notfallmaßnahmen durchgeführt werden müssen. Dies hat zur Folge, daß die Arbeitsaufgaben nicht säuberlich zwischen den diensthabenden Ärzten aufgeteilt werden können:

"Hospital care [is] a complicated sequence of adaptive responses in the face of uncertainty" (Harris 1977, S. 469).

Wenn die Informationsweitergabe und -verarbeitung nicht funktioniert, resultieren daraus bspw. unnötige Doppelarbeiten oder die Nichterfüllung von Aufgaben (vgl. Haupt/Holters 1991, S. 448; Müller 1985, S. 152; Meager/Buchan 1988, S. 58). Die Gefahr von Informationsverlusten ist umso größer, je komplexer und umfangreicher die Arbeitsaufgabe ist. Denn dann sind die Tätigkeiten schwer standardisier- und transferierbar und das Wissen, das die Arbeitnehmer während ihrer Arbeitszeit erwerben, hat einen spezifischen Charakter (Thinnes 1996, S. 137). Im Hinblick auf die Arbeit in Krankenhäusern im allgemeinen und in der chirurgischen Intensivmedizin im besonderen ist davon auszugehen, daß es sich typischerweise um solche schwer strukturier- und standardisierbaren Arbeitsaufgaben handelt. Die Informationsweitergabe zwischen wechselnden Ärzten ist daher schwierig und aufwendig. Zudem hat die für den Behandlungserfolg wichtige Information häufig einen informellen Charakter und kann nur durch persönliche Inanscheinnahme des Patienten durch den Arzt erworben werden. Trotz aller Bemühungen einer korrekten und vollständigen Weitergabe und trotz aller neuen technischen Dokumentationshilfen ist daher nicht völlig zu vermeiden, daß bei personellen Wechseln Informationen verloren gehen (vgl. Kienzle/Jansen 1997, S. 2022).

Ein zusätzliches Problem der Informationsweitergabe ergibt sich, wenn die zusammenarbeitenden Arbeitnehmer unterschiedliche Qualifikationen, Erfahrungen oder Fähigkeiten aufweisen (vgl. Kutscher/Weidinger/Hoff 1996, S. 27). Informationsweitergaben können dann schon daran scheitern, daß Verständnis- und/oder Kompetenzschwierigkeiten zwischen den unterschiedlich qualifizierten Arbeitnehmern bestehen. Auch dieses Problem tritt im Krankenhausbetrieb auf. Aufgrund des hohen Anteils der in Weiterbildung befindlichen Ärzte ergibt sich eine vergleichsweise große Heterogenität der Qualifikationen der an der Patientenversorgung beteiligten Ärzte. So könnte es zu Verständnis- und begrifflichen Schwierigkeiten kommen, wenn beispielsweise ein erfahrener Oberarzt seine Informationen an den ihm nachfolgenden Assistenzarzt im ersten Ausbildungsjahr übergibt. Zu diesen rein qualifikatorischen Unterschieden kommt hinzu, daß die Fluktuation der Ärzteschaft in Krankenhäusern (ebenfalls aufgrund des hohen Anteils von Ärzten in Weiterbildung) sehr hoch ist. Dies erschwert die Ausbildung einer klinikspezifischen Sprache und eingefahrener Behandlungsroutinen, die für eine reibungslose Abstimmung und Weitergabe insbesondere der schwer standardisierbaren, informellen Information förderlich sind.

Neben den bislang angesprochenen internen Koordinations- und Informationsweitergabekosten führt eine Aufteilung der Betriebszeit in kürzere tägliche Arbeitszeiten auch zu Kosten in der Interaktion zwischen den Ärzten und ihren Kunden, den Patienten. Der Patient wirkt als Nachfrager der Behandlungsleistung gleichzeitig an deren Erstellung mit (uno-actu-Prinzip). Das heißt, der Heilerfolg wird nicht nur von der Qualität und der Anstrengung des Leistungserbingers beeinflußt, sondern auch von der sog. Compliance des Patienten (s. bspw. Steiner 1997, S. 161; Aust 1994). Vertrauen in der Beziehung zwischen Arzt und Patient spielt also eine für den Behandlungserfolg wichtige Rolle. Der Patient, der sich im Krankenhaus einer ihn beängstigenden, ungewohnten Lebenssituation gegenübersieht, hat ein starkes Interesse daran, sich möglichst wenigen Ärzten anvertrauen zu müssen[9]. Umgekehrt ist es auch für den Heilerfolg wichtig, daß der Arzt ein Gefühl der Verantwortung für den Patienten entwickelt. Dieses Gefühl kann ebenfalls leichter entstehen, wenn weniger Ärzte an der Behandlung beteiligt sind.

Zusammenfassend läßt sich also festhalten, daß der Übergang von einer Schicht zur nächsten im Krankenhaus mit hohen Koordinationskosten verbunden ist. Aus Sicht einer möglichst reibungslosen Abstimmung der betrieblichen Abläufe sollte die Zahl der Wechsel von Arzt zu Arzt deshalb möglichst gering gehalten werden, also die zusammenhängende Arbeitszeit möglichst lang sein. Im hier behandelten Vergleich von Zwei- und Dreischichtmodellen spricht dies für die Vorteilhaftigkeit des Zweischichtmodells, weil dabei die Zahl der Schnittstellen zwischen Arbeitsschichten geringer ist.[10]

2. Die Kontrollkosten alternativer Arbeitszeitmodelle: Moral Hazard im Krankenhaus

Abgesehen von den bislang betrachteten Unterschieden in den Koordinationskosten von alternativen Arbeitszeitmodellen verursachen diese auch unterschiedliche Kontrollkosten. Die Gesellschaft gibt den Krankenhäusern das Ziel vor, unter den gegebenen finanziellen Bedingungen eine möglichst hochwertige Patientenversorgung zu produzieren. Innerhalb der Krankenhaus-Organisation sind es insbesondere die Klinikleitungen, die an diesem Ziel gemessen werden und es im Prozeß der Patientenversorgung durchsetzen sollen.[11] Die Klinikleitung ist damit der Arbeitgeber im Krankenhaus in einem modelltheoretischen Sinne. Die (modelltheoretischen) Arbeitnehmer im Krankenhaus sind die nachgeordneten Ärzte, die die Leistungen am Patienten erbringen und so den Output des Krankenhauses produzieren. Es liegt auf der Hand, daß die Interessenlage der nachgeordneten Ärzte nicht vollständig deckungsgleich mit den Interessen der Organisation als Ganzes (vertreten

Alternative Arbeitszeitmodelle und die Qualität der Patientenversorgung

durch die Klinikleitung) ist. Diese Interessenkonflikte wären nur dann unproblematisch, wenn die nachgeordneten Ärzte allenfalls eingeschränkte und gut überprüfbare Handlungsfreiräume hätten. Typischerweise ist jedoch davon auszugehen, daß Ärzte bei der Leistungserbringung große Autonomie und Handlungsspielräume haben und daß sich das Ausmaß dieser Handlungsspielräume auch in Abhängigkeit von alternativen Arbeitszeitregimen unterscheidet.

Eine erste Ursache der mangelnden Kontrollierbarkeit von Ärzten liegt im Teamcharakter der Produktion im Krankenhaus begründet. Es wurde schon oben erläutert, daß an der Erstellung der Dienstleistung am Patienten notwendigerweise mehrere Ärzte beteiligt sind. Für nicht direkt Beteiligte wie den Klinikleiter ist lediglich das Gesamtergebnis des Ärzteteams, also das letztendliche Behandlungsergebnis beobachtbar. Der Rückschluß vom Gesamtergebnis der Behandlung auf die Leistung des einzelnen Arztes ist schwierig (vgl. Herder-Dorneich 1981, S. 31).[12] Ein zweiter Grund für Handlungsspielräume der nachgeordneten Ärzte liegt in der ebenfalls schon angesprochen Schwierigkeit, die Arbeitsaufgaben im vorhinein zu spezifizieren. Die Feuerwehr-Funktion der Ärzte bringt es mit sich, daß ihnen bei der Erbringung der konkreten Arbeitsleistung eine große Autonomie zugestanden werden muß (vgl. Schwartz 1997, S. 38; Harris 1977, S. 470, 476).

Die nachgeordneten Ärzte sind also nicht vollständig kontrollier- und sanktionierbar. Weil außerdem Interessenkonflikte zwischen der Klinikleitung und den nachgeordneten Ärzten nicht ausgeschlossen werden können, muß auch im Krankenhaus mit dem klassischen Problem des Moral Hazard in Teams (vgl. Alchian/Demsetz 1972; Holmstrom 1982) gerechnet werden. Das daraus resultierende Verhalten kann verschiedene Formen annehmen.[13] Ein Beispiel für solches Fehlverhalten von Ärzten ist das Hinterlassen von unangenehmer Arbeit an den Nachfolger im Dienstplan. Da außerdem Mißerfolge tendenziell leichter zurechenbar sein dürften als Erfolge, könnte Moral Hazard auch in der Form auftreten, daß ein Arzt während seiner Schichtzeit erfolgversprechende, aber riskante Maßnahmen unterläßt, weil der Mißerfolg ihm direkt und vollständig zugerechnet werden könnte, der Erfolg wahrscheinlich aber mit den anderen behandelnden Kollegen zu teilen wäre. Ein Arzt könnte seinen Nutzen auch dadurch unmittelbar steigern, daß er sich auf die Behandlung derjenigen Patienten konzentriert, die aus persönlichen oder medizinischen Gründen besonders interessant sind. Weiter ist denkbar, daß Ärzte die Sorgfalt reduzieren, mit der sie ihrer Arbeitsaufgabe nachgehen, denn eine große Sorgfalt könnte dem Arzt kurzfristig höhere Belastungen aufbürden als eine geringe Sorgfalt. Schließlich könnte er seinen Kollegen Unterstützung verweigern oder ihnen Informationen vorenthalten, wenn er dadurch eigene Fehler verschleiern oder sich Vorteile innerhalb der Konkurrenz der nachgeordneten Ärzteschaft verschaffen kann (Müller 1985, S. 152, S. 209).[14]

Was haben die beschriebenen Kontrollprobleme nun mit der Wahl des optimalen Arbeitszeitmodells zu tun? Die Entscheidung zwischen Zwei- und Dreischichtmodell hat durchaus Implikationen für das Ausmaß des dysfunktionalen Verhaltens der nachgeordneten Ärzte. Dabei ist wiederum das Merkmal der Länge der zusammenhängenden Arbeitszeit entscheidend. Weil bei einem Dreischichtmodell die Länge der zusammenhängenden Arbeitszeit nur etwa acht Stunden, bei einem Zweischichtmodell hingegen etwa zwölf Stunden beträgt, ist der Verflechtungsgrad beim Dreischichtmodell höher: Die Ärzte müssen sich bei nur acht Stunden täglicher Arbeitszeit den Dienst am Patienten notwendigerweise stärker teilen und es kommt zu häufigeren Überschneidungen von Arbeitsaufgaben zwischen aufeinanderfolgenden Diensten als bei zwölf Stunden täglicher Arbeitszeit. Mit anderen Worten: Der Teamarbeitscharakter der Produktion ist bei einem Dreischichtmodell höher als bei einem Zweischichtmodell. Damit sind aber auch die Handlungsspielräume der nachgeordneten Ärzte vergleichsweise höher: Die Meß- und Zuordnenbarkeit des Behandlungserfolges und damit auch die Sanktionierung der ärztlichen Leistung ist bei stärkeren personellen Überschneidungen für den Arbeitgeber (vertreten durch die Klinikleitung) schwieriger zu bewerkstelligen. Demzufolge besteht die Gefahr, daß Ärzte in einem Dreischichtmodell vergleichsweise stärker ihre eigenen, für den Behandlungserfolg dysfunktionalen Interessen verfolgen können als in einem Zweischichtmodell.[15]

III. Zusammenfassung: Zielkonflikt zwischen der individuellen Belastung der Ärzte und organisatorischen Kosten

Der Abschnitt B, der theoretisch abzuleiten versuchte, welche Auswirkungen unterschiedliche Arbeitszeitmodelle auf die Qualität der Patientenversorgung haben, läßt sich in der folgenden stilisierten Abbildung zusammenfassen.

Kurve A beschreibt den theoretisch vermuteten Zusammenhang von Arbeitszeitmodellen und der Qualität der Patientenversorgung unter dem Teilaspekt der individuellen Be-

Abb. 1: Die Auswirkungen alternativer Arbeitszeitmodelle auf die Qualität der Patientenversorgung

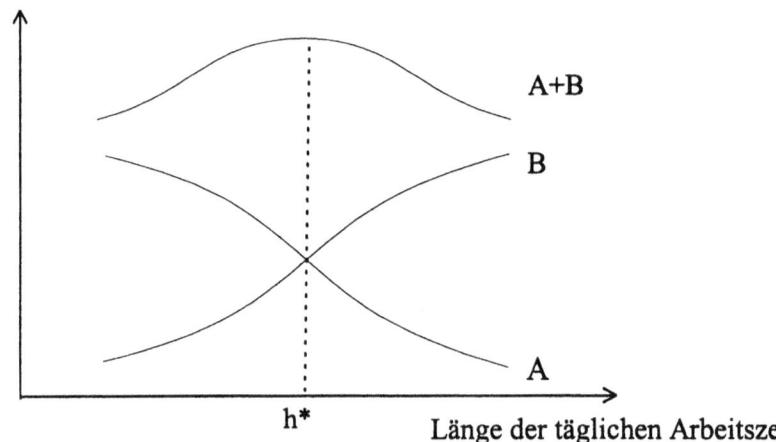

A: Auswirkungen individueller Belastungen
B: Auswirkungen organisatorischer Kosten
A + B: Gesamteffekt
Quelle: eigene Erstellung

lastung der behandelnden Ärzte. Je länger die tägliche Arbeitszeit ist, desto größer ist die Gefahr der Überlastung der Ärzte und daraus resultierender Behandlungsfehler, d.h. desto geringer ist die Qualität der Patientenversorgung. Kurve B beschreibt den theoretisch vermuteten Zusammenhang zwischen Arbeitszeitmodellen und der Qualität der Patientenversorgung unter dem Teilaspekt der organisatorischen Probleme. Je länger die tägliche Arbeitszeit ist, desto unproblematischer gestaltet sich die Koordination der Abläufe und die Kontrolle der Ärzte, d.h. desto höher ist die Qualität der Patientenversorgung. Der Gesamteffekt ergibt sich aus der Addition der beiden Teileffekte. Bei welcher täglichen Arbeitszeit der Optimalpunkt h* liegt, ist eine nur empirisch zu beantwortende Frage. Liegt h* bei etwa acht Stunden pro Tag, dann müßte ein Dreischichtmodell eine bessere Behandlungsqualität hervorbringen als ein Zweischichtmodell. Liegt h* dagegen eher bei zwölf Stunden pro Tag, wäre das Zweischichtmodell in der Qualität der Patientenversorgung überlegen. Dieser Frage soll im folgenden empirisch nachgegangen werden.

C. Individuelle Arbeitsbelastung und Qualität der Patientenversorgung unter alternativen Arbeitszeitmodellen: Empirische Befunde auf chirurgischen Intensivstationen

Die empirische Untersuchung der theoretisch abgeleiteten Hypothesen ist zweigeteilt. Erstens wird anhand einer Befragung der behandelnden Ärzte die individuelle Arbeitsbelastung der Ärzte unter Zwei- und Dreischichtmodellen empirisch verglichen. In den Begriffen der obigen Abbildung wird also versucht, den Verlauf der Kurve A, genauer gesagt deren Steigung im Bereich zwischen acht und zwölf Stunden, zu beurteilen. Zweitens werden anhand medizinischer Qualitätsindikatoren die Auswirkungen der alternativen Arbeitszeitmodelle auf die Qualität der Patientenversorgung geschätzt. Dabei handelt es sich um den Saldo (A+B) der theoretisch vermuteten Teileffekte.

I. Individuelle Arbeitsbelastung unter alternativen Arbeitszeitmodellen: Operationalisierung und empirische Ergebnisse

Zur Messung der Arbeitsbelastung wird in der Arbeitszeitforschung gemeinhin die Fehlerrate der Arbeitnehmer herangezogen. Die Messung von Fehlern im Krankenhaus ist aber äußerst schwierig, wie auch die Erfahrungen mit Haftungsprozessen zeigen (s. dazu bspw. Ulsenheimer 1992). Auf den Versuch einer Messung der Fehlerrate in verschiedenen Arbeitszeitmodellen mußte deshalb verzichtet werden. Vielmehr wurde versucht, die individuelle Belastung der Ärzte über eine Befragung der Betroffenen anhand verschiedener Belastungsdimensionen zu erfassen. Befragt wurden 45 Ärzte, die auf sechs chirurgischen Intensivstationen von Universitätskliniken arbeiten. Zwei dieser sechs Intensivstationen praktizierten während des Erhebungszeitraums ein Zweischichtmodell, drei Intensivstationen praktizierten ein Dreischichtmodell. Eine Klinik betrieb eine Mischform aus Zwei- und Dreischichtmodell: Dort wurde unter der Woche im Drei- und am Wochenende im Zweischichtmodell gearbeitet. Bei den Auswertungen dieses Abschnitts wurden die Ärzte dieser Klinik dem Dreischichtmodell zugeordnet, weil die überwiegende Zahl der Dienste im Dreischichtmodell abgeleistet wird. In der Stichprobe von 45 Ärzten sind alle Qualifikationen (vom Arzt im Praktikum bis zum leitenden Oberarzt) vertreten.

Arbeitswissenschaftliche Überlegungen legten die Vermutung nahe, daß die Arbeitsbelastung bei einer täglichen Arbeitszeit von etwa zwölf Stunden höher sein müßte als bei einer täglichen Arbeitszeit von etwa acht Stunden. Demzufolge müßten Ärzte im Dreischichtmodell seltener über Ermüdungserscheinungen oder mangelnde Pausen klagen als Ärzte im Zweischichtmodell. Die empirischen Ergebnisse dieser Studie zeichnen jedoch ein anderes Bild. Auf Fragen zur Arbeitsbelastung und Arbeitszeitzufriedenheit der Ärzte ergab sich differenziert nach Zwei- und Dreischicht-Kliniken folgende Antwortverteilung.

Tab. 1: Arbeitsbelastung und Arbeitszeitzufriedenheit der Ärzte im Vergleich von Zwei- und Dreischicht-Kliniken

Item	Schichtmodell	N = Zahl der Ärzte	Mittelwert	Mann-Whitney-Test
„Ich fühle mich wegen meiner Arbeit oft müde und abgespannt."	Zweischicht Dreischicht	19 26	2,6842 2,7692	,818
„Meine Freizeit ist ausreichend."	Zweischicht Dreischicht	18 25	3,9444 3,2	,010
„Meine Pausen sind ausreichend."	Zweischicht Dreischicht	18 25	2,8889 3,08	,648
„Meine Leistungsfähigkeit nimmt im Laufe der Schicht beträchtlich ab."	Zweischicht Dreischicht	18 25	3,2222 3,04	,650
„Geschehnisse in meiner Arbeit beschäftigen mich häufig auch noch in der Freizeit."	Zweischicht Dreischicht	18 25	3,0000 3,56	,139

Die jeweiligen Items konnten auf einer Skala von eins („trifft überhaupt nicht zu") bis fünf („trifft vollständig zu") beantwortet werden. Der für die Zweischicht-Kliniken auf dem ersten Item geringere Mittelwert von ca. 2,7 gegenüber ca. 2,8 in Dreischicht-Kliniken bedeutet demzufolge, daß die untersuchten Ärzte in Zweischicht-Kliniken vergleichsweise seltener über Müdigkeit klagen als Ärzte in Dreischicht-Kliniken, wobei dieser Unterschied statistisch nicht signifikant ist. Bei keinem Belastungsindikator lassen sich signifikante Differenzen finden, die auf eine geringere Arbeitsbelastung in Dreischichtkliniken hindeuten. Diese Ergebnisse stellen die Allgemeingültigkeit der arbeitswissenschaftlichen Hypothesen, die auch bei der Formulierung des Arbeitszeitgesetzes Pate standen, in Frage: Für die besondere Arbeitssituation von Ärzten auf chirurgischen Intensivstationen, bestätigt sich die Vermutung *nicht*, daß eine tägliche Arbeitszeit von etwa acht Stunden mit einer geringeren Arbeitsbelastung der Ärzte verbunden ist als eine tägliche Arbeitszeit von etwa zwölf Stunden. Die Ergebnisse deuten eher das Gegenteil an. So besteht ein signifikanter Unterschied in den Mittelwerten des Items „Freizeit reicht aus": Ärzte in Zweischicht-Kliniken stimmen diesem Item signifikant stärker zu als Ärzte in Dreischicht-Kliniken. Offensichtlich ist die längere zusammenhängende Freizeit in

Zweischichtkliniken besser dazu geeignet, die Arbeitskraft der Ärzte zu regenerieren als die häufigere, aber kürzere Freizeit in Dreischichtkliniken. Dieser Eindruck wird auch durch das unterschiedliche Antwortverhalten auf dem Item „Geschehnisse werden in die Freizeit mitgenommen" unterstützt. Ärzte in Zweischicht-Kliniken stimmen diesem Item seltener zu (wenn auch dieser Unterschied nicht signifikant ist). Das Abschalten von der Arbeit gelingt in einem Zweischichtmodell mit seinen längeren zusammenhängenden Freizeiten offensichtlich leichter als im Dreischichtmodell mit vergleichsweise kurzen zusammenhängenden Freizeiten.

Die Arbeitszeitpräferenzen der Ärzte wurden mit folgendem Item auch direkt erfragt:

lange Freizeitblöcke am Stück   **viel Freizeit pro Tag**
1 .... 2 .... 3 .... 4 5
☐   ☐   ☐   ☐   ☐

Die Ausprägung „lange Freizeitblöcke am Stück" entspricht eher dem Zweischichtmodell, die Ausprägung „viel Freizeit pro Tag" eher dem Dreischichtmodell. Über alle Ärzte ergab sich bei den Antworten auf diese Frage ein Mittelwert von 2,21. Die Ärzte scheinen also eher zum linken Ende der Skala zu tendieren, d.h. sie scheinen im Durchschnitt lange Freizeitblöcke der Alternative von viel Freizeit pro Tag vorzuziehen. Die hohe Standardabweichung der Antworten (1,25 über alle Ärzte) bringt allerdings eine große Heterogenität der Freizeitwünsche zum Ausdruck. Eine eindeutige Präferenz in die eine oder andere Richtung ist also nicht beobachtbar. Differenziert nach Arbeitszeitmodellen ergab sich für Ärzte in Zweischichtkliniken ein Mittelwert von 1,76, für Ärzte in Dreischichtkliniken ein Mittelwert von 2,5 (Mann-Whitney-Test: $p = 0{,}067$). Die tatsächliche Erfahrung mit langen täglichen Arbeitszeiten und langen zusammenhängenden Freizeitblöcken scheint also die Präferenz für dieses Arbeitszeitmodell noch zu verstärken.

Abschließend soll zur Beurteilung der Arbeitszeitpräferenzen der Ärzte ihr Antwortverhalten auf die Frage nach der Freude, die sie bei ihrer Arbeit empfinden, herangezogen werden:

Tab. 2:   Arbeitsfreude der Ärzte im Vergleich von Zwei- und Dreischicht-Kliniken

Item	Schichtmodell	N	Mittelwert	Mann-Whitney-Test
„Ich empfinde richtige Freude an der Arbeit."	Zweischicht	19	4,4211	,003
	Dreischicht	26	3,7308	

Hier ergibt sich eine hochsignifikante Differenz zwischen Zwei- und Dreischichtkliniken. Der Durchschnitt der Ärzte in Zweischichtkliniken stimmt diesem Item stärker zu als der Durchschnitt der Ärzte in Dreischichtkliniken. Auch wenn dieses Ergebnis nicht ausschließlich auf unterschiedliche Schichtlängen zurückzuführen ist, weckt es doch gravierende Zweifel an dem häufig vermittelten Eindruck, daß Ärzte in Krankenhäusern mit Zweischichtmodellen unter überlangen täglichen Arbeitszeiten leiden.

II. Qualität der Patientenversorgung unter alternativen Arbeitszeitmodellen: Modellspezifikation, Operationalisierung und empirische Ergebnisse

Die empirische Schätzung des Zusammenhangs zwischen der unabhängigen Variable „Arbeitszeitmodell" und der abhängigen Variable „Qualität der Patientenversorgung" wird in einem quasi-experimentellen Design vorgenommen. Verglichen werden die Behandlungsergebnisse, die während eines einmonatigen Erhebungszeitraumes auf den sechs chirurgischen Intensivstationen erzielt wurden. Um den Einfluß des Arbeitszeitregimes auf die Qualität der Patientenversorgung empirisch ermitteln zu können, muß allerdings sichergestellt sein, daß andere schwerwiegende Einflußfaktoren auf die Qualität der Patientenversorgung konstant gehalten werden. So dürfen beispielsweise nicht die Behandlungsverläufe von Patienten mit unterschiedlichem Schweregrad unmittelbar verglichen werden. Außerdem sind unterschiedliche Ausstattungen der Kliniken zu berücksichtigen. Diese patienten- und klinikbezogenen Störfaktoren müssen über geeignete Kontrollvariablen neutralisiert werden, so daß am Ende tatsächlich nur die Behandlungsverläufe von gleichartigen Patienten bei gleichartigem technischen und personellen Aufwand verglichen werden. Dieser Bedingung wurde durch eine entsprechende Gestaltung der Schätzgleichung Rechnung getragen.

1. Spezifikation der Schätzgleichung

Bei der Schätzung des Zusammenhangs zwischen Arbeitszeitmodellen und der Qualität der Patientenversorgung werden als Kontrollvariablen der Schweregrad der Erkrankung des Patienten, das Alter des Patienten und die Arbeitsintensität während des Aufenthaltes des Patienten als individuelle sowie die personelle und technische Ausstattung der Kliniken als organisatorische Einflußgrößen berücksichtigt:

(1) $\ln \text{QUALITÄT} = \text{KONST} + \beta_1 \cdot \ln \text{SCHWERE} + \beta_2 \cdot \ln \text{ALTER} + \beta_3 \cdot \ln \text{ARBINT} + \beta_4 \cdot \ln \text{QUANPERS} + \beta_5 \cdot \ln \text{QUALPERS} + \beta_6 \cdot \ln \text{TECH} + \beta_7 \cdot \text{AZEIT},$

mit QUALITÄT: Qualität der Patientenversorgung,
    SCHWERE: Schweregrad der Erkrankung des Patienten,
    ALTER: Alter des Patienten,
    ARBINT: Arbeitsintensität während des Aufenthaltes des Patienten,
    QUANPERS: quantitative personelle Ausstattung der Klinik,
    QUALPERS: qualitative personelle Ausstattung der Klinik,
    TECH: technische Ausstattung der Klinik,
    AZEIT: Arbeitszeitmodell der Klinik.

Gleichung (1) lehnt sich an die Spezifikation einer Cobb-Douglas-Produktionsfunktion an. Die Variable AZEIT ist als eine 0/1-Variable spezifiziert. Sie nimmt für Fälle in Dreischichtkliniken den Wert null und für Fälle in Zweischichtkliniken den Wert eins an. Ist β_7 negativ (positiv), dann werden in Dreischichtkliniken bessere (schlechtere) Behandlungsergebnisse erzielt als in Zweischichtkliniken.

Eine besondere Schwierigkeit stellte in diesem Zusammenhang die schon erwähnte (im folgenden als Klinik C bezeichnete) Klinik mit dem gemischtem Arbeitszeitmodell dar. Es wurde keine eigene Arbeitszeit-Kategorie für Klinik C gebildet, sondern sie wurde einmal den Zweischicht- und einmal den Dreischichtkliniken zugeordnet, um so die Robustheit der Ergebnisse zu überprüfen. Theoretisch wäre zu erwarten, daß die Ergebnisse der Patienten in Klinik C zwischen den Ergebnissen der reinen Zwei- und reinen Dreischichtmodelle liegen. Dann dürften sich durch Klassifikation der Klinik C einmal als Zwei- und einmal als Dreischichtklinik die Ergebnisse über die relative Vorteilhaftigkeit der Arbeitszeitmodelle nicht verändern.

2. Operationalisierung der abhängigen Variable „Qualität der Patientenversorgung"

Zunächst ist zu definieren, was unter der Qualität der Patientenversorgung überhaupt verstanden werden soll. Insbesondere stellt sich die Frage, ob dazu lediglich medizinische oder auch ökonomische Kriterien, wie bspw. die sparsame Verwendung der Mittel, herangezogen werden. In der Definition dieser Studie liegt eine hohe Qualität der Patientenversorgung dann vor, wenn sich der Gesundheitszustand des Patienten in großem Maße verbessert hat. Es werden also erstens nur medizinische Kriterien angelegt. Zweitens wird lediglich die Ergebnis-, nicht aber die Prozeßqualität der Patientenversorgung gemessen (vgl. Donabedian 1980).

Zur Messung des Gesundheitszustands wurden zum einen zwei in der Intensivmedizin übliche Kenngrößen verwendet: der APACHE-Score („Acute Physiology and Chronic Health Evaluation") und der TISS-Score („Therapeutic Intervention Scoring System").

Der APACHE-Score umfaßt und aggregiert verschiedene physiologisch-biochemische Parameter. Abweichungen dieser Parameter vom Normwert werden mit steigenden Punktwerten belegt. Aus der Summe der einzelnen Punktwerte wird der Gesamtscore gebildet. Je höher der Score ist, desto weiter ist der betreffende Patient vom „Normalzustand" entfernt, desto schlechter ist also sein Gesundheitszustand. Für Intensivpatienten nimmt der Score ungefähr einen Wertebereich zwischen null und 50 an (vgl. Knaus et al. 1981, S. 595). Der TISS-Score erfaßt im Unterschied zum APACHE-Score Parameter, die den therapeutischen Aufwand für Intensivpatienten abbilden. Genau wie der APACHE-Score mißt der TISS-Score die Entfernung der Patienten von einem „Normalzustand". Für Intensivpatienten liegt der TISS-Score in einem Wertebereich zwischen 5 und 60 Punkten (vgl. Keene/Cullen 1983, S. 3).

Beide Scores wurden während eines einmonatigen Erhebungszeitraumes täglich für alle Patienten auf den beteiligten Intensivstationen erhoben. Aus den Tagesdaten wurde für jeden Patienten ein individueller Behandlungsverlauf geschätzt, d.h. es wurde eine einfache Regressionsschätzung mit dem Aufenthaltstag als der unabhängigen und der Höhe des Scores als der abhängigen Variable durchgeführt. Graphisch bedeutet dies, daß durch die Punktwolke, die durch die Scores der einzelnen Tage gebildet wird, eine Regressionsgerade gelegt wird:

Abb. 2: Individueller Behandlungsverlauf eines beispielhaften Patienten

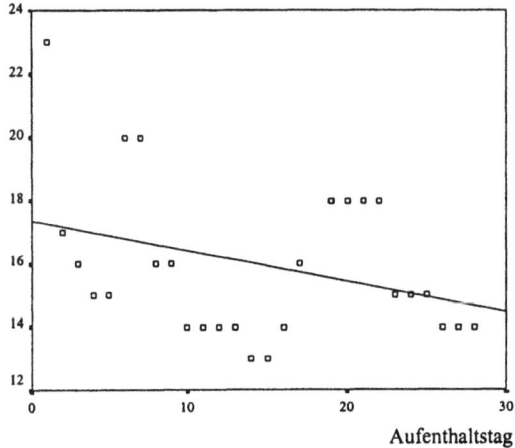

Der Steigungskoeffizient dieser Regressionsgeraden erlaubt die Beurteilung der Verbesserung des Gesundheitszustands: Bei diesem beispielhaften Patienten ist die Steigung negativ: Die Höhe des Scores hat sich im Verlauf des Aufenthaltes verringert, d.h. sein Gesundheitszustand hat sich verbessert. Im Vergleich der Steigungskoeffizienten verschiedener Patienten zeigt also ein kleinerer Steigungskoeffizient eine stärkere Verbesserung des Gesundheitszustands an.

Um die Konsistenz der Messung des Behandlungsergebnisses zu verbessern, wurden in Ergänzung zu diesen Scores weitere Indikatoren erhoben:

– Von einem behandelnden Arzt wurde auf einer Skala angegeben, wie er den Verlauf des Patienten auf der Intensivstation einschätzt. Die Skala umfaßt die vier Werte „sehr gut", „normal", „schwer", „verstorben".
– Des weiteren wurde die Aufenthaltsdauer des Patienten auf der Intensivstation und in der Klinik erhoben. Dabei ist die erstere Kennzahl ein valideres Abbild der Qualität der Patientenversorgung der Intensivstation, weil die Aufenthaltsdauer in der Klinik auch von anderen Faktoren bestimmt wird, die nicht im Einflußbereich der Intensivstation liegen.
– Es wurde für jeden Patienten täglich erhoben, ob er beatmet wurde, ob sich Komplikationen ereignet haben, ob ein Reeingriff durchgeführt wurde und welche diagnostische und therapeutische Maßnahmen durchgeführt wurden.

In unserer Patientenstichprobe korrelierten diese Einzelindikatoren der Qualität der Patientenversorgung eng und durchgängig mit dem gleichen Vorzeichen. D.h., ein Patient mit einer starken Verbesserung des APACHE-Scores, hatte auch eine starke Verbesserung des TISS-Scores, eine relativ kurze Aufenthaltsdauer, relativ wenige Komplikationen usw. Diese Korrelation zeigt an, daß die Einzelindikatoren ungefähr das gleiche messen, daß sie also das theoretische Konstrukt „Qualität der Patientenversorgung" zuverlässig abbilden. Aus diesem Grund wurden die Einzelindikatoren mittels einer Faktorenanalyse zu einer zusammenfassenden Variable aggregiert.

3. Operationalisierung der Kontrollvariable „Schweregrad der Erkrankung des Patienten"

Zur Messung des Schweregrades der Erkrankung des Patienten wurden die folgenden Indikatoren verwendet:

– Eine Klassifikation der Patienten auf Grundlage ihrer Einweisungs- und Begleitdiagnosen sowie ihrer Haupt- und Zusatzeingriffe. Um die Vergleichbarkeit der Einteilung zu gewährleisten, wurde sie von nur einem an der Studie beteiligten Mediziner für die Patienten aller Kliniken vorgenommen.
– der APACHE-Score des Patienten am ersten Tag seines Aufenthaltes,
– der TISS-Score des Patienten am ersten Tag seines Aufenthaltes.

Diese Indikatoren korrelierten untereinander ebenfalls eng und mit plausiblem Vorzeichen, so daß auch sie mittels einer Faktorenanalyse zusammengefaßt wurden.

Operationalisierung der Kontrollvariablen zur Ausstattung der Kliniken

Die personelle Ausstattung der Intensivstationen wurde anhand der folgenden Indikatoren gemessen:

– Zahl der ärztlichen Arbeitsstunden pro durchschnittlich belegtem Bett, die der Intensivstation im Erhebungsmonat zur Verfügung standen,
– Zahl der Pflegekräfte pro durchschnittlich belegtem Bett auf der Intensivstation,
– Belastung der Ärzteschaft der Intensivstation durch zusätzliche Bereitschaftsdienste und Rufbereitschaften auf anderen Stationen,
– Anteil von Fachärzten an der Ärzteschaft der Intensivstation,
– Anteil von AIPlern an der Ärzteschaft der Intensivstation,
– Berufserfahrung der Ärzte der Intensivstation,
– Dauer der Klinikzugehörigkeit der Ärzte der Intensivstation,
– Dauer der Intensivstationszugehörigkeit der Ärzte der Intensivstation,
– Anteil an Pflegekräften mit Intensivpflegeausbildung.

Die Einzelindikatoren wurden in der Dimension normiert und zu zwei Teilindizes aufaddiert. Die drei erstgenannten Indikatoren wurden zu einem Index der quantitativen, die sechs letztgenannten Indikatoren zu einem Index der qualitativen Personalausstattung zusammengefaßt.

Zur Messung der technischen Ausstattung der Kliniken wurden folgende Indikatoren herangezogen:

– Subjektive Einschätzung des jeweiligen Oberarztes der Klinik auf einer Skala von eins („sehr schlechte technische Ausstattung") bis fünf („sehr gute technische Ausstattung").
– Durchschnittsalter der medizinisch-technischen Geräte auf der Intensivstation,
– Zahl der beatmeten Plätze auf der Intensivstation.

Die Indikatoren der technischen Ausstattung korrelierten wiederum stark und mit durchgängigem Vorzeichen und wurden deshalb mittels einer Faktorenanalyse aggregiert.

4. Qualität der Patientenversorgung unter alternativen Arbeitszeitmodellen: Ergebnisse

Schätzgleichung (1) wurde mit Daten aus den sechs Kliniken für 347 Patienten mittels OLS geschätzt. Tabelle 3 gibt die Schätzergebnisse für die unterschiedlichen Klassifikationen von Klinik C wieder. Dargestellt sind die standardisierten Regressionskoeffizienten und die t-Werte.

Die Vorzeichen der Regressionskoeffizienten der Variablen SCHWERE, ALTER und ARBINT haben das inhaltlich plausible Vorzeichen: Je schwerer die Erkrankung des Patienten, je höher das Alter des Patienten und je höher die Arbeitsintensität während des Aufenthaltes des Patienten ist, umso geringer ist die Qualität der Patientenversorgung. Die Koeffizienten von SCHWERE und ARBINT sind signifikant, derjenige von ALTER jedoch nicht signifikant von null verschieden. Die Variablen zur personellen Ausstattung haben dagegen beide signifikante Regressionskoeffizienten: Kliniken mit einer guten quantitativen und qualitativen Personalausstattung erzielen eine signifikant bessere Qualität der Patientenversorgung als Kliniken mit einer schlechten Personalausstattung. Die technische Ausstattung hat hingegen in der ersten Schätzvariante keinen signifikant positiven Einfluß auf den Verlauf der Behandlungsergebnisse. In der zweiten Schätzvariante ist der Koeffizient von TECH deutlich größer und signifikant von null verschieden. Von dieser Ausnahme abgesehen ist im Vergleich der Ergebnisse für unterschiedliche Klassifikationen der Klinik C aber zu konstatieren, daß die Regressionsergebnisse tatsächlich (wie theoretisch zu erwarten war) sehr stabil bleiben. Außerdem haben die Regressionskoeffizienten der Drittfaktoren ausnahmslos das plausible Vorzeichen, was für die Validität der verwendeten Operationalisierung und Modellspezifikation spricht.

Tab. 3: Regressionsschätzung: Arbeitszeitmodelle und Qualität der Patientenversorgung

	erste Variante: Klinik C als Dreischichtklinik		zweite Variante: Klinik C als Zweischichtklinik	
	stand. β_i	t-Wert	stand. β_i	t-Wert
KONSTANTE	-	-8,502**	-	-7,111**
ln SCHWERE	-,571	-10,669**	-,566	-10,595**
ln ALTER	-,011	-,221+	-,015	-,314+
ln ARBINT	-,115	-2,347*	-,108	-2,222*
ln QUANPERS	,192	3,060**	,217	3,168**
ln QUALPERS	,232	2,932**	,246	3,015**
ln TECH	,009	,149+	,139	2,246*
AZEIT: 0 = Dreischicht, 1 = Zweischicht	,132	2,090*	,175	2,196*

+: nicht signifikant; *: $p < 0,05$; **: $p < 0,01$
Quelle: eigene Berechnungen

Der Regressionskoeffizient der hier im Mittelpunkt des Interesses stehenden Arbeitszeit-Variablen hat in beiden Schätzvarianten ein positives Vorzeichen und ist in beiden Schätzvarianten auf dem 5%-Niveau signifikant von null verschieden. Dies ist umso bemerkenswerter, als daß das Signifikanzniveau der Regressionskoeffizienten aufgrund von Multikollinearität der unabhängigen Variablen eher unterschätzt wird. Die Variable AZEIT korreliert in der vorliegenden Stichprobe insbesondere mit den Variablen der personellen und technischen Ausstattung. Die Tatsache, daß trotz dieser Multikollinearität ein signifikanter Einfluß des Arbeitszeitmodells statistisch identifiziert werden kann, unterstreicht die Schlußfolgerung, daß ein gesicherter positiver Effekt des Zweischichtmodells auf die Verbesserung des Gesundheitszustandes der Patienten existiert. Es gibt jedenfalls keine Evidenz für die Vermutung, daß 12-Stunden-Schichten schlechtere Behandlungsergebnisse verursachen als 8-Stunden-Schichten.

D. Zusammenfassung und erste Schlußfolgerungen

Das in diesem Beitrag entwickelte theoretische Modell zur Analyse der Auswirkungen alternativer Arbeitszeitmodelle auf die Qualität der Patientenversorgung deutet auf einen Zielkonflikt bei der Entscheidung über die optimale Länge der täglichen Arbeitszeit hin. Einerseits ist zu vermuten, daß längere tägliche Arbeitszeiten einen Anstieg der individuellen Belastung der Ärzte und in der Folge eine Beeinträchtigung der Qualität der Patientenversorgung verursachen. Andererseits verringern längere tägliche Arbeitszeiten möglicherweise die organisatorischen Kosten im Krankenhaus und verbessern in der Folge die Qualität der Patientenversorgung. Empirisch ließ sich im Vergleich von acht und zwölf Stunden täglicher Arbeitszeit kein signifikanter Unterschied der individuellen Belastung der Ärzte feststellen (vgl. Abschnitt C.I.). Die längeren täglichen Arbeitszeiten, die mit einem Zweischichtmodell verbunden sind, scheinen von den davon betroffenen Ärzte nicht als stärker belastend empfunden zu werden.[16] In Bezug auf Abbildung 1 verläuft also die Belastungskurve A im Bereich einer täglichen Arbeitszeit zwischen acht und zwölf Stunden[17] flacher als theoretisch mit Rückgriff auf Ergebnisse der Arbeitswissenschaft vermutet. Die sicherlich wohlgemeinte Intention des Arbeitszeitgesetzes, durch die Restringierung der Länge der täglichen Arbeitszeit die Ärzte vor Überbelastung und dadurch indirekt auch die Patienten vor daraus resultierenden Behandlungsfehlern zu schützen, muß also zumindest für die hier untersuchte Gruppe der Ärzte auf chirurgischen Intensivstationen von Universitätskliniken ernsthaft in Frage gestellt werden. Unsere empirische Untersuchung der Auswirkungen alternativer Arbeitszeitmodelle auf die Qualität der Patientenversorgung versuchte, den saldierten Einfluß der Teileffekte individuelle Arbeitsbelastung und organisatorische Kosten (Kurve A+B, Abb. 1) zu schätzen. Im Ergebnis wird im Zweischichtmodell ceteris paribus eine höhere Qualität der Patientenversorgung erzielt als im Dreischichtmodell (vgl. Abschn. C.II.). Die theoretisch vermuteten organisatorischen Probleme bei kürzeren täglichen Arbeitszeiten scheinen also empirisch von hoher Relevanz zu sein.[18]

Insgesamt kann somit geschlußfolgert werden, daß für chirurgische Intensivstationen, vermutlich aber auch für andere Bereiche mit ähnlichen Produktionsmerkmalen, die optimale tägliche Arbeitszeit (h*, Abb. 1) eher in der Nähe von 12 als von 8 Stunden liegt.

Auch wenn die hier vorgestellten empirischen Ergebnisse aufgrund der besonderen Probleme des Querschnittdesigns, der Beschränkung auf chirurgische Intensivstationen und der eher geringen Zahl an Krankenhäusern sicherlich keine endgültigen Schlußfolgerungen zulassen, geben sie doch begründeten Anlaß für die Vermutung, daß eine Beschränkung der täglichen Arbeitszeiten auf acht Stunden das Funktionieren der betrieblichen Abläufe in Krankenhäusern beeinträchtigt. Diese Beeinträchtigung scheint für die Qualität der Patientenversorgung von höherer Bedeutung zu sein als die mit der Verkürzung der täglichen Arbeitszeit vermeintlich verbundene Verringerung der individuellen Belastung der Ärzte. Daraus resultierend bleibt zu hoffen, daß entweder die starren Regulierungen des Arbeitszeitgesetzes gelockert werden oder zumindest die zuständigen Behörden verstärkt von der im § 15 Abs. 2 ArbZG vorgesehenen Ausnahmeregelung Gebrauch machen und längere tägliche Arbeitszeiten „im öffentlichen Interesse" zulassen.

Anmerkungen

* Die Autoren danken den Ärzten der chirurgischen Intensivstationen der Universitätskliniken Homburg/Saar, Köln, Leipzig, Lübeck, Regensburg und Würzburg, die die empirische Erhebung ermöglicht und durchgeführt haben. Die Studie wurde finanziell unterstützt durch die Fritz-Thyssen-Stiftung.
1 Faktisch scheint bei der Gestaltung des Arbeitszeitgesetzes allerdings das Motiv des Arbeitnehmerschutzes dominiert zu haben. Das Bundesministerium für Arbeit und Sozialordnung subsumiert auf seinen www-Seiten das Arbeitszeitgesetz bezeichnenderweise unter der Rubrik „Typische Arbeitsschutzgesetze" (http://www.bma.de/soziales/deutsch/kapit08.htm#h09, 30.09.1998). In einer Broschüre an der Arbeitszeitgesetzgebung beteiligten Bundesanstalt für Arbeitsschutz und Arbeitsmedizin heißt es mit bemerkenswerter Offenheit: „Im Vordergrund dieser gesetzlichen Regelung [des ArbZG] steht immer die gesundheitliche und soziale Unversehrtheit des einzelnen" (Bundesanstalt für Arbeitsschutz und Arbeitsmedizin 1998, S. 8).
2 Dabei kann die Arbeitszeit auf bis zu zehn Stunden täglich ausgeweitet werden, wenn dies innerhalb eines Zeitraums von sechs Monaten entsprechend ausgeglichen, also eine durchschnittliche tägliche Arbeitszeit von acht Stunden erreicht wird (§ 3 ArbZG). Der Ausgleichszeitraum kann nach § 7 Abs. 1 Nr. 1 ArbZG durch die Tarifparteien noch verlängert werden. Ebenso ist den Tarifparteien erlaubt, die tägliche Arbeitszeit an bis zu 60 Tagen im Jahr auf über zehn Stunden (auch ohne Ausgleich) zu verlängern. Ausgenommen von den vorgestellten Höchstgrenzen der täglichen Arbeitszeit sind vorübergehende Arbeiten in Notfällen, die unabhängig vom Willen der Betroffenen eintreten und unaufschiebbar sind (§ 14 Abs. 1 ArbZG). Weitere Ausnahmen können nach § 15 Abs. 2 ArbZG von der zuständigen Aufsichtsbehörde erlassen werden, wenn sie im öffentlichen Interesse dringend nötig sind (vgl. ausführlicher Bleistein 1996, Nebendahl 1995, Hammerschlag 1996).
3 Zur Diskussion im Deutschen Ärzteblatt siehe bspw. die Hefte v. 19.1.96, 31.5.96, 15.7.96, 13.9.96, 26.9.97, 7.11.97, 14.11.97, 5.12.97, 22.12.97, 27.2.98, 24.4.98, 1.5.98, 5.6.98. Die Schlagzeilen in Zeitungen reichen von „Arbeitszeit-Vorschriften für Ärzte werden nicht eingehalten" (FAZ v. 11.6.97, S. 15) über „Übermüdete Ärzte gefährden die Patienten" (Kölner Stadt-Anzeiger v. 24.10.97, S. 7) bis zu „Knebelung durch Arbeitszeitgesetz" (FAZ v. 06.05.98, S. N3).
4 Die öffentliche Diskussion konzentriert sich weit überwiegend auf den chronometrischen Aspekt von Arbeitszeiten: Gestritten wird um das Gesamtvolumen der Arbeitszeit. Weitgehend vernachlässigt wird hingegen der chronologische Aspekt von Arbeitszeiten, d.h. die Frage, wie ein gegebenes Gesamtvolumen an Arbeitsstunden auf Tage oder Wochen aufgeteilt werden soll (vgl. Neuberger 1997, S. 231ff).
5 In diesem Funktionsbereich muß ein annähernd gleichbleibend hoher Personaleinsatz über 24 Stunden pro Tag und an sieben Tagen in der Woche sichergestellt werden; die Restriktionen des Arbeitszeitgesetzes werden dort daher als besonders einschränkend wahrgenommen.

6 Hierbei sind Rüstzeiten der Produktion noch unberücksichtigt. In der Realität reichen für die Abdeckung einer Betriebszeit von 24 Stunden zwei zwölfstündige oder drei achtstündige Schichten nicht aus, weil auch Zeitaufwand für Informationsübergaben u.ä. eingeplant werden muß. Siehe dazu Abschn. B.II.1.

7 Dabei ist die Unterscheidung in die grundlegenden Alternativen „Zwei- oder Dreischichtmodell" grob und vereinfachend, und es ist eine Vielzahl an Zwischen- und Mischformen vorstellbar und in der Realität auch beobachtbar. Aus zwei Gründen scheint jedoch die Beschränkung auf diese beiden idealtypischen Ausprägungen gerechtfertigt: Erstens erlaubt sie die notwendige analytische Klarheit bei der Untersuchung der Auswirkungen alternativer Arbeitszeitmodelle. Zweitens ist die wichtigste Restriktion des Arbeitszeitgesetzes die Restriktion der Länge der täglichen Arbeitszeit. Dies ist wiederum das wichtigste Unterscheidungsmerkmal zwischen Zwei- und Dreischichtmodellen.

8 Im folgenden wird aus Vereinfachungsgründen immer die männliche Form verwendet, auch wenn selbstverständlich Personen beiderlei Geschlechts gemeint sind.

9 Zur Bedeutung der Kontinuität von ärztlichen Leistungen vgl. Canady et al. 1997; Baldwin et al. 1997.

10 Dies korrespondiert auch mit den Ergebnissen einer empirischen Studie zur Kontinuität der Patientenversorgung im Vergleich von Ärzten, die in vollen und halben Schichten arbeiten. Die Autoren stellen fest, daß eine Aufteilung von Schichten tendenziell negative Konsequenzen für die Kontinuität der Patientenversorgung hat (Baldwin et al. 1997, S. 743).

11 Diesem Ziel ist zwar auch die Verwaltungsleitung des Krankenhauses verpflichtet. In das Handeln der Verwaltungsleitung fließt aber neben dem Ziel einer hochwertigen Patientenversorgung auch (oder sogar vorrangig) das Ziel der Wirtschaftlichkeit der Leistungserbringung ein. Kostengesichtspunkte der Leistungserbringung werden in dieser Studie aber ausgeblendet.

12 Dem scheint zu widersprechen, daß alle Maßnahmen und Anordnungen aufwendig und formal dokumentiert werden. Die Klinikleitung kann also durchaus feststellen, welcher Arzt eine bestimmte Maßnahme angeordnet und/oder durchgeführt hat. Die Kontrollierbarkeit der nachgeordneten Ärzte wird dadurch aber nicht vollständig hergestellt. Denn dokumentiert werden können nur formalisierbare Informationen. Wie oben schon erläutert ist aber häufig die informelle, nicht-dokumentierbare Information entscheidend für den Erfolg der Behandlung.

13 Klassisches Shirking-Verhalten ist bei den hier behandelten nachgeordneten Ärzten eher unwahrscheinlich. Die Assistenzärzte in der Fachausbildung, die den größten Teil der nachgeordneten Ärzteschaft ausmachen, haben ein vitales monetäres und nicht-monetäres Interesse daran, ihre Ausbildung in möglichst kurzer Zeit abzuschließen. Sie werden also versuchen, die in den Pflichtkatalogen der Ausbildungsordnung festgeschriebenen Erfahrungen möglichst schnell zu sammeln. Dafür dürften sie auch bereit sein, ein hohes Arbeitspensum auf sich zu nehmen. Durch eine Reduktion des Arbeitseinsatzes schaden sich Assistenzärzte in der Facharztausbildung also tendenziell nur selbst.

14 Inwiefern sich die beschriebenen Anreize zu einem dysfunktionalen Verhalten der nachgeordneten Ärzte in ihrem tatsächlichen Verhalten niederschlagen, hängt neben der Beobachtbarkeit und Sanktionierbarkeit des Verhaltens auch von der weiteren Spezifizierung der Nutzenfunktion der Ärzte ab. Eine hochwertige Patientenversorgung und gute Behandlungsergebnisse dürften aus ethischen Gründen von den Ärzten höher geschätzt werden als eine minderwertige Patientenversorgung und schlechte Behandlungsergebnisse. Immerhin hat jeder Arzt einen Eid abgelegt, mit dem er sich zu diesem Ziel bekannt hat. Dies bedeutet, daß die beschriebenen Strategien der Eigennutzverfolgung dem Arzt nicht nur einen direkten positiven, sondern über die Beeinträchtigung des Behandlungserfolges auch einen indirekten negativen Nutzen stiften. Dieser Aspekt dürfte das Ausmaß des beschriebenen dysfunktionalen Verhaltens verringern.

15 Anzeichen für die Validität des Arguments höherer Kontrollkosten bei kürzeren täglichen Arbeitszeiten finden sich in den Erfahrungen von Betrieben mit Teilzeitarbeit. Wenn Arbeitsplätze zeitlich aufgeteilt werden, werden die Arbeitsergebnisse von einer Gruppe von Personen verantwortet (Müller 1985, S. 194, S. 199). Demzufolge weiß der Vorgesetzte dann nicht eindeutig, welche Person aus der Gruppe er bei Pannen zur Verantwortung ziehen kann, so daß der Kontrollaufwand ansteigt (ebda., S. 221ff; Shepard et al. 1996, S. 128). In empirischen Befragungen in Großbritannien und Deutschland klagen Arbeitgeber, die Job-Sharing oder andere Formen von

Teilzeitarbeit betreiben, über einen Verlust von „managerial control" (Meager/Buchan 1988, S. 5) bzw. von „Führungskapazität" (Kohler/Spitznagel 1995, S.346).

16 Dies korrespondiert mit den Ergebnissen von Cydulka et al. (1994), die für Notfallmediziner im Vergleich von 12- und 8-stündigen Schichtlängen keine signifikanten Unterschiede im Stress der Beschäftigten feststellen konnten.

17 Zwei jüngere Studien legen den Schluß nahe, daß die Arbeitsbelastung von Arbeitnehmern bei einer täglichen Arbeitszeit jenseits von zwölf Stunden stark ansteigt. Boudreaux et al. (1998) stellten fest, daß die Arbeitsbelastung von Notfallmedizin-Technikern bei 12-stündigen Schichten signifikant niedriger ist als bei 24-stündigen Schichten. Wesnes et al. (1997) untersuchten die Auswirkungen eines Dienstwochenendes auf die Leistungsfähigkeit von Assistenzärzten am Montag morgen. Die Schichtlängen an den Dienstwochenenden betrugen zwischen 17 und 19 Stunden. Hinzu kamen Bereitschaftsdienste während der Nacht. Wesnes et al. stellten eine signifikant geringere kognitive und emotionale Leistungsfähigkeit der Assistenzärzte nach diesen Dienstwochenenden im Vergleich zu einem Montag morgen nach einem dienstfreien Wochenende fest. Beide Studien verdeutlichen, daß die Belastbarkeit von Arbeitnehmern (auch von Ärzten!) durchaus ihre Grenzen hat, wobei diese offenbar bei einer täglichen Arbeitszeit von mehr als zwölf Stunden liegen.

18 Dieses Ergebnis stimmt grundsätzlich mit den Schlußfolgerungen der im ersten Abschnitt erwähnten Studie von Laine et al. (1993) überein. Dort wurden die Auswirkungen einer vom Staat New York auferlegten Verkürzung der wöchentlichen Arbeitszeit von etwa 100 auf etwa 80 Stunden („Code 405") untersucht. Obwohl diese gesetzliche Vorschrift im Vergleich zum deutschen Arbeitszeitgesetz weitaus weniger restriktiv ist, stellen auch Laine et al. nach Inkrafttreten des Codes 405 einen signifikanten Anstieg der relativen Häufigkeit von Komplikationen und Verzögerungen bei diagnostischen Tests fest. Gemessen an diesen Indikatoren hat sich somit infolge der dort untersuchten Verkürzung der ärztlichen Arbeitszeit die Qualität der Patientenversorgung verschlechtert (Laine et al. 1993, S. 378).

Literatur

Alchian, A. A.; Demsetz, H. (1972): Production, Information Costs, and Economic Organization. In: The American Economic Review, 62: 777–795.

Aust, Birgit (1994): Zufriedene Patienten? Eine kritische Diskussion von Zufriedenheitsuntersuchungen in der gesundheitlichen Versorgung. Working Paper des Wissenschaftszentrums Berlin für Sozialforschung, Februar 1994.

Baldwin, P. J.; Newton, R. W.; Buckley, G.; Roberts, M. A.; Dodd, M.: Senior House Officers in Medicine (1997): Postal Survey of Training and Work Experience. In: The British Medical Journal, (314): 740–743.

Bleistein, F. (1996): Zweifelsfragen zum Arbeitszeitgesetz: § 3 (Arbeitszeit), § 4 (Ruhepausen), § 5 (Ruhezeit). In: b+p, Nr. 2, 67–70.

Boudreaux, E.; Mandry, Ch.; Brantley, P. J. (1998): Emergency Medical Technician Schedule Modification: Impact and Implications during Short- and Long-term Follow-up. In: Academic Emergency Medicine, 5: 128–133.

Bundesanstalt für Arbeitsschutz und Arbeitsmedizin (Hg.) (1998): Leitfaden zur Einführung und Gestaltung von Nacht- und Schichtarbeit. Bremerhaven.

Canady, J. W.; Means, M. E.; Wayne, I.; Thompson, S. A.; Richman, L. C. (1997): Continuity of Care: University of Iowa Cleft Lip/Palate Interdisciplinary Team. In: Cleft Palate-Craniofacial Journal, 34: 443–46.

Cydulka, R. K.; Emerman, Ch. L.; Shade, B.; Kubincanek, J. (1994): Stress Levels in EMS Personnel: A Longitudinal Study with Work-Schedule Modification. In: Academic Emergency Medicine, 1: 240–46.

Daugherty, S. R.; Baldwin, Jr., D. C. (1996): Sleep Deprivation in Senior Medical Students and First-year residents. In: Academic Medicine, 71, 1: S93–S95.

Donabedian, A. (1980): The Definition of Quality and Approaches to its Assessment. Ann Arbor.

Hammerschlag, L. (1996): Verunsicherung statt besserer Arbeitsschutz. In: Deutsches Ärzteblatt 93, Heft 22, A-1438–1440.
Harris, J. E. (1977): The Internal Organization of Hospitals: Some Economic Implications. In: Bell Journal of Economics, 8, 2: 467–482.
Haupt, R.; Holters, U. (1991): Job-Sharing in der Bundesrepublik Deutschland und in Großbritannien. In: WiSt, 9: 446–450.
Herder-Dorneich, Ph. (1981): Problemgeschichte der Gesundheitsökonomie. In: Herder-Dorneich, Ph.; Sieben, G.; Thiemeyer, Th. (Hg.): Wege zur Gesundheitsökonomie I. Baden-Baden: 12–45.
Holmstrom, B. (1982): Moral Hazard in Teams. In: Bell Journal of Economics, 13: 324–340.
Keene, A. R.; Cullen, D. J. (1983): Therapeutic Intervention Scoring System: Update 1983. In: Critical Care Medicine, 11, 1: 1–3.
Kienzle, H.-F.; Jansen, Ch. (1997): Das Arbeitszeitgesetz – Realität oder Fiktion? In: Deutsches Ärzteblatt, 94, 39: A-2477–2479.
Keene, A. R.; Cullen, D. J. (1983): Therapeutic Intervention Scoring System: Update 1983. In: Critical Care Medicine, 11, 1: 1–3.
Knaus, W. A.; Zimmerman, J. E.; Wagner, D. P.; Draper, E. A.; Lawrence, D. E. (1981): APACHE – Acute Physiology and Chronic Health Evaluation: A Physiologically Based Classification System. In: Critical Care Medicine, 9, 8: 591–597.
Knauth, P. (1997): Changing Schedules: Shiftwork. In: Chronobiology International, 14: 159–71.
Kohler, H.; Spitznagel, E. (1995): Teilzeitarbeit in der Gesamtwirtschaft und aus der Sicht von Arbeitnehmern und Betrieben in der Bundesrepublik Deutschland. In: Mitteilungen aus der Arbeitsmarkt- und Berufsforschung, 3: 339–364.
Kutscher, J.; Weidinger, M.; Hoff, A. (1996): Flexible Arbeitszeitgestaltung. Wiesbaden.
Laine, Ch.; Goldman, L.; Soukup, J. R.; Hayes, J. G (1993): The Impact of a Regulation Restricting Medical House Staff Working Hours on the Quality of Patient Care. In: The Journal of the American Medical Association, 269: 374–78.
Leung, L.; Becker, Ch. E. (1992): Sleep Deprivation and House Staff Performance. In: The Journal of Occupational Medicine, 34: 1153–1160.
Meager, N.; Buchan, J. (1988): Job-Sharing and Job-Splitting. Employer Attitudes. Working Paper des Institutes of Manpower Studies. Juni 1988.
Mitler, M. M.; Miller, J. C.; Lipsitz, J. J.; Walsh, J. K.; Wylie, C. D. (1997): The Sleep of Long-Haul Truck Drivers. In: The New England Journal of Medicine, 337: 755–61.
Müller-Seitz, P. (1996): Erfolgsfaktor Arbeitszeit. München.
Müller, Ch. (1985): Organisatorische Gestaltung des Job Sharing in der Unternehmung. Köln 1985.
Nebendahl, M. (1995): Das neue Arbeitszeitgesetz. In: WiB, Heft 4, 145–151.
Neuberger, O. (1997): Personalwesen 1. Stuttgart.
Rosa, R. R.; Colligan, M. J.; Lewis, P. (1989): Extended Workdays: Effects of 8-hours and 12-hour Rotating Shift Schedules on Performance, Subjective Alertness, Sleep Patterns, and Psychosocial Variables. In: Work & Stress, 3: 21–32.
Rosa, R. R. (1991): Performance, Alertness and Sleep after 3–5 Years of 12 h shifts: A Follow-up Study. In: Work & Stress, 5: 107–116.
Schwartz, A. (1997): Informations- und Anreizprobleme im Krankenhaussektor. Wiesbaden.
Shepard, E. M. III; Clifton, Th. J.; Kruse, D. (1996): Flexible Work Hours and Productivity: Some Evidence from the Pharmaceutical Industry. In: Industrial Relations, 35, 1: 123–139.
Smith, L.; Folkard, S.; Tucker, Ph.; Macdonald, I. (1998): Work Shift Duration: A Review Comparing Eight Hour and 12 Hour Shift Systems. In: Occupational and Environmental Medicine, 55: 217–229.
Steiner, P. (1997): Messung und Bewertung öffentlicher Leistungen – Der Krankenhausoutput. Sternenfels.
Thinnes, P. (1996): Arbeitszeitmuster in Dienstleistungsbetrieben. Frankfurt/M.; New York.
Ulsenheimer, K. (1992): Zur zivil- und strafrechtlichen Verantwortlichkeit des Arztes unter besonderer Berücksichtigung der neueren Judikatur und ihrer Folgen für eine defensive Medizin. In: Medizinrecht, 10, 3: 127–176.
Wesnes, K. A.; Walker, M. B.; Walker, L. G.; Heys, S. D.; White, L.; Warren, R.; Eremin, O. (1997): Cognitive Performance and Mood after a Weekend on Call in a Surgical Unit. In: The British Journal of Surgery, 84: 493–95.

Achim Krings, Uschi Backes-Gellner, Elfriede Bollschweiler und Arnulf H. Hölscher

Zusammenfassung

Seit dem 1.1.1996 gelten auch für Ärzte in Krankenhäusern die rechtlichen Bestimmungen des Arbeitszeitgesetzes. Durch diese Änderung der rechtlichen Rahmenbedingungen geriet vielerorts die Praxis der Arbeitszeitorganisation unter Veränderungsdruck. Der vorliegende Beitrag untersucht die Auswirkungen zweier typischer Schichtmodelle auf die Qualität der Patientenversorgung in der chirurgischen Intensivmedizin. Verglichen werden Zwei- und Dreischichtmodelle mit einer täglichen Arbeitszeit von zwölf bzw. acht Stunden. Die Arbeitswissenschaft, auf die sich auch das Arbeitszeitgesetz beruft, läßt für das Dreischichtmodell eine geringere Belastung der Ärzte und damit auch bessere Resultate bei der Patientenversorgung vermuten. Empirisch können wir allerdings keinen signifikanten Unterschied in der individuellen Belastung von Ärzten feststellen, die in Zwei- und Dreischichtmodellen arbeiten. Organisationsökonomische Argumente lassen auf der anderen Seite für das Dreischichtmodell einen höheren Koordinations- und Kontrollaufwand erwarten. Unsere empirische Untersuchung demonstriert die empirische Bedeutung dieser organisatorischen Probleme von kurzen täglichen Arbeitszeiten. In der Summe ist c.p. die Qualität der Patientenversorgung im Zweischichtmodell höher als im Dreischichtmodell. Die Beschränkung der täglichen Arbeitszeit auf durchschnittlich acht Stunden, wie sie das Arbeitszeitgesetz vornimmt, ist daher zumindest für die Intensivmedizin eher skeptisch zu beurteilen.

Summary

The German Working Time Act (*Arbeitszeitgesetz*) which came in force on January 1st, 1996 for hospital physicians dictates severe restrictions on daily working time. Thereby, well-established working time patterns in hospitals became legally disputable. This paper analyses the impact of alternative shift models on the quality of patient care in surgical intensive care units: the two- and the three-shift-model with shift durations of twelve resp. eight hours. The *Arbeitszeitgesetz* refers to ergonomic studies which imply a lower work load and a higher quality of patient care in the three-shift-model. However, we cannot empirically find a significant difference in the work load of physicians under the two different shift-models. On the other hand, Institutional Economics predicts greater problems of coordination and control in three-shift-models. We demonstrate that short daily working hours in fact raise empirically relevant organizational problems. Overall, we find a higher quality of patient care in the two-shift-model, other things being equal. Hence, the limitation of working time to eight hours a day which is established in the *Arbeitszeitgesetz* has to be judged as rather detrimental to quality of patient care in surgical intensive care units.

012: Krankenhausbetriebslehre
36: Arbeitszeitgestaltung

Spezialisierung und Kooperation als Strukturoptionen für deutsche Krankenhäuser im Lichte computergestützter Modellrechnungen

Von Manfred Meyer und Anja Harfner

Überblick

- Für die deutschen Krankenhäuser ist ein neues Finanzierungssystem in Vorbereitung: Tagespauschalen werden mittelfristig vollständig durch krankheitsarten-spezifische Fallpauschalen ersetzt werden.

- Der Beitrag zeigt, daß und mit welcher Wirkung dadurch für die Krankenhäuser Anreize zur Spezialisierung auf die Versorgung einer begrenzten Anzahl von Krankheitsarten geschaffen werden. Durch Kooperationen kann jedoch die Versorgungssicherheit in einer Region gewährleistet und können zudem Einsparungen erreicht werden.

- Als Untersuchungsmethode werden Szenarienrechnungen mit empirisch erhobenen Daten verwendet. Kern der Szenarienrechnungen sind Modelle der Linearen Programmierung. Zur Stabilisierung der Kooperationen werden Zahlung nach dem Shapley-Wert-Konzept berechnet.

Eingegangen: 28. Mai 1999

Professor Dr. Manfred Meyer ist Inhaber des Lehrstuhls für Betriebswirtschaftslehre, insbesondere Operations Research der Universität Erlangen-Nürnberg und Lehrbeauftragter für Krankenhausmanagement an der Medizinischen Hochschule Hannover. Arbeitsgebiet: OR-Methoden für die Entscheidungsunterstützung im Gesundheitswesen, Entwicklung krankenhausbezogener Unternehmensplanspiele. Anschrift: Lange Gasse 20, 90403 Nürnberg.

Dr. Anja Harfner ist Consultant für den Bereich Soziale Sicherheit bei der Siemens Business Services GmbH, Nürnberg, und war zuvor Wissenschaftliche Mitarbeiterin am o.g. Lehrstuhl. Arbeitsgebiet: Beratung von Einrichtungen des Gesundheitswesens, insbesondere von Sozialversicherungsträgern, Krankenhäusern und Verbänden. Anschrift: Colmberger Str. 2, 90451 Nürnberg.

© Gabler-Verlag 1999

A. Indizien für einen Strukturwandel im deutschen Krankenhauswesen

Die Krankenhausstatistik spricht eine deutliche Sprache (Statistisches Bundesamt 1997 und 1998). Danach sind in Deutschland seit 1990 und bis einschließlich 1997 Jahr für Jahr ca. 20 Krankenhäuser geschlossen worden. Obwohl dieser Trend auch vor 1990 zu beobachten war, haben wir 1990 als Basisjahr gewählt, weil wir der ab 1990 gültigen Krankenhausdefinition gemäß § 107 Abs. 1 Sozialgesetzbuch Fünftes Buch folgen wollen, mit ihrer neuen Abgrenzung von „Krankenhäusern" gegenüber „Vorsorge- und Rehabilitationseinrichtungen". Im gleichen Zeitraum ist die Zahl der Krankenhausbetten um jährlich ca. 14.000 zurückgegangen, was darauf schließen läßt, daß die Verringerung der Anzahl der Krankenhäuser nicht zur Ausweitung der Betriebsgröße überlebender Häuser geführt hat. Vielmehr liegt eine echte Kapazitätsreduktion vor. Bemerkenswerterweise ist diese aber nicht mit einer Reduktion der Anzahl der vollstationär behandelten Fälle verbunden, sondern mit deren stetiger Erhöhung auf 15,5 Millionen in 1997, bei einer ebenso stetigen Abnahme der durchschnittlichen Verweildauer auf 11,0 Tage.

Fragt man nach den Ursachen dieser Entwicklung, so bietet sich in erster Linie die prinzipielle Änderung der Finanzierung der Krankenhausbetriebskosten aus den Mitteln der Krankenkassen als Erklärung an. Die frühere Kostenerstattung durch krankenhausindividuelle Tagespauschalen („Allgemeine Pflegesätze") war unabhängig von der Krankheitsart des einzelnen Patienten. Sie bot den Anreiz, Patienten möglichst lange im Krankenhaus zu behalten und stationäre Kapazitäten auszuweiten. Die neue Finanzierung durch prospektiv festgelegte Krankheitsarten-spezifische Fallpauschalen und Sonderentgelte ist in ihrer Höhe unabhängig von den Bedingungen des einzelnen Krankenhauses. Sie eröffnet daher Gewinnchancen wie Verlustrisiken und fördert die Neigung, möglichst viele Patienten für möglichst kurze Zeit stationär aufzunehmen.

Die Umstellung der deutschen Krankenhausfinanzierung orientiert sich an den USA. Dort war bereits 1967 von *Robert B. Fetter* aus dem Department of Operations Research der Yale University der Vorschlag gemacht worden, bei der Finanzierung der Krankenhauspatienten von der Kostenerstattung auf prospektiv festgelegte Krankheitsarten-spezifische Fallpauschalen überzugehen (Fetter, 1991). Und mit den Techniken der Cluster-Analyse lieferte Fetter zugleich eine effiziente Vorgehensweise zur zweckmäßigen Abgrenzung und Definition von Krankheitsarten (*Diagnosis Related Groups, DRGs*). Das neue Finanzierungssystem wurde 1983 in allen Medicare-Krankenhäusern der USA eingeführt und nach einigen Jahren Laufzeit von so renommierten Einrichtungen wie der Beratungsfirma *Ernst & Whinney* (Davis/Rhodes, 1988) und *The Brookings Institution* (Russell, 1989) evaluiert. Das übereinstimmende Ergebnis: Verweildauern und (!) Fallzahlen sind zurückgegangen und die finanziellen Einsparungen gegenüber dem alten System werden im Bereich zwischen 15 und 20% jährlich eingeschätzt. Dies sind nicht die Einsparungen bei den Krankenhäusern selbst, sondern die (geringeren) Gesamteinsparungen, die auch die Verlagerung von leichten Fällen in die ambulante Behandlung mit ihren Kostenfolgen berücksichtigt. Daß es trotz dieser Einsparungen zu keiner Verschlechterung der Versorgungsqualität gekommen ist, wird auf die 1984 vom *US Congress* geschaffenen unabhängigen *Peer Review Organizations (PROs)* zurückgeführt. PROs sind beauftragt, in den Medicare-Krankenhäusern Überprüfungen der Patientenakten vorzunehmen und erforderlichenfalls die Zahlung von Fallpauschalen zu stoppen. Solche Überprüfungen beziehen sich insbesondere auf folgende Sachverhalte: unnötige stationäre Aufnahmen, verfrühte Entlassungen, nosokomiale Infektionen, Infektionen zwischen Patienten, chirurgische Komplikationen und Medikationsfehler.

Von *Preston* (1992), der sich auf zahlreiche weitere Autoren bezieht, wird das neue Finanzierungssystem als Ursache für ein gründlich verändertes Führungs- und Entscheidungsverhalten in amerikanischen Krankenhäusern benannt. Mit der Sicht der zu behandelnden Krankheitsarten als „Produkte" wurden Krankenhäuser nun zu vielstufigen komplexen „Produktionsbetrieben" mit hohen Ansprüchen an detaillierte entscheidungsorientierte Kostenrechnungssysteme und Controllingverfahren. Zugleich entwickelte sich das Denken in gewinn- bzw. verlustträchtigen Produkten, d.h. Krankheitsarten, und gegebenenfalls auch die intensive Suche nach Verlustquellen. Es folgten operative Maßnahmen, wie die Bildung von Einkaufskooperationen und die Umstrukturierung von Behandlungsabläufen, sowie strategische Weichenstellungen, wie die Verlagerung von vormals stationären Behandlungen in den ambulanten Bereich und die Spezialisierung auf gewinnträchtige Krankheitsarten.

In den USA wurde die Fallpauschalen-Finanzierung inzwischen auf nahezu 1.500 Krankheitsarten ausgedehnt und auch von anderen als den Medicare-Krankenhäusern übernommen. Deutschland befindet sich in einer sehr langwierigen Einführungsphase, in der Interessenverbände erhebliche Abschwächungen gegenüber dem Original durchsetzen konnten. Insbesondere fehlen Einrichtungen, die den *Peer Review Organisations* (PROs) entsprechen. Doch zeigen neuere Veröffentlichungen in den bekanntesten deutschen Krankenhaus-Fachzeitschriften *Das Krankenhaus, führen und wirtschaften im Krankenhaus* und *krankenhaus umschau* eine deutliche Akzentverschiebung hin zu Managementthemen, was den bereits genannten Befunden von *Preston* (1992) entspricht.

B. Spezialisierungsoptionen als Gegenstand von Labormodellen

Eins der Ergebnisse solcher Akzentverschiebungen ist die Frage nach ertragsmaximalen Behandlungsprogrammen. D.h. Krankenhausmanager und -controller möchten diejenigen, über das Finanzierungssystem definierten Krankheitsarten ermitteln, deren Behandlung aufgrund der jeweils zugehörigen Fallpauschalen („Fallpreise") ihrem Haus einen möglichst hohen Gewinn/Überschuß garantiert. Da sich diese Frage aber letztlich darauf zuspitzt, wie Engpaßkapazitäten am ertragreichsten eingesetzt werden können, andererseits Engpässe erst mit dem ertragsmaximalen Behandlungsprogramm selbst erkannt werden können, ist ihre Beantwortung nicht trivial. Vielmehr ist dazu ein mathematisches Modell erforderlich, dessen konvergierende Lösungsschritte beides simultan untersuchen (Meyer, 1996). Die Lösung eines solchen Modells schlägt in der Regel eine Bereinigung des Behandlungsprogramms vor, d.h. eine Spezialisierung auf die Behandlung einer geringeren Anzahl von Krankheitsarten bei gleichzeitiger Erhöhung der betreffenden Fallzahlen.

Zunächst wollen wir anhand eines sehr kleinen Zahlenbeispiels nur das prinzipielle Aussehen eines solchen mathematischen Modells erläutern. In Anlehnung an naturwissenschaftliche und technische Laborversuche benutzen wir dafür den Begriff „*Labormodell*". Entsprechende Modelle mit realistischen Größenordnungen werden wir später dann als „*Feldmodelle*" bezeichnen.

Tab. 1: Ressourceneinsatz pro Patient in der Laborsituation

	Krankheitsart A	Krankheitsart B	Krankheitsart C
Arbeitszeit Diagnostik [h]	0,5	0,75	0,25
Arbeitszeit Operationssaal [h]	1	0,75	2
Arbeitszeit Pflege [h]	2	2	3
Verweildauer [Tage]	4	4	7

In der Laborsituation werden in einem Krankenhaus Patienten mit den Krankheitsarten A, B und C behandelt. Dazu ist ein Ressourceneinsatz pro Patient gemäß Tab. 1 erforderlich.

Als Ressourcenverfügbarkeit in einem definierten Betrachtungszeitraum „Periode" soll gelten: 6 Diagnostikstunden, 8 OP-Stunden, 20 Pflegestunden und 40 Bettentage. Damit mögen in der Vergangenheit je Krankheitsart und Periode 2 Patienten behandelt worden sein, und zwar entsprechend dem Einweisungsverhalten niedergelassener Ärzte. Ganzzahlig gesehen, ist der OP dann ausgelastet.

Für die Laborsituation soll gelten, daß das ertragsmaximale Behandlungsprogramm gesucht wird, allerdings ohne daß bezüglich seiner Realisation eine Veränderung der Ressourcenverfügbarkeit beabsichtigt ist. Dann kann jedes mögliche Programm mit Hilfe von Falldeckungsbeiträgen allein aus den Fallpauschalen der Krankheitsarten minus der jeweiligen Patienteneinzelkosten bewertet werden, um das beste Programm zu finden. Mit solchen Falldeckungsbeiträgen in Höhe von 300 DM pro Patient der Krankheitsart A, 250 DM pro Patient der Krankheitsart B und 400 DM pro Patient der Krankheitsart C wird derzeit (2 Patienten je Krankheitsart werden behandelt) ein Programmdeckungsbeitrag in Höhe von 1.900 DM pro Periode erzielt.

Will man nicht die kombinatorische Vielzahl aller möglichen Behandlungsprogramme entwerfen, bewerten und vergleichen, um das beste zu finden, so bleibt nur der Weg über die Aufstellung (mit den beschriebenen Daten) und Lösung des folgenden mathematischen Modells:

Bestimme Patientenzahlen X_A, X_B, X_C für die Krankheitsarten A, B bzw. C so, daß die Zielfunktion

$$Z = 300X_A + 250X_B + 400X_C$$

bei Beachtung der Restriktionen:

$$0,5X_A + 0,75X_B + 0,25X_C \leq 6$$
$$1X_A + 0,75X_B + 2X_C \leq 8$$
$$2X_A + 2X_B + 3X_C \leq 20$$
$$4X_A + 4X_B + 7X_C \leq 40$$

maximiert wird.

Spezialisierung und Kooperation

Schon lange gibt es für die Lösung derartiger Modelle der Linearen Programmierung (LP) komfortable Software (Meyer/Hansen, 1996, S. 58). Sie liefert hier die optimalen Variablenwerte:

$$X_A = 4 \qquad X_B = 5{,}333 \qquad X_C = 0$$

und den maximalen Programmdeckungsbeitrag (gerundet) $Z = 2.533$ DM pro Periode. Dies ist ein Zuwachs von 33% gegenüber dem früheren Programm, ohne daß Ressourcen aufgestockt werden müssen.

In diesem optimalen Behandlungsprogramm werden also die Krankheitsarten A und B mit erhöhten Fallzahlen für eine Spezialisierung vorgeschlagen. Dafür verschwindet die Krankheitsart C mit dem höchsten (!) Falldeckungsbeitrag völlig aus dem Programm. Sie würde erst dann wieder aufgenommen werden, wenn ihr Falldeckungsbeitrag auf mindestens 550 DM ansteigen würde, z.B. aufgrund einer um 150 DM höheren Fallpauschale. Genau 550 DM Falldeckungsbeitrag für Krankheitsart C ergibt das alternative optimale Behandlungsprogramm mit 7,619 Patienten der Krankheitsart B, 1,143 Patienten der Krankheitsart C und einem Programmdeckungsbeitrag von ebenfalls 2.533 DM pro Periode.

Die vorstehenden Informationen können ebenfalls der Lösung des LP-Modells entnommen werden. Desweiteren erhält man eine detaillierte Analyse der Kapazitätssituation. Danach sind Diagnostik und OP die Engpässe des optimalen Behandlungsprogramms mit den Krankheitsarten A und B. Hinzu kommt die monetäre Bewertung dieser Engpässe. So wird eine Diagnostikstunde mit 67 DM bewertet und eine OP-Stunde mit 267 DM. Dies bedeutet, daß bei Erhöhung der Diagnostikverfügbarkeit auf 7 Stunden pro Periode der Programmdeckungsbeitrag von bisher 2.533 um 67 DM auf 2.600 DM ansteigt, oder alternativ, bei Erhöhung der OP-Verfügbarkeit auf 9 Stunden pro Periode, von bisher 2.533 DM um 267 DM auf 2.800 DM. Damit wären jeweils auch Veränderungen der Anzahl der zu behandelnden Fälle verbunden: Bei (alleiniger) Erhöhung der OP-Verfügbarkeit auf 9 Stunden pro Periode besteht das optimale Programm in der Behandlung von 6 Patienten mit der Krankheitsart A und 4 Patienten der Krankheitsart B. Allerdings muß sich die Interpretation der 267 DM als „Wert einer OP-Stunde" auf marginale Kapazitätsveränderungen beschränken. Ein weiterer Zuwachs der OP-Verfügbarkeit auf 10 Stunden pro Periode würde den Programmdeckungsbeitrag nur noch um 200 DM auf 3.000 DM wachsen lassen, mit der alleinigen Behandlung von 10 Patienten der Krankheitsart A. Die vorstehend diskutierten *marginalen Ressourcenwerte* sind eng mit *Eugen Schmalenbachs* „Betriebswert" verwandt (Schmalenbach, 1948). Sie sind es, die aufgrund ihrer spezifischen Engpaßbewertung zum Verzicht auf die Behandlung von Krankheitsart C führen.

Die Erweiterbarkeit des vorstehenden Modells auf eine beliebige Anzahl von Krankheitsarten einerseits und von Ressourcentypen andererseits ist offensichtlich. Darüber hinaus kann die Verfügbarkeit von Ressourcen leicht in Form von bewertbaren Entscheidungsvariablen modelliert werden. Dadurch kann deren Aufbau, Abbau und Verlagerung berücksichtigt werden. Ebenso können Ober- oder Untergrenzen für die zu behandelnden Fallzahlen der Krankheitsarten dem Modell hinzugefügt werden.

Das beschriebene Labormodell folgte in seiner Ausgestaltung der Voraussetzung, daß, trotz der möglichen Reduzierung der zu behandelnden Krankheitsarten, alle bisherigen Ressourcen verfügbar bleiben. Dadurch konnte die Zielfunktion Z allein aus Falldeckungsbeiträgen aufgebaut werden. Der Wirklichkeit kommt indessen folgende Erweiterung des Labormodells sehr viel näher, die ihm zugleich einen prinzipiell veränderten Charakter verleiht: Für die Behandlung von Patienten der Krankheitsarten A und B sei auch eine Funktionsabteilung erforderlich, deren Ausstattung von den Patientenzahlen der Krankheitsarten A und B unabhängig ist, und die verfügbar sein muß, solange noch ein einziger Patient dieser beiden Krankheitsarten behandelt wird. Sie kann geschlossen werden, wenn nur noch Patienten der Krankheitsart C zu versorgen sind. Solange sie existiert, verursache die Funktionsabteilung nur ihr direkt zurechenbare Kosten in Höhe von k DM pro Periode.

Mathematisch läßt sich dieser Sachverhalt so formulieren: Die Ungleichung

$$50Y \geq X_A + X_B$$

ist den Restriktionen des Labormodells hinzuzufügen, und die bisherige Zielfunktion ist zu ersetzen durch

$$Z^* = 300X_A + 250X_B + 400X_C - kY.$$

Darin ist Y eine binäre Variable mit dem Wertepaar Y = 1 (Funktionsabteilung geöffnet) und Y = 0 (Funktionsabteilung geschlossen). Als Koeffizient von Y wird in der Ungleichung mit 50 eine Zahl gewählt, die lediglich größer sein muß, als die in der Laborsituation erreichbare maximale Patientenzahl $X_A + X_B$; man hätte auch 100 oder 1.000 einsetzen können. In der neuen zu maximierenden Zielfunktion Z^* wird Y schließlich mit den direkten Kosten der Funktionsabteilung bewertet und damit der bisherigen Deckungsbeitragsrechnung eine weitere Stufe hinzugefügt. Dieses Prinzip kann im Sinne einer vielfach gestuften (verursachungsgerechten!) Deckungsbeitragsrechnung fortgesetzt werden, so daß niemals eine Kostenschlüsselung erforderlich wird. Übrigens würden in der optimalen erweiterten Laborsituation, d.h. bei Maximierung von Z^*, weiterhin 4 Patienten der Krankheitsart A und 5,333 Patienten der Krankheitsart B versorgt, solange k nicht den Betrag von 933 DM übersteigt. Ab k = 934 DM würde dagegen die Funktionsabteilung geschlossen, und die Versorgung beschränkte sich auf 4 Patienten der Krankheitsart C.

C. Spezialisierungsoptionen in Feldmodellen

Im Rahmen des Promotionsprojektes der Mitautorin des vorliegenden Aufsatzes wurde die Struktur des Labormodells als Konstruktionskern von Feldmodellen verwendet (Harfner, 1999). Dabei wurde mit dem Modell eines einzelnen Krankenhauses begonnen und dieses dann zu Simultanmodellen für 2 bzw. 5 Häuser erweitert. Da alle Häuser als Gegenstand von Feldmodellen jeweils realistische Größen und Komplexität aufweisen mußten, wurden die Modelle entsprechend umfangreich: Für das 1-Krankenhaus-Modell waren 97 Variablen und 63 Restriktionen erforderlich, für das 5-Krankenhaus-Modell 490 Variablen und 377 Restriktionen. Zur Durchführung von Szenarienrechnungen mit diesen Modellen wurde die Software XPRESS-MP (Dash, 1996) auf einem Pentium-Rechner (100 MHz, 16 MB Hauptspeicher, 800 MB Festplattenkapazität) eingesetzt. Bei den großen Modellen ergaben sich Rechenzeiten von bis zu 14 Stunden, wofür insbesondere die erhebliche Anzahl von binären Variablen verantwortlich ist. Für ein ähnlich strukturiertes Modell aus einem anderen Anwendungsbereich mit 2.500 Restriktionen und 3.000

Variablen (davon 1.500 binär) wird dagegen, bei Verwendung einer IBM RS/6000-590, eine Rechenzeit von 1 Stunde genannt (Dell, 1998).

Für die Konstruktion des 1-Krankenhaus-Modells (K1) wurden Daten veröffentlicher Krankenhausstatistiken aufgearbeitet, insbesondere aber die Ergebnisse spezifischer Erhebungen in geeigneten Pilotkrankenhäusern verwendet. Eine Diplomanden-Projektgruppe hat zu beiden Bereichen ganz wesentliche Beiträge geliefert (Henkel, 1998; Koch, 1998; Wagner, 1998). Die K1-Leistungsseite in der Ausgangssituation zeigt Tab. 2. Darin werden mit VG jeweils Versorgungsgruppen eingeführt (anstelle der Krankheitsarten im Labormodell), so daß praxistypische Fallpauschalen zugeordnet werden können. VD sind die Verweildauern.

Die 5 Versorgungsgruppen jeder bettenführenden Abteilung wurden so ausgewählt, daß damit die in der Praxis am häufigsten dort behandelten Krankheitsarten erfaßt sind. Die Verweildauern stammen aus Patientenakten der Pilotkrankenhäuser. Zu den 384 Betten des Modellkrankenhauses sind 16 Betten einer Intensivstation hinzuzurechnen; damit kann das 400-Bettenhaus als repräsentativ für die Versorgung einer Region mit ca. 75.000 Einwohnern angesehen werden. Dem entsprechen auch die ca. 12.000 stationären Fälle mit ihrer Zuordnung zu den Versorgungsgruppen gemäß Tab. 2. Um wahrscheinlichen Zukunftsentwicklungen gerecht zu werden, erhält das Modellkrankenhaus auch die Möglichkeit zur Durchführung ambulanter Operationen in fünf weiteren Versorgungsgruppen. Sie sind in Tab. 3 dargestellt, mit den EBM-Nummern aus dem Entgeltkatalog für ambulantes Operieren (o.V., 1993).

Für die Formulierung der Zielfunktion des K1-Modells wurde eine detaillierte dreistufige Deckungsbeitragsrechnung entwickelt, mit entsprechend konstruktiv aufgearbeiteten Kostendaten, insbesondere aus den Pilotkrankenhäusern. Zur Quantifizierung ihres Erlösteils wurden in Deutschland verfügbare Fallpauschalen verwendet, anderenfalls plausible Ergebnisse u.a. aus spezifischen Nachkalkulationen in den Pilotkrankenhäusern. Als Punktwerte für Personal- und Sachmitteleinsatz galten jeweils mit Patientenzahlen gewichtete Durchschnitte aus den 15 Bundesländern sowie Ost- und Westberlin (Goergen/Riedel/Vetter, 1997). Damit ergaben sich schließlich die Fallpauschalen in Tab. 4.

Bei der Formulierung der Restriktionen des K1-Modells wurden Betten, Geräte (z.B. in Labors und Röntgenabteilungen) sowie Funktionsräume (z.B. OPs und Kreißsäle) als begrenzende Ressourcen angesehen. Unveränderlich in Zusammensetzung und Anzahl war auch das Führungspersonal des Krankenhauses. Dagegen konnte dasjenige Personal, das direkt für die Patientenversorgung zuständig ist (Ärzte, Pflegekräfte, Personal der Funktionsdienste sowie des Medizinisch-technischen Dienstes) in Zusammensetzung und Anzahl auf ein zu wählendes Versorgungsprogramm (jeweils Anzahl der Patienten in den Versorgungsgruppen) abgestimmt werden.

Mit dem K1-Modell wurden die folgenden 5 Szenarien simuliert:
– Erfüllung des Versorgungsauftrags (EV),
– freie Patientenwahl (FP),
– Erfüllung des Versorgungsauftrags und freie Patientenwahl (EV+FP),
– Erfüllung des Versorgungsauftrags, freie Patientenwahl und Bettenumschichtung zwischen den Abteilungen (EV+FP+BU) sowie
– Erfüllung des Versorgungsauftrags, freie Patientenwahl und maximal 5% Bettenumschichtung zwischen den Abteilungen (EV+FP+BU5).

Tab. 2: Leistungsdaten für das K1-Modell

Abteilung	VG Nr.	ICD-9 Nr.	Kurzbezeichnung	Patienten pro Jahr	∅ VD in Tagen
Innere Medizin 185 Betten	1	414	Koronararteriosklerose	1.686	9
	2	428	Herzinsuffizienz	941	17
	3	427	Herzrhythmusstörungen	817	11
	4	250	Diabetes mellitus	689	14
	5	436	Akute, aber mangelhaft bezeichnete Hirngefäßkrankheiten	618	20
Chirurgie 104 Betten	6	550	Leistenbruch	925	9
	7	850	Commotio cerebi	886	5
	8	574	Cholelithiasis	804	11
	9	540	Appendizitis	705	8
	10	454	Varizen der unteren Extremitäten	600	8
HNO 20 Betten	11	474	Chron. Affektionen bezgl. Tonsillen / anenoiden Gewebes	362	9
	12	470	Nasenscheidewandverbiegung	113	8
	13	388	Degen. Affektionen des Ohres	70	8
	14	473	Chron. Entzündung der Kiefer-, Stirnhöhle	60	4
	15	478	Hypertrophie der Nasenmuscheln	41	6
Gynäkologie 63 Betten	16	650	Normale Entbindung	1.136	8
	17	174	Bösartige Neubildung der weiblichen Brustdrüse	283	10
	18	644	Vorzeitige oder drohende Wehen	209	7
	19	669	Schnittentbindung	192	10
	20	218	Uterusleiomyom	184	13
Augenheilkunde 12 Betten	21	366	Katarakt	301	8
	22	365	Glaukom	38	9
	23	361	Netzhautablösung und -defekte	23	9
	24	362	Sonstige Netzhautaffektionen	21	8
	25	378	Strabismus und sonstige Störungen der Augenmotilität	21	5

Tab. 3: Ambulantes Operieren im K1-Modell

Abteilung	VG Nr.	EBM-Nr.	Kurzbezeichnung
Chirurgie	26	2620	Operation eines Leisten- oder Schenkelbruches, ggf. einschl. Fasziendoppelung ...
	27	2700	Appendektomie
Gynäkologie	28	1150	Operation an den Adnexen einer Seite und/oder an der Gebärmutter ...
Augenheilkunde	29	1352	Extrakapsuläre Operation des grauen Stars ...
HNO	30	1477	Tonsillektomie beidseitig

Tab. 4: Fallpauschalen für das K1-Modell in DM

VG Nr.	1	2	3	4	5
ICD-9 Nr.	414	428	427	250	436
Fallpauschale	14.582	22.794	29.636	1.791	9.473
VG Nr.	6	7	8	9	10
ICD-9 Nr.	550	850	574	540	454
Fallpauschale	3.422	2.309	5.989	3.750	3.271
VG Nr.	11	12	13	14	15
ICD-9 Nr.	474	470	388	473	478
Fallpauschale	2.528	2.934	4.731	2.310	1.824
VG Nr.	16	17	18	19	20
ICD-9 Nr.	650	174	644	669	218
Fallpauschale	2.733	6.579	3.464	5.524	5.571
VG Nr.	21	22	23	24	25
ICD-9 Nr.	366	365	361	362	378
Fallpauschale	2.747	4.342	4.094	3.680	2.345
VG Nr.	26	27	28	29	30
EBM-Nr.	2620	2700	1150	1352	1477
Fallpauschale	202	226	226	491	139

Die wichtigsten Ergebnisse zeigt Tab. 5. Danach werden in keinem der Szenarien ambulant zu behandelnde Patienten aufgenommen, da die zugehörigen Fallpauschalen zu gering sind. Jedoch nur hierin stimmen alle 5 Szenarien überein.

Dagegen unterscheiden sich die jeweiligen Patientenzahlen und Betriebsergebnisse erheblich. Muß der Versorgungsauftrag mit den Patientenzahlen aus Tab. 2 erfüllt werden (EV), so wird ein Jahresverlust von –2,6 Mio. DM als das bestmögliche Ergebnis erzielt, bei noch positiven Deckungsbeiträgen für alle 5 Abteilungen (Mio-Beträge hier und später gerundet). Dem steht der sehr hohe Überschuß von 58,2 Mio. DM gegenüber, wenn das Krankenhaus seine Patienten frei und allein nach ökonomischen Gesichtspunkten akquirieren kann (FP). Nur noch ein bis zwei Versorgungsgruppen werden jetzt pro Abteilung behandelt, und dies mit der bisherigen Raum- und technischen Ausstattung. Personal wird entsprechend den Patientenbedürfnissen in den für die Spezialisierung ausgewählten Versorgungsgruppen bereitgestellt. In diesem Szenario ist die Intensivstation der gravierendste Engpaß; ihre Erweiterung um einen einzigen Bettentag würde den Überschuß im Sinne des marginalen Ressourcenwertes um 12.353 DM steigern. Bemerkenswert ist ferner, daß die in der Chirurgie noch verbliebene Versorgungsgruppe Nr. 7 den niedrigsten Falldeckungsbeitrag aller in dieser Abteilung behandelbaren Versorgungsgruppen aufweist.

Es ist klar, daß sich nur eine Privatklinik ohne öffentliche und Krankenkassen-Finanzierung gemäß Szenarium FP verhalten kann. Doch stellt sich die Frage, ob es für das hier zugrundegelegte Krankenhaus mit Versorgungsauftrag andere Möglichkeiten zur Vermeidung von Verlusten gibt. Daher wird im Szenarium EV+FP angenommen, daß über den Versorgungsauftrag hinaus im Rahmen noch freier technischer und Raumkapazitäten solche Zusatzpatienten akquiriert werden können, die das Betriebsergebnis gegenüber dem Szenarium EV maximal verbessern. Wie die Rechenergebnisse in Tab. 5 zeigen, müßten dies Patienten aus den Versorgungsgruppen Nr. 3; 7; 13; 16; 17; 22 und 23 sein. Kann man sie durch entsprechende Maßnahmen von anderen Krankenhäusern abwerben, so würde ein Jahresüberschuß von 6,1 Mio. DM erreicht werden (abzüglich der Kosten für die Akquisitionsmaßnahmen).

Die bisherigen Rechenergebnisse mit den zugehörigen (hier nicht dargestellten) marginalen Ressourcenwerten für die Bettenkapazitäten der Abteilungen deuten darauf hin, daß ohne Verletzung des Versorgungsauftrags eine weitere Steigerung des Überschusses möglich ist, wenn zwischen den Abteilungen eine Umschichtung von Betten vorgenommen wird. Wieviele Betten davon betroffen wären, und das heißt auch: wieviele Patientenräume eine neue Abteilungszuordnung erfahren, wurde im Szenarium EV+FP+BU untersucht. Das Ergebnis lautet: Alle anderen bettenführenden Abteilungen müßten jeweils ca. 20% ihrer Betten an die Abteilung für Innere Medizin abgeben, so daß diese von bisher 185 auf 224 Betten erweitert werden könnte. Damit würden insgesamt 10% der 384 Planbetten neu zugeordnet. Und wenn diese Betten dann insbesondere mit Patienten der Versorgungsgruppe Nr. 3 gefüllt werden könnten, würde der Überschuß des Krankenhauses auf 20,5 Mio. DM ansteigen.

Für die Umschichtung von Planbetten zwischen den Abteilungen gibt es allerdings rechtliche Einschränkungen. So läßt z.B. der in dieser Beziehung durchaus fortschrittliche 3. Thüringer Krankenhausplan lediglich zu, daß „... bis zu 5% der Gesamtplanbetten eines Krankenhauses ... den krankenhausplanerisch festgelegten Fachgebieten anders zugeord-

Spezialisierung und Kooperation

Tab. 5: Patientenzahlen und Überschuß/Verlust-Situationen als Ergebnisse von 5 Szenarien mit dem K1-Modell

VG Nr.	Szenarien				
	EV	FP	EV+FP	EV+FP+BU	EV+FP+BU5
1	1.686	0	1.686	1.686	1.686
2	941	441	941	953	941
3	817	4.862	1.157	2.290	1.719
4	689	0	689	689	689
5	618	0	618	618	618
6	925	0	925	925	925
7	886	7.603	2.191	949	973
8	804	0	804	804	804
9	705	0	705	705	829
10	600	0	600	600	600
11	362	0	362	362	362
12	113	0	113	113	113
13	70	914	333	92	333
14	60	0	60	60	60
15	41	0	41	41	41
16	1.136	0	1.143	1.136	1.136
17	283	2.297	813	283	639
18	209	0	209	209	209
19	192	0	192	199	192
20	184	0	184	184	184
21	301	0	301	301	301
22	38	495	47	45	47
23	23	0	143	23	143
24	21	0	21	21	21
25	21	0	21	21	21
Überschuß/ Verlust	− 2,6 Mio. DM	+58,2 Mio. DM	+6,1 Mio. DM	+20,5 Mio. DM	+13,4 Mio. DM

net werden, soweit keine neuen Fachgebiete eingerichtet oder bestehende Fachgebiete in ihrer Funktionsfähigkeit unvertretbar eingeschränkt werden" (Thüringer Ministerium für Soziales und Gesundheit, 1998, S. 117). Mit dem Szenarium EV+FP+BU5 (letzte Spalte von Tab. 5) wird dieser Einschränkung Rechnung getragen und dennoch ein Überschuß von 13,4 Mio. DM für das Krankenhaus erzielt. Die aus ökonomischer Sicht optimale Zuordnung der 19 *„floating beds"* (5% von 384) sieht dann vor, daß 14 Betten der Chirurgie und 5 Betten der Gynäkologie an die Abteilung für Innere Medizin abzugeben sind.

D. Spezialisierung und Kooperation in Feldmodellen

Gegenstand der bisherigen Überlegungen und optimierenden Szenarienrechnungen waren betriebliche Maßnahmen zur Verbesserung der ökonomischen Situation eines *einzelnen* Krankenhauses. Dabei zeigte sich, daß ihr Erfolg von der Höhe der Fallpauschalen, den individuellen Stufenkosten (einer gestuften Deckungsbeitragsrechnung) *und* der spezifischen Kapazitätsausstattung des Hauses abhängt. Deshalb ist zu erwarten, daß ein zweites Krankenhaus, bei gleichen Fallpauschalen für die dort ebenfalls ausschließlich zu behandelnden Versorgungsgruppen Nr. 1 bis 30 (Tab. 4), davon andere als „gewinnbringend" errechnen wird als das bisher betrachtete Krankenhaus. Dann könnte es aber auch sein, daß die beiden Häuser bei *gemeinsamer und arbeitsteiliger* Erfüllung eines Versorgungsauftrags ökonomisch besser abschneiden als bei unkoordiniertem Verhalten. Um diese These quantitativ zu stützen, wurde ein zweites Krankenhaus modelliert, und zwar mit 720 Betten in ebenfalls 5 Abteilungen für Innere Medizin (VG Nr. 1 bis 5), Chirurgie (VG Nr. 6 bis 10), HNO (VG Nr. 11 bis 15), Gynäkologie (VG Nr. 16 bis 20) sowie Augenheilkunde (VG Nr. 21 bis 25), mit der Möglichkeit des ambulanten Operierens (VG Nr. 26 bis 30) und mit 30 Intensivbetten. Die Zuordnung der Betten zu den Abteilungen ist prozentual die gleiche wie in der Ausgangssituation des ersten Krankenhauses. Die weiteren Kapazitäts-, Leistungs- und Kostendaten des zweiten Krankenhauses wurden nach einem Zufallsprinzip erzeugt. Es wirkt so, daß diese Daten in geringerem Ausmaß von den entsprechenden Daten des ersten Hauses in beiden Richtungen abweichen, als es für zwei deutsche Krankenhäuser mit gleichem Versorgungsauftrag und gleicher Alterszusammensetzung der Patienten beobachtet wurde (Bundesministerium für Gesundheit, 1995, S. 90).

Der Versorgungsauftrag des zweiten Krankenhauses orientiert sich, wie der des ersten, an den demographisch begründeten Fallzahlen in Tab. 2, d.h. diese werden im Verhältnis der Bettenzahlen der beiden Krankenhäuser (750 zu 400) für das zweite Krankenhaus hochgerechnet. Mit diesen Fallzahlen wird das Szenarium EV allein für das zweite Krankenhaus simuliert, und es ergibt sich ein Jahresverlust von $-9{,}4$ Mio. DM. Wie schon dargestellt, betrug der Verlust des ersten Krankenhauses beim Szenarium EV $-2{,}6$ Mio. DM, so daß mit der Versorgung einer Region von insgesamt ca. 215.000 Einwohnern durch zwei *getrennt agierende* Krankenhäuser ein jährlicher Verlust von $-12{,}0$ Mio. DM entsteht.

Zur Ermittlung dieser Ergebnisse war zunächst für jedes der beiden Krankenhäuser ein eigenes Modell der Linearen Programmierung zu lösen. Läßt man aber zu, daß die Erfüllung des Versorgungsauftrags für die genannte Region durch die beiden Krankenhäuser gemeinsam und arbeitsteilig erfolgen kann, so sind die verfügbaren Kapazitäten beider

Spezialisierung und Kooperation

Tab. 6: Patientenzahlen und Überschuß/Verlust-Situation als Ergebnisse des K2-Modells für Szenarium EV

Abteilung	Innere Medizin					Chirurgie				
VG	1	2	3	4	5	6	7	8	9	10
Fallzahl Kh 1	3.562	0	516	288	1.233	0	35	2.311	10	359
Fallzahl Kh 2	1.287	2.705	1.833	1.693	543	2.660	2.512	0	2.018	1.365
Abteilung	HNO					Gynäkologie				
VG	11	12	13	14	15	16	17	18	19	20
Fallzahl Kh 1	130	274	201	173	0	456	0	445	480	482
Fallzahl Kh 2	910	51	0	0	118	2.810	813	155	73	48
Abteilung	Augenheilkunde					ambulante Fälle				
VG	21	22	23	24	25	26	27	28	29	30
Fallzahl Kh 1	393	0	65	38	59	0	0	0	0	0
Fallzahl Kh 2	473	111	0	22	0	0	0	0	0	0
Überschuß/Verlust für Krankenhaus 1	– 3,9 Mio. DM									
Überschuß/Verlust für Krankenhaus 2	– 2,3 Mio. DM									

Häuser sowie ihre Leistungsdaten in einem einzigen LP-Modell darzustellen. Darin gibt es natürlich auch nur *eine* Zielfunktion mit den individuellen Kostendaten beider Häuser und den Fallpauschalen der Tab. 4. Wesentliche Ergebnisse aus der Lösung dieses 2-Krankenhaus-Modells (K2) enthält Tab. 6.

Diese Ergebnisse zeigen deutliche Tendenzen zur Spezialisierung. So werden die Versorgungsgruppen Nr. 2; 6; 15; 17 und 22 nur noch im Krankenhaus 2 und die Versorgungsgruppen Nr. 8; 13; 14; 23 und 25 nur noch im Krankenhaus 1 mit jeweils erhöhten Fallzahlen behandelt. Damit verbunden, reduziert sich der jährliche Gesamtverlust für die Versorgung der Region von –12,0 Mio. DM, wenn beide Krankenhäuser unabhängig voneinander agieren, auf –6,2 Mio. DM, wenn der Versorgungsauftrag von beiden gemeinsam und arbeitsteilig erfüllt wird. Allerdings zeigt sich auch, daß Krankenhaus 1 aus einzelbetrieblicher Sicht zum Verlierer der Arbeitsteilung wird: Während sein Verlust ohne Arbeitsteilung –2,6 Mio. DM beträgt, wächst er mit der Arbeitsteilung auf –3,9 Mio. DM. Krankenhaus 2 kann sich dagegen bei Arbeitsteilung erheblich verbessern. Sein Verlust verringert sich dadurch von jährlich –9,4 auf –2,3 Mio. DM.

Die vorstehende Situation wurde schließlich, bei entsprechender Verwendung der dort für das zweite Krankenhaus eingeführten Konstruktionsprinzipien, auf ein 5-Krankenhaus-Modell (K5) erweitert. Diese Häuser mögen eine Stadt, etwa von der Größe Nürnbergs (500.000 Einwohner), versorgen und sind von allen Stadtteilen aus in gleichermaßen zumutbaren Fahrzeiten zu erreichen. Ihre Größen gehen aus Tab. 7 hervor. Die Jahresergebnisse bei jeweils unabhängiger Erfüllung der Versorgungsaufträge durch die 5 Häuser lauten: –2,6 Mio. DM (Krankenhaus 1), –9,4 Mio. DM (Kh 2), –0,2 Mio. DM (Kh 3), +4,1 Mio. DM (Kh 4) und –4,0 Mio. DM (Kh 5).

Tab. 7: Bettenzahlen in den Krankenhäusern des K5-Modells

Abteilung	Kranken-haus 1	Kranken-haus 2	Kranken-haus 3	Kranken-haus 4	Kranken-haus 5
Innere Medizin	185	347	278	464	93
Chirurgie	104	196	157	261	52
HNO	20	37	29	49	10
Gynäkologie	63	118	95	157	31
Augenheilkunde	12	22	17	29	6
Intensivstation	16	30	24	40	8
Summe	400	750	600	1.000	200

Die Veränderungen bei gemeinsamer, arbeitsteiliger Erfüllung des Versorgungsauftrags für die Stadt (der sich aus der Summe der 5 Einzelaufträge ergibt) zeigt dagegen Tab. 8

Wie schon in allen bisher betrachteten Szenarien ist die Spezialisierung der Häuser auf *unterschiedliche* Versorgungsgruppen deutlich zu erkennen. Diese ökonomisch optimale Spezialisierung zusammen mit der Schließung des kleinsten Krankenhauses 5 hat darüber hinaus zur Folge, daß aus dem Verlust für die K5-Stadt von insgesamt –12,1 Mio. DM bei individuell agierenden Krankenhäusern ein Überschuß von insgesamt 22,5 Mio. DM pro Jahr wird. Für die Größenordnung dieser Veränderung ist freilich auch von Einfluß, daß bei der K5-Modellbildung schwache *Economies of Scale* für die den Funktionsabteilungen direkt zurechenbaren Kosten eingeführt wurden (Snook, 1995, S. 21). Sie wirken insbesondere zugunsten von Krankenhaus 4.

Wie zu erwarten, verbessern die Möglichkeiten, innerhalb aller 5 Krankenhäuser Betten zwischen den Abteilungen umzuschichten und neben der arbeitsteiligen Erfüllung des Versorgungsauftrags zusätzliche Patienten zu akquirieren, die K5-Überschußsituation weiter. Im Falle einer Umschichtung von maximal 5% der Betten (Szenarium EV + FP + BU5) steigt der Überschuß für die K5-Stadt auf 134,5 Mio. DM jährlich, und Krankenhaus 5 bleibt geöffnet. Allerdings verzeichnet es, ebenso wie Krankenhaus 1, einen Verlust, während die Krankenhäuser 2, 3 und 4 Überschüsse erzielen. Wird die Limitierung der Bettenumschichtung völlig aufgehoben (Szenarium EV + FP + BU), so erzielt die K5-Stadt einen Überschuß von 191,7 Mio. DM jährlich. Nunmehr werden in den Krankenhäusern 1, 2, 4 und 5 jeweils unterschiedliche Abteilungen vollständig geschlossen. Nur Krankenhaus 3 verfügt weiterhin über die gesamte Versorgungsbreite.

Anhand der Szenarienrechnungen mit den K2- und K5-Modellen wird insbesondere deutlich, daß die optimal koordinierte arbeitsteilige Patientenversorgung des stationären Akutbereichs zu einer erheblichen Entlastung in der Krankenhausfinanzierung zugunsten der Krankenkassen, d.h. der Beitragszahler und der Lohnnebenkosten führen kann. Diesem positiven Effekt für die Allgemeinheit, mindestens in Form einer längerfristigen Vermeidung von Beitragserhöhungen, steht aber gegenüber, daß einzelne Krankenhäuser durch die arbeitsteilige Versorgung schlechter gestellt werden als bei individuellem Agie-

Tab. 8: Patientenzahlen und Überschuß/Verlust-Situation als Ergebnisse des K5-Modells für Szenarium EV

VG Nr.	Krankenhaus				
	1	2	3	4	5
1	3.510	17	4.649	4.263	0
2	0	5.278	0	1.660	0
3	8	55	40	5.924	0
4	2.551	2.529	0	0	0
5	0	0	2.907	1.649	0
6	537	3.109	1.020	2.157	0
7	0	68	3.327	3.140	0
8	3.084	67	2.777	0	0
9	15	5.188	0	0	0
10	0	268	247	3.908	0
11	72	0	780	1.815	0
12	13	820	0	0	0
13	162	0	354	0	0
14	364	80	0	0	0
15	0	53	0	251	0
16	0	1.155	479	6.745	0
17	17	83	1.985	0	0
18	33	0	1.388	117	0
19	1.261	0	0	158	0
20	14	1.277	0	67	0
21	480	467	758	517	0
22	45	17	0	222	0
23	0	167	0	0	0
24	0	153	0	0	0
25	0	152	0	0	0
Überschuß/ Verlust	– 21,7 Mio. DM	– 7,5 Mio. DM	– 7,4 Mio. DM	+ 59,1 Mio. DM	0 Mio. DM

ren. Das führt zu der Frage, wie solche Krankenhäuser veranlaßt werden könnten, *freiwillig* in die erforderliche Kooperation einzutreten.

Hier bietet die Theorie der Spiele mit ihrem Konzept des *Shapley-Wertes* (Shapley, 1953, S. 307; Owen, 1995, S. 261) eine praktikable Möglichkeit zur Ermittlung entsprechender fairer Anreizzahlungen. Wegen des hohen Rechenaufwands sei die erforderliche Vorge-

Tab. 9: Überschuß/Verlust-Situationen für drei Krankenhäuser ohne bzw. mit Kooperation in Mio. DM

	Krankenhaus 1	Krankenhaus 2	Krankenhaus 3	gesamt
Überschuß/Verlust ohne Kooperation	6,1	8,2	13,7	28,0
Überschuß/Verlust mit Kooperation	-9,4	9,7	40,7	41,0

hensweise nachfolgend allerdings nur anhand der drei ersten Krankenhäuser der K5-Stadt (Tab. 7) demonstriert. Für diese soll das Szenarium EV+FP gelten, d.h. der Versorgungsauftrag der in ihrer Größe entsprechend reduzierten Stadt kann arbeitsteilig erfüllt und zusätzliche Patienten können akquiriert werden. Eine Umschichtung von Betten ist nicht erlaubt. Die Überschuß/Verlust-Situationen dieser Häuser, abhängig davon, ob sie kooperieren oder nicht, zeigt Tab. 9.

Danach wird Krankenhaus 1 in einer Kooperation stark benachteiligt; andererseits ergibt sich als Differenz aus den Eintragungen in der letzten Spalte von Tab. 9 ein Kooperationsgewinn von insgesamt 13,0 Mio. DM. Die Kooperation ist also aus ökonomischer Sicht wünschenswert, aber Krankenhaus 1 benötigt einen finanziellen Anreiz, seine Kooperationsbereitschaft zu erklären, gewissermaßen als *Dienstleistung für die Allgemeinheit*.

Zur Ermittlung des Shapley-Wertes, den man als einen Vektor solcher Anreizbeträge (hier wegen der 3 Krankenhäuser mit 3 Elementen) interpretieren kann, dient zunächst die Vorstellung, daß sich die Kooperation in zufälliger Reihenfolge entwickeln kann. So könnte Krankenhaus 1 (allein: 6,1 Mio. DM Überschuß) zuerst Krankenhaus 2 zur Kooperation bewegen, was in der Lösung des entsprechenden neuen K2-Modells zum Gesamtüberschuß von 21,3 Mio. DM führt. Davon verbleiben die allein erwirtschafteten 6,1 Mio. DM bei Krankenhaus 1 und der Rest, d.h. 21,3 – 6,1 = 15,2 Mio. DM wird Krankenhaus 2 verursachungsorientiert zugerechnet. Findet sich jetzt noch Krankenhaus 3 zur Kooperation mit den beiden anderen bereit, so steigt der Gesamtüberschuß der Dreierkooperation auf 41,0 Mio. DM. Als Verursacher dieses Anstiegs erhält Krankenhaus 3 schließlich 41,0 – 6,1 – 15,2 = 19,7 Mio. DM. Neben der Reihenfolge Krankenhaus 1 – 2 – 3 sind fünf weitere Reihenfolgen bei der Entstehung der Kooperation möglich, mit entsprechend berechneten Ergebnissen (Tab. 10).

Der zweite Schritt zur Berechnung des Shapley-Wertes folgt aus der Annahme, daß jede der Reihenfolgen in Tab. 10 zustande kommen könnte, es also keinen Grund gibt, eine davon zu bevorzugen. So nimmt man alle als gleichwahrscheinlich an und bestimmt aus den sechs Zahlungen, die jedem der drei Krankenhäuser in Tab. 10 zugeordnet sind, die jeweiligen arithmetischen Mittelwerte. Das ergibt die drei Elemente des Vektors des Shapley-Wertes gemäß Tab. 11. Darin sind zum Vergleich auch nochmals die Überschüsse aufgeführt, die die drei Krankenhäuser ohne Kooperation erwirtschaften würden.

Tab. 11 zeigt, daß alle drei Krankenhäuser deutlich besser gestellt sind, wenn sie von der unkoordinierten Betriebsweise zur Kooperation übergehen *und* ihren jeweiligen Be-

Tab. 10: Verursachungsorientierte Kooperationsüberschüsse in Mio. DM

Kooperations-reihenfolge	Krankenhaus 1	Krankenhaus 2	Krankenhaus 3
1 - 2 - 3	6,1	15,2	19,7
1 - 3 - 2	6,1	16,0	18,9
2 - 1 - 3	13,1	8,2	19,7
2 - 3 - 1	12,1	8,2	20,7
3 - 1 - 2	11,3	16,0	13,7
3 - 2 - 1	12,1	15,2	13,7

Tab. 11: Shapley-Wert und Überschüsse der Krankenhäuser ohne Kooperation in Mio. DM

	Krankenhaus 1	Krankenhaus 2	Krankenhaus 3	gesamt
Shapley-Wert	10,1	13,1	17,8	41,0
Überschüsse ohne Kooperation	6,1	8,2	13,7	28,0

trag im Shapley-Vektor als Überschuß erhalten. Allerdings muß zu diesem Zweck Krankenhaus 3 aus seinem unbereinigten Kooperationsüberschuß von 40,7 Mio. DM (Tab. 9) den Betrag von 19,5 Mio. DM an Krankenhaus 1 und den Betrag von 3,4 Mio. DM an Krankenhaus 2 abführen. Die Kooperation wäre für alle drei Krankenhäuser sogar dann noch vorteilhaft, wenn sie nur z.B. 80% ihres jeweiligen Shapley-Betrages erhielten und 20%, d.h. 8,2 Mio. DM jährlich, zugunsten der Finanzierungsseite des Gesundheitswesens eingespart werden würden.

E. Anschlußfragen und -probleme

In der Methodik folgen die vorstehenden Überlegungen einem Wissenschaftsprogramm, das eng mit den Namen der US-amerikanischen Ökonomen *Robert Dorfman*, *Paul A. Samuelson* und *Robert M. Solow* verbunden ist. Seine Ergebnisse finden sich in deren Buchklassiker *Linear Programming and Economic Analysis* (1958). Jene industrieorientierten Modelle waren allerdings nur Labormodelle; die für die Lösung von Feldmodellen erforderlichen Computer standen damals nicht zur Verfügung. Heute könnte jedes Krankenhaus seine Computerausstattung nutzen, um mit Hilfe eines auf seine Verhältnisse zugeschnittenen Feldmodells die eigene ökonomische Situation zu analysieren und sein spezifisches optimales Behandlungsprogramm zu ermitteln. Voraussetzung ist „nur", daß das betreffende Krankenhaus seine Behandlungsprozesse detailliert und quantitativ beschreiben kann.

Wie dargestellt, bestätigen Optimierungsrechnungen, insbesondere bei Arbeitsteilung zwischen mehreren Krankenhäusern, die Spezialisierung als *ökonomisch* wünschenswert. Dies läßt jedoch die Frage unbeantwortet, ob Spezialisierung auch aus Sicht der Versorgungs*qualität* positiv beurteilt werden kann. Zwar ist in den vorstehenden Szenarienrechnungen die Versorgungssicherheit zwingend berücksichtigt worden, ein möglicher Einfluß der Spezialisierung auf Ergebnisqualitäten, z.B. in Form einer Veränderung von Mortalitäts- und Komplikationsraten, wurde dagegen nicht angesprochen. Offensichtlich kann man aber die allgemeine Lebenserfahrung und das ihr folgende Konzept der *Lernkurve* (Andress, 1954) anführen, wonach mit der Erhöhung der Fallzahlen in den für die Spezialisierung vorgesehenen Versorgungsgruppen zugleich eine Verbesserung von Ergebnisqualitäten zu erwarten ist. Darüber hinaus bestätigen zahlreiche empirische Untersuchungen für spezielle Versorgungsgruppen diesen Zusammenhang, mit neuerem Datum z.B. die von *Phillips* und *Luft* (1997) sowie *Gutierrez, Culler* und *Freund* (1998). Für eine Verbesserung von Ergebnisqualitäten bei Spezialisierung spricht ferner, daß die damit verbundene Reduzierung der Anzahl von Behandlungsprozessen zu einer generellen Komplexitätsreduktion und damit zur besseren Beherrschbarkeit der verbleibenden Prozesse führt. Den Nachteilen einer Spezialisierung für die *ärztliche Ausbildung* kann durch entsprechende Rotationsvereinbarungen zwischen arbeitsteilig kooperierenden Krankenhäusern begegnet werden.

Alles in allem erweist sich die arbeitsteilige Kooperation mit Spezialisierung sowohl aus einzelbetrieblicher wie auch aus gesamtgesellschaftlicher Sicht als die passende strategische Antwort auf eine Krankenhausfinanzierung durch Fallpauschalen. Bei deren Implementierung hat Deutschland allerdings noch einen erheblichen Rückstand gegenüber den USA, Australien und zahlreichen europäischen Ländern aufzuholen. Zudem sind die Widerstände gegen solche Kooperationen nicht zu unterschätzen. Sie werden u.a. dadurch verursacht, daß für Kooperationen geeignete Häuser meist unterschiedlichen Trägern gehören und daß das verbreitete *Profit-Center* Paradigma der Idee von Kooperation und Ausgleichszahlungen entgegensteht.

Literatur

Andress, F. J.: The Learning Curve as a Production Tool, Harvard Business Review 32 (1954), S. 109 ff.
Bundesministerium für Gesundheit (Hrsg.): Kalkulation von Fallpauschalen und Sonderentgelten für die Bundespflegesatzverordnung 1995, Teilbericht III, Bonn 1995.
Dash Associates Ltd. (Hrsg.): XPRESS-MP Reference Manual, Release 9, Blisworth (UK) 1996.
Davis, C. K. und Rhodes, D. J.: The impact of DRGs on the cost and quality of health care in the United States, Health Policy 9 (1988), S. 117 ff.
Dell, F. D.: Optimizing Army Base Realignment and Closure, Interfaces 28 (1998), No. 6, S. 1 ff.
Dorfman, R., Samuelson, P. A. und Solow, R. M.: Linear Programming and Economic Analysis, New York/Totonto/London 1958.
Fetter, R. B.: Diagnosis Related Groups: Understanding Hospital Performance, Interfaces 21 (1991), No. 1, S. 6 ff.
Goergen, H., Riedel, R.-R. und Vetter, H. (Hrsg.): Sonderentgelte und Fallpauschalen, Erläuterungen aus ärztlicher und betriebswirtschaftlicher Sicht, Köln 1997.

Gutierrez, B., Culler, S. D. und Freund, D. A.: Does Hospital Procedure-Specific Volume Affect Treatment Costs? A National Study of Knee Replacement Surgery, Health Sevices Research 33 (1998), S. 489 ff.

Harfner, A.: Spezialisierungs- und Konzentrationsprozesse im deutschen Krankenhauswesen bei einem fallbezogenen Finanzierungssystem. Eine quantitative Analyse mit Hilfe computergestützter Szenarienrechnungen, Arbeitsbericht Nr. 99-2 der Forschungsgruppe Medizinökonomie am Lehrstuhl für Betriebswirtschaftslehre und Operations Research der Universität Erlangen-Nürnberg, Nürnberg 1999.

Henkel, F.: Die Positionierung des deutschen Fallpauschalensystems und Nachkalkulation von Fallpauschalen der Chirurgie eines Akutkrankenhauses, Diplomarbeit am Lehrstuhl für Betriebswirtschaftslehre und Operations Research der Universität Erlangen-Nürnberg, Nürnberg 1998.

Koch, C.: Ermittlung des Leistungsangebots von Krankenhäusern einer Region mittels Linearer Programmierung, Diplomarbeit am Lehrstuhl für Betriebswirtschaftslehre und Operations Research der Universität Erlangen-Nürnberg, Nürnberg 1998.

Meyer, M.: Das optimale Fallklassen-Programm eines Krankenhauses, f&w führen und wirtschaften im Krankenhaus 13 (1996), No. 1, S. 14 ff.

Meyer, M. und Hansen K.: Planungsverfahren des Operations Research, 4. Auflage, München 1996.

o.V.: Katalog ambulant durchführbarer Operationen, Redaktionsbeilage in: das Krankenhaus 10 (1993), S. 1 ff.

Owen, G.: Game Theory, 3. Auflage, San Diego/New York/Boston/London 1995.

Phillips, K. A. und Luft, H. S.: The Policy Implications of Using Hospital and Physician Volumes as „Indicators" of Quality of Care in a Changing Health Care Environment, International Journal for Quality in Health Care 5 (1997), S. 341 ff.

Preston, A. M.: The birth of clinical accounting: A study of the emergence and transformations of discourses on costs and practices of accounting in U.S. hospitals, Accounting, Organizations and Society 17 (1992), No. 1, S. 63 ff.

Russell, B.: Medicare's New Hospital Payment System: Is it working? The Brookings Institution, Washington D. C. 1989.

Schmalenbach, E.: Pretiale Wirtschaftslenkung, Band 1, Bremen 1948.

Shapley, L. D.: A Value for n-Person Games, in: Kuhn, H. und Tucker, A. W. (Hrsg.): Contributions to the Theory of Games, Band 2, Princeton NJ 1953, S. 307 ff.

Snook Jr., I. D.: Hospital Organization and Management, in: Wolper, L. F. (Hrsg.): Health Care Administration – Principles, Practices, Structure, and Delivery, Gaithersburg MD 1995, S. 16 ff.

Statistisches Bundesamt (Hrsg.): Grunddaten der Krankenhäuser und Vorsorge- oder Rehabilitationseinrichtungen 1996, Fachserie 12, Reihe 6.1, Stuttgart 1997.

Statistisches Bundesamt (Hrsg.): Grunddaten der Krankenhäuser und Vorsorge- oder Rehabilitationseinrichtungen 1997, Fachserie 12, Reihe 6.1, Stuttgart 1998.

Thüringer Ministerium für Soziales und Gesundheit (Hrsg.): 3. Thüringer Krankenhausplan, Thüringer Staatsanzeiger 1998, No. 3, S. 114 ff.

Wagner, A.: Ermittlung von Leistungen und Kosten in einer Krankenhausabteilung zur Beurteilung der Angemessenheit von Fallpauschalen und Sonderentgelten, Diplomarbeit am Lehrstuhl für Betriebswirtschaftslehre und Operations Research der Universität Erlangen-Nürnberg, Nürnberg 1998.

Zusammenfassung

Nach entsprechenden internationalen Entwicklungen ist auch in Deutschland die vollständige Krankenhausfinanzierung durch Fallpauschalen zu erwarten. Dies erfordert ein Umdenken im Krankenhausmanagement. Kommen dabei gleichermaßen ökonomische und Prinzipien guter Versorgungsqualität zum Tragen, so lautet das Ergebnis: Krankenhäuser spezialisieren sich und kooperieren. Deutlich kommt dies in Szenarienrechnungen zum Ausdruck, die unter Verwendung des Optimierungsmodells der Linearen Programmierung durchgeführt wurden. Sie zeigen ferner, daß die Kooperation erhebliche Einsparungen ermöglicht. Dies gilt selbst dann, wenn einzelne Krankenhäuser nur dadurch zur Kooperation veranlaßt werden können, daß sie Ausgleichszahlungen erhalten. Deren Höhe wurde mit Hilfe des spieltheoretischen Konzepts des Shapley-Wertes bestimmt.

Summary

Following international development, German hospitals will be financed by a complete system of diagnosis/treatment-oriented all inclusive prices in the near future. This calls for a reorientation of hospital management. If guided by economic and quality of care principles alike it will result in interhospital cooperation with specialization. This is shown by means of scenario computations using the power of Linear Programming optimization. The computations also show that cooperation is accompanied by considerable financial savings. There are still savings even if some of the hospitals must be compensated for joining in a cooperation. The amounts of such side payments are computed as elements of a Shapley-Value vector.

012: *Krankenhausbetriebslehre*
72: *Finanzplanung*
20: *Allgemeine Fragen der Organisationstheorie*

Die Einführung des Personalmanagementsystems SAP R/3 HR in der Personalverwaltung des Universitätsklinikums Ulm

Von Marc Dussler
und Rudolf Michel-Glöckler

Überblick

- In dem Beitrag wird die Einführung des Personalwirtschaftsmoduls Human Resources (HR) der Produktlinie R/3 von SAP in der Personalverwaltung des Universitätsklinikums Ulm dargestellt.

- Die Firma SAP („Systeme, Anwendungen, Produkte in der Datenverarbeitung") ist der derzeit international führende Anbieter von betriebswirtschaftlicher Standard-Software in Client-Server-Architektur[1], gleichzeitig ist SAP die Bezeichnung für Softwareprodukte des Unternehmens.

- Zunächst wird die Ausgangssituation im Bereich der Personalverwaltung des Universitätsklinikums Ulms erläutert. Nach einer kurzen Darstellung der Entscheidungsfindung und Systemauswahl für ein leistungsfähiges EDV-Personalverwaltungssystem wird die Systemarchitektur der Produktlinie R/3 von SAP beschrieben und anschließend auf das Personalwirtschaftsmodul HR eingegangen.

- In Verbindung mit dem Stufenplan der Einführung wird danach die teilweise modifizierte Systemeinführung im Universitätsklinikum Ulm dargestellt.

Eingegangen: 25. Februar 1999

Marc Dussler, Berater Öffentliche Dienstleister/Energiewirtschaft, Mummer + Partner Unternehmensberatung AG, Hans-Henny-Jahnn-Weg 9, 22085 Hamburg.
Rudolf Michel-Glöckler, Leiter des Geschäftsbereichs I – Personal und Recht – des Universitätsklinikums Ulm, Steinhövelstraße 3, 89075 Ulm.

© Gabler-Verlag 1999

A. Einleitung

Das Universitätsklinikum Ulm als Krankenhaus der Maximalversorgung mit über 1.000 Betten und ca. 5000 Mitarbeitern hat mit der Einführung des Personalwirtschaftssystems SAP R/3 HR zum 1. Januar 1998 die Kompletteinführung der betriebswirtschaftlichen Standardsoftware SAP R/3 abgeschlossen.

Nach den Modulen FI für die Finanzwirtschaft, CO für das Controlling, MM für die Materialwirtschaft und IS-H für das Patientenmanagement wurde zum 1. Januar 1998 das Personalwirtschaftssystem HR produktiv gesetzt.

In der Personalabteilung des Universitätsklinikums Ulm wurde das seit 1986 eingesetzte, auf einem Zentralrechnersystem aufbauende Personalverwaltungssystem PSA (Personal- und Stammdatenverwaltung am Arbeitsplatz) durch das Personalmanagementsystem R/3 HR von SAP abgelöst.

Ebenfalls zu Jahresbeginn 1998 übernahm das Universitätsklinikum Ulm die Lohn- und Gehaltsabrechnung für Angestellte und Arbeiter, die bis zu diesem Zeitpunkt durch das Landesamt für Besoldung und Versorgung (LBV) in Fellbach vorgenommen wurde. Hierfür wurde in der Klinikumsverwaltung die Abteilung Personalbuchhaltung geschaffen. In der Abteilung Personalbuchhaltung und in der Personalabteilung wird nun seit 1998 das integrierte EDV-System SAP R/3 HR eingesetzt.

B. Ausgangssituation

I. Mitarbeiter-Struktur

Die Mitarbeiter-Struktur im Universitätsklinikum Ulm stellt sich wie folgt dar:[2]

Abb. 1: Mitarbeiter im Universitätsklinikum Ulm

Ärztlicher Dienst	695
Pflegedienst	1.413
Med.techn. Dienst	1.290
Funktionsdienst	380
Klinisches Hilfspersonal	168
Wirtschafts- u. Versorgungsdienst	282
Technischer Dienst	67
Verwaltungsdienst	260
Sonderdienst	17
Personal der Ausbildungsstätten	59
Sonstiges Personal	220
Drittmittelbeschäftigte	231
Gesamt	**5.082**
Zivildienstleistende	90

II. Geschäftsprozesse in der Personalabteilung

In der Personalabteilung des Universitätsklinikums Ulm erfolgt die Personaladministration und teilweise auch die Stellenbewirtschaftung. Die Abteilung ist somit für die folgenden Aufgaben zuständig: Einstellungen, Kündigungen, Ein- und Höhergruppierungen, Er- und Abmahnungen, Festsetzung des Zeit- und Bewährungsaufstiegs, Meldungen über Beginn und Ende von Arbeitsunfähigkeiten, Beurlaubungen, Bereitschaftsdienste, Mehrarbeitsstunden sowie Festsetzung und Meldung der Überstunden.

Bis Ende 1997 wurde in der Personalabteilung mit dem Personalverwaltungssystem PSA der Firma HIS (Hochschulinformationssysteme) gearbeitet, das durch die Arbeit mit Stellenkarten und Personalakten ergänzt wurde.

Das PSA-System ermöglichte Auswertungen nur in sehr begrenztem Umfang und unter erheblichem manuellen Aufwand. Die für den Öffentlichen Dienst relevanten Statistiken wie z.B. die Hochschul-, Personalstands-, Vollkräfte-, Schwerbehinderten- und Krankenhausstatistik waren nur sehr aufwendig zu ermitteln. Auch war eine automatische Verfolgung von für das Personalwesen relevanten Terminen (Höhergruppierung, Ablauf Probezeit, Ende Mutterschutz...) nicht möglich. Diese Termine wurden teilweise durch manuelle Verfahren dargestellt oder durch Wiedervorlagen in der Hauptpersonalakte überwacht.

Zusammenfassend ist zu sagen, dass das auf einem Zentralrechnersystem aufbauende Personalverwaltungssystem PSA den Anforderungen nicht mehr genügte und u.a. aufgrund der eigenen Zuständigkeit für die Gehaltsabrechnung für Arbeiter und Angestellte ab dem 1. Januar 1998 ein modernes und leistungsfähiges EDV-System in der Personalverwaltung des Klinikums eingeführt werden musste.

III. Zusammenarbeit mit dem Landesamt für Besoldung und Versorgung (LBV)

Das LBV übernahm für das Universitätsklinikum Ulm bis Ende 1997 die Festsetzung, Anweisung und Auszahlung der Löhne und Vergütungen sowie der sonstigen Geldleistungen. Die abrechnungsrelevanten Daten wurden hierfür von der Personalabteilung des Klinikums auf dem Papierweg an das LBV gemeldet.

Von den Schreibkräften der Personalabteilung wurden – auf Anweisung des Personalsachbearbeiters – im EDV-System (Word 6.0) hinterlegte Formulare angefertigt, die dann – mit Dienstsiegel versehen – dem LBV übersandt wurden. Das LBV wiederum erfasste die gemeldeten Daten im LBV-eigenen Abrechnungssystem Paisy. Nach erfolgter Abrechnung stellte das LBV dem Klinikum Magnetbänder mit den abrechnungsrelevanten Daten zur Verfügung, die vom Klinikrechenzentrum in das Finanzwirtschaftsmodul SAP R/3 FI eingespielt wurden und dem Klinikum erst dann zur Verfügung standen.

Die Folge der oben beschriebenen Aufgabenverteilung zwischen Universitätsklinikum und LBV war eine Trennung von Stellenhaushalt, laufender Personalverwaltung und Personalabrechnung.

Aufgrund der Zuständigkeitsabgrenzung gab es mitunter auch abweichende Informationen zum gleichen Sachverhalt. Daneben wurden Daten teilweise doppelt erfasst: So wurden Geburts- und Heiratsurkunden im Original an das LBV übersandt, eine Kopie der Personalakte beigefügt.

Ein großes Defizit bestand darin, dass Abrechnungs- und Kostendaten erst mit zeitlicher Verzögerung in die Finanzbuchhaltung und somit in die Kostenrechnung eingingen und dadurch kein zufriedenstellendes Personalkostencontrolling durchgeführt werden konnte.

Daneben war die Zusammenarbeit mit dem LBV oftmals umständlich und schwierig: Bedingt durch die räumliche Entfernung wurde das Tagesgeschäft telefonisch bzw. schriftlich abgewickelt.

Das Ministerium für Wissenschaft, Forschung und Kunst Baden-Württemberg (MWK) kam in einer Wirtschaftlichkeitsanalyse zur Zuständigkeitsregelung zwischen dem Universitätsklinikum Ulm und dem LBV im Dezember 1995 zu dem Ergebnis, dass eine Personalabrechnung im Klinikum selbst am wirtschaftlichsten ist.

IV. Zuständigkeitsübergang der Personalabrechnung vom LBV an das Universitätsklinikum Ulm

Nach erfolgter Zustimmung des Finanzministeriums und des MWK ist das Universitätsklinikum Ulm nun seit 1. Januar 1998 für die Auszahlung der Löhne und Gehälter von Arbeitern und Angestellten zuständig. Hierfür wurde am 1. Oktober 1997 im Geschäftsbereich I (Personal und Recht) die Abteilung I/4 – Personalbuchhaltung – eingerichtet; die Zuständigkeit für die Festsetzung, Anweisung und Auszahlung der Bezüge von Beamten bleibt vorerst weiterhin beim LBV.

C. Anforderungen an ein Personalverwaltungssystem und Systemauswahl

Ein EDV-System und insbesondere ein Personalverwaltungssystem muss aufgrund der sensiblen Daten hohen Ansprüchen genügen: Es sollte neben der laufenden Personaladministration auch die vorhandenen personellen Resourcen (Stellen und Personal) abbilden und fortschreiben sowie als integriertes EDV-System auch die Personalabrechnung ermöglichen, was nach dem Zuständigkeitsübergang der Personalabrechnung für Arbeiter und Angestellte vom LBV an das Klinikum ohnehin erforderlich war.

Des weiteren sollte ein leistungsfähiges Personalverwaltungssystem die Möglichkeit bieten, Gesetzes- und Tarifvertragsänderungen dem System anzupassen. Dieser Aspekt ist besonders für den Öffentlichen Dienst und hier vor allem für die Personalabrechnung von Bedeutung.

Von besonderer Relevanz ist eine hohe Integration des Systems, um Schnittstellenprogrammierungen und Mehrfacherfassungen von Daten zu minimieren, weil durch mehrere Systeme unterschiedlicher Anbieter eine Mehrfachspeicherung von Daten verursacht wird.[3]

Daneben sollten Auswertungen unter allen Gesichtspunkten der organisatorischen Gliederung des Unternehmens möglich sein.

| Die Einführung des Personalmanagementsystems SAP R/3 HR |

I. Steuerungsinstrument

Im Krankenhaus sind ca. 70% der Aufwendungen Personalkosten.[4] Ein effektives Personalkostencontrolling war im Universitätsklinikum Ulm jedoch u.a. aufgrund des technisch völlig veralteten Personalverwaltungssystems und der bereits beschriebenen Aufgabenverteilung zwischen Klinikum und dem LBV mit der damit einhergehenden Problematik des ungenügenden Informationsflusses nicht möglich.

Um den gestiegenen Anforderungen der Krankenhausgesetzgebung mit einem den Krankenhäusern auferlegten, immer stärker werdenden Sparzwang gerecht zu werden, müssen auch die Personalkosten adäquat in das Controlling einbezogen werden.

Durch ein genaues, aussagekräftiges, insbesondere aber zeitnahes Berichtswesen (einschließlich Personalkostencontrolling) hat die Klinikumsleitung die Möglichkeit, die Aufwendungen und Kosten des Klinikums im Rahmen des Möglichen zu beeinflussen und somit das Klinikum auch künftig wirtschaftlich zu führen.

II. Abbildung komplexer Strukturen im Universitätsklinikum Ulm

Im EDV-System der Personalverwaltung des Universitätsklinikums Ulm sind sehr komplexe Strukturen abzubilden. Beispielsweise müssen die verschiedenen Mitarbeitergruppen, deren Eingruppierung (nach BAT, Manteltarifvertrag für Arbeiter) bzw. Besoldungsgruppe bei Beamten, befristete Arbeitsverträge (hauptsächlich im Ärztlichen Dienst nach dem Hochschulrahmengesetz), Finanzierung von Stellen über Drittmittel (DFG, Industriemittel) erfasst und verarbeitet werden können. Auch die Aufsplittung von Stellen bzw. die Finanzierung einer Stelle über mehrere bzw. verschiedene Kostenstellen muss abbildbar sein. Daneben gibt es im Klinikum auch besondere Personalgruppen wie beispielsweise Aushilfen im Pflegedienst, die mitunter nur sporadisch auf Abruf arbeiten, ausländische Gastärzte usw.

Diese Auswahl von Besonderheiten macht deutlich, dass für die Personalverwaltung des Klinikums ein sehr leistungsfähiges EDV-System erforderlich ist, das sich flexibel an die Erfordernisse des Klinikums anpassen lässt.

III. Grundsätze für die Informationsverarbeitung bei den Universitätsklinika in Baden-Württemberg

Der Informationsverarbeitung im Krankenhaus ist ein hoher Stellenwert beizumessen. Ziel ist ein integriertes Krankenhausinformationssystem mit hoher Software-Integration und einheitlichen Kommunikationsstandards.[5] Hierzu ist die Informationsverarbeitung ständig weiter auszubauen, um auch zukünftigen Entwicklungen Rechnung zu tragen. Des weiteren sollen hierdurch die Betriebsabläufe optimiert sowie geeignete betriebswirtschaftliche Kennzahlen zur Planung und Steuerung des Klinikums ermittelt werden.

IV. Entscheidung für SAP R/3 HR

Es standen zunächst mehrere Personalmanagementsysteme verschiedener Anbieter zur Auswahl. Um Synergieeffekte zu nutzen, wurde nach eingehender Prüfung der Angebote durch das MWK die Entscheidung getroffen, in *allen* Universitätsklinika des Landes Baden-Württemberg das Personalwirtschaftsprogramm der Firma SAP einzuführen. Die Programme anderer Anbieter genügten den Anforderungen nicht: Ein Alternativ-System hatte keine graphische Benutzeroberfläche, ein anderes war nicht mit dem Betriebssystem Windows zu betreiben.

Die Vorzüge des SAP-Produkts liegen vor allem in der Integration und der Realtime-Verarbeitung, d.h. der sofortigen Verbuchung und Aktualisierung von Daten, die dann aufgrund der Integration aktuell allen betroffenen Abteilungen bzw. Anwendungen zur Verfügung stehen.

Außerdem sprechen für SAP die detaillierten Controllingfunktionen sowie die möglichen Auswertungen, die Bedienerfreundlichkeit mit umfangreichen Hilfefunktionen und der intuitiv erlernbaren Benutzeroberfläche, das ausgefeilte, nur bei SAP vorhandene Berechtigungskonzept und die Möglichkeit einer Zeitwirtschaft.

Da im Klinikum in anderen Bereichen bereits erfolgreich Software der Produktlinie R/3 von SAP eingesetzt wurde, wurde die bestehende SAP-Umgebung im Universitätsklinikum Ulm ergänzt, wodurch wiederum Synergieeffekte entstanden.

D. SAP R/3 HR

Das SAP EDV-System der Produktlinie R/3 ist modular aufgebaut. Es besteht aus einem Basissystem mit den grundlegenden Elementen zur Steuerung und Koordination der betriebswirtschaftlichen Anwendungsprogramme. Diese Anwendungsprogramme bzw. -module können autonom und in Kombination eingesetzt werden.[6] Die einzelnen Module haben mehrere Komponenten wie z.B. Zeitwirtschaft, Reisekosten, Abrechnung, Personaladministration usw. im Rahmen des Personalwirtschaftsmoduls Human Resources HR.

Das oben erwähnte Basissystem muss für den Betrieb einer SAP-Anwendung immer eingesetzt werden, da die Module und damit auch die Komponenten darauf aufbauen. Dieses Basissystem beinhaltet neben den Schnittstellen zu dem verwendeten Datenbank- und Betriebssystem auch ein aktives Data Dictionary (Datenwörterbuch) zur zentralen Verwaltung, die SAP-eigene Programmiersprache abap/4, eine Tabellenverwaltung für Costumizing-Zwecke, ein Hilfsmittel für die Gestaltung von Bildschirmmasken sowie eine Online-Hilfe.

Eine weitere Eigenschaft von SAP ist die sogenannte Realtime-Verarbeitung, d.h. die Daten werden aktuell zum Zeitpunkt der Eingabe in einer gemeinsamen Datenbasis abgespeichert und stehen dann redundanzfrei anderen Anwendungen zur Verfügung, so dass jede spätere Anwendung mit den aktuellen Daten arbeitet. Diese Verarbeitungsweise findet sich in der Bezeichnung des Produkts R/3 wieder, wobei ‚R' für Realtime steht.[7]

Die Einführung des Personalmanagementsystems SAP R/3 HR

Abb. 2: Module in SAP R/3

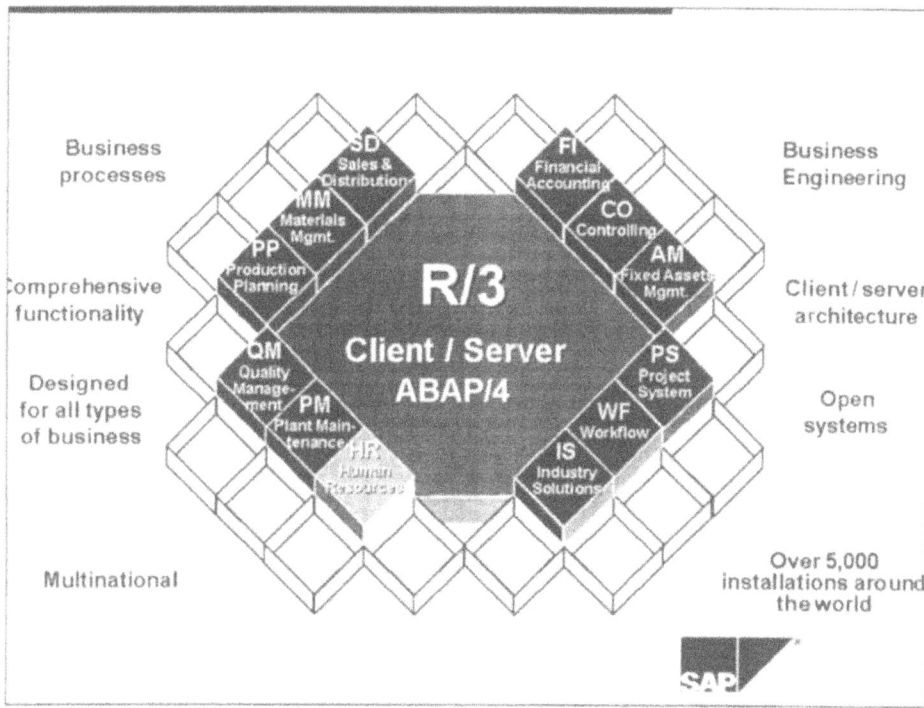

I. Client-Server-Architektur

Das SAP-System R/3 basiert auf einer software-orientierten, mehrstufigen Client-Server-Architektur. Die Client-Server-Architektur ist ein Architekturmodell von EDV-Systemen, in dem Dienstnachfrager (Clients) und Dienstanbieter (Server) miteinander interagieren. Meist sind Clients graphikfähige Endterminals bzw. Workstations.

II. Integration

Wie bereits dargestellt, ist bei den Software-Systemen von SAP die Integration von entscheidendem Vorteil. Integration bedeutet hier eine einmalige Erfassung von Daten und anschließend die mehrfache Verwendung derselben Daten für verschiedene Zwecke übergreifend auf verschiedene Module bzw. Komponenten.[8] Hierdurch werden Doppelerfassungen vermieden, die zu fehlerhaften oder widersprüchlichen Datenbeständen führen können. Des weiteren stehen die einmal erfassten Daten ohne zeitliche Verzögerung in allen anderen Anwendungen für jeden Anwender – eingeschränkt nach dem eingerichteten Berechtigungskonzept – zur Verfügung.

III. Personalwirtschaftsmodul HR

Im Personalwirtschaftssystem HR stehen alle Funktionen der Planung, Verwaltung, Abrechnung und Abwicklung personalwirtschaftlicher Aufgaben als modular aufgebaute und kombinierbare Produkte zur Verfügung.[9]

Die personalwirtschaftlichen Funktionen des Systems sind in die Module Personaladministration und -abrechnung (PA) und Personalplanung und -entwicklung (PD) integriert. Die Personaladministration und -abrechnung ermöglicht administrative und operative personalwirtschaftliche Funktionen, wobei die Personalplanung und -entwicklung den Personaleinsatz unterstützt und eine systematische und qualitative Personalverwaltung ermöglicht.

Diese beiden Module PA und PD werden unter der Bezeichnung Human Resources (HR) zusammengefasst. Zusätzlich wird für den Bereich der öffentlichen Verwaltungen die Branchenlösung IS-PSG (Industrial Solution Public Sector Germany) angeboten.

Die Software der SAP AG wird ständig weiterentwickelt, um den unterschiedlichsten Kundenanforderungen gerecht zu werden. Die SAP-Kunden erhalten deshalb diese Erweiterungen jeweils als sogenanntes Release.[10] Dies bedeutet, dass der SAP-Kunde durch ständig erweiterte Funktionalitäten in Form der Release-Wechsel jeweils auf dem aktuellsten Stand bleibt. Im Umkehrschluß resultiert hieraus jedoch auch eine Abhängigkeit vom Software-Hersteller: Wenn sich ein SAP-Kunde für das ‚Einfrieren' eines Releasestandes entscheidet, da dieser seine Anforderungen komplett erfüllt, erhält der Anwender von SAP für seinen Releasestand keinen Support mehr, weil dieser schon veraltet ist und von SAP unter Umständen nicht mehr unterstützt wird.

Bei dem Personalwirtschaftsmodul ist es empfehlenswert, das System ständig auf dem neuesten Releasestand zu betreiben, da hier zusätzlich sogenannte ‚Jahreswechsel' von SAP zur Verfügung gestellt und vom Kunden ins System integriert werden.

Diese Jahreswechsel enthalten z.B. für die Personalverwaltung relevante gesetzliche oder tarifliche Änderungen. Da die Jahreswechsel auf dem jeweils aktuellen Releasestand aufbauen und daher zwischen Releasestand und Jahreswechsel enge Verknüpfungen bestehen, ist ein aktueller Releasestand im Personalwirtschaftsmodul erforderlich.

Das Personalwirtschaftssystem verwendet zur ‚Ablage' der Mitarbeiterinformationen sogenannte ‚Infotypen', die nach sachlichen und inhaltlichen Gesichtspunkten zusammengestellt sind. Infotypen sind demnach einzelne Bildschirmmasken, die nach logischen Gesichtspunkten geordnete Informationen, also Datengruppen, enthalten. Sie werden durch einen vierstelligen nummerischen Schlüssel bestimmt.

Infotypen sind zeitabhängig, d.h. sie haben eine bestimmte Gültigkeitsdauer. Hierdurch wird die sogenannte Historienfähigkeit ermöglicht. Die einzelnen Infotypen sind untereinander zeitlich abgrenzbar, wodurch bestimmte Ereignisse chronologisch nachvollziehbar sind.

Bei der Dateneingabe in den jeweiligen Infotypen werden die Eingabewerte gegen Tabelleneinträge verprobt und auf ihre Plausibilität hin überprüft. Durch sogenannte Vorschlagswerte wird die Dateneingabe vereinfacht.

- **Personaladministration und -abrechnung PA**

Die SAP R/3 Personalwirtschaft HR beinhaltet Komponenten wie Personaladministration, -abrechnung, -kostenplanung, -beschaffung und Personalplanung sowie Reise- und Organisationsmanagement, Zeitwirtschaft und auch Veranstaltungsmanagement. Im folgenden wird nur auf die Komponenten eingegangen, die auch im Universitätsklinikum Ulm eingesetzt werden.

Personaladministration:
In der Komponente Personaladministration werden die Personalstammdaten in Form von personen- und organisationsbezogenen Personaldaten verwaltet.

Durch eine leistungsfähige EDV-gestützte Personalstammdatenadministration kann die Anzahl der Formulare und Vorgänge in Papierform reduziert sowie eine mehrfache Aktenführung vermieden und der Umfang der vorhandenen Personalakten verringert werden.

Auf die in der Personaladministration verwalteten Daten greifen die anderen Komponenten des SAP-Moduls Personalwirtschaft zurück. Aufgrund dieser Daten können auch Listen erzeugt werden.[11] Deshalb wird die Personalstammdatenverwaltung auch als Kernstück der personalwirtschaftlichen Funktionen des Systems R/3 HR bezeichnet.[12]

Personalabrechnung:
Die Entgeltermittlung im Rahmen der Lohn- und Gehaltsabrechnung erfolgt unter Berücksichtigung aller gesetzlichen Anforderungen in den Schritten der Brutto- und Nettoentgeltberechnung und der Folgeaktivitäten unter Hinzuziehung der Daten aus der Personaladministration, der Komponenten Zeitwirtschaft und Reisemanagement.

Die Basisbezüge, die wiederkehrenden Be- und Abzüge (z.B. Zulagen, Miete für Personalwohnungen usw.) sind Bestandteil der ersten Berechnung, Steuern und Sozialversicherungsabgaben der zweiten Berechnung. Unter Folgeaktivitäten werden u.a. Beitragsnachweise für die Sozialversicherung und die Lohnsteueranmeldung zusammengefasst.

In dieser Komponente werden die Mitarbeiterdaten in einer mit allen anderen personalwirtschaftlichen Komponenten zusammen genutzten Stammdatendatei gepflegt.

Im Zuge der Integration des R/3-Systems werden die Daten aus der Personalabrechnung an die betriebswirtschaftlichen Anwendungen Controlling (CO) und Finanzwesen (FI) umgehend maschinell weitergeleitet.

Im Bereich der Lohn- und Gehaltsabrechnung ist bei der Änderung von Gesetzen, Vorschriften und Tarifverträgen eine flexible Systemanpassung erforderlich. Diese Maßgabe wird durch R/3 unterstützt, indem Teile des Abrechnungsverfahrens in Parameter- und Regeltabellen abgelegt sind, die dadurch problemlos abänderbar sind und durch den sogenannten Jahres- bzw. Releasewechsel auf den neuesten Stand gebracht werden.[13]

Zeitwirtschaft:
Mit der Komponente Zeitwirtschaft wird anhand von An- und Abwesenheitsinformationen die Verwaltung und Auswertung von arbeitszeitbezogenen Daten der Mitarbeiter ermöglicht.[14]

Reisemanagement:
Die Komponente Reisemanagement erlaubt die komplette organisatorische und administrative Abwicklung einer Reise. Über diese Anwendung kann vom Reiseantrag und der Reisegenehmigung über die Erfassung und – durch die Integration – dann Buchung der Reisekosten im Finanzwirtschaftsmodul FI alles aus der Komponente Reisemanagement

abgewickelt werden.[15] Mit dieser Komponente ist auch eine Kontierung auf Buchungskreise, Kostenstellen oder Projekte möglich, sodass eine verursachungsgemäße Kostenzuordnung ermöglicht wird.[16]

IV. Personalwirtschaftssystem für den Öffentlichen Dienst

Die Standardversion des Personalwirtschaftssystems HR wurde für den Öffentlichen Dienst um den Teilbereich IS-PSG erweitert. Dieser Teilbereich ist wiederum eine Branchenlösung von SAP. Mit SAP Public Sector bietet SAP für den Öffentlichen Dienst erstellte EDV-Lösungen bzw. EDV-Systeme an.

Der Funktionsumfang im Bereich der Personalstammdatenverwaltung wurde u.a. um Angaben wie Dienstart, den Infotyp Basisbezüge mit Bezugs- und Besoldungsdienstalter, automatischer Stufenermittlung, Vorweggewährung/Hemmung, Orts- und Familienzuschlag, Überleitungszulage und Ausgleich zum Ortszuschlag erweitert. Zusätzlich werden für den Öffentlichen Dienst relevante Daten wie Vordienstzeiten, Bewährungsaufstiege, Fristenberechnungen, Sachbezüge, Nebentätigkeiten und Statistiken (Vollkräfte-, Personalstands-, Krankenhaus-, Hochschul- und Versorgungsempfängerstatistik) berücksichtigt.[17] Im Bereich der Personalabrechnung wurde die Funktionalität um Zuwendungen, unständige Bezügebestandteile, Urlaubs- und Krankenlohnaufschlag, Zusatzversorgung, für den Öffentlichen Dienst spezifische Fristenberechnungen (Krankengeldzuschuss-, Lohnfortzahlungs-, Kündigungsfristen) u.a. erweitert. Außerdem unterstützt das Personalwirtschaftssystem für den Öffentlichen Dienst Tarifwerke wie z.B. den BAT, den Manteltarifvertrag für Arbeiter, Tarife für Auszubildende usw.

Da das Personalwirtschaftssystem ein integriertes System ist, kann hier nicht eindeutig zwischen Personalstammdatenverwaltung und Personalabrechnung differenziert werden, da z.B. bei der Personalabrechnung auf Personalstammdaten zurückgegriffen wird.

Das PD-Datenmodell wird für den Öffentlichen Dienst um die ‚Stellenwirtschaft' ergänzt. Die Stellenwirtschaft verbindet in einer Komponente Personalhaushalte mit den Arbeitsgebieten und Beschäftigten, die durch diese Haushalte finanziert werden. Das Ziel der Stellenwirtschaft ist es, Arbeitsgebiete und Beschäftigte im Rahmen von Budgetvorgaben und auch Budgetrestriktionen wirtschaftlich zu finanzieren, zu planen und zu disponieren.

In Kombination mit der Komponente Organisationsmanagement, die für den ‚Public Sector' angepasst wurde, lassen sich Organisationsstrukturen abbilden, welche die zu finanzierenden Organisationseinheiten, Arbeitsgebiete, Aufgaben und Mitarbeiter enthalten.[18]

Im Bereich PD/Stellenwirtschaft weicht der Sprachgebrauch von SAP von den im Öffentlichen Dienst verwendeten Begriffen wie ‚Stelle', ‚Planstelle' und ‚Haushaltsstelle' ab, weshalb die Begriffe hier im SAP-Gebrauch definiert werden:[19]

- Haushaltsstellen sind im Wirtschaftsplan des Klinikums aufgeführt und wurden bis zur Rechtsformänderung des Universitätsklinikums in eine Anstalt des Öffentlichen Rechts zum 1. Januar 1998 vom MWK auf Antrag des Klinikums nach Überprüfung der Finanzierung genehmigt. Aufgrund der neuen Rechtsform kann das Klinikum ‚Haushaltsstellen' nun autonom bewilligen. Jeder Haushaltsstelle wird eine Kostenstelle zugeordnet, auf die dann die Personalkosten gebucht werden.

- Stellen sind allgemeine Klassifikationen von Funktionen und Tätigkeitsbeschreibungen, die von einer oder mehreren Personen erledigt werden können, beispielsweise Abteilungsleiter oder Sachbearbeiter. Dies bedeutet, dass mehrere Personen in der Organisation dieselbe Stelle haben. Im Sprachgebrauch des Öffentlichen Dienstes wird eine ‚Stelle' dagegen mit einer Haushaltsstelle gleichgesetzt.[20]
- Planstellen und Dienstposten werden synonym verwendet und stellen als kleinste organisatorische Einheit der Aufbauorganisation die Konkretisierung von Stellen dar. Planstellen sind also spezifische Stellen, die von Personen besetzt werden und in der Regel durch eine Tätigkeits- bzw. Berufsbezeichnung ausgedrückt werden, wie z.B. Abteilungsleiter Finanzbuchhaltung oder Sachbearbeiter Personalabteilung. Verschiedene Planstellen können die gleichen Aufgaben einer Stelle durchführen, wobei jede Planstelle im allgemeinen durch einen Mitarbeiter besetzt wird.

E. Realisierung

Bei der Einführung des Personalwirtschaftssystems R/3 HR wurde das Universitätsklinikum Ulm von der Firma Mummert + Partner unterstützt.

Daneben wurde im Klinikum ein Lenkungsausschuss gebildet, der die jeweiligen Konzeptionen abnahm und die jeweiligen Modalitäten beschloss. Außerdem waren vom Lenkungsausschuss die Anforderungen an das System von Seiten des Klinikums zu formulieren.

Zusätzlich wurden unter Federführung des MWK Arbeitsgruppen und Unterarbeitsgruppen zu HR von allen vier Universitätsklinika in Baden-Württemberg gebildet, die sich in regelmäßigen Abständen trafen und Erfahrungen bei der Einführung austauschten.

I. Stufenplan der Einführung

Das Personalwirtschaftsmodul HR mit seinen vielfältigen Funktionalitäten wurde zeitlich in mehreren Stufen eingeführt, da eine Kompletteinführung zu einem bestimmten Stichtag aufgrund der Komplexität des Systems nicht möglich gewesen wäre. Infolge der Übernahme der Lohn- und Gehaltsabrechnung vom LBV zum 01.01.1998 hatte die Lohnabrechnung für Angestellte und Arbeiter im Klinikum höchste Priorität. Da die Lohn- und Gehaltsabrechnung auf die Personalstammdaten zurückgreift, war eine einwandfrei funktionierende Stammdatenverwaltung zu diesem Termin notwendig.

In der ersten Einführungsstufe erfolgte die Abbildung der bisherigen Abläufe in PSA, sodass das SAP-System zunächst nur die bisherigen Funktionalitäten ersetzte und danach in weiteren Schritten ausgebaut wurde.

Zusätzlich sollte das Modul HR in die bestehende SAP-Landschaft im Klinikum eingebunden werden und auch krankenhausspezifische Statistiken ermöglichen.

In der nächsten Stufe soll die Stammdatenverwaltung ausgebaut werden sowie die Stellenbewirtschaftung, auf die im nachfolgenden noch näher eingegangen wird, realisiert werden. Außerdem sollen betriebliche Auswertungen und Statistiken, die im Klinikum erforderlich sind, ermöglicht werden.

Abb. 3: Stufenplan

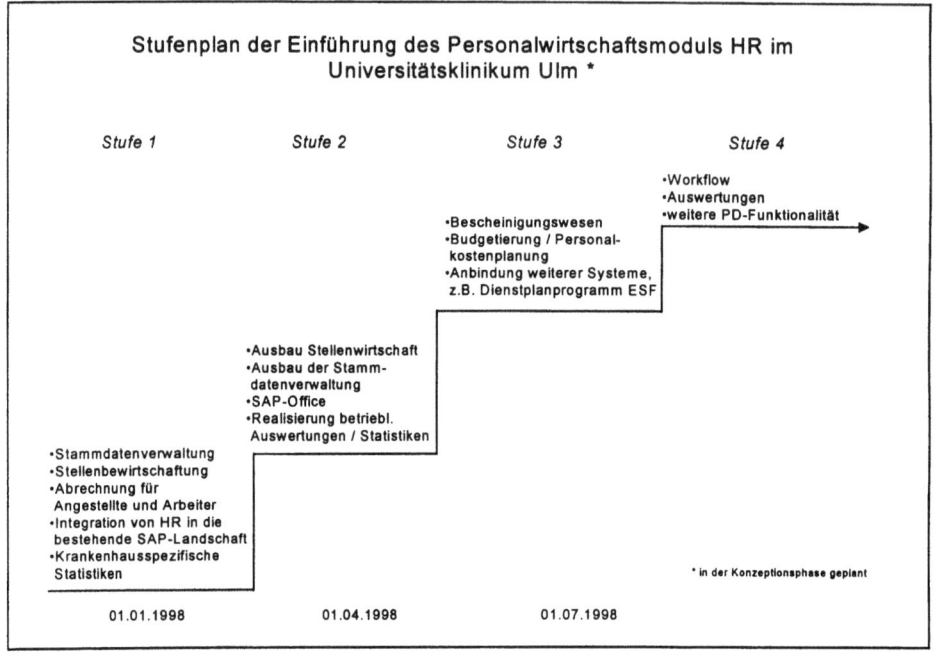

In den weiteren Stufen werden noch verschiedenste Funktionalitäten eingeführt, die aus obenstehender Abbildung ersichtlich sind.

II. Customizing

Unter Customizing wird allgemein das Anpassen des SAP-Systems an die spezifischen Anforderungen des Kunden verstanden. Durch das Customizing können die Anwendungen in die entsprechenden Unternehmensabläufe integriert und an betriebsspezifische Abläufe angepasst werden. Hierbei werden durch Abänderung bestimmter Tabellen Standardvorgaben und Verarbeitungsregeln den Betriebserfordernissen angeglichen.[21]

Im Universitätsklinikum Ulm wurden zahlreiche Änderungen an der Software-Standardversion vorgenommen. Beispielsweise wurden einige Eingabefelder in den jeweiligen Infotypen ‚zweckentfremdet'. Außerdem mussten die Mitarbeiterkreise, die Personalgruppen, die Arbeitszeitmodelle, das Berechtigungskonzept, die erforderlichen Statistiken und die Organisationsstruktur im Klinikum festgelegt, im System umgesetzt und angepasst werden.

So wurden individuell für das Klinikum sogenannte Arbeitszeitplanregeln erstellt, die alle denkbaren Arbeitszeitmodelle abdecken. Somit gibt es für jedes Arbeitszeitmodell eine eigene Arbeitszeitplanregel, die dem jeweiligen Mitarbeiter zugeordnet wird.

| Die Einführung des Personalmanagementsystems SAP R/3 HR |

- **Personaladministration und -abrechnung PA**

Der Personaladministration und -abrechnung wurde im Stufenplan zur Einführung des Personalwirtschaftsmoduls besondere Bedeutung beigemessen.

In der Personaladministration werden die Stammdaten des Mitarbeiters verwaltet, z.B. Dienst- und Privatanschriften, Daten zur Person (Geburtsdatum, Familienstand, Konfession usw.), Bankverbindung, organisatorische Zuordnung, Arbeitszeit, Steuermerkmale, Daten zur Familie (wichtig für die Personalabrechnung aufgrund des Ortszuschlages), Arbeitserlaubnis, Ausbildung usw.

Bei der Einstellung eines Mitarbeiters wird vom System automatisch eine neue Personalnummer generiert.

Durch die Einstellungsmaßnahme, einer Verkettung mehrerer Infotypen, die das System dem Benutzer der Reihe nach vorschlägt, werden die relevanten Infotypen gepflegt.

Der Aufgabenverteilung zwischen Personalabteilung und der Abteilung Personalbuchhaltung wurde auch das Berechtigungskonzept angepasst. Es wurde festgelegt, dass jeweils nur eine Abteilung ändernden Zugriff auf einen Infotyp hat. Die Folge dieser Regelung ist eine Aufgabenverteilung bei der Pflege der Infotypen: Alle Infotypen mit abrechnungsrelevanten Daten werden nur von der Personalbuchhaltung gepflegt, alle Infotypen mit arbeitsrechtlichen und administrativen Inhalten ausschließlich von der Personalabteilung. Hierfür ist ein reibungsloser Informationsaustausch zwischen Personalbuchhaltung und Personalabteilung unabdingbar.

Im Bereich der Stammdatenverwaltung ist besonders der Infotyp „Organisatorische Zuordnung" relevant, da dieser die Schnittstelle zur Komponente PD darstellt.

In diesem Infotyp wird festgelegt, welchem Buchungskreis, Personalbereich und Personalteilbereich der jeweilige Mitarbeiter zugeordnet ist. Hier wird dem Mitarbeiter auch die Kostenstelle bzw. Organisationseinheit zugewiesen. Außerdem wird dem Mitarbeiter in diesem Infotyp der jeweils zuständige Sachbearbeiter der Personalabteilung und der Personalbuchhaltung zugeordnet. Nur dieser Sachbearbeiter und dessen Vertreter haben im Rahmen des Berechtigungskonzeptes ändernden Zugriff auf die Daten des entsprechenden Mitarbeiters.

- **Personalabrechnung**

Die Personalbuchhaltung im Universitätsklinikum Ulm übernimmt für den Bereich der Angestellten und Arbeiter die Tätigkeiten, die bislang vom LBV vorgenommen wurden.

In der Personalbuchhaltung werden die Mitarbeiterdaten, die für die Lohn- und Gehaltsabrechnung relevant sind, bearbeitet. Zusätzlich werden hier die Abwesenheitsdaten (Krankheit, Urlaub, Mutterschutz usw.) des Mitarbeiters sowie alle Zeitzuschläge manuell erfasst und gepflegt.

Im SAP-System ist hierfür eine sogenannte Schnellerfassung vorgesehen, mit deren Hilfe Massendaten relativ schnell erfasst werden können. Da das Gehalt zum 15. des Monats auf dem Konto des Mitarbeiters gutgeschrieben sein muss, wird nach Prüfung und Eingabe aller relevanten Daten die Abrechnung am 5. des Monats gestartet. Das System prüft wiederum die Richtigkeit der Daten, indem es Tabelleneinträge und Eingabewerte miteinander verprobt. Für Fehler, die während der Abrechnung auftreten, wird eine Fehlerliste erzeugt, die dann manuell abgearbeitet wird. Nach Korrektur der Fehler wird die Abrechnung dann durch die Personalbuchhaltung freigegeben. Per Datenträgeraustausch werden die Überweisungsdaten dann der Hausbank des Universitätsklinikums übermittelt. In einem weiteren Schritt ist ein Online-Datenaustausch mit der Bank vorgesehen, um den Überweisungsvorgang zu beschleunigen. Die hierdurch eingesparte Zeit birgt Vorteile hinsichtlich der Liquidität des Klinikums.

Nach erfolgter Abrechnung werden automatisch die Gehaltsnachweise für die Mitarbeiter erstellt und die Sozialversicherungsbeiträge an die jeweiligen Institutionen übermittelt. Die Gehaltsmitteilungen werden anschließend per Hauspost an die Dienstadresse des Mitarbeiters versandt.

Die Lohn- und Gehaltsdaten werden aufgrund der Integration maschinell an die Finanzbuchhaltung in das Modul FI übermittelt. Von dort wird die Lohnsteuer an das Finanzamt entrichtet. Außerdem werden nunmehr im Modul CO die jeweiligen Kostenstellen mit den Personalaufwendungen belastet.

- **Zeitwirtschaft**

Im Universitätsklinikum Ulm wird die Komponente Zeitwirtschaft teilweise bereits genutzt. Im Verwaltungsbereich erfolgt die Zeiterfassung in Form der Positivzeitwirtschaft seit dem 1. Dezember 1997.

Hierzu wurden an den am meisten frequentierten Eingangsbereichen insgesamt 21 Zeiterfassungsterminals installiert, die in das System integriert sind. Dort müssen die Mitarbeiter An- und Abwesenheiten sowie Dienstgänge mit einem Mitarbeiterausweis buchen.

In jeder Abteilung gibt es Zeitbeauftragte, die für die Zeiterfassung der Mitarbeiter in der jeweiligen Abteilung oder Organisationseinheit zuständig sind. Die Zeitbeauftragten erfassen Arbeitszeitkorrekturen aufgrund von Falschbuchungen, Nichtbuchungen durch Vergessen, durch Arbeits- bzw. Dienstunfähigkeit bedingte Abwesenheiten u.ä.

Da die Zeiterfassung sukzessive auch für den Pflegedienst und für den Ärztlichen Dienst geplant ist, wurden sämtliche Mitarbeiter des Klinikums mit einem Mitarbeiterausweis ausgestattet. Mit diesem Mitarbeiterausweis erfolgt zusätzlich zur Zeiterfassung die Zutrittskontrolle zu bestimmten Klinikbereichen, Parkberechtigung, bargeldloses Bezahlen in den Personalcasinos usw.

Im Pflegebereich ist in einer späteren Stufe die Einführung des elektronischen Dienstplanprogramms ESF mit einer Schnittstelle zum SAP-Personalwirtschaftssystem vorgesehen.

Hierdurch sollen die bislang in Papierform erstellten und manuell abgerechneten Dienstpläne im Pflegedienst ersetzt und schließlich eine Vereinfachung und höhere Genauigkeit der Abrechnung erreicht werden.

- **Stellenwirtschaft**

Haushaltsstellen wurden bis zur Rechtsformänderung auf Antrag des Klinikums nach vorheriger Überprüfung der Finanzierung vom MWK genehmigt. Mit der Umwandlung in eine Anstalt des Öffentlichen Rechts zum 1. Januar 1998 kann das Klinikum nun autonom ‚Haushaltsstellen' genehmigen.

Die bewilligten Haushaltsstellen werden in der Finanzbuchhaltung geführt und verwaltet. Dort wird für jede neu genehmigte Haushaltsstelle eine sogenannte Stellenkarte ausgestellt, die dann in die Personalabteilung übersandt wird. Bis zur Umstellung des EDV-Systems auf SAP wurden die Stellendaten im Altsystem PSA erfasst. In der Personalabteilung wird die Haushaltsstelle mit einem oder mehreren Mitarbeitern je nach Wertigkeit besetzt und bewirtschaftet.

Mit Einführung des Personalwirtschaftsmoduls ist beabsichtigt, auf die manuelle Führung der Stellenkarten zu verzichten und die Haushaltsstellen nur noch EDV-technisch abzubilden und zu verwalten.

Durch die Rechtsformänderung und der damit verbundenen Trennung in ‚Medizinische Fakultät' (Universität – Forschung und Lehre) und ‚Anstalt des öffentlichen Rechts' (Universitätsklinikum – Krankenversorgung) erfolgt nun auch eine Zweiteilung im Stellenbereich. Stellen, die der Medizinischen Fakultät zugeordnet sind (wissenschaftliches Personal), müssen auch weiterhin vom Wissenschaftsministerium genehmigt werden. Stellen im Bereich der Krankenversorgung (gesamtes nichtwissenschaftliches Personal) können seit der Rechtsformänderung vom Universitätsklinikum autonom bewilligt werden.

Der Zweiteilung in Medizinische Fakultät und Krankenversorgung wird in SAP mit zwei verschiedenen Buchungskreisen Rechnung getragen. Ein Buchungskreis bewirkt eine in sich abgeschlossene eigene Buchhaltung. Im eigentlichen Sinne wird ein Buchungskreis als eine rechtlich eigenständige Firma mit abgeschlossener Buchhaltung definiert.[22]

Im Universitätsklinikum Ulm wurde folgende Verfahrensweise festgelegt: Auch Mitarbeiter des Landesbetriebs (Medizinische Fakultät – Forschung und Lehre) werden im Buchungskreis 10 (Krankenversorgung) abgebildet, die Personalkosten anschließend über die Mitarbeitergruppe ermittelt und dann intern en bloc dem Landesbetrieb zugeordnet.

Gemäß dem Stufenplan zur HR-Einführung war die Realisierung der Stellenwirtschaft schon in der ersten Einführungsstufe geplant.

Da die Komponente HR IS-PSG von SAP erst Ende 1997 ausgeliefert wurde und viele Bereiche im Klinikum von der Stellenwirtschaft tangiert sind, wie z.B. die Personalabteilung, die Finanzbuchhaltung, die Stabsabteilung Controlling und Innenrevision, die Abteilung Forschungsprojekte und die Pflegedienstleitung, war eine rechtzeitige detaillierte Konzeption zur Realisierung zum Jahresbeginn 1998 nicht möglich.

Um den Datenbestand aus dem Altsystem PSA zu erhalten, wurde für diesen Bereich eine Übergangslösung konzipiert.

Bei dieser sogenannten PD-Übergangslösung wurden die im Altsystem eingepflegten und erfassten Stellendaten maschinell in das SAP-System übernommen, ohne eine Integration zur Komponente PA (Personaladministration) herzustellen.

Ziel dieser Maßnahme war lediglich eine Übernahme der bereits bestehenden Daten in das R/3-System, um eine nachträgliche manuelle Erfassung der Stellendaten bei der Einführung der Stellenwirtschaft nach der Sollkonzeption zu vermeiden.

Im Universitätsklinikum Ulm wird die Stellenwirtschaft gemäß Abb. 4 realisiert.

Die Stellenbeschreibung definiert die Planstellen, die durch Mitarbeiter besetzt werden. Diese Planstellen sind Organisationseinheiten zugeordnet. Die Kostenstellen werden mit den Organisationseinheiten und den Planstellen verknüpft. Bei einer abweichenden Kontierung oder Kostenverteilung werden die Kostenstellen dem Mitarbeiter manuell zugewiesen.

Im Universitätsklinikum Ulm werden Haushaltsstellen in der SAP-Stellenwirtschaft nicht mehr abgebildet.

Von der SAP-Stellenwirtschaft werden standardmäßig zwei Finanzierungsarten unterstützt. Es besteht zum einen die Möglichkeit, die Dienstposten, die inhaltlich den Plan-

Abb. 4: Zukünftige SAP-Stellenwirtschaft

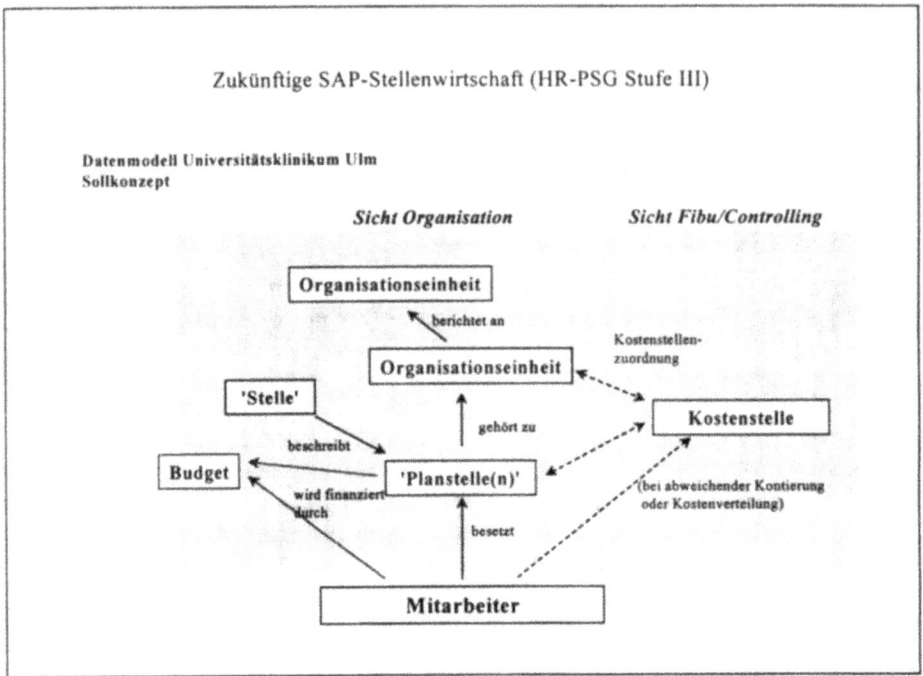

stellen entsprechen, zu finanzieren. Das bedeutet, dass eine Person indirekt über einen Dienstposten finanziert werden kann, der seinerseits wieder durch eine (Haushalts-)Stelle finanziert wird.

Wird der Dienstposten mit einem Budget ausgestattet, orientiert sich die Finanzierung nicht an den Beschäftigten, sondern an den entsprechenden Arbeitserfordernissen der Organisation.

Zum anderen können die Mitarbeiter auch direkt aus einem Budget finanziert werden. Dies ist insbesondere bei kurzzeitigen Arbeitsverhältnissen von Vorteil.

Durch die Finanzierung einer Person oder eines Dienstpostens wird das Budget beansprucht, wobei sich die verfügbaren Mittel des Budgetobjekts vermindern. Evtl. entstehende, nicht beanspruchte Mittel sind so ersichtlich und können für weitere Finanzierungen verwendet werden.

Solange die Gesamtarbeitszeit nicht überschritten wird, können Beschäftigte auch Inhaber mehrerer Arbeitsgebiete gleichzeitig sein. Des weiteren kann ein Dienstposten im Rahmen der zur Verfügung stehenden Dotierung auch mit mehreren Inhabern oder nur teilweise besetzt werden. Mit dieser Funktion der Stellenwirtschaft wird der Tatsache Rechnung getragen, dass im öffentlichen Dienst oftmals Teilzeitbeschäftigungen oder Stellenaufteilungen anzutreffen sind oder dass Beschäftigte mehrere Arbeitsverhältnisse gleichzeitig inne haben.

III. Zeitablauf

Für die Mitarbeiter der Personalabteilung und der Personalbuchhaltung wurden Schulungen in SAP R/3 durchgeführt. Zunächst wurden die Mitarbeiter mit der allgemeinen Bedienung des Systems vertraut gemacht. Da die Personalabrechnung im Universitätsklinikum Ulm ein neues Arbeitsgebiet war und die Abteilung Personalbuchhaltung bis auf zwei neu eingestellte Mitarbeiter mit Angestellten aus anderen Bereichen der Klinikumsverwaltung eingerichtet wurde, wurden anschließend die Mitarbeiter der Personalbuchhaltung insbesondere in der Personalabrechnung intensiv geschult.

Nach erfolgter Schulung fanden im Oktober und November 1997 Einzeltests im HR-System statt. Im Testsystem, das parallel zum alten Personalverwaltungssystem PSA eingerichtet wurde, wurden daraufhin von jedem Sachbearbeiter verschiedene ausgewählte ‚Personalfälle' auf deren Durchführbarkeit hin getestet.

In Zusammenarbeit mit der Firma Mummert + Partner wurden auftretende Fehler behoben und das System den Anforderungen des Universitätsklinikums angepasst.

Gleichzeitig fanden auch in der Personalbuchhaltung Systemtests und Abrechnungssimulationen statt.

Im Bereich PD wurde die Organisationsstruktur, d.h. die Aufbauorganisation des Klinikums, angelegt.

Anfang Dezember 1997 wurden die Altdaten in das neue System übernommen. Diese Altdatenübernahme erfolgte in mehreren Schritten: Zunächst wurden die Daten aus PSA mit Hilfe sogenannter Batch-Input-Mappen übernommen. Eine Batch-Input-Mappe ist eine Zusammenfassung von Transaktionen, bei der die jeweilige Software-Anwendung automatisch mit Anwendungsdaten gefüllt wird. In der Regel erfolgt die Übernahme von Fremd- bzw. Altdaten in R/3 durch dieses Batch-Input-Verfahren, das meist im Hintergrund abläuft, da hier sehr große Datenmengen übertragen werden.[23]

Nach Abschluß dieser Übernahme aus PSA wurde das Altsystem nur aus Gründen der Übersichtlichkeit und Vollständigkeit der Auswertungen gepflegt. Die nach dem Stichtag in PSA erfassten Daten mussten nach dem Produktivstart von HR nachträglich auch hier erfasst werden, um über einen aktuellen Datenbestand zu verfügen.

Nach erfolgter Übernahme der PSA-Daten wurden daraufhin die Daten des LBV in das SAP-System eingespielt. Anhand der Mitarbeiternummer in PSA und der Mitarbeiternummer des LBV wurden die Datensätze der jeweiligen Mitarbeiter in SAP unter einer neuen Personalnummer zusammengefasst.

Für die im Klinikum beschäftigten Aushilfen, für die in PSA keine Daten vorhanden waren, wurden die Datenfelder in SAP über eine gesonderte Maßnahme durch die Übernahme der LBV-Daten gefüllt.

Zusätzlich wurden noch diverse manuell erstellte Tabellen im Excel-Format in das SAP-System übertragen. So wurden in einer Tabelle jedem Mitarbeiter des Klinikums manuell die zuvor schon erwähnten Arbeitszeitmodelle mit dem jeweils entsprechenden Beschäftigungsumfang zugeteilt. Außerdem wurden die Mitarbeiter Personalbereichen zugeteilt, d.h. hier wurde festgelegt, ob die Mitarbeiter als Beschäftigte des Universitätsklinikums (Anstalt des Öffentlichen Rechts) oder der Universität (Medizinische Fakultät – Landesbetrieb) geführt werden.

Am 6. Januar 1998 wurde mit Unterstützung der Unternehmensberatung Mummert+ Partner die erste Lohn- und Gehaltsabrechnung in der Abteilung Personalbuchhaltung gestartet und nach Abarbeiten der Fehlermeldungen erfolgte eine pünktliche Auszahlung für den Bereich der Angestellten und Arbeiter.

IV. Auswertungen

Das SAP-Personalwirtschaftssystem erlaubt standardmäßig die gesetzlich geforderten Auswertungen zur Sozialversicherung, zur DÜVO, zur Steuer, zur VBL usw.

Daneben müssen auch die im Öffentlichen Dienst erforderlichen und für das Klinikum vorgeschriebenen Auswertungen wie die Vollkräfte-, Krankenhaus-, Hochschul- und Schwerbehindertenstatistik, Auswertungen für den Frauenförderplan und die Familienkasse erstellt werden.

Eine individuelle Auswertung für das Universitätsklinikum stellt z.B. die Stellenbesetzungsliste für die Personalabteilung dar. Durch einen vom Klinikrechenzentrum erstellten Report wird diese Liste, die Daten aus verschiedenen Infotypen enthält, realisiert. Die Stellenbesetzungsliste enthält Daten wie Organisationseinheit, Eintrittsdatum, Name des Beschäftigten, Vergütungsgruppe, Beschäftigungsumfang, Befristungsdatum usw.

Weitere Auswertungen werden nach den Anforderungen der jeweiligen Abteilungen sukzessive über Reports erstellt.

F. Schlußbemerkung

Die Einführung des Personalwirtschaftssystems im Universitätsklinikum Ulm verlief auch unter den durch die Rechtsformänderung bedingten organisatorischen und strukturellen Veränderungen erfolgreich. Ebenso konnte die Lohn- und Gehaltsabrechnung vom Klinikum erstmals in eigener Regie mit dem neuen System erfolgreich durchgeführt werden.

Unbefriedigend erscheint jedoch die Tatsache, dass die SAP-Software momentan in manchen Details noch Unstimmigkeiten aufweist und noch nicht vollständig ausgereift ist. Besonders im Bereich des Öffentlichen Dienstes birgt das System noch kleinere Schwächen. Beispielsweise sind für den Öffentlichen Dienst bedeutende Rechen- bzw. Rundungsregeln, wie die umfassenden Rechenregeln zur Bestimmung des Urlaubsanspruchs, systemseitig noch nicht vollständig hinterlegt, sodass der vom System vorgeschlagene Wert noch manuell überprüft und nachberechnet werden muss.

Darüber hinaus ist die Einführung mit einem relativ hohen Customizing-Aufwand verbunden. So mussten beispielsweise die Vergütungstabellen, die im System noch nicht hinterlegt waren, vom Anwender, also vom Klinikum selbst, erstellt und im System erfasst werden.

Mit SAP R/3 HR verfügt das Universitätsklinikum Ulm über ein Personalwirtschaftssystem in Client-Server-Architektur, das u.a. auch aufgrund der Integration zu den anderen betriebswirtschaftlichen Anwendungen in anderen Bereichen der Klinikumsverwaltung vielfältige Möglichkeiten eröffnet, wie z.B. umfassendes Reporting und umfangreiche Selektionsmöglichkeiten.

Das offene und flexible R/3-System, mit dem die Personalverwaltung durch die ständige Weiterentwicklung auch künftig stets auf dem technisch neuesten Stand bleiben wird, vereint sämtliche Funktionen der Personalwirtschaft und bietet der Klinikumsleitung umfassende Informationen und Entscheidungsgrundlagen für künftige Herausforderungen.

Anmerkungen

1 Vgl. AFOS (1996), S. 13.
2 Vgl. Jahresbericht 1997 Universitätsklinikum Ulm.
3 Vgl. CDI (1996), S. 24.
4 Vgl. Gräb (1997), S. 185.
5 Vgl. MWK (1994).
6 Vgl. CDI (1996), S. 29/Huch u.a. (1997).
7 Vgl. CDI (1996), S. 19/Huch u.a. (1997).
8 Vgl. Buck-Emden/Galimow (1996), S. 192/SAP AG (1997b), S. 6.
9 Vgl. CDI (1996), S. 34.
10 Vgl. Buck-Emden/Galimow (1996), S. 149.
11 Vgl. CDI (1996), S. 309.
12 Vgl. Huch u.a. (1997).
13 Vgl. CDI (1996), S. 312.
14 Vgl. SAP AG (1997c), S. 16.
15 Vgl. SAP AG (1997c), S. 13.
16 Vgl. CDI (1996), S. 314.
17 Vgl. SAP AG (1997e).
18 Vgl. SAP AG (1998).
19 Vgl. o.V. (1997).
20 Vgl. SAP AG (1997d).
21 Vgl. CDI (1996), S. 24.
22 Vgl. SAP AG (1997a).
23 Vgl. CDI (1996), S. 191.

Literatur

AFOS (Hrsg.) (1996): SAP-Arbeit-Management. Durch systematische Arbeitsgestaltung zum Projekterfolg, AFOS-Arbeitsgemeinschaft arbeitsorientierte Forschung und Schulung, Wiesbaden.
Buck-Emden/Galimow (1995): Die Client-Server-Technologie des Systems R/3, Bonn.
CDI (Hrsg.) (1994): Praxistrainer SAP R/3-Grundlagen, Architektur, Anwendung, München.
Gräb, Ch. (1997): Krankenhaus-Report '97, Stuttgart.
Huch, B. u.a. (1997): Einführung in SAP R/3. Skript zu Übungen mit SAP R/3, Technische Universität Braunschweig.
MWK (Hrsg.) (1994): Beitrag der Universitätsklinika zum EDV-Gesamtplan IV (1995–1999), Stuttgart.
SAP AG (Hrsg.) (1997a) Begleitschrift zum SAP-Personalwirtschaftsforum ‚Öffentlicher Dienst im Blickpunkt' in Köln, Walldorf.
SAP AG (Hrsg.) (1997b) Produktbroschüre ‚SAP Public Sector', Walldorf.
SAP AG (Hrsg.) (1997c) Produktbroschüre ‚R/3 Personalwirtschaft', Walldorf.
SAP AG (Hrsg.) (1997d) R/3 Online-Dokumentation-CD, Walldorf.
SAP AG (Hrsg.) (1997e) Begleitunterlagen zum SAP Personalwirtschaftskongress 1997 in Karlsruhe, Band I, B01, S. 3, Walldorf.
SAP AG (1998) website der Fa. SAP AG im Internet.
o.V. (1997) Schulungsunterlagen zur HR-Anwenderschulung ‚Grundlagen PA/PB' im Universitätsklinikum Ulm, Ulm.

Marc Dussler und Rudolf Michel-Glöckler

Zusammenfassung

In der Personalverwaltung des Universitätsklinikums Ulm wurde zum 1. Januar 1998 das Personalverwaltungsmodul Human Resources (R/3 HR) der Firma SAP eingeführt, nachdem das bis dahin eingesetzte System den gestiegenen Anforderungen, auch im Hinblick auf Controlling und Budgetierung, nicht mehr genügte. Mit SAP R/3 HR verfügt das Universitätsklinikum Ulm nunmehr über ein modernes Personalwirtschaftssystem in Client-Server-Architektur, das aufgrund der Integration zu anderen betriebswirtschaftlichen Anwendungen umfassendes Reporting und umfangreiche Auswertungen ermöglicht. Gleichzeitig wird dadurch dem Anspruch nach einem integrierten Krankenhausinformationssystem Rechnung getragen.

In der Personalverwaltung des Universitätsklinikums Ulm ist damit eines der modernsten und leistungsfähigsten Personalwirtschaftssysteme im Einsatz. Das offene und flexible R/3-System vereint sämtliche Funktionen der Personalwirtschaft und bietet der Klinikumsleitung umfassende Informationen und Entscheidungsgrundlagen für künftige Herausforderungen.

Summary

On January 1st, 1998 the staff administration office of the University Hospital in Ulm introduced the personnel administration module Human Resources (R/3 HR) produced by SAP, as the system used up to then no longer fulfilled the increased requirements especially in the fields of controlling and budgeting.

Using the SAP R/3 HR system the University Hospital Ulm now has a modern personnel management system in client-server-architecture which also offers extensive evaluation possibilities as well as reporting because it can be used together with other management applications. At the same time it also fits into the idea of having a completely integrated hospital information system.

The staff administration office of the University Hospital in Ulm is thereby using one of the most modern and most effective personnel management systems. The adaptive and flexible R/3 system links all functions of personnel management and offers the hospital management team complete information and bases for decision taking on future challenges.

012: Krankenhausbetriebslehre
30: Allgemeine Fragen der Personalwirtschaft

Ludwig Kuntz und Stefan Scholtes

A. Grundlagen des Krankenhausbetriebsvergleichs

Bei der Festlegung des Jahresbudgets eines Krankenhauses, wie es derzeit in der Bundesrepublik zwischen Krankenkassen und Krankenhäusern auf der Basis eines vereinbarten Leistungsgerüstes verhandelt wird, ist es auf Grund fehlender Marktmechanismen zwingend erforderlich, leistungsbezogene Informationen über andere Krankenhäuser zu berücksichtigen.

Dieser Sachverhalt wird vom Gesetzgeber in den Paragraphen 3 und 5 der „Bundespflegesatzverordnung 1995" berücksichtigt, in denen die Einbeziehung eines von den Verhandlungspartnern gemeinsam erstellten Krankenhausbetriebsvergleichs explizit gefordert wird.[1] Die Notwendigkeit eines Krankenhausbetriebsvergleichs ergab sich allerdings schon implizit aus der Formulierung des §17 Abs. 5 des Krankenhausfinanzierungsgesetzes (KHG i. d. F. v. 29.6.1972) und diesbezüglicher Rechtssprechung des Bundesverwaltungsgerichtes (Urteil v. 6.11.1986 – 3C69.85).

Deshalb wurden schon vor Inkrafttreten der „Bundespflegesatzverordnung 1995" von den Vertragsparteien, hauptsächlich von den Krankenkassen, Richtzahlenvergleiche zur Vorbereitung der Budgetverhandlungen erstellt. Richtzahlenvergleiche basieren auf dem Vergleich betriebseigener Kennzahlen, wie etwa der Bettenauslastung, mit Durchschnitts- oder Anhaltswerten. Aufgrund fehlender allgemein anerkannter Anhaltswerte und der berechtigten Kritik am Heranziehen von Durchschnittswerten bei inhomogenen Vergleichsobjekten konnte jedoch bisher ein von den Vertragsparteien *gemeinsam* erstellter Betriebsvergleich nicht realisiert werden. Die Vertreter der Krankenhäuser unterstellten häufig, daß es aufgrund der Besonderheiten der Krankenhäuser nicht möglich sei, einen realistischen Vergleich vorzunehmen. Solche Reaktionen zeigen deutlich, daß die Verwirklichung des gesetzlichen Auftrags eines gemeinsamen Betriebsvergleichs wesentlich von der Akzeptanz beider Vertragsparteien abhängt. Diese Einsicht ist die Grundlage für die in diesem Artikel diskutierte Methodik des Betriebsvergleichs.

Bevor die Methode vorgestellt wird, soll jedoch zunächst auf die ökonomischen und modellimmanenten Stärken und Schwächen bisher vorgeschlagener und durchgeführter Betriebsvergleiche kurz eingegangen werden. Das prinzipielle bisherige Vorgehen bestand im wesentlichen darin, zunächst auf Basis bestimmter Merkmale eine „vergleichbare Gruppe" von Krankenhäusern zu definieren und innerhalb dieser Gruppe Kennzahlen zu bilden, die die Basis der Analysen darstellen. Die Problematik der Gruppenbildung wird dadurch verdeutlicht, daß in einem konkreten Fall durch das Bundesverwaltungsgericht die kennzeichnenden Daten, die zur Festlegung der Vergleichbarkeit der Krankenhäuser herangezogen werden können, benannt wurden. Dies waren

- die bauliche Gestaltung der Krankenhausgebäude,
- die Zahl und Art der Fachabteilungen,
- die Zahl der Krankenbetten,
- der Umfang des Personals,
- die Ausstattung mit medizintechnischen Einrichtungen,
- die Verweildauer der Patienten und
- der Nutzungsgrad des Krankenhauses.

Wirtschaftlichkeitsanalyse mittels Data Envelopment Analysis zum Krankenhausbetriebsvergleich

Von Ludwig Kuntz und Stefan Scholtes*

Überblick

- Der Krankenhausbetriebsvergleich ist ein gesetzlich gefordertes Instrument zur Steuerung der Wirtschaftlichkeit der Krankenhäuser. Die Methode der Effizienzanalyse mittels Data Envelopment Analysis (DEA) fand bisher bei der Durchführung eines solchen Betriebsvergleichs keine Berücksichtigung. Auf Basis empirischer Daten des Jahres 1992 werden beispielhaft Ergebnisse und Nutzungsmöglichkeiten dieser Methode dargestellt.

Eingegangen: 26. Juni 1998

Privatdozent Dr. Ludwig Kuntz, Leiter für betriebswirtschaftliche Unternehmensplanung und Controlling des Universitäts-Krankenhauses Eppendorf, Martinistraße 52, 20246 Hamburg und Lehrbeauftragter am Institut für Statistik und Mathematische Wirtschaftstheorie der Universität Karlsruhe.
Privatdozent Dr. Stefan Scholtes, University Lecturer am Judge Institute of Management Studies, University of Cambridge, Cambridge CB2 1AG, England. Director of Studies in Management, Peterhouse und Sidney Sussex College, Cambridge.

© Gabler-Verlag 1999

Wirtschaftlichkeitsanalyse mittels Data Envelopment Analysis

Ungelöst bleibt bei der Anwendung dieser Merkmale die Abgrenzungsproblematik, die zwischen der Bildung von Gruppen und Kennzahlen besteht. So kann einerseits beispielsweise durch die Verweildauer der Patienten eines Krankenhauses ein struktureller Unterschied deutlich werden, der sicherstellt, daß z.B. eine chirurgische Abteilung eines Krankenhaus mit einem großen Anteil behinderter Patienten und damit hoher Verweildauer nicht undifferenziert mit chirurgischen Abteilungen eines anderen Krankenhauses verglichen wird. Andererseits ist die Verweildauer eine wichtige Kennzahl, die etwas über die Effizienz eines Krankenhauses aussagen kann, so daß durch eine Gruppenbildung mit Hilfe der Verweildauer diesbezügliche Effizienzunterschiede nicht berücksichtigt werden können.

Aufgrund dieser Grundproblematik entstand eine Vielfalt von Ansätzen zur Durchführung von Krankenhausbetriebsvergleichen. So wurde durch das Wissenschaftliche Institut der Ortskrankenkassen (WidO) für die Spitzenverbände der gesetzlichen Krankenversicherung (GKV) ein Betriebsvergleich erstellt, der auf dem Vergleich von Krankenhäusern innerhalb einer Gruppe basiert (Hildebrand und Litsch, 1993). Die Gruppenbildung wurde aus der Fachabteilungsstruktur der Krankenhäuser und dem Anteil von Belegbetten abgeleitet. Im Rahmen des Vergleichs wurden einzelne Kennzahlen wie Sach- und Personalkosten je Berechnungstag[2] in Relation zum Gruppendurchschnitt gesetzt. Ähnliche Vergleiche, die auf einer fachabteilungsorientierten Gruppenbildung basieren, werden auch von den Krankenhäusern selbst unterstützt (z.B. Schmitz, 1996). Diese Art der Gruppenbildung, die sich an der Anzahl und Art der Fachabteilungen orientiert, kann als *inputnahe* Vorgehensweise bezeichnet werden.

Eine *outputnahe* Form der Gruppenbildung wird dagegen beim „leistungsorientierten Betriebsvergleich" genutzt (Kehr, 1994 und Gerste, 1996). Merkmal für die Gruppenbildung von Krankenhäusern ist hier nicht die Organisationsstruktur, sondern die Leistungsstruktur. Zur Darstellung der Leistungsstruktur wurden die klassifizierten Fallzahlen des Krankenhauses genutzt.[3] Der Betriebsvergleich als solcher wird wiederum mittels spezieller Kennzahlen durchgeführt.

Die verschiedenen Formen der Kennzahlenbildung können unter dem zur Zeit modernen Begriff Krankenhaus-Benchmarking zusammengefaßt werden (Henke et al., 1995; Swart, 1996; Henke und Brüggemann, 1996; Paeger, 1996). Auf der Basis einer Vielzahl von Kennzahlen wird versucht, Orientierungsgrößen zur Beurteilung der relativen Wirtschaftlichkeit zu ermitteln. Beispiele von Kennzahlen sind Kosten je Fall, durchschnittliche Verweildauer oder investiertes Kapital pro Bett. Durch die Hinzunahme von qualitätsorientierten Kennzahlen wie z.B. Mortalitätsraten und Wiedereinweisungsraten soll eine Gesamtbewertung ermöglicht werden. Als Richtgrößen können einfach zu bildende Werte wie arithmetischer Durchschnitt oder auch der Median von einer Gruppe von Krankenhäusern herangezogen werden, wobei im Unterschied zu den vorher genannten Ansätzen die Gruppe der Krankenhäuser, die der Berechnung des Medians bzw. Durchschnittes zugrunde gelegt wird, in der Regel von der einzelnen Kennzahl abhängt – z.B. Durchschnitt der besten 20%.

Eine andere Möglichkeit zur Kennzahlenbildung, die sich grundlegend von dieser Art der Richtgrößenbildung unterscheidet, ist die Nutzung ökonometrischer Methoden (Monka, 1993; Breyer und Zweifel, 1992; Woodbury et al., 1996). Die Anwendung ökonometrischer Methoden basiert auf der Annahme eines krankenhausunabhängigen funktionalen Zusammenhangs zwischen Inputs und Outputs der betrachteten Krankenhäuser. Ein Beispiel hierfür ist die Verhaltens-Kostenfunktion für Krankenhäuser $C = C(X_1, ..., X_m; Y; Z; W; T; D_1, ..., D_n)$, wobei C die Gesamtkosten des Krankenhauses bezeichnet, $X_1, ..., X_m$ die Fallzahlen in verschiedenen Patientengruppen, Y die Zahl der Pflegetage, Z die Bettenzahl, W ein Maß für das Faktorpreisniveau, T die Trägerschaft und $D_1, ..., D_n$ weitere Merkmale des Krankenhauses darstellen (Breyer und Zweifel, 1992). Das WidO führte eine Krankenhausvergleichsstudie mit Daten des Jahres 1990 in dieser Form durch, die 1427 Krankenhäuser involvierte. Der Studie lag eine lineare funktionale Beziehung zwischen Krankenhauskosten und Abteilungsfallzahlen zugrunde, wobei die Fallzahlen auf einer Struktur von 17 Abteilungen basierten. Die Fachabteilungsstruktur und die Falldaten basierten auf den Daten, welche die Krankenhäuser den Krankenkassen in dem damals vorgeschriebenen Kosten- und Leistungsnachweis übermittelt haben.

Die betrachtete Funktion war $C = u_1 X_1 + ... + u_{17} X_{17}$ wobei mit u_j die zu berechnenden Fallkosten je Fall der Fachabteilung j bezeichnet wird.

Mit Hilfe der geschätzen, vom einzelnen Krankenhaus unabhängigen Fallkosten u_j^* und der Fallzahlen des Krankenhaus X_j wurde die krankenhausspezifische Richtgröße $C^* = u_1^* X_1 + ... + u_{17}^* X_{17}$ berechnet. Die absolute und relative Abweichung der realen Krankenhauskosten C zur Richtgröße C^* wurde als Maß der Wirtschaftlichkeit eines Krankenhauses herangezogen.

Auch wenn die Berücksichtigung der Fachabteilungsstruktur eine beliebige Durchschnittsbildung verhindert, so wurde in der Fachpresse diese Methode wegen der fehlenden Berücksichtigung von weiteren individuellen Krankenhausstrukturen, wie z.B. Raum-

Tab. 1: Fachabteilungsstruktur für Krankenhausvergleichsstudie des WidO, 1993

	Fachabteilung
1	Neurochirurgie
2	Haut- und Geschlechtskrankheiten
3	Augenheilkunde
4	Psychiatrie
5	Mund-, Kiefer-, Gesichtschirurgie
6	Lungen- und Bronchialheilkunde
7	Geriatrie
8	Radiologie
9	Neurologie
10	Orthopädie
11	Chirurgie
12	Kinderheilkunde
13	Hals-, Nasen-, Ohrenheilkunde
14	Urologie
15	Innere Medizin
16	Gynäkologie
17	Sonstige Fachabteilungen

struktur, logistische Infrastruktur oder Fallstrukturen innerhalb der Fachabteilungen, stark angegriffen.[4] Völlig unbeachtet blieb dabei der Vorteil dieser Methode, der darin besteht, daß die Richtgröße nicht mehr ein einfacher Durchschnittswert ist, der einheitlich für alle zu vergleichenden Krankenhäuser herangezogen wird, sondern eine krankenhausspezifische Größe, die neben der Leistungsstruktur als Outputmenge auch die Kosten als bewertete Inputmenge berücksichtigt. Problematisch ist jedoch, daß unabhängig von der Fachabteilungsstruktur für alle Krankenhäuser einheitliche Fallkosten u_j^* gewählt werden müssen.

Im Überblick lassen sich Stärken und Schwächen der aufgeführten Methoden zur Durchführung eines Krankenhausbetriebsvergleiches wie folgt darstellen:

Tab. 2: Übersicht der Stärken und Schwächen der Methoden

Methoden	Stärken	Schwächen
Gruppenbildung	• Berücksichtigung der Ressourcenstruktur (Input) • Berücksichtigung der Leistungsstruktur (Output)	• Abgrenzung zur Kennzahlenbildung problematisch
Kennzahlenbildung	• Bildung (auch krankenhausindividueller) Richtgrößen • gleichzeitige Berücksichtigung von Input- **und** Outputgrößen	• Annahme über krankenhauseinheitliche Parameter erforderlich (WidO: Fallkosten je Fachabteilung) • Abgrenzung zur Gruppenbildung problematisch

Im folgenden soll eine weitere Methode vorgestellt werden, die alle oben genannten Stärken besitzt, die angegeben Schwächen nicht hat und weiterhin

- die marktspezifische Situation der Krankenhäuser berücksichtigt (vgl. Kap. B.I),
- als flexibles Instrument im Krankenhauswesen einsetzbar ist (vgl. Kap. B.II).

Eine anschließende empirische Studie mit realen Daten des Jahres 1992 von 104 Krankenhäusern des Bundeslandes Sachsen und einer Auswahl[5] von 746 bzw. 560 deutschen Krankenhäusern veranschaulicht die Einsatzmöglichkeiten (vgl. Kap. C).

Abschließend wird die Anwendbarkeit der Methode im Rahmen der Budgetverhandlungen erläutert (vgl. Kap. D).

Ludwig Kuntz und Stefan Scholtes

B. Wirtschaftlichkeitsanalyse von Nonprofit-Organisationen mittels Data Envelopment Analysis[6]

I. Einführung

Data Envelopment Analysis (DEA) wurde als Methode zur Effizienzanalyse von Entscheidungseinheiten (Decision making unit=DMU) von Farrell (1957) in Anlehnung an Debreu (1951) vorgeschlagen und von Charnes, Cooper und Rhodes (1978) weiterentwickelt. Ziel der Methode ist die quantitative Evaluierung der relativen Effizienz der DMUs einer Vergleichsgruppe. Die Voraussetzung der Vergleichbarkeit ist erfüllt, wenn sämtliche DMUs gleiche Inputgüter benutzen, um gleiche Outputgüter zu produzieren, wobei im Modell sowohl mehrere Inputgüter, als auch mehrere Outputgüter simultan berücksichtigt werden können. Der Vergleich der Einheiten erfolgt auf Basis der Input- und Outputdaten, die die Basisinformation des Modells sind. Als Input- bzw. Outputdaten des Modells sind sowohl Input- bzw. Outputmengen wie z.B. Mitarbeiter oder Produkte, als auch bewertete Input- bzw. Outputmengen wie z.B. Personalkosten oder Umsatz wählbar. Durch die Wahl bewerterer Input- bzw. Outputmengen als Input- bzw. Outputdaten des Modells besteht die Möglichkeit, sich vom ursprünglichen Ansatz der Effizienzanalyse zu trennen und eine allgemeiner gefaßte Wirtschaftlichkeitsanalyse durchzuführen. Im Rahmen des Modells wird jeder DMU eine Prozentzahl zugeordnet, die die relative Effizienz bzw. Wirtschaftlichkeit dieser Einheit widerspiegelt. Wird einer DMU z.B. ein Wirtschaftlichkeitswert von 80% zugeordnet, so bedeutet dies, daß die Outputdaten dieser DMU von einer geeigneten Kombination der restlichen DMUs mit nur 80% der derzeitigen Inputdatenwerte realisiert werden können bzw. sämtliche Outputdatenwerte bei gleichem Inputdatenwert um 25% erhöht werden können.

Der Einfachheit halber beschränken wir uns zunächst auf den Fall eines eindimensionalen Inputdatensatzes, etwa des Krankenhausbudgets, lassen aber einen mehrdimensionalen Outputdatensatz zu, der z.B. das Fallspektrum des Krankenhauses widerspiegelt. Ausgangspunkt des Modells ist der Kennzahlenwert, der definiert ist als das Verhältnis von Outputdatenwert zu Inputdatenwert. Diese Kennzahl kann nur für den Fall von eindimensionalen Input- und Outputdatensätzen gebildet werden. Wird eine Entscheidungseinheit durch einen mehrdimensionalen Outputdatensatz dargestellt, so wird man deshalb in der Regel die Outputdaten zu einem Gesamtoutputwert geeignet zusammenfassen und dann das Verhältnis von Gesamtoutputwert zum Inputwert als Wirtschaftlichkeitswert ansehen. Benutzt man etwa Marktpreise der Outputgüter als Gewichte, so erhält man Umsatz pro Inputdateneinheit als Wirtschaftlichkeitsmaß. Für die Outputgüter von Nonprofit-Organisationen stehen jedoch solche Marktpreise wegen fehlender Marktmechanismen im allgemeinen nicht zur Verfügung. Man ist deshalb versucht, die fehlenden Marktpreise durch künstliche Gewichte oder Äquivalenzziffern zu ersetzen. Solche, wie auch immer festgelegten Gewichte, stellen jedoch eine entscheidende Schwachstelle dar und bilden einen offensichtlichen Angriffspunkt für jede als unwirtschaftlich eingestufte DMU, für deren Verantwortliche es oft ein Leichtes ist zu argumentieren, daß die der Auswertung zugrunde gelegten Gewichte die Produktionsverhältnisse der DMU nicht realistisch widerspiegeln.[7] Dieses Argument wird vom DEA-Modell aufgenommen. In diesem Modell ist die Festlegung der Gewichte eine Einflussvariable der zur Wirtschaftlichkeitsprüfung anstehenden DMU. *Eine DMU wird nämlich nur dann als wirtschaftlich angesehen, wenn es ein System von Outputgewichten gibt, so daß keine andere DMU in der Vergleichsgruppe bei Zugrundelegung dieser Gewichte einen höheren Gesamtoutputwert pro Inputdateneinheit erzielt.*[8] Man mag im Fall einer unwirtschaftlichen DMU fragen, um welchen Prozentsatz ihr Inputdatenwert mindestens verringert werden muss, damit diese DMU im obigen Sinne wirtschaftlich wird. Den Wert 100 abzüglich dieser Zahl bezeichnet man als DEA-Effizienzwert bzw. DEA-Wirtschaftlichkeitswert der DMU; er dient uns als Wirtschaftlichkeitsmaß. Der DEA-Wirtschaftlichkeitswert einer DMU kann mittels linearer Programmierung leicht berechnet werden (Charnes, Cooper und Rhodes, 1978).

Die Dualitätstheorie der linearen Optimierung eröffnet eine zusätzliche Interpretation des Wirtschaftlichkeitswertes. Statt nur die DMUs der betrachteten Vergleichsgruppe heranzuziehen, kann man diese kombinieren und so neue virtuelle DMUs bilden. Eine solche virtuelle DMU ist charakterisiert durch ihre Input- und Outputdaten, die man erhält, indem die Input- und Outputdaten gewisser DMUs der Vergleichsgruppe mit denselben Werten multipliziert und dann addiert werden. *Die untersuchte DMU ist wirtschaftlich, falls es keine virtuelle DMU gibt, die mit geringerem Inputdatenwert einen in jeder Outputkomponente mindestens gleichwertigen Outputdatenwert realisiert.* Ist die untersuchte DMU unwirtschaftlich, so gibt es eine wirtschaftliche, aber möglicherweise virtuelle DMU, die einen mindestens gleichgroßen Wert in jeder Komponente des Outputdatensatzes bei geringerem Inputdatenwert erbringt.[9] Wie oben erklärt, ensteht diese virtuelle wirtschaftliche DMU durch eine Kombination der Input und Outputdatensätze gewisser wirtschaftlicher DMUs in der Vergleichsgruppe, die als sogenannte Referenz-DMUs für die betrachtete unwirtschaftliche DMU von besonderem Interesse sind, da ja eine Kombination der Outputdaten dieser Referenz-DMUs eine Verbesserung der Outputdatenwerte der unwirtschaftlichen DMU bei geringerem Inputdatenwert ermöglicht.[10] Die Berechnung dieser virtuellen DMU ergibt sich aus den Lösungswerten der Variablen des dualen linearen Programmes (duale Variable).

Eine weitere Interpretation der Referenz-DMUs resultiert aus der Tatsache, daß sich im allgemeinen der Wirtschaftlichkeitswert einer unwirtschaftlichen DMU erhöht, wenn die Vergleichsgruppe verkleinert wird, da bei der optimalen Wahl der DMU-spezifischen Gewichte für die Outputgüter weniger Konkurrenten zu berücksichtigen sind. Der Wirtschaftlichkeitswert der unwirtschaftlichen DMU bleibt jedoch gleich, wenn die verkleinerte Vergleichsgruppe alle Referenz-DMUs enthält. An dieser Stelle wird der eigentliche Vorteil der Methode deutlich. Das Ergebnis der DMU hängt lediglich von den Referenz-DMUs ab und nicht von einer vorherigen Gruppenbildung. Das Verfahren selbst liefert DMUs, die für eine weitergehende Vergleichsanalyse geeignet sind.

Im Fall mehrdimensionaler Inputdaten und mehrdimensionaler Outputdaten müssen sowohl Inputdaten als auch Outputdaten zu einem Gesamtinputwert bzw. Gesamtoutputwert aggregiert werden. Ebenso wie im Fall eines eindimensionalen Inputdatensatzes kann man ein Wirtschaftlichkeitsmaß mittels eines linearen Programmes berechnen, das angibt, um wieviel Prozent alle Inputdaten simultan verringert werden müßen, damit die untersuchte DMU wirtschaftlich wird. Diese simultane Verringerung aller Inputdaten um den gleichen Faktor ist eine offensichtliche Schwachstelle des Modells im Falle mehrdimensionaler Inputdaten und Gegenstand aktueller theoretischer Untersuchungen (Kuntz und Scholtes,

1998). Wir beschränken uns in der folgenden empirischen Studie (Kap. C) deshalb auf den Fall eines eindimensionalen Inputdatensatzes.

II. Wirtschaftlichkeitsvergleich von Krankenhäusern

Die Anwendung von DEA zur Wirtschaftlichkeitsanalyse von Krankenhäusern erfordert zunächst die Festlegung der zugrundeliegenden Input- und Outputdatenstruktur. Hierfür gibt es je nach Art und Umfang der Wirtschaftlichkeitsanalyse eine Vielzahl von Möglichkeiten. So können als Inputdaten einerseits an den Produktionsfaktoren orientierte Mengen- bzw. Kostengrößen wie z.B. Arbeitskapazität nach Berufsgruppen und Sachkosten (Rosko, 1990) genutzt werden, andererseits stellen aus Sicht der Finanzierungsträger Größen, die sich an der Rechnungslegung orientieren (z.B. Ertrag aus stationären Krankenhausleistungen), Inputdaten für eine Wirtschaftlichkeitsanalyse des Krankenhausbetriebsprozesses dar. Die Definition der Outputdatenstruktur hängt einerseits davon ab, ob eine ergebnis-, prozeß- oder ressourcenorientierte Analyse (Eichhorn, 1987, S. 43ff.) durchgeführt werden soll und wird andererseits vom gewünschten Detailierungsgrad bestimmt. Nach diesem Schema ergeben sich folgende Möglichkeiten:

Tab. 3: Grundschema der Outputdatenstruktur für Krankenhauswirtschaftlichkeitsanalysen

	ergebnisorientiert	prozeßorientiert	ressourcenorientiert
global	Fallzahl, differenziert nach Fachabteilungen	Pflegetage, differenziert nach Fachabteilungen	Betten, differenziert nach Fachabteilungen
detailliert	Fallzahlen, weiter differenziert nach Krankheitsarten, Schweregrad und Dringlichkeit der Behandlung bzw. Alter, Geschlecht, Familienstand etc.; Veränderungsgrad der Krankheitsbeschwerden und Funktionsfähigkeiten.	Pflegetage, weiter differenziert nach Versorgungsgrad (Intensiv-, Normal-, Langzeitpflege) bzw. stationär, teilstationär und ambulant; Leistungen der Diagnostik und Therapie; Hotelleistungen.	Leistungskapazität des Anlagenbestandes; Leistungskapazität des Personalbestandes; Erträge differenziert nach Aufgabenbereichen (stationär und ambulante Krankenversorgung, Lehre, Ausbildung, Forschung und sonstige Bereiche).

Die folgende Tabelle zeigt, welche Outputdaten in der Literatur bei krankenhausspezifischen Analysen Verwendung fanden.

Tab. 4: Outputdaten bereits durchgeführter Krankenhausanalysen mittels DEA (Rosko M. D. 1990)

Ergebnisorientiert
Fälle mit hohem/niedrigem Schweregrad
Fälle in DRG[11] 127 mit hohem/niedrigem Schweregrad
Ambulante Besuche differenziert nach Notfall/kein Notfall
Prozeßorientiert
Pflegetage nach bestimmten Fachabteilungen
Intensivpflegetage
Operationen
Ambulante Besuche
Ambulante Operationen
Ressourcenorientiert
WWU's[12] differenziert nach Fachabteilungen, Intensiveinheiten und ambulante Besuche

Jede Wirtschaftlichkeitsanalyse auf der Basis von Inputdaten und Outputdaten muß garantieren, daß eine prozeßbedingte Abhängigkeit zwischen Input- und Outputdaten besteht. Im Fall eines Krankenhausbetriebsvergleichs kommt deshalb dem Aspekt der verschiedenen Leistungsbereiche bei der Definition der Input- und Outputdatenstruktur eine besondere Bedeutung zu. So müssen z.B. die betriebsbedingten Kosten für die stationäre Krankenversorgung über das mit den Krankenversicherungen ausgehandelte Budget finanziert werden, während ambulante Behandlungen, Notfallbehandlungen oder auch sämtliche Investitionen über andere Wege finanziert werden. Es besteht also keine prozeßbedingte Abhängigkeit zwischen dem Inputwert „Gesamtbudget" und der Zahl der Notfallbehandlungen.

Effizienz- bzw. Wirtschaftlichkeitsanalysen von Krankenhäusern mittels der beschriebenen Methode sind bereits mehrfach, hauptsächlich in den USA durchgeführt worden (Morey et al., 1992; Sexton et al., 1989). Der Einstieg zu diesem Thema in Deutschland wurde durch Meyer und Wohlmanstetter (1985) bereits vorbereitet. Seit dieser Zeit gibt es allerdings keine einschlägige Anwendung dieser Methode in Deutschland. Die nachfolgende Fallstudie stellt eine erste empirische Untersuchung zur Anwendbarkeit der Wirtschaftlichkeitsanalyse mittels Data Envelopment Analysis im Krankenhausbereich in Deutschland dar.

C. Fallstudie

Wir wollen den Teilkomplex der Krankenhausproduktion näher untersuchen, der die Leistungen im Rahmen der stationären Krankenversorgung betrifft. Hierzu wird eine globale Kostengröße („bereinigte Gesamtkosten ohne Kosten der Ausbildungsstätten"), auf deren Basis das Budget ermittelt wurde, den nach Fachabteilungen differenzierten Fallzahlen gegenübergestellt.

Tab. 5: Input- und Outputdatenstruktur der Wirtschaftlichkeitsanalyse

Inputdaten[13]	Outputdaten[14]
Bereinigte Kosten abzüglich Kosten der Ausbildungsstätten	Fallzahl Augenheilkunde
	Fallzahl Chirurgie
	Fallzahl Frauenheilkunde und Geburtshilfe
	Fallzahl Hals-Nasen-Ohren-Heilkunde
	Fallzahl Haut- und Geschlechtskrankheiten
	Fallzahl Mund-Kiefer-Gesichtschirurgie
	Fallzahl Neurochirurgie
	Fallzahl Innere Medizin
	Fallzahl Nuklearmedizin
	Fallzahl Strahlentherapie
	Fallzahl Kinderheilkunde
	Fallzahl Kinder- und Jugendpsychiatrie
	Fallzahl Neurologie
	Fallzahl Psychiatrie
	Fallzahl Psychosomatik
	Fallzahl Orthopädie
	Fallzahl Urologie
	Fallzahl Sonstige Fachabteilungen

Problematisch ist, daß in der Inputgröße Wertanteile auch für teilstationäre Leistungen enthalten sind, jedoch im Output keine entsprechende Größe vorhanden ist, wodurch die prozeßbedingte Abhängigkeit zwischen Input- und Outputdaten nicht vollkommen sichergestellt ist. Dies ist im Rahmen dieser Studie allerdings vernachlässigbar, da die Anzahl der teilstationär entlassenen Patienten angesichts der in 1992 über 14 Mio. stationären Fälle mit ca 108.500 entlassenen teilstationären Patienten vergleichsweise gering ist. Die benutzte Kostengröße beinhaltet keine Abschreibungen. Dies entspricht dem in Deutschland geltenden Prinzip der „Dualen Finanzierung", nach dem nur die betriebsbedingten Kosten über das vorhandene Entgeltsystem finanziert werden, während Investitionen durch staatliche Förderungen abgedeckt werden. Bis auf den Abzug der Ausbildungskosten beim Inputdatenwert und einer differenzierteren Aufteilung der Fachabteilungen Psychiatrie und Radiologie sind die Größen analog der WidO-Studie von 1993 gewählt. Die in der Wirtschaftlichkeitsanalyse gewählten Gewichte korrespondieren insofern mit den dort ermittelten Abteilungsfallpauschalen.

Krankenhausplanung und Investitionsfinanzierung sind Aufgaben der einzelnen Bundesländer. Somit sind prinzipiell unterschiedliche Voraussetzungen für die Krankenhäuser innerhalb der einzelnen Bundesländer in Abhängigkeit der Strategie des jeweiligen Bundeslandes gegeben. Um diesem Aspekt Rechnung zu tragen, hat die folgende Untersuchung einerseits sämtliche Krankenhäuser des Bundeslandes Sachsen, andererseits eine Auswahl von 746 (=Auswahl 1) bzw. 560 (=Auswahl 2) der deutschen Krankenhäuser zum Gegenstand. Die Daten der 560 deutschen Krankenhäuser enthalten neben den Output- und Inputdaten noch die Information, zu welchem Bundesland das jeweilige Krankenhaus gehört. Aus datenschutzrechtlichen Gründen konnten deshalb in Auswahl 2 nur Fallzahlen in einer aggregierten Fachabteilungsstruktur zur Verfügung gestellt werden.

Die Auswahlmengen werden genutzt, um das auf dem DEA-Wirtschaftlichkeitswert basierende Wirtschaftlichkeitspotential der Krankenhäuser zu quantifizieren. Durch die nach Bundesländergruppen differenzierte Auswahl von 560 Krankenhäusern besteht die Möglichkeit, die Wirtschaftlichkeitsunterschiede der Krankenhauspolitik der Ländergruppen selbst zu untersuchen.

Die Struktur der 104 sächsischen Krankenhäuser im Vergleich zu der bundesweiten Auswahl mit 746 bzw. 560 Krankenhäusern läßt sich folgendermaßen veranschaulichen:

Tab. 6: Verteilung der Krankenhäuser nach Fallzahlen und Fachabteilungen

Klassifizierung	Sachsen		Bund - Auswahl 1		Bund - Auswahl 2	
Fallzahlen	Anzahl KH	in %	Anzahl KH	in %	Anzahl KH	in %
<=2500	30	28,85	365	48,93	282	50,36
>2500 und <=5000	27	25,96	192	25,74	142	25,36
>5000 und <=10000	22	21,15	156	20,91	118	21,07
>10000	25	24,04	33	4,42	18	3,21
Fachabteilungen						
<=2	34	32,69	394	52,82	keine	Daten
>2 und <=4	41	39,42	228	30,56		
>4 und <=10	21	22,12	124	16,62		
>10	8	24,04	0	0		

Die Wirtschaftlichkeitsanalyse der Krankenhäuser von Sachsen und der bundesweiten Auswahlmengen führte zu den folgenden Resultaten:[15]

Tab. 7: Verteilung nach Wirtschaftlichkeitswerten

| | Sachsen | | Bundesweite Auswahl | | | |
			Auswahl 1		Auswahl 2	
Wirtschaftlichkeitswert	KH	in %	KH	in %	KH	in %
100%	40	38,5	16	2,2	14	2,5
90%-99.9%	21	20,2	7	0,9	13	2,3
70%-89.9%	34	32,7	27	3,6	42	7,5
50%-69.9%	8	7,7	112	15,0	118	21,1
30%-49.9%	0	0	395	53,0	221	39,5
0%-29.9%	1	0,9	189	25,3	152	27,1
Summe	104	100,0	746	100,0	560	100,0

Im Gegensatz zu der Analyse innerhalb des Bundeslandes Sachsen resultieren aus den Wirtschaftlichkeitsanalysen der bundesweiten Auswahlmengen sehr wenige effiziente Krankenhäuser. Hierfür ist einerseits die landesorientierte Struktur ein erklärender Faktor, die zu geringen Streuungen bei den Input- und Outputdaten innerhalb der Bundesländer führt; andererseits ist auch die Struktur der bundesweiten Auswahlmengen ursächlich, da der Anteil der großen Krankenhäuser aus Gründen der Reanonymisierbarkeit sehr gering ist und somit die Auswirkungen von optimierten Kapazitätsauslastungen nicht entsprechend zur Geltung kommen. Dies wird auch an der folgenden Darstellung, die die Krankenhäuser nach Fallzahl- und Fachabteilungszahlgruppen differenziert, deutlich. Das dort angegebene Wirtschaftlichkeitspotential (W. Pot.) ist die Summe aller möglichen Inputdatenwertreduktionen der einzelnen Krankenhäuser in der betrachteten Klasse. Erhält beispielsweise ein Krankenhaus mit einem Inputdatenwert von 500 TDM den Wirtschaftlichkeitswert 40%, so kann der Inputdatenwert um 60%, also 300 TDM, reduziert werden, ohne Outputdatenwertreduktionen in Kauf nehmen zu müssen.

Tab. 8: Wirtschaftlichkeitspotential nach Fallzahl- und Fachabteilungszahlgruppen

Klassifizierung	Sachsen		Bund - Auswahl 1		Bund - Auswahl 2	
Fälle	Inputdatenwert (in Mio. DM)	W.pot. (in %)	Inputdatenwert	W.pot. (in %)	Inputdatenwert	W.pot. (in %)
<=2500	264	15,68	2.627	64,99	2.558	72,40
>2500 und <=5000	382	10,10	3.662	63,68	2.562	57,08
>5000 und <=10000	505	11,13	4.852	61,98	3.611	51,77
>10000	1.894	4,65	2.048	61,50	1.870	29,99
Fachabteilungen						
<=2	277	16,93	4.242	67,36	keine Daten	
>2 und <=4	801	12,18	4.554	62,18		
>4 und <=10	1016	6,77	4.393	59,57		
>10	951	1,15	-	-		
Gesamt	3.045	7,36	13.189	62,98	10.601	54,19

In der Gesamtbetrachtung resultiert bei einem Gesamtbudget von 13.189 Mio. DM in 1992 innerhalb der Auswahlmenge 1 ein Wirtschaftlichkeitspotential von 8.306 Mio. DM. Mehr als die Hälfte des eingesetzten Inputdatenwertes beider Auswahlmengen ist reduzierbar.

Man stellt sich angesichts dieser hohen Werte die Frage, ob diese Ergebnisse ein realistisches Bild liefern. Diese Frage kann an dieser Stelle jedoch nicht beantwortet werden. Dies hat folgende methodisch bedingte Gründe:

- Die bundesweiten Auswahlmengen der Krankenhäuser sind nicht repräsentativ und somit kann die relative Höhe des Wirtschaftlichkeitspotentials nicht auf Deutschland übertragen werden und bezieht sich ausschließlich auf die ausgewählten Krankenhäuser.
- Die Auswahl kann derart sein, daß gerade die unwirtschaftlichen Krankenhäuser sehr stark vertreten sind. Hierfür spricht die Tatsache, daß der Anteil der großen Krankenhäuser, die relativ geringe Wirtschaftlichkeitspotenziale aufweisen (vgl. Tabelle 6), sehr gering ist.
- Vierzehn der 16 (vgl. Tabelle 7, Spalte 4) wirtschaftlichen Krankenhäuser von Auswahlmenge 1 sind Krankenhäuser mit nur einer Fachabteilung. Diese Krankenhäuser sind Referenzhäuser für andere Krankenhäuser und senken hierdurch deren Wirtschaftlichkeitswert. Es sollte eine differenziertere Outputdatenstruktur, z.B. Fallzahlen nach Diagnosegruppen, gewählt werden, um zu vermeiden, daß ein Krankenhaus mit heterogener Fallstruktur nicht durch ein Krankenhaus dominiert wird, das sich auf die Behandlung weniger Diagnosen spezialisiert hat.

Es zeigt sich allerdings, daß bei der Wirtschaftlichkeitsanalyse innerhalb des Bundeslandes Sachsen wesentlich geringere Potentiale nachgewiesen werden können und daß diese Potentiale auch aus den bereits genannten Gründen als realistischer einzuschätzen sind. Das Ergebnis der Wirtschaftlichkeitsanalyse der bundesweiten Auswahlmengen läßt auf große Wirtschaftlichkeitsunterschiede innerhalb der Bundesländer schließen. Dies ist ein Hinweis dafür, daß durch eine länderübergreifende Sicht durchaus neue Handlungsweisen ableitbar sind und ein bundesweiter Krankenhausbetriebsvergleich neue Erkenntnisse mit sich bringt.

Die Differenzierung einer bundesweiten Auswahl nach Bundesländern erlaubt eine Aussage über die durchschnittliche relative Wirtschaftlichkeit der ausgewählten Krankenhäuser innerhalb der einzelnen Bundesländer:

Tab. 9: Wirtschaftlichkeitsvergleich nach Bundesländergruppen

Bundesland	Anzahl KH	Input-datenwert (in Mio DM)	W.pot. (in %)	Rel. Abw. zum Bund (%)
Baden-Württemberg	88	1.163	61,28	13,08
Bayern	127	1.746	58,25	7,49
Hessen	46	1.025	54,09	-0,18
Niedersachsen	46	853	54,79	1,11
Nordrhein-Westfalen	121	3.553	54,58	0,72
Schleswig-Holstein	11	91	76,79	41,71
Berlin, Bremen, Hamburg	28	67	81,16	49,77
Rheinland-Pfalz, Saarland	26	557	55,41	2,25
Brandenburg, Mecklenburg-Vorpommern, Sachsen, Sachsen-Anhalt, Thüringen	67	870	30,81	-43,14

Durch den Vergleich der durchschnittlichen Wirtschaftlichkeit innerhalb der Krankenhäuser des Bundeslandes Sachsen von 92,64% (100% abzüglich 7,36% Wirtschaftlichkeitspotential, vgl. hierzu Tabelle 8, 3. Spalte, letzte Zeile) und der durchschnittlichen Wirtschaftlichkeit der Gruppe der Bundesländer Brandenburg, Mecklenburg-Vorpommern, Sachsen, Sachsen-Anhalt und Thüringen innerhalb der Auswahlkrankenhäuser von 69,19% (100% abzüglich Wirtschaftlichkeisdtpotential von 30,81%, vgl. Tabelle 9, Spalte 4, letzte Zeile) wird ebenfalls bestätigt, daß in einer rein regionalen Betrachtungsweise wesentliche Wirtschaftlichkeitspotentiale nicht identifiziert werden könnten.

Auch wenn die großen Wirtschaftlichkeitspotentiale in Ihrer absoluten Höhe eher als unrealistisch eingeschätzt werden, so kann eine differenziertere Betrachtung zu politischer Schwerpunktsetzung beitragen und insbesondere die Einbeziehung weiterer Ergebnisse, die sich automatisch bei der Berechnung der Wirtschaftlichkeitswerte ergeben, für konkrete Entscheidungen zur Kostenreduktion oder Fallzahlsteigerung genutzt werden. Ein möglicher Einsatz gemäß §5 Abs. 2 der Bundespflegesatzverordnung soll darüber hinaus im nächsten Abschnitt näher spezifiziert werden.

D. Einsatz in Budgetverhandlungen

Ein spezieller Ansatz für die Nutzung der Wirtschaftlichkeitsanalyse mittels DEA im Rahmen der Budgetverhandlungen besteht in der Darstellung des Outputs mit Hilfe von Mengengrößen, die sich aus der Patientenabrechnung ergeben. Dies entspricht zur Zeit in der Praxis einer Mischung aus ergebnis- und prozeßorientiertem Detailansatz. So werden in Deutschland seit 1.1.96 nur bestimmte Prozeduren, die im Rahmen eines stationären Aufenthaltes durchgeführt wurden, in Form eines Sonderentgeltes[16] in Rechnung gestellt. Analog wird die Gesamtbehandlung von stationären Patienten nur mit bestimmten Diagnosen in Kombination mit der Durchführung spezieller Prozeduren in Form von Fallpauschalen[17] abgegolten. Wenn keine Fallpauschale berechnet werden kann, wird ein nach Fachabteilungen differenzierter Pauschalsatz je Tag (= Abteilungspflegesatz) in Rechnung gestellt. Der frühere globale Ansatz, einen von der Fachabteilung unabhängigen Pauschalsatz je Tag in Rechnung zu stellen, wurde damit verworfen. Die Vergütung der Fallpauschalen und Sonderentgelte wird einerseits durch eine bundeseinheitliche Punktrelation und andererseits durch eine landeseinheitliche monetäre Punktbewertung festgelegt. Die Abteilungspflegesätze werden dagegen krankenhausspezifisch festgesetzt.

Eine entgeltorientierte Outputstruktur würde dem Wunsch nach einer transparenten krankenhausübergreifenden Berechnung der Abteilungspflegesätze Rechnung tragen. Als Inputdaten könnte das Gesamtbudget oder das um Erlössumme (= Erlösausgleich) oder Kostenvolumen (= Kostenausgleich) für Fallpauschalen und Sonderentgelte reduzierte Gesamtbudget gewählt werden. Dies würde die Praxis der Krankenkassen berücksichtigen, die geforderte Höhe eines speziellen Abteilungspflegesatzes mit dem Durchschnittswert oder Minimalwert aus den Pflegesätzen anderer Krankenhäuser zu vergleichen. Ein Krankenhaus kann aber im Gegenzug hierfür im Rahmen der Wirtschaftlichkeitsanalyse durchaus wirtschaftlich sein, auch wenn der Abteilungspflegesatz einer speziellen Abteilung überdurchschnittlich hoch ist. Weiterhin könnten die Pflegesatzforderungen aller wirtschaftlichen Krankenhäuser bedingungslos akzeptiert werden, zumal bei Zugrundelegung

Wirtschaftlichkeitsanalyse mittels Data Envelopment Analysis

dieser Pflegesätze bei anderen Krankenhäuseren Budgetsteigerungen ausgeschlossen sind. Dies ist eine unmittelbare Konsequenz aus der Defintion des Wirtschaftlichkeitwertes und gibt den Krankenkassen die Möglichkeit, sich auf die Budgetverhandlungen ausgewählter Krankenhäuser zu konzentrieren.

Aber auch die in der Fallstudie gewählte ergebnisorientierte Outputstruktur ist in der Lage, unter Berücksichtigung der durchschnittlichen Verweildauer je Fachabteilung krankenhausindividuelle Richtgrößen für die jeweiligen Abteilungspflegesätze bereitzustellen.

Unabhängig von der speziellen Output- und Inputdatenstruktur ist ein erster Einstieg in die Umsetzung der Ergebnisse im Rahmen der Budgetverhandlungen möglich durch die weitergehende vergleichende Betrachtung der Referenzhäuser, die durch das Verfahren automatisch geliefert werden.[18] So sind z.B. für das Krankenhaus A in Sachsen die folgenden Krankenhäuser R_1, R_2 und R_3 Referenzhäuser:

Tab. 10: Referenzhäuser für ein spezielles Krankenhaus

KH	Duale Var.	Fachabteilungsfallzahl			Input-datenwert (TDM)	Betten	Verweil-dauer	Aus-lastung
		Chirurgie	Frauenheilkunde und Geburtshilfe	Innere Medizin				
R_1	0,92	1.162	0	0	3.630	55	14,44	83,58%
R_2	0,31	0	0	3.456	12.133	170	14,74	82,10%
R_3	0,56	2.156	2.224	1.436	14.712	200	9,48	75,53%
R		2.281	1.248	1.906	15.467	217	11,52	79,05%
A		2.282	1.248	1.906	20.261	231	11,27	72,66%

Der relative Anteil des Inputdatenwertes des Referenzhauses R von 15.467 TDM (vgl. Tab. 10, Spalte 6, Zeile 5) an dem Inputdatenwert des Krankenhauses A von 20.261 TDM (vgl. Tab. 10, Spalte 6, Zeile 6) entspricht dem Wirtschaftlichkeitswert von 76,3%. Aus der mit den dualen Variablen gewichteten Summe einiger charakteristischer Daten erhält man Kennzahlen für ein virtuelles effizientes Krankenhauses R, an denen sich das unwirtschaftliche Krankenhaus A orientieren kann. Für Krankenhaus A ergibt sich eine zu hohe Bettenvorhaltung und eine zu geringe Auslastung. Die Tatsache, daß die Verweildauer des Krankenhauses A kürzer als die des Referenzhauses ist, könnte zusätzlich ein Hinweis auf ein Patientengut mit geringem Komplikationsrisiko sein.

Eine zweite Möglichkeit liegt in der Nutzung der durch das lineare Programm berechneten „optimalen" Gewichte zur Orientierung bei der Preisfindung für die Outputgrößen. Beipielsweise sind für ein effizientes Krankenhaus der Auswahl 1 die folgenden Optimalwerte ermittelt worden, die für die Neurologie direkt und im Falle der Kinder- und Jugendpsychiatrie und Psychiatrie als mit den jeweiligen Fallzahlen gewichteter Durchschnittswert den Ergebnissen der WidO-Studie gegenübergestellt werden:

Tab. 11: Beispielkrankenhaus mit Wert der primalen Variablen

Fachabteilung	Kinder- und Jugendpsychiatrie	Psychiatrie	Neurologie
Fallzahl	347	456	456
Optimalwerte	26.564 DM	2.661 DM	5.045 DM
Gewichtet		12.990 DM	5.045 DM
Wert WidO		12.696 DM	7.542 DM

Da bei Wahl dieser Fallwerte das Beispielkrankenhaus wirtschaftlich ist, macht Tabelle 11 deutlich, daß auch Fallwerte über dem WIdO-Wert oder einem auf andere Weise gebildeten Durchschnittswert akzeptiert werden können. In unserem Beispiel ist dies ein etwas höherer Fallwert in den psychiatrischen Fächern, der im Zusammenhang mit dem niedrigeren Fallwert für die Neurologie verhandelt werden sollte. Hierdurch finden krankenhausspezifische Besonderheiten Berücksichtigung.

Eine Einbeziehung der Ergebnisse der Wirtschaftlichkeitsanalyse des Vorjahres bei Budgetverhandlungen könnte etwa folgendermassen umgesetzt werden:

Wir nehmen an, daß für ein spezielles Jahr eine Wirtschaftlichkeitsanalyse für eine Auswahl von Krankenhäusern durchgeführt wurde. Es soll nun mit einem bestimmten Krankenhaus dieser Auswahl über das Budget für das Folgejahr verhandelt werden. Hierfür liegen die entprechend zu liefernden prospektiven Input- und Outputdaten des Krankenhauses vor. Diese können zur Durchführung einer Wirtschaftlichkeitsanalyse auf der Grundlage der bisherigen Input- und Outputdaten erweitert um die Input- und Outputdaten des speziellen Krankenhauses für das Folgejahr genutzt werden, wobei gegebenenfalls Teile der Daten, die sich auf das bereits analysierte Jahr beziehen, an die Situation im Folgejahr angepaßt werden müssen. In unserer Fallstudie wäre dies die notwendige Multiplikation des einzigen Inputdatenwertes mit einem Preissteigerungsfaktor. Durch diese Analyse könnten folgende Sachverhalte in die Budgetverhandlungen einbezogen werden:

- Falls das betrachtete Krankenhaus in der Analyse für das aktuelle Jahr enthalten ist, kann die Wirtschaftlichkeitsentwicklung des Krankenhauses im Vergleich zwischen bereits untersuchtem Jahr und Folgejahr berücksichtigt werden.
- Die um den Faktor des neu gefundenen Wirtschaftlichkeitspotentiales reduzierte Budgetforderung könnte als Orientierungsgröße genutzt werden.
- Bei entsprechender Definition der Outputdaten z.B. in Form von nach Diagnosegruppen klassifizierten Fallzahlen können Fallzahlsteigerungen, die bei gefordertem Budget zur relativen Wirtschaftlichkeit führen, verhandelt werden.

Die beschriebene Vorgehensweise zur Nutzung der Wirtschaftlichkeitsanalyse im Rahmen der Budgetverhandlungen stellt natürlich nur eine von vielen Möglichkeiten dar, die vorgestellte Methode für diesen Zweck zu nutzen. Sie illustriert, daß durch geringfügige Modifikationen des Modells wirkungsvolle Instrumente zur Steuerung des Krankenhauswesens entwickelt werden können.

E. Schlußwort

In der vorliegenden Arbeit werden die Einsatzmöglichkeiten der Wirtschaftlichkeitsmessung mittels Data Envelopment Analysis im Rahmen der Realisierung eines Krankenhausbetriebsvergleichs untersucht. Die Methode basiert auf einer im Idealfall einvernehmlich festgelegten Input- und Outputdatenstruktur.

Zur Illustration der Einsatzmöglichkeiten wurde eine empirische Studie basierend auf fachabteilungsspezifischen Fallzahlen als Outputdaten und einer globalen Kostengröße als Inputdatenwert durchgeführt und deren Ergebnisse diskutiert. Für eine realistischere Analyse sollte jedoch insbesondere die Einbeziehung der Patientenstruktur eines Krankenhauses mittels diagnosespezifischer Fallzahlen überdacht werden. Unter der Voraussetzung, daß vorhandene Informationen z.B. der statistischen Landesämter genutzt werden, ist die technische Umsetzung der Methode in die Praxis ein sekundäres Problem. Vielmehr ist noch viel Motivationsarbeit in Deutschland notwendig, um eine solche quantitativ orientierte Methode in der Praxis auf Ebene der Verhandlungspartner zu realisieren. Der Nutzung der Methodik auf landes- bzw. bundespolitischer Ebene stehen jedoch nicht zuletzt aufgrund fehlender konkurrierender Methoden keine Hindernisse entgegen. In diesem Entscheidungsbereich ist unserer Meinung nach das kurzfristige Potential dieser Methodik zu sehen.

Ungelöst bleibt die konkrete Einbeziehung qualitätsorientierter Outputgrößen, etwa Pflegequalität oder Mortalitätsraten. Die Verwendung der Methode setzt bei fehlender Berücksichtigung in der Outputdatenstruktur also voraus, daß qualitative Elemente, sowohl medizinischer als auch pflegerischer Natur, unabhängig von der Wirtschaftlichkeitsanalyse durch Mindeststandards sichergestellt und regelmäßig überprüft werden.

Abschließend möchten wir betonen, daß jede Methodik des Krankenhausbetriebsvergleichs notwendigerweise ein Anreizsystem darstellt, das Reaktionen des Managements der betroffenen Krankenhäuser impliziert. Vor einer praktischen Umsetzung einer solchen Methodik ist also die Frage zu untersuchen, welche Auswirkungen insbesondere auf die strategische Unternehmensplanung mit der Implementierung der Methode einhergehen und ob diese Auswirkungen gesundheitspolitisch konsensfähig sind.

Anmerkungen

* Diese Arbeit wurde von der Deutschen Forschungsgemeinschaft unterstützt unter dem Geschäftszeichen PA 219/7-1. Wir bedanken uns bei der Deutschen Forschungsgemeinschaft für die Unterstützung dieses Forschungsprojektes, beim statistischen Landesamt Sachsen und beim Statistischen Bundesamt für die Überlassung der Daten fur die Fallstudie und bei Michael Wagner, Cornell University, USA, für die freundliche Hilfe bei der MATLAB Implementierung des DEA-Solvers.
   Weiterhin bedanken wir uns bei Prof. Dr. Fandel für die Unterstützung und die vielen Hinweise für die vorliegende Arbeit.
1 Verordnung zur Regelung der Krankenhauspflegesätze (Bundespflegesatzverordnung – BPflV) vom 26.September 1994 (BGBl. I, S. 2750), zuletzt geändert durch Artikel 6 des Gesetzes vom 10. Mai 1995 (BGBl. I, S. 678), in der Fassung der 1. Änderungsverordnung BPflV vom 18. Dezember 1995 (BGBl. I, S. 1988), 2. Änderungsverordnung BPflV vom 18. Dezember 1995 (BGBl. I, S. 2003), 3. Änderungsverordnung BPflV vom 18.Dezember 1995 (BGBl. I, S. 2006).

2 Berechnungstag ist die Zählgröße für die Anzahl der „Tagespauschalen", die das Krankenhaus in Rechnung stellt.
3 Zur Klassifizierung der Fallzahlen kann beispielsweise die Fachabteilungsstruktur, aber auch die Internationale Klassifikation der Krankheiten – Abkürzung hierfür: ICD – International Classification of Diseases – genutzt werden, die im Rahmen der gesetzlich vorgeschriebenen Falldokumentation in jedem Krankenhaus angewendet wird. Jedes Krankenhaus wird bei dieser Methode zunächst dargestellt durch den Vektor, der in seinen Komponenten die Anzahl der Fälle je Fallklasse enthält. Die mit einem Krankenhaus vergleichbaren Krankenhäuser können z.B. mittels eines Distanzmaßes, das den Unterschied zu den relativen Anteilen einer Diagnoseklasse an der Gesamtfallzahl berücksichtigt, definiert werden. Eine andere Möglichkeit zur Gruppenbildung ist die Clusteranalyse.
4 Vgl. z.B. Das Krankenhaus 9, 1993, S. 424.
5 Die Auswahl wurde vom statistischen Bundesamt unter Berücksichtigung der datenschutzrechtlichen Anforderungen durchgeführt.
6 Anwendungen z.B. in (Cantner U. et al., 1995; Rosko M. D., 1990; Kao Chiang, 1994; Miliotis P. A., 1992), Theorie in (Charnes W. W. et al., 1994).
7 Vgl. z.B. die Diskussion in: Das Krankenhaus 9, 1993, S. 424, im Zusammenhang mit der ökonometrischen Methode
8 Wir gehen im folgenden der Einfachheit halber davon aus, daß die untersuchte DMU beliebige nichtnegative Gewichte wählen darf, die jedoch nicht sämtlich Null sein dürfen. Im allgemeinen Modell kann die Menge der Gewichte durch homogene Ungleichungen zusätzlich beschränkt werden. Dies erlaubt u.a. Beschränkungen von der Art: „Das Gewicht für Output i darf das α-fache des Gewichts fur Output j nicht überschreiten".
9 Dies offenbart den Zusammenhang zwischen DEA-Effizienz und Pareto-Effizienz. Ein DEA-Effizienzwert von 100% ergibt sich genau dann, wenn die untersuchte DMU im Vergleich mit allen virtuellen DMUs mindestens schwach Pareto-effizient ist. Besitzt die DMU darüberhinaus positive optimale Gewichte im primalen Modell, so ist sie Pareto-effizient im klassischen Sinne.
10 Wenn n Outputgüter betrachtet werden, so gibt es stets eine Auswahl von nicht mehr als $n+1$ Referenz-DMUs, die genügen, um die effiziente virtuelle DMU zu erzeugen.
11 Diagnosis Related Groups (DRG's) sind Patientenklassen, die auf der Basis der Hauptdiagnose, dem Vorliegen von Nebenerkrankungen und Komplikationen, dem Alter und der Behandlungsart gebildet wurden. Das Klassifikationssystem wurde in den siebziger Jahren in den USA entwickelt und dient dort als Basis von Entgeltsystemen für Krankenhausleistungen.
12 Workload weighted units (WWUs) sind für jedes DRG als Maß für die Arbeitsintensität definiert. In der Untersuchung in (Sexton et al., 1989).
13 Bei den bereinigten Kosten handelt es sich um die Gesamtkosten des Krankenhaus, vermindert um die Kosten für die nichtstationäre Krankenversorgung, Forschung und Lehre etc. gemäß dem 1992 zu erstellenden Kosten- und Leistungsnachweis (KLN).
14 Die Differenzierung nach Fachabteilungen wurde analog der Krankenhausstatistikverordnung durchgeführt (Satzart SA 20). Bei der zweiten Stichprobe mußte aus Datenschutzgründen Fachabteilungen zusammengefaßt werden. Die Fachabteilungen wurden hierzu in Gruppen zusammengefaßt.
15 Die numerischen Berechnungen wurden auf einer HP 712/80 Workstation unter Verwendung von LIPSOL (Linear Programming Interior Point Solver von Y. Zhang) fur MATLAB 5.1 durchgeführt. Die Verwendung eines „Inneren Punkte Verfahrens" ist im Rahmen von DEA vorteilhaft, da positive Optimalpreise im primalen Modell geliefert werden, sofern solche existieren.
16 Beispiel: Sonderentgelt 2.01, Einseitige, subtotale Schilddrüsenresektion
17 Beispiel: Fallpauschale 3.01, Katarakt mit extrakapsulärer Operation des Grauen Stars mit Linsenimplantation – mittels Linsenkernverflüssigung (Phakoemulsifikation), ggf. einschl. Iridektomie.
18 Es handelt sich hierbei um die Krankenhäuser, deren zugehörige „optimale" Dualvariable positiv sind.

Literatur

Breyer F., Zweifel P.; Gesundheitsökonomie, 1992, Springer Verlag.
Cantner U., Hanusch H. und Westermann G.; Effizienz, öffentlicher Auftrag und Deregulierung, Jahrb. f. Nationalök. u. Stat., Bd. (Vol.) 214/3, 1995, S. 257–274
Charnes A., Cooper W. W., Lewin A. Y. und Seiford L. M.; Data Envelopment Analysis, Theory, Methodology and Applications, 1994.
Charnes A., Cooper W. W. und Rhodes E. L.; Measuring the Efficiency of Decision Making Units, European Journal of Operational Research 2, 1978, S. 429–444
Debreu, G., The Coefficient of Resource Allocation, Econometrica, Vol. 19, 1951, S. 273–292.
Eichhorn S.; Krankenhausbetriebslehre – Theorie und Praxis der Krankenhaus-Leistungsrechnung – Band III, Verlag W. Kohlhammer, 1987.
Farrell, M. J., The Measurement of Productive Efficiency, Journal of the Royal Statistical Society, Series A, Vol. 120, 1957, S. 253–281
Gerste B.; „Bildung von Krankenhausgruppen auf Fallmix-Basis" im Krankenhausreport '96, M. Arnold und D. Paffrath (Hrsg.), Gustav-Fischer Verlag 1996, S. 116–125.
Henke N., Paffrath D. und Wettke J.; „Benchmarking im Krankenhausmarkt" im Krankenhausreport '95 , M. Arnold und D. Paffrath (Hrsg.), Gustav-Fischer Verlag, 1995, S. 191–210
Henke N. und Brüggemann N.; „Leistungskennziffern für Krankenhäuser" im Krankenhausreport '96, M. Arnold und D. Paffrath (Hrsg.), Gustav-Fischer Verlag, 1996, S. 99–113
Hildebrand R.und Litsch M.; „Krankenhausbetriebsvergleiche als Instrument zur Überwachung der Wirtschaftlichkeit im Krankenhaus" in Krankenhausreport '93 , M. Arnold und D. Paffrath (Hrsg.), Gustav-Fischer Verlag, 1993, S. 125–136.
Kao Chiang; „Evaluation of junior colleges of technology: The Taiwan case", European Journal of Operational Research 72, 1994, S. 43–51.
Kehr H.; „Vergleichbarkeit der Krankenhäuser: Entwicklung eines leistungsorientierten Krankenhaus-Betriebsvergleiches" im Krankenhausreport '94 , M. Arnold und D. Paffrath (Hrsg.), Gustav-Fischer Verlag, 1994, S. 163–182.
Kuntz L., Scholtes, S.; Measuring the Robustness of Empirical Efficiency Valuations, Manuskript 1998, Judge Institute of Management Studies, University of Cambridge, Cambridge CB2 1AG, UK
Kuntz L., Scholtes S.; Effizienzanalyse im Krankenhaus, Forum für Gesellschaftspolitik, Ausgabe Mai, 1996, S. 128–131
Meyer M., Wohlmannstetter; Effiziensmessung in Krankenhäuser, ZfB 55, H.3, 1985, S. 262–280
Milotis P. A.; „Data Envelopment Analysis Applied to Electricity Distribution Districts", J. Opl. Res. Soc. Vol. 42, No. 5, 1992, S. 549–555.
Monka M.; „Entwicklung und Berechnung von Fallpauschalen: Das ökonometrische Modell des WIdO" in Krankenhausreport '93 , M. Arnold und D. Paffrath (Hrsg.), Gustav-Fischer Verlag, 1993, S. 79–99
Morey R. C. et al.; The Trade-off Between Hospital Cost and Quality of Care, Medival Care, Vol. 30, No. 8, 1992, S. 677–699.
Paeger A.; „Benchmarking sichert die Zukunft des Krankenhauses, Das Krankenhaus 12, 1996, S. 616–620
Rosko Michael D.; Measuring Efficiency in Health Care Organizations, Journal of Medical Systems, 1990, S. 307–322.
Schmitz H.; f&w-Krankenhaus-Kompaß, f&w 3, 1996, S. 214–216.
Sexton et. al., Evaluating Managerial Efficiency of Veterans Administration Medical Centers Using Data Envolpment Analysis, Medical Care, Vol. 27, No. 12, 1989, S. 1175–1188
Swart E., Viethen G., Robra B.-P., Leber W.-D.; Krankenhaus-Benchmarking anhand eines Verweildauerscores, f&w 3, 1996, S. 226–229
Woodbury M. A., Manton K. G.; A Model For Allocating Budgets in a Closed System Which Simultaneously Computes DRG Allocation Weights, Operations Research, Vol. 41, No. 2, 1993, S. 298–309

Ludwig Kuntz und Stefan Scholtes

Zusammenfassung

Die Notwendigkeit eines Leistungsvergleiches von Krankenhäusern ergibt sich in Deutschland nicht zuletzt aus der gesetzlichen Forderung einer leistungsgerechten Budgetbemessung. Trotz gesetzlicher Basis steht der Krankenhausbetriebsvergleich erst in den Anfängen seiner Entwicklung. Bisherige Versuche scheiterten sämtlich an der Akzeptanz einer der betroffenen Parteien. Da es für Krankenhausleistungen keine Marktpreise gibt, spielen alternative Möglichkeiten zu ihrer ökonomischen Bewertung eine wichtige Rolle. In dieser Arbeit wird untersucht, inwieweit die Methode der Wirtschaftlichkeitsanalyse mittels Data Envelopment Analysis zur Realisierung des Krankenhausbetriebsvergleiches genutzt werden kann. Eine emirische Untersuchung basierend auf Daten des Jahres 1992 aller Krankenhäuser des Bundeslandes Sachsen und zweier Auswahlmengen von 746 bzw. 560 der gesamten deutschen Krankenhäuser liefert erste konkrete Ergebnisse.

Summary

The need for a performance analysis of Germany hospitals results from the legal requirement that the annual budget allocation must take the comparative performance of the hospitals into account. In spite of this legal pressure, the parties involved in the budget negotiations – health insurance organisations and hospital managements – have not agreed on a performance evaluation scheme, yet. The problem with hospital evaluations stems from the lack of market mechanisms and, a fortiori, the lack of market prices for the services provided by hospitals. Thus alternative models for the economic evaluation of the performance of a hospital play a vital role. In this paper we suggest the use of a technique called Data Envelopment Analysis for this purpose. An empirical study which involves data from all 104 hospitals in Sachsen as well as two samples of 746 and 560 German hospitals, respectively, yields first results.

012: Krankenhausbetriebslehre
 86: Betriebsanalyse und Betriebsvergleich

012: Krankenhausbetriebslehre

Andre M. Schmutte; Total Quality Management im Krankenhaus

Gabler Edition Wissenschaft: Gesundheitsmanagement, hrsg. von Günther E. Braun, Deutscher Universitätsverlag, Wiesbaden 1998, 372 S., 128,– DM.

Angesichts zunehmenden Wettbewerbs im Krankenhausbereich ist das gesteckte Ziel der Monographie zu durchleuten, welchen Lösungsansatz das Total Quality Management (TQM) zur Bewältigung zukünftiger Herausforderungen leisten kann (S. 1). Inhaltlich gliedert der Autor dazu die von ihrer Grundstruktur deskriptiv angelegte Dissertation in fünf Teile. Nach der Beschreibung des Untersuchungsgegenstandes „Krankenhaus" setzt sich der Verfasser in einem einleitenden Teil I (33 Seiten) terminologisch mit den Begriffen „Krankenhausmarketing", „Total Quality Management" und „Marktforschung" auseinander. Unter Abstraktion von Zielkonflikten definiert der Verfasser auf S. 28 TQM im Krankenhaus als ein „Konzept zur Nutzenerhöhung aller an der Leistungserstellung und -inanspruchnahme Beteiligten. Im Mittelpunkt steht die konsequente Ausrichtung des Leistungsdesigns an den Kundenpräferenzen (Kundenorientierung) und die kontinuierliche Verbesserung der Leistungsqualität...".

Ein mit „Rahmenbedingungen" bezeichneter Teil II (28 Seiten) betrachtet ausgehend von den politischen Anforderungen an das Gesundheitssystem zunächst in enger Anlehnung an Siegfried Eichhorn Unternehmensziele bedarfswirtschaftlicher Krankenhäuser und identifiziert verschiedene Stakeholdergruppen im Zielbildungsprozeß. Etwas widersprüchlich ist, daß der Fließtext auf S. 43 als Hauptziel von Krankenhäusern die Bedarfsdeckung identifiziert, während Abb. II-4 (S. 48) bei den Eigentümern – als einer der Kerngruppen im Zielbildungsprozeß – nur Formal- und Unabhängigkeitsziele kennt. Eher unüblich ist es ferner, Ausführungen zu den Unternehmenszielen als Rahmenbedingung einzustufen. Unbestritten zu den externen Umweltbedingungen zählen die anschließend in komprimierter Weise wiedergegebenen finanzierungsrechtlichen Weichenstellungen. Der Schwerpunkt liegt auf dem Gesundheitsstrukturgesetz und der Bundespflegesatzverordnung 1995. Die Einschränkungen der Leistungsgestaltung, wie sie sich aus der staatlichen Krankenhausplanung ergeben oder die Einbeziehung der potentiellen Mitgestaltungsmöglichkeiten die gesetzlichen Krankenkassen als Hauptfinanzierungsträger bleiben außen vor. Widersprüchliche Ergebnisse aus Umfragen zur Einschätzung von Trends im Krankenhauswesen schließen Teil II ab.

Teil III (121 Seiten) vertieft in einem ersten Kapitel das in Teil I skizzierte Verständnis von TQM. Außerdem vermittelt der Autor dem Leser einen Überblick über verschiedene dienstleistungsbetriebstaugliche Qualitätsdefinitionen. Als Ausgangsthesen für ein TQM unterstellt der Autor (partiell abweichend von seiner Definition auf S. 28) blauäugig auf S. 66: „ Der Kundennutzen steht im Mittelpunkt aller Bemühungen eines Krankenhauses" sowie „für den Patienten liegt der Hauptnutzen in der zu seiner Gesundung führenden medizinischen Leistung des Krankenhauses. Auch der niedergelassene Arzt ist primär an einer erfolgreichen Weiterbehandlung des von ihm eingewiesenen Patienten interessiert (hippokratischer Berufseid)". Die zuletzt angeführte Teilthese relativiert der Autor später auf S. 257.

Kapitel Zwei des Teils III bewertet einer Reihe bestehender Ansätze zum Qualitätsmanagement. Richtigerweise bemängelt der Autor, daß die im SGB V verankerten Qualitätssicherungsmaßnahmen nicht weit genug gehen (S. 100). Auch der Auffassung, daß der Qualitätsbegriff der DIN Normen nicht eindeutig einem moderne Qualitätsverständis Rechnung trägt, welches die Kundenorientierung und eine kontinuierliche Prozeßoptimierung in den Mittelpunkt stellt, kann man sich anschließen (S. 130). Von vorgestellten umfassenderen Qualitätsmanagementansätzen sieht der Autor den European Quality Award oder vergleichbare Ansätze als besonders zweckmäßig an (S. 157 und S. 303). Kapitel drei gibt einen komprimierten Überblick über vom Autor als krankenhaustauglich eingestufte Methoden, die im Rahmen eines TQM zum Einsatz kommen können (Quality Function Development, Qualitätszirkel, Benchmarking sowie ausgewählte Methoden zur Fehlervermeidung). Sechs Thesen zu Inhalten eines modernen TQM schließen Teil III ab.

Der hohe Stellenwert der Kundenorientierung erfordert es, permanent Informationen über Kundenpräferenzen zu erhalten. Hierbei kann der Einsatz von Methoden der Marktforschung einen wichtigen Beitrag leisten. Im Anschluß an weitgehend lehrbuchhafte Ausführungen zur Marktforschung stellt der Autor deswegen in Teil IV (84 Seiten) interessante Ergebnisse eigener und fremder empirischer Analysen zur Präferenzstruktur von Patienten und niedergelassenen Ärzten vor. Durchgehend zeigen die empirischen Erhebungen, daß sowohl Patienten als auch niedergelassene Ärzte ein angemessenes Maß an fachlichem Können des Klinikpersonals und eine adäquate medizinische Ausstattung zwingend voraussetzen. Bei den nicht-medizinischen Merkmalen kristallisiert sich die „Interaktion zwischen Klinikpersonal und Patient als einer der bedeutensten, vom Krankenhaus direkt beeinflußbaren Erfolgsfaktoren für eine positive Qualitätsbeurteilung" heraus. „Für den einweisenden Arzt sind vornehmlich kooperative Maßnahmen seitens der Klinik wesentlich" (S. 274). Vor allem für Krankenhauspraktiker bieten die vorgestellten Studien konkrete Ansatzpunkte zur Verbesserung der Beziehungen zu Patienten und niedergelassenen Ärzten.

Aus den verschiedenen Facetten des TQM behandelt Teil V (26 Seiten) Aspekte der Kommunikationspolitik für Krankenhäuser. Von besonderem Interesse sind dabei die vom Autor referierten empirischen Erhebungen zu von Ärzten und Patienten gewünschten Informationsinhalten und Informationsquellen. Dabei wird der Wunsch nach einer, die derzeitigen rechtlichen Grenzen übersteigenden informierenden Werbung deutlich. Eine Entwicklung einer umfassenden Kommunikationsstrategie erfolgt nicht.

An eine zweiseitige Zusammenfassung schließt sich eine Art Anhang (62 Seiten) an, der sich aus einem umfangreichen Literaturverzeichnis, Auszügen relevanter Gesetzestexte, einem Überblick über Leitlinienthemen der Wissenschaftlich Medizinischen Fachgesellschaften sowie einem (teilweise um Internetadressen ergänzten) Adreßteil zusammensetzt.

Als verdienstvoll ist anzusehen, daß der Autor sich der Frage nach einem umfassenden Qualitätsmanagementsystem von Seiten der einschlägigen Literatur und durch empirische Erhebungen nähert. Außerdem wird ersichtlich, daß die Kundenorientierung ein integraler Bestandteil eines TQM-Systems bilden muß. Welchen Beitrag der Einsatz von Methoden der Marktforschung zur Ermittlung von Patienten- und Ärztepräferenzen leisten kann, veranschaulicht der Autor eindrücklich. Nicht zuletzt aufgrund der dezidierten Kritik an implementierten Verfahren für ein

Rezensionen

TQM hätte sich der Leser ein vom Autor entwickeltes eigenes Modell gewünscht, das die verschiedenen TQM-Facetten integriert. Ohne diese Integrationsleistung stellt sich beim Leser das Gefühl ein, als würde der krönende Abschluß fehlen.

Dr. Dorothea Greiling, Mannheim

Krankenhaus-Controlling - Neueste Gesetzeslage

Inhalt
- Rechnungswesen der Krankenhäuser
- Stellung der Kosten- und Leistungsrechnung im Rechnungswesen
- Teilgebiete der Kosten- und Leistungsrechnung
- Interne Budgetierung

Buch
Durch die neuen gesetzlichen Rahmenbedingungen im Gesundheitswesen findet in Krankenhäusern ein gravierender Umbruch im Rechnungswesen statt. Speziell der Kostenrechnung kommt jetzt eine wesentlich größere Bedeutung als Führungsinstrument zu.
Friedrich Keun führt systematisch in die Krankenhaus-Kostenrechnung, insbesondere in die Kostenarten-, Kostenstellen- und Kostenträgerrechnung, ein.
Er verknüpft allgemeine Grundlagen mit krankenhausspezifischen Problemen. Ausführlich analysiert werden die konkreten Auswirkungen der neuen Entgeltsysteme.
Bei der dritten Auflage haben die Veränderungen der Rahmenbedingungen durch die Fünfte Änderungsverordnung zur Bundespflegesatzverordnung und durch das neue Solidaritätsstärkungsgesetz eine umfassende Überarbeitung der davon betroffenen Kapitel erforderlich gemacht.

Friedrich Keun
Einführung in die Krankenhaus-Kostenrechnung
Anpassung an neue Rahmenbedingungen
3., überarb. Auflage 1999.
XX, 215 S.
Br. DM 58,00
ISBN 3-409-32908-0

Seit 70 Jahren Kompetenz in Sachen Wirtschaft –
Gabler Jubiläumsgewinnspiel im Internet: www.gabler-online.de

Bestell-Coupon

321 99 004

Ja, ich bestelle ___ Exemplare

Friedrich Keun
Einführung in die Krankenhaus-Kostenrechnung
Anpassung an neue Rahmenbedingungen
3., überarb. Auflage 1999.
ca. 250 S.
Br. ca. DM 58,00
ISBN 3-409-32908-0

Vorname und Name

Straße (bitte kein Postfach)

PLZ, Ort

Datum, Unterschrift

Frau Ursula Günther
65189 Wiesbaden
Tel. 06 11/78 78 124
Fax 0 180/5 78 78 80
www.gabler-online.de

Änderungen vorbehalten. Stand: April 1999.
Erhältlich im Buchhandel oder beim Verlag.

GABLER

OECONOMIX
train & exam

Das große Gabler Wirtschaftsspiel mit 660 Fragen

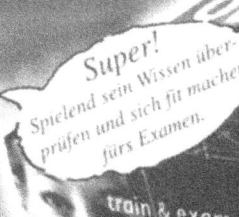

Super! Spielend sein Wissen überprüfen und sich fit machen fürs Examen.

Spiel, Spaß und Vergnügen beim Lernen für Studenten und Examenskandidaten. 660 Fragen und Antworten aus 13 Fachgebieten der Wirtschaftswissenschaften. Mit diesem Spiel lernen Sie – allein oder in Ihrer Arbeitsgruppe – spielend Klausur- und Prüfungswissen. Die Fragen haben erfahrene Dozenten und Repetitoren für Sie ausgewählt. OECONOMIX entstand mit fachlicher Unterstützung von KPMG.

www.karrieren.de

Bestell-Coupon

Ja, ich bestelle ..... Exemplare

OECONOMIX - train & exam
Das große Gabler Wirtschaftsspiel
1999. Spiel ca. 48,00 DM
ISBN 3-409-11537-4

www.gabler.de

Vorname und Name

Straße (bitte kein Postfach)

PLZ, Ort

Unterschrift   371 00 001

Frau Ursula Günther
Abraham-Lincoln-Str. 46, 65189 Wiesbaden,
Fax: 0180.5 78 78 80, Tel. 0611.78 78-124

Grundsätze und Ziele

Die **Zeitschrift für Betriebswirtschaft** ist eine der ältesten deutschen Fachzeitschriften der Betriebswirtschaftslehre. Sie wurde im Jahre 1924 von Fritz Schmidt begründet und von Wilhelm Kalveram und Erich Gutenberg fortgeführt. Sie wird heute von zehn Persönlichkeiten aus dem Bereich der Universität und der Wirtschaftspraxis herausgegeben.

Die Zeitschrift für Betriebswirtschaft verfolgt das Ziel, die **Forschung auf dem Gebiet der Betriebswirtschaftslehre** anzuregen sowie zur Verbreitung und Anwendung ihrer Ergebnisse beizutragen. Sie betont die Einheit des Faches; enger und einseitiger Spezialisierung in der Betriebswirtschaftslehre will sie entgegenwirken. Die Zeitschrift dient dem **Gedankenaustausch zwischen Wissenschaft und Unternehmenspraxis.** Sie will die betriebswirtschaftliche Forschung auf wichtige betriebswirtschaftliche Probleme in der Praxis aufmerksam machen und sie durch Anregungen aus der Unternehmenspraxis befruchten.

Die Qualität der Aufsätze in der Zeitschrift für Betriebswirtschaft wird nicht nur durch die Herausgeber und die Schriftleitung, sondern auch durch einen Kreis von Gutachtern gewährleistet. Das **Begutachtungsverfahren** ist doppelt verdeckt und wahrt damit die Anonymität von Autoren wie Gutachtern gemäß den international üblichen Standards.

Die Zeitschrift für Betriebswirtschaft veröffentlicht im Einklang mit diesen Grundsätzen und Zielen:

- **Aufsätze** zu theoretischen und praktischen Fragen der Betriebswirtschaftslehre einschließlich von Arbeiten junger Wissenschaftler, denen sie ein Forum für die Diskussion und die Verbreitung ihrer Forschungsergebnisse eröffnet,
- **Ergebnisse der Diskussion** aktueller betriebswirtschaftlicher Themen zwischen Wissenschaftlern und Praktikern,
- **Berichte** über den Einsatz wissenschaftlicher Instrumente und Konzepte bei der Lösung von betriebswirtschaftlichen Problemen in der Praxis,
- **Schilderungen von Problemen** aus der Praxis zur Anregung der betriebswirtschaftlichen Forschung,
- **„State of the Art"-Artikel,** in denen Entwicklung und Stand der Betriebswirtschaftslehre eines Teilgebietes dargelegt werden.

Die Zeitschrift für Betriebswirtschaft orientiert ihre Leser über **Neuerscheinungen** in der Betriebswirtschaftslehre und der Management-Literatur durch ausführliche Rezensionen und Kurzbesprechungen und berichtet in ihrem **Nachrichtenteil** regelmäßig über betriebswirtschaftliche Tagungen, Seminare und Konferenzen sowie über persönliche Veränderungen vorwiegend an den Hochschulen. Darüber hinaus werden auch Nachrichten für Studenten und Wirtschaftspraktiker veröffentlicht, die Bezug zur Hochschule haben. Die ZfB veröffentlicht keine Aufsätze, die wesentliche Inhalte von **Dissertationen** wiedergeben. Sie rezensiert aber publizierte Dissertationen.

Dem **Internationalen Herausgeber-Beirat** gehören namhafte Fachvertreter aus den USA, Japan und Europa an. In der ZfB können auch – wenn auch in begrenztem Umfang – englischsprachige Aufsätze veröffentlicht werden. Durch die Zusammenfassungen in englischer Sprache sind die deutschsprachigen Aufsätze der ZfB auch internationalen Referatenorganen zugänglich. Im Journal of Economic Literature werden die Aufsätze der ZfB zum Beispiel laufend referiert.

Herausgeber

Prof. Dr. Uschi Backes-Gellner
Universitätsprofessorin und Leiterin des Seminars für Allgemeine Betriebswirtschaftslehre und Personalwirtschaftslehre an der Universität zu Köln.

Prof. Dr. Hans E. Büschgen
(em.) Universitätsprofessor und Direktor des Seminars für Allgemeine Betriebswirtschaftslehre und Bankbetriebslehre an der Universität zu Köln.

Dr. rer. pol. Detlef Hunsdiek
Gesamtleiter Personal der Bertelsmann AG. Er ist Vorsitzender des Beirats des Reinhard Mohn Stiftungslehrstuhls an der Universität Witten/Herdecke und Mitglied des geschäftsleitenden Ausschusses des mcm Instituts St. Gallen.

Dr. Bernd-Albrecht v. Maltzan
Deutsche Bank AG, Frankfurt, Bereichsvorstand im Unternehmensbereich „Privatkunden".

Hans Botho von Portatius
Geschäftsführender Gesellschafter von Kappa IT Ventures Beteiligungs GmbH, Mitglied des Aufsichtsrats der Schenker AG Essen und Mitglied des Board of Directors Hynomics Corp in Bellevue, WA., USA.

Prof. Dr. Hermann Sabel
Professor der Betriebswirtschaftslehre, insbesondere Marketing, der Universität Bonn und Mitglied im Wissenschaftlichen Beirat des Universitätsseminars der Wirtschaft (USW) in Erftstadt-Liblar.

Prof. Dr. Dieter K. Schneidewind
Mitglied des Aufsichtsrates der WELLA AG und Honorarprofessor an der Justus-Liebig-Universität Gießen sowie an der Ruhr-Universität Bochum.

Prof. Dr. Joachim Schwalbach
Direktor des Instituts für Internationales Management, Humboldt-Universität zu Berlin.

Internationaler Herausgeberbeirat

Professor Alain Burlaud
Professor für Betriebswirtschaftslehre, insbesondere Rechnungswesen und Management Control, am Conservatoire National des Art et Métiers in Peru. Er ist Expert Comptable und Mitherausgeber zahlreicher bedeutender französischer Fachzeitschriften.

Prof. Dr. Santiago Garcia Echevarria
Professor für Betriebswirtschaftslehre, insbesondere Unternehmenspolitik, und Direktor des Departamento de Ciencias Empresariales der Universität Alcalá de Henares.

Prof. Dr. Lars Engwall
Professor für Betriebswirtschaftslehre an der Universität Uppsala.

Prof. Dr. Robert T. Green
Professor für Marketing und Internationale Betriebswirtschaftslehre an der University of Texas in Austin, Texas, und Director des Center for International Business Education and Research.

Prof. Hiroyuki Itami
Professor für Management an der Faculty of Commerce der Hitotsubashi Universität, Tokyo.

Prof. Dr. Don Jacobs
Gaylord Freeman Distinguished Professor of Banking und Dean der J. L. Kellogg Graduate School of Management der Northwestern University in Evanston bei Chicago.

Prof. Dr. Koji Okubayashi
Professor für Betriebswirtschaftslehre, insbesondere Human Resources Management in der School of Business Administration der Kobe University.

Prof. Dr. Adolf Stepan
Professor für Betriebswirtschaftslehre, insbesondere Industriebetriebslehre, und Direktor des Instituts für Betriebswissenschaften, Arbeitswissenschaften und Betriebswirtschaftslehre an der Technischen Universität Wien.

Prof. Dr. Kalervo Virtanen
Professor für Betriebswirtschaftslehre, insbesondere Management Accounting, an der Helsingin Kauppakorkeakoulu, der Helsinki School of Economics and Business Administration.

Schriftführender Herausgeber

Prof. Dr. Dr. h.c. mult. Horst Albach
Professor (em.) der Betriebswirtschaftslehre an der Humboldt-Universität zu Berlin, Honorarprofessor an der Wissenschaftlichen Hochschule für Unternehmensführung Koblenz (WHU).

Verlag

Betriebswirtschaftlicher Verlag Dr. Th. Gabler GmbH,
Abraham-Lincoln-Straße 46, 65189 Wiesbaden,
Postfach 15 46, 65173 Wiesbaden,
http://www.gabler-online.de
Geschäftsführer: Dr. Hans-Dieter Haenel
Verlagsleitung: Dr. Heinz Weinheimer
Programmleitung Wissenschaft: Dr. Reinhold Roski
Gesamtleitung Produktion: Reinhard van den Hövel
Gesamtleitung Vertrieb: Heinz Detering

SCHRIFTLEITUNG:
Professor Dr. Dr. h.c. mult. Horst Albach
Waldstraße 49, 53177 Bonn
Tel. (02 28) 31 31 47, Fax 31 11 42

Anfragen an die Schriftleitung: Briefe an die Schriftleitung mit der Bitte um Auskünfte etc. können nur beantwortet werden, wenn ihnen Rückporto beigefügt ist. Von Anfragen, die durch Einsicht in die Jahresinhaltsverzeichnisse beantwortet werden können, bitten wir abzusehen.

Redaktion: Ralf Wettlaufer, Tel.: 06 11/78 78-2 34,
E-Mail: Ralf.Wettlaufer@bertelsmann.de
Anneliese Meisenheimer, Tel.: 06 11/78 78-2 32, Fax: 06 11/78 78-4 11, E-Mail: Anneliese.Meisenheimer@bertelsmann.de
Kundenservice: Sabine Ebertz/Renate Heinrich,
Tel.: 06 11/78 78-1 29/1 32, Fax: 06 11/78 78-4 23,
E-Mail: gabler.service@bertelsmann.de
Abonnentenbetreuung: Doris Schöne, Tel.: 0 52 41/80 19 68,
Fax: 0 52 41/80 96 20
Produktmanagement: Kristiane Alesch, Tel.: 06 11/78 78-3 59,
Fax: 06 11/78 78-4 39, E-Mail: Kristiane.Alesch@bertelsmann.de.
Anzeigenleitung: Thomas Werner, Tel.: 06 11/78 78-1 38,
Fax: 06 11/78 78-4 30, E-Mail: Thomas.Werner@bertelsmann.de
Anzeigendisposition: Alexa Michopoulos, M.A.,
Tel.: 06 11/78 78-1 49, Fax: 06 11/78 78-4 30,
E-Mail: Alexa.Michopoulos@bertelsmann.de.
Es gilt die Anzeigenpreisliste Nr. 25 vom 1.10.1995.

Produktion/Layout: Sabine Bernatz
Bezugsmöglichkeiten: Die Zeitschrift erscheint monatlich. Einzelverkaufspreis 29,50 DM, 215,– ÖS, 27,– SFr; preisgebundener Jahresabonnementpreis **Inland** 312,– DM, 2278,– ÖS, 278 SFr; für Studenten 198,– DM, 1445,– ÖS, 176,– SFr (die aktuelle Immatrikulationsbescheinigung ist jeweils unaufgefordert nachzureichen); preisgebundener Jahresabonnementpreis **Ausland** 338,– DM, 2467,– ÖS, 301,– SFr.; Studentenpreis Ausland 228,– DM, 1664,– ÖS, 203,– SFr. inkl. Porto und ges. MwSt. Preis für besondere Versandformen auf Anfrage. Zahlung erst nach Erhalt der Abo-Rechnung. Persönliche Mitglieder des Verbandes der Hochschullehrer für Betriebswirtschaft e.V. erhalten einen Nachlaß von 20% auf den Abonnementpreis. Sie können das Abonnement – spätestens 6 Wochen vor Ablauf – zum Ende des Bezugsjahres kündigen (siehe letzte Abonnementrechnung). Geben Sie bitte unbedingt ihre Kundennummer an. Eine schriftliche Bestätigung erfolgt nicht.
– Jährlich können 1 bis 6 Ergänzungshefte hinzukommen. Jedes Ergänzungsheft wird den Jahresabonnenten mit einem Nachlaß von 25% des jeweiligen Ladenpreises gegen Rechnung geliefert. Bei Nichtgefallen kann das Ergänzungsheft innerhalb einer Frist von drei Wochen an die Vertriebsfirma zurückgesandt werden.

© 1999 Betriebswirtschaftlicher Verlag Dr. Th. Gabler GmbH, Wiesbaden.
Der Gabler Verlag ist ein Unternehmen der Bertelsmann Fachinformation GmbH.
Alle Rechte vorbehalten. Kein Teil dieser Zeitschrift darf ohne schriftliche Genehmigung des Verlages vervielfältigt oder verbreitet werden. Unter dieses Verbot fällt insbesondere die gewerbliche Vervielfältigung per Kopie, die Aufnahme in elektronische Datenbanken und die Vervielfältigung auf CD-ROM und allen anderen elektronischen Datenträgern.
Gesamtherstellung: Triltsch, Druck- und Verlagsanstalt GmbH, Würzburg.
Gedruckt auf säurefreiem und chlorfrei gebleichtem Papier.
Printed in Germany
ISSN: 0044-2372

Hinweise für Autoren

Wenn Sie einen Beitrag geschrieben haben, der in der Zeitschrift für Betriebswirtschaft erscheinen soll, beachten Sie bitte unbedingt folgende Punkte.

1. Bitte beachten Sie die „Grundsätze und Ziele" der ZfB.

2. Manuskripte sind in zweifacher Ausfertigung an die Schriftleitung zu senden. Für das Begutachtungsverfahren müssen die Beiträge anonymisiert werden. Daher darf der Name des Autors nur auf der Titelseite des Manuskripts stehen. Der Autor verpflichtet sich mit der Einsendung des Manuskripts unwiderruflich, das Manuskript bis zur Entscheidung über die Annahme nicht anderweitig zu veröffentlichen oder zur Veröffentlichung anzubieten. Diese Verpflichtung erlischt nicht durch Korrekturvorschläge im Begutachtungsverfahren.

3. Aufsätze, die im wesentlichen Ergebnisse von Dissertationen wiedergeben, werden nicht veröffentlicht. Um die Ergebnisse von Dissertationen breiter bekannt zu machen, hat die ZfB eine Rubrik „Dissertationen" im Besprechungsteil eingeführt. Hier werden vorzugsweise Erstgutachten von Dissertationen – in entsprechend gekürzter Form – abgedruckt.

4. Alle eingereichten Manuskripte werden, wie international üblich, einem doppelt verdeckten Begutachtungsverfahren unterzogen, d. h. Autoren und Gutachter erfahren ihre Identität gegenseitig nicht. Durch dieses Verfahren soll die fachliche Qualität der Beiträge gesichert werden.

5. Die Manuskripte sind in Times New Roman, 12 Punkt, 1½zeilig mit 5 cm Rand links zu schreiben. Sie sollten nicht länger als 25 Schreibmaschinenseiten sein. Der Titel des Beitrages und der/die Verfasser mit vollem Titel und ausgeschriebenen Vornamen sowie beruflicher Stellung sind auf der ersten Manuskriptseite aufzuführen. Dem Beitrag ist ein „Überblick" von höchstens 15 Zeilen voranzustellen, in dem das Problem, die angewandte Methodik, das Hauptergebnis in seiner Bedeutung für Wissenschaft und/oder Praxis dargestellt werden. Die Aufsätze sind einheitlich nach dem Schema A., I., 1., a) zu gliedern. Endnoten (Times New Roman, 12 pt) sind im Text fortlaufend zu numerieren und am Schluß des Aufsatzes unter „Anmerkungen" zusammenzustellen. Anmerkungen und Literatur sollen getrennt aufgeführt werden. Im Text und in den Anmerkungen soll auf das Literaturverzeichnis nach dem Schema: (Gutenberg, 1988, S. 352) verwiesen werden. Jedem Aufsatz muß eine „Summary" in englischer Sprache von nicht mehr als 15 Zeilen Länge und eine deutsche Zusammenfassung gleicher Länge angefügt werden. Über Abbildungen und Tabellen ist eine Legende vorzusehen (z.B.: Abb. 1: Kostenfunktion, bzw. Tab. 2: Rentabilitätsentwicklung). Abbildungen und Tabellen sind an der betreffenden Stelle des Manuskripts in Kopie einzufügen und im Original (reproduzierfähig) dem Manuskript beizulegen. Mathematische Formeln sind fortlaufend zu numerieren: (1), (2) usw. Sie sind so einfach wie möglich zu halten. Griechische und Fraktur-Buchstaben sind möglichst zu vermeiden, ungewöhnliche mathematische und sonstige Zeichen für den Setzer zu erläutern. Auf mathematische Ableitungen soll im Text verzichtet werden; sie sind aber für die Begutachtung beizufügen.

Mit dem Manuskript liefert der Autor ein reproduzierfähiges Brustbild (Paßphoto) von sich sowie eine kurze Information (max. 7 Zeilen) zu seiner Person und seinen Arbeitsgebieten.

6. Wenn das Manuskript auch auf einer Diskette vorliegt, so sollte diese zur Vermeidung von Satzfehlern beigefügt werden. Papiermanuskripte sind aber in jedem Fall nötig.

7. Der Autor verpflichtet sich, die Korrekturfahnen innerhalb einer Woche zu lesen und die Mehrkosten für Korrekturen, die nicht vom Verlag zu vertreten sind, sowie die Kosten für die Korrektur durch einen Korrektor bei nicht termingerechter Rücksendung der Fahnenkorrektur zu übernehmen.

8. Der Autor ist damit einverstanden, daß sein Beitrag außer in der Zeitschrift auch durch Lizenzvergabe in anderen Zeitschriften (auch übersetzt), durch Nachdruck in Sammelbänden (z.B. zu Jubiläen der Zeitschrift oder des Verlages oder in Themenbänden), durch längere Auszüge in Büchern des Verlages auch zu Werbezwecken, durch Vervielfältigung und Verbreitung auf CD ROM und anderen Datenträgern, durch Speicherung auf Datenbanken, deren Weitergabe und dem Abruf von solchen Datenbanken während der Dauer des Urheberrechtsschutzes an dem Beitrag im In- und Ausland vom Verlag und seinen Lizenznehmern genutzt wird.

Surfer-Glück ...

Das Internet-Angebot der Verlage **Gabler, Vieweg, Westdeutscher Verlag, Deutsches Finanzdienstleistungs-Informationszentrum** sowie des **Deutschen Universitätsverlages** bietet frei zugängliche Informationen über Bücher, Zeitschriften, Neue Medien und Fernkurse der Verlage.

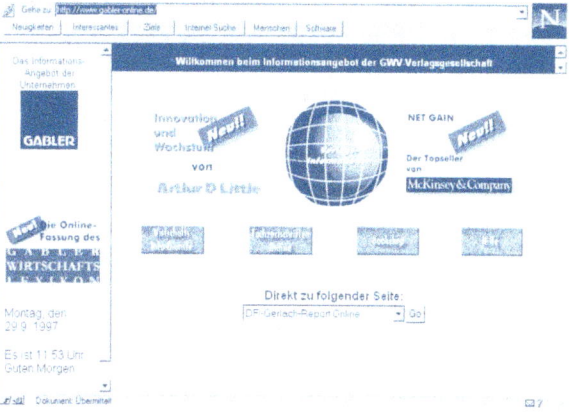

Die Produkte sind über einen Online-Bookshop recherchier- und bestellbar.

Für ausgewählte Produkte werden Demoversionen zum Download, Leseproben, weitere Informationsquellen im Internet und Rezensionen bereitgestellt. So ist zum Beispiel eine Online-Variante des Gabler Wirtschafts-Lexikon mit über 500 Stichworten voll recherchierbar auf der Homepage integriert.

Über die Homepage findet der Nutzer jedoch auch den Einstieg in die kostenpflichtigen Online-Angebote, insbesondere zu den Online-Ausgaben der zu den Verlagen gehörenden Wirtschaftsinformationsdienste Platowbriefe, Fuchsbriefe und DFI gerlach-report.

Selbstverständlich bietet die Homepage dem Nutzer auch die Möglichkeit mit den Mitarbeitern in den Verlagen via E-Mail und/oder per Online-Leserbrief zu kommunizieren. In unterschiedlichen Foren ist darüber hinaus die Möglichkeit gegeben, sich mit einer „community of interest" online auszutauschen.

... wir freuen uns auf Ihren Besuch!

http://www.gabler-online.de
http://www.vieweg.de
http://www.westdeutschervlg.de
http://www.duv.de
http://www.dfi-report.de

Abraham-Lincoln-Str. 46
Postfach 1547
65005 Wiesbaden
Fax: (06 11) 78 78-400

GPSR Compliance

The European Union's (EU) General Product Safety Regulation (GPSR) is a set of rules that requires consumer products to be safe and our obligations to ensure this.

If you have any concerns about our products, you can contact us on

ProductSafety@springernature.com

In case Publisher is established outside the EU, the EU authorized representative is:

Springer Nature Customer Service Center GmbH
Europaplatz 3
69115 Heidelberg, Germany